체계기능언어학의 평가어, 평가하기

저자 소개

J.R. Martin : 호주 시드니 대학교 언어학 교수

영어와 타갈로그어에 초점을 맞춘 체계적 이론, 기능적 문법, 담화 의미론, 레지스터, 장르, 다중 양식 및 비판적 담화 분석을 포함하며 특히 교육 언어학과 사회 기호학의 학제간 분야를 연구한다.

저서로는 Working with Discourse(David Rose 공저, 2003), Re/Reading the Past(Ruth Wodak 공저, 2003), Genre Relations(David Rose 공저, 2006), Knowledge Structure(Fran Christie 공저, 2007) 등이 있다.

P.R.R. White : 남호주 애들레이드 대학교의 언어학과 미디어 강사

저서로는 Appraisal – The Handbook of Pragmatics의 the Language of Evaluation and Stance가 있다.

역자 소개

한정한(단국대 국어국문학과 교수)

차명희(단국대 국어국문학과 국어학 박사)

윤혜경(단국대 국어국문학과 한국어교육 박사)

심은정(단국대 국어국문학과 한국어교육 박사)

엄윤식(단국대 국어국문학과 한국어교육 박사)

유지한(단국대 국어국문학과 한국어교육 박사 과정)

체계기능언어학의 평가어, 평가하기

초판 인쇄	2024년 8월 23일
초판 발행	2024년 8월 30일

옮 긴 이	한정한·차명희·윤혜경·심은정·엄윤식·유지한
펴 낸 이	박찬익
책임 편집	권효진
편　　집	이수빈
펴 낸 곳	㈜박이정출판사
주　　소	경기도 하남시 조정대로45 미사센텀비즈 8층 F827호
전　　화	031)792-1195　　　　팩　스　02)928-4683
이 메 일	pijbook@naver.com　　홈페이지　www.pijbook.com
등　　록	2014년 8월 22일 제305-2014-000029호
I S B N	979-11-5848-958-8(93700)
책　　값	35,000원

First published in English under the title
The Language of Evaluation; Appraisal in English
by J. Martin and Peter White, edition: 1
Copyright © Palgrave Macmillan, a division of Macmillan Publishers Limited, 2005
This edition has been translated and published under licence from
Springer Nature Limited.
Springer Nature Limited takes no responsibility and shall not be made liable for the
accuracy of the translation.

체계기능언어학의
평가어, 평가하기

The Language of Evaluation
Appraisal in English

J.R. Martin, P.R.R. White 지음

한정한·차명희·윤혜경·심은정·엄윤식·유지한 옮김

박이정

목 차

그림 목차

표 목차

Acknowledgements
감사

Copyright permissions and acknowledgements
저작권 권한과 감사

- 'The Dad Department', by George Blair-West, from Mother & Baby magazine, June/July 1994, A. Bounty Publication, Sydney.

- 'What We Think of America', by Harold Pinter, Granta 77, March 14, 2002: 66-9.

- 'What We Think of America', by Doris Lessing, Granta 77, March 14, 2002: 52-4.

- 'Mourning', HK Magazine, September 21, 2001.

- 'Damn the Peaceniks for the faint hearts', by Carol Sarler, Daily Express, features pages, October 10, 2001.

- 'A few questions as we go to war', by William Raspberry. Guardian Weekly. Jan 2-8.

- Mother & Baby 매거진, George Blair-West의 'The Dad Department', 1994년 6월/7월, Sydney, A. Bounty 출판사

- Harold Pinter의 'What We Think of America', Granta 77, 2002년 3월 14일 : 66-9.

- Doris Lessing의 'What We Think of America', Granta 77, 2002년 3월 14일 : 52-4.

- '애도(Mourning)', HK 매거진, 2001년 9월 21일.

- Carol Sarler의 'Damn the Peaceniks for the faint hearts', Daily Express, 특집 페이지, 2001년 10월 10일.

- William Raspberry의 'A few questions as we go to war', Guardian Weekly. 1월, 2-8.

Other acknowledgements
그 밖의 감사

- Empire magazine, Emap Consumer Media, London for two extracts from the letters-to-the-editor page, November 2003 edition.
- Extract from The Shipping News, Annie Proulx, London: Fourth Estate, 1993.
- Extract from 'The Valley of Fear.' Part 1 'The Tragedy of Birlstone.'
- Chapter 1 'The Warning.', Arthur Conan Doyle, The Penguin Complete, Sherlock Holmes. Harmondsworth: Penguin. 1981.
- Extract from On the Case with Lord Peter Wimsey from, Three complete novels: Strong Poison, Have his Carcase, Unnatural Death, Dorothy L. Sayers, New York: Wings Books, 1991.

- Empire 매거진, Emap Consumer 미디어, London, 2003년 11월호, 편집자에게 보내는 편지 페이지에서 발췌한 두 가지 내용.
- The Shipping News에서 발췌, Annie Proulx, London: Fourth Estate, 1993.
- 'The Valley of Fear', 1부 'The Tragedy of Birlstone.'에서 발췌.
- 1장 'The Warning', Arthur Conan Doyle, The Penguin Complete, Sherlock Holmes. Harmondsworth: Penguin. 1981.
- On the Case with Lord Peter Wimsey from에서 발췌, 세 편의 완결된 소설: Strong Poison, Have his Carcase, Unnatural Death, Dorothy L. Sayers, New York: Wings Books, 1991.

서문

이 책의 집필 원동력은 1980년대 호주 시드니 대학교의 Guenter Plum과 Joan Rothery가 주로 수행한 서사 장르들에 대한 연구에서 비롯되었다. 이들의 요점은 (Labov가 강조한 바와 같이) 대인관계적 의미가 이러한 장르의 특징과 우리가 장르를 분류하는 방식에 모두 중요하다는 것이었다. 이를 통해 우리는 당시에 사용 가능했던 (주로 언어와 성별에 관한 Cate Poynton의 연구를 기반으로 하는) 대인관계 의미 모델을 양태와 서법은 물론 감정평가를 다룰 수 있는 방향으로까지 확장할 수 있었다.

이 책에서 우리가 소개하는 평가어 프레임워크는 1990년부터 1995년까지 직장과 중등학교에서 글쓰기를 집중적으로 연구한 취약 학교 지원 프로그램(Disadvantaged Schools Program)의 '올바른 글쓰기(Write it Right)' 문해력 프로젝트의 일환으로, 이러한 필요에 부응하여 개발되었다. Jim은 이 프로젝트의 학술 고문이었고, 여기서 Joan Rothery는 (Mary Macken-Horarik 및 Maree Stenglin과 긴밀히 협력하면서) 중등학교 영어 및 창작 예술의 연구에 집중하였다. Peter는 이 팀에 합류하여 저널리스트로서의 경력을 살려서 (Rick Iedema 및 Susan Feez와 긴밀히 협력하면서) 미디어 담화를 연구하였다. 평가이론은 하나의 사용역(register)에서 다른 사용역으로 옮겨 다니면서, 그리고 학교 기반 문해력 중심의 이론, 기술, 응용을 오가면서 발전하였다. Caroline Coffin은 이 프로젝트에서 중등학교 역사 교과에 초점을 맞추었고, 이 과목에 감정평가 분석을 적용하였다. 이 시기의 주요 혁신은 감정평가를 넘어서 행위평가와 정황(상황)평가를 하기 위한 어휘 자원을 연구하고, 미디어와 역사 담화에서 다양한 목소리와 관련된 평가 증후들을 살펴보는 것이었다.

1990년대에 Jim은 Gillian Fuller, Mary Macken-Horarik 그리고 Henrike Korner의 영향력 있는 박사학위 논문을 지도하기도 하였다. 대중과학 내의 평가하기에 대한 Fuller의 이질적 관점은, Bakhtin의 영향을 받은 것인데, 담화 목소리의 역할을 관리하기 위한 언어 자원으로 개입평가를 발전시키는 데 큰 영향을 미쳤다. Korner는 법률 담화를 전문으로 연구했으며, 강도평가, 특히 세기(force)와 초점(focus)의 구별에 관한 그녀의 연구는 후속 연구의 토대가 되었다. 중등학교 서사 장르에서의 평가어에 대한 Macken-Horarik의 연구는 담화에서 주기어(periodicity)로 전개되는 평가하기에 관해 보다 역동적인 관점이 필요함을 알려주었다.

최근에는 Sue Hood가 평가어 이론을 학술적 담화에 적용하면서 강도평가와 관련하여 더 많은 발전이 이루어졌고, 그중 일부를 이 책에 반영하였다.

물론 우리는 위의 동료들과 우리 작업에 가치를 부여한 소위 '시드니 학파'의 모든 기능주의 언어학자 그리고 교육언어학자들에게 큰 빚을 지고 있다. 1998년 Peter는 그의 평가어 웹사이트와 이메일 리스트를 만들었는데, 이것은 관련 아이디어를 발전시키는 데 큰 도움이 되었다(www.grammatics.com/appraisal/). 거기서 현재도 진행 중인 토론에 기여한 모든 분들에게 일일이 언급할 수 없을 정도로 감사를 드린다. 또한 회의와 인터넷 교신을 통해 우리의 아이디어에 많은 도움을 준 전 세계 SFL 동료들에게도 감사의 말씀을 드린다.

말할 필요도 없이, 우리의 연구를 안내하는 체계기능언어학 이론이 없었다면 이 모든 작업은 불가능했을 것이다. 언어의 대인관계적 의미에 세심한 관심을 기울이고 이 연구에 영감을 준 방대한 이론을 설계한 Michael Halliday 교수에게 무한한 감사의 말을 전한다.

Adelaide and Sydney

2005년 5월

역자 후기

체계기능언어학에서 늘 강조하듯이 모든 사회기호학적 담화(discourse)는 하나의 문장으로 구성되는 경우가 거의 없다. 오히려 사회적, 문화적 맥락 안에서 텍스트로 구성된 의미들의 연쇄로서 존재한다.

언어를 사회적 맥락 안에서 설명하는 SFL의 모델은 사람들이 세 가지의 사회적 대기능을 실현하기 위해서 언어를 사용한다고 말한다. 즉, 다른 사람들과 사회적 관계를 맺기 위해서, 우리의 경험을 다른 사람에게 표현하기 위해서, 우리의 이해를 조직하고 정보적인 텍스트로 표현하기 위해서가 그 세 가지이다. 이것을 각각 대인적 대기능, 관념적 대기능, 텍스트적 대기능이라고 부른다. 아래 표는 담화 시스템에서 이 세 가지 대기능에 대응하는 연구 영역들에 무엇이 있는지를 잘 보여준다. 즉 평가어, 관념어, 접속어, 식별어, 주기어, 교섭어가 SFL에서 말하는 대표적인 담화의미의 연구 주제들이다(Martin & Rose 2007: 8).[1]

'담화 시스템과 대기능의 관계'

연구 영역	담화 시스템	대기능(Metafunction)
평가어(Appraisal)	태도를 평가하기	대인적 대기능
관념어(Ideation)	경험을 표현하기	관념적 대기능
접속어(Conjunction)	사건(들)을 연결하기	관념적 대기능
식별어(Identification)	사람과 사물을 추적하기	텍스트적 대기능
주기어(Periodicity)	정보의 흐름을 조직하기	텍스트적 대기능
교섭어(Negotiation)	교환(서법)을 맺어 가기	대인적 대기능

Hunston, S., & Thompson, G.(1999)[2]에 따르면 "평가어란 화자, 저자가 이야기하고자 하는 개체 또는 명제에 대한 태도, 입장, 관점, 감정을 말하는 표현들을 통칭하는 것이다." 또 Lipson, M.(2004)[3]

---

1) Martin, J.R. & Rose, D. 2007. *Working with discourse: meaning beyond the clause. Second edition*. London & New York: Continuum.

2) Hunston, S., & Thompson, G.(1999). *Evaluation in text: Authorial stance and the construction of discourse*. Oxford: Oxford University Press.

3) Lipson, M.(2004). *Exploring Functional Grammar*. Bologna: University of Bologna.

에 따르면 "평가어란 화자 및 저자가 텍스트에 색깔(color)을 입히는 것으로, 평가어 체계는 텍스트가 누구에 관한 것인지, 무엇에 관해 말하는지에 대한 평가 및 감정을 나타내어 텍스트를 다채롭게 만드는 핵심적인 방법"이라고 설명한다.

이 책 1.4절에서는 이런 평가어를 크게 개입 평가어(Engagement), 태도 평가어(Attitude), 강도 평가어(Graduation)의 세 가지 종류가 있다고 한다. 그리고 이 세 가지 평가어들의 사용양상과 특징들은 구체적인 개별 텍스트에서 입장(Stance), 키(Key), 개인 평가어(Signature)로 양상화되어 나타난다.

간단히 소개하면, 첫째, 개입 평가어는 화자가 자신이 말하는 바에 어느 정도 관여하고 있는지를 보여주는 표현을 말한다. 즉 다른 화자 및 그들이 표방하는 가치와 비교해서 같은 입장에 있는지, 반대인지, 확실치 않은지, 중립적인지를 보여준다. 이런 '개입'에 속하는 평가어는 타인의 의견을 차단하여 단언하는 '단성적 목소리(monogloss)'와 다른 의견을 인지하여 포함시키는 '다성적 목소리(heterogloss)'로 나누어진다.

둘째, 태도 평가어는 화자의 느낌을 나타내는 '감정 평가어(Affect)', 인물과 그 인물에 대한 평가를 표현하는 '행위 평가어(Judgement)', 사물이나 현상에 대한 가치를 보여주는 '정황 평가어(Appreciation)'의 세 가지 표현으로 나누어진다.

셋째, 강도 평가어는, 발화의 강도를 조절하기 위해서 평가어를 사용하여 세기(force)를 높이거나 초점(focus)을 강화하고 약화시킬 수도 있다. 세기가 주로 척도(scale) 조정이 가능한 정도의 영역이라면, 초점은 얼마나 강하게 원형적(prototypical)인가 아니면 주변적이고 약한가 하는 등급(grade) 구별의 영역이다.

우리가 이 책을 번역하게 된 계기는 2022년 고려대학교에서 개최된 '세계한국어학자 대회'(2022.06.28.-2022.07.02.)에서 이 책의 저자 중 한 명인 James Martin 교수와 Doran Yaegan 교수[4]를 만난 직후이다. 그들은 호주 시드니에서 이 대회의 기조연설을 하기 위해 참석했다. 나는 이 대회 운영위원 자격으로 인천공항에서 그들을 만나 대회 기간 동안 의전 업무를 수행했다. 발표

---

4) 그는 현재 호주 체계기능언어학회 회장직을 맡고 있다.

장과 호텔 숙소 로비에서 우리는 SFL의 주요 연구 주제들에 대해 깊은 대화를 할 수 있었다. 그리고 그 당시 초고가 나왔던 단국대 팀의 번역서 「Halliday의 기능문법입문: 체계기능언어학」[5]을 전달하면서, 동시에 그의 평가어 책(J. R. Martin & P. R. R. White, 2005)을 번역하고 싶다고 말했고, 그는 매우 기뻐하면서, 책이 출간되면 호주로 보내 달라고 하였다. 또 그는 그를 포함하여 4인이 공동 집필 중인 책인 *Korean Grammar*에 관해서도 설명을 해 주었다.[6]

번역 작업은 그 이후부터 본격적으로 시작됐다. 번역자는 나를 포함하여 차명희, 윤혜경, 심은정, 엄윤식, 유지한으로 총 6명이다. 그들은 나의 대학원 제자들이지만, 이제는 동료 학자들이기도 하다. 우리는 거의 매주 만나서 몇 시간씩 토론과 번역을 같이 했다. 그러는 동안 평가어와 관련된 많은 새로운 사실들을 깨닫게 되었으며, 우리 중 일부는 학술지에 한국어 평가어 관련 논문들을 게재하기도 했다. 특히 엄윤식 박사는 이 책의 내용을 한국어에 적용하여 박사학위를 취득하기도 했다.[7]

생각해 보면, 이 책의 번역 과정에서 인연을 맺은 여러 사람에게 감사의 말씀을 드리지 않을 수 없다. 우선 평가어 연구의 신세계를 열어 준 이 책의 원저자들에게 감사한다. 둘째로 체계기능언어학과 관련된 학술서, 개론서, 논문 등을 발표해 주신 국내의 선배 학자들에게 감사한다. 그들의 연구는 이 책을 번역하는 데 든든한 토양이 되었다. 그들의 선구적 연구가 없었다면 이 책은 번역될 수 없었을 것이다. 그분들 모두에게 감사한다.

한정한

단국대 국문과 교수

2024년 1월 18일

5) M. A. K. Halliday & Christian M. I. M. Matthiessen(2014), *Halliday's Introduction to Functional Grammar(fourth edition)*, Routledge, NY, USA. 한정한·차명희·윤혜경·심은정·고유리·도혜민 옮김(2022), 「Halliday의 기능문법입문: 체계기능언어학」, ㈜박이정.

6) Mira Kim, J. R. Martin, Gi-Hyun Shin and Gyung Hee Choi(2023), *Korean Grammar - A Systemic Functional Approach*, Cambridge University Press.

7) 엄윤식(2024), 텍스트 평가 양상과 한국어교육 활용 방안 연구, 단국대학교 국어국문학과 박사학위논문.

1

도 입

1.1 평가어 자원들을 모델링하기

이 책은 언어의 대인관계, 즉 텍스트에서 필자/화자가 제시하는 자료와 그들이 소통하는 상대방에 대해 어떤 입장을 취하는지에 대한 주관적인 존재감에 관한 연구이다. 필자/화자가 어떻게 승인과 비승인, 열광과 혐오, 찬사와 비판을 하며, 그리고 그들이 어떻게 독자/청자를 그렇게 하도록 위치시키는지에 관한 것이다. 그것은 느낌과 가치를 공유하는 커뮤니티에서 만들어진 텍스트에 대한 구성, 그리고 감정과 취향 및 규범적 평가를 공유하기 위한 언어적 메카니즘과 관련되어 있다. 또한, 필자/화자가 그들 자신의 특별한 저자로서의 정체성이나 개성을 어떻게 구성하는지, 실제 또는 잠재적 응답자와 어떻게 조율하거나 비조율하는지, 그리고 그들이 의도된 또는 이상적인 청중을 위해 어떻게 텍스트를 구성하는지와 관련이 있다.

이러한 이슈들은 비록 20세기 언어학의 일부 유력한 분파에서는 언어학적 탐구의 범위를 벗어난 것으로 간주되어 왔지만, 물론 그것들은 기능적으로 그리고 기호학적으로 지향된 방법론과 담화, 수사학, 의사소통들의 효과에 관심이 있는 사람들에게는 오랫동안 관심의 대상이 되어왔다. 우리는 지난 10여 년 동안 M.A.K. Halliday와 그의 동료들의 체계기능언어학(이하 SFL) 패러다임 내의 연구자들에 의해 개발된 이러한 문제에 대한 새로운 접근 방법을 여기서 제시할 것이다(Halliday 2004/1994, Martin 1992b, Matthiessen 1995을 보라.). SFL은 모든 발화에서 동시에 작동하는 세 가지 의미의 모드 - 텍스트적, 관념적, 대인적인 모드를 식별한다. 이 책에서 우리의 목적은 화자/필자의 상호주관적 입장에 따라 다를 수 있는 세 가지 축에 주의를 기울여 대인적 대기능에 대한 SFL 설명을 개발하고 확장하는 것이다.

우리는 전통적으로 '감정평가(affect)'라는 제목으로 다루어져 온 것에 주목한다. 그것은 필자/화자가 자신의 텍스트와 관련된 개체들, 사건들 및 사태들을 긍정적으로 또는 부정적으로 평가하는 수단들이다. 우리의 접근 방법은 화자/필자가 자신의 태도로 제시하고자 하는 것을 명시적으로 인코딩하는 수단일 뿐만 아니라 평가적 입장(stance)을 간접적으로 보다 활성화하고 독자/청자가 자신의 평가(assessment)[1]를 제공하도록 위치시키는 수단을 다룬다는 점에서 '감정평가'에 대한 많은 전통적인 설명을 뛰어넘는다. 이러한 태도적 평가하기(attitudinal evaluation)가 흥미로운 이유는 화자/필자의 느낌과 가치를 드러낼 뿐만 아니라 그 표현이 텍스트에 의해 해석되는 화자/필자의 지

---

1) [역자주] 본서에서는 assessment를 '평가'로, evaluation을 '평가하기'로, appraisal을 '평가어'로 번역하기로 함.

위나 권위와 관련될 수 있고, 그리고 필자와 화자 그리고 실제적 또는 잠재적 응답자 사이의 조율 (alignment)과 라포(rapport)[2]의 관계 구축을 위해 수사적으로 작동하기 때문이다.

우리의 관심은 또한 전통적으로 '양태(modality)'라는 제목 아래, 특별히 '인식 양태(epistemic modality)'와 '증거성(evidentiality)'이라는 제목 아래 다뤄져 온 것과도 관련되어 있다. 우리는 화자/필자의 확실성, 약속 및 지식의 문제뿐만 아니라 텍스트적 목소리가 다른 목소리 및 다른 입장과 관련하여 자신을 어떻게 배치하는지에 대한 질문에 주의를 기울임으로써 전통적인 설명을 확장할 것이다. 우리의 설명에서 이러한 의미는 화자와 필자에게 실제적 또는 잠재적 대화상대와 그들이 나타내는 평가값(value position)을 인식하고, 대답하고, 무시하고, 도전하고, 거절하고, 방어하고, 예상하거나 수용하는 수단을 제공하는 것으로 볼 수 있다.

우리는 또한 '강화'와 '모호한 언어'와 같은 제목으로 다뤄온 것에 주목하여, 화자/필자가 어떻게 그들의 주장의 세기를 증가시키고 감소시키고 그들이 작동하는 의미적 범주를 어떻게 선명하게 하거나 흐리게 하는지 설명하는 프레임워크를 제공한다.

우리의 주요 분석 문제와 우리가 채택한 접근 방식을 소개하기 위해 다음 두 텍스트 발췌문을 보자. 그들은 둘 다 영국 영화 잡지 *Empire*(2003년 11월)의 편집자에게 보내는 독자란에서 발췌한 것이다.

Letter 1
편지 1

Mood-Altering Substance
기분 전환하는 것

I had to write and say what a brilliant magazine *Empire* is. I was sitting on my bed on the morning of September 1, the first day I had to go back to school, and I was naturally very depressed. I heard the letter box open and the latest edition of *Empire* was lying on the carpet. Even better was the discovery that once hastily torn open, I saw there was an article on the *Lord of the Rings: The Return of the King*. My bad mood immediately lifted and I was no longer dreading the return to school. Keep up the good work.

저는 *Empire*가 얼마나 훌륭한 잡지인지 글을 쓰고 말도 해야겠어요. 9월 1일 아침, 저는 침대에 앉아 있었지요. 그날은 학교로 다시 가야 하는 첫날이었고, 저는 당연히 매우 우울했어요. 저는 편지함이 열리는 소리를 들었고, *Empire*의 최신판이 카펫 위에 놓여 있었답니다. 전 그것을

---

2) [역자주] 유대관계를 뜻함.

급히 뜯어 보았어요, *반지의 제왕: 왕의 귀환*에 대한 기사가 있다는 것을 알았을 때 정말 좋았어요. 저의 우울한 기분은 즉시 사라졌고 더 이상 학교에 가는 것이 두렵지 않게 되었어요. 앞으로도 이런 좋은 일을 계속해 주세요.

[name of letter-writer], via email
[글쓴이 이름], 이메일로

Letter 2
편지 2

An Indefensible Position
방어할 수 없는 위치

Just a line to say how severely saddened I've been at all the negative reviews of *Tomb Raider 2*. I feel the whole venture has been a very affectionate homage to the action genre pre-1980, and tonally perfect, paying attention to pacing while also keeping ironic humour at bay. Why, it even ended in a genuinely affecting manner. Oh – and Angelina Jolie is one of the few real movie starts we have, in the old-fashioned sense of the word. You just couldn't take your eyes off her – totally charming.

저는 *Tomb Raider 2*에 대한 모든 부정적인 리뷰에 대해 얼마나 심히 슬펐는지 한마디만 하고 싶어요. 저는 이 모험 전체가 1980년 이전의 액션 장르에 대한 매우 애정 어린 오마주였으며, 아 이러니한 유머를 유지하면서도 페이스에 주의를 기울이는 톤으로 완벽했다고 느껴요. 왜냐하면, 정말로 감동적인 방식으로 끝났기 때문이에요. 아~, 그리고 Angelina Jolie는 우리가 알고 있는, 흔히 말하는 몇 안 되는 진짜 영화 스타들 중 한 명이에요. 당신은 그녀에게서 눈을 뗄 수가 없을 거예요. 완전히 매력적이었어요.

[name of letter-writer], via email
[글쓴이 이름], 이메일로

For more crazy, way-out opinions, turn to page 112.
더 특이하고 독특한 의견을 보려면 112페이지를 참조하세요.

편지 1은 레저, 라이프 스타일, 그리고 이런 유형의 특별 관심 출판물에 어느 정도 규칙적인 형태로 나타나는 텍스트 유형의 예로서, 명백히 매우 만족스러운 구독자에 의해 현 잡지에 대한 보증을 불러일으킨다. 이러한 텍스트는 언뜻 보기에는 중요하지 않게 보일 수 있지만, 보다 면밀한 분석을 통해 평가하기와 입장(stance) 연구에 중요한 지점을 발견할 수 있다.

우선, 글쓴이가 자신의 옹호와 열정을 공개적으로 드러낸 동기가 다소 모호해 보인다. 이러한 찬사가 잡지 홍보를 위해 잡지 직원(또는 그 친구, 가족)에 의해 만들어져 작성된 것이 아닌가 하는 의심을 금할 수 없다.[3] 바로 이 의혹이 그 자체로 드러난다. 그것은 대중적 의사소통에서 평가적 언어를 사용할 때 무엇이 정상적이고 합리적인지에 대한 특별한 개념을 가리킨다. 이 개념은 우리가 어떤 면에서 이상하거나 적어도 호기심을 가지고 이러한 흐름을 보도록 이끌어 준다. 우리의 이슈는 단순히 기고자의 긍정성만이 문제가 아니다. 예를 들어, 호의적인 예술 평론, 긍정적으로 편향된 저널리즘 논평, 부고, 그리고 'this-is-your-life'[4] 스타일의 텔레비전 프로그램과 같이 공개적으로 제시되는 모든 방식의 긍정적인 평가하기가 예외 없이 우리의 이슈가 된다. 오히려 평가하기의 방식과 대상이 문제라고 할 수 있겠다. 예를 들어, 우리는 앞의 필자가 잡지의 특성에 대한 실제 평가를 통해 거의 아무것도 제공하지 않았으며, 잡지에 *반지의 제왕*에 대한 일부 자료가 포함되어 있다는 사실 외에는 잡지로서 가져야 할 장점이 어디에 있는지 표시하지 않았다는 것을 알 수 있다. 그 대신에, 기고자는 절망에서 평온으로 가는 그의 여정에 대한 짧은 이야기를 제공한다. 잡지에 대한 그의 찬사는 편지함에 이 잡지가 도착함으로써, 그의 감정과 심리 상태에 미치는 영향의 문제로 해석된다. 따라서 텍스트는 이러한 개별적이고 매우 개인적인 반응이 어떤 면에서 더욱 폭넓게 중요하며, 잡지의 독자층에 대한 평가적 중요성을 가지고 있다는 가정하에 작동되고 있다.

또한, 우리의 관심은 여기서 작동하는 사회적 위치시키기(social positioning)와 조율(alignments)에 쏠려 있다. 기고자는 자신의 구매 경험을 이런 식으로 평가가 아닌 감정(emotion)에 바탕함으로써 자신을 전문가라기보다는 열렬한 지지자 또는 '팬'으로 구성한다. 그러므로 기고자와 수신된 잡지사 직원 사이에서 해석된 관계는 불평등하게 형성된다. 다른 사람을 칭찬하는 것은 물론 어떤 식으로든 그들과 유대감을 갖기 위한 노력을 하는 것이다. 이 경우 필자는 잡지 기자들과 유대를 모색하는 모습을 공개적으로 드러낸다. 그러나, 필자가 잡지에서 그렇게 가치 있다고 생각하는 것이 무엇인지에 대한 구체적인 설명이 없는 경우에, 다른 독자들은 대체로 이 소속 과정에서 제외된다. 그 잡지의 '팬'이 아닌 이상, 그들 역시 그들 자신을 이 공유된 느낌과 취향의 특별한 커뮤니티에 포함시키

---

3) 물론, 우리는 이것이 실제로 사실이라고 믿을 만한 설득력 있는 이유가 없다. 이런 의미에서, 우리의 의심은 실질적인 근거가 없으며, 우리는 그 잡지의 측에서 실제로 잘못된 행동을 하지 않았음을 암시한다.
4) [역자주] 영국의 TV 시리즈

고 싶은지 여부를 결정하는데 필요한 자료가 부족하다. 팬이 아닌 우리가 이러한 종류의 텍스트에서 무언가 불쾌하고 진실하지 않은 것을 느끼는 것은 이러한 배제에 기반하고 있는 것은 아닐까?

따라서 이 텍스트는 비록 매우 짧고, 주제(subject matter)에 있어서 어쩌면 사소한 것임에도, 언어에서 대인적 대기능과 평가어에 주의를 기울이면 관찰할 수 있는 상호주관적 관계들과 소속들의 미묘함과 복잡성의 일면을 보여준다. 이 발췌문은 아마도 우리가 그것이 점점 더 관습화된 담화적인 개성인 대중문화의 '팬'의 예시로 그것이 보일 수 있다는 것을 인식할 때 훨씬 더 분명한 의의를 갖는다. Martin and Rose(2003)는 *Working with Discourse*에서 블루스 음악(특별히 Stevie Ray Vaughan의 블루스 음악) 애호가들이 온라인 소매업체 Amazon.com의 독자/구매자 피드백과 리뷰 페이지를 활용하여 어떻게 그들의 '팬덤'을 매우 공개적으로 표현하고 그에 따라 공유된 느낌의 글로벌 커뮤니티를 구성했는지 관찰하고 있다. 비록 이 웹 페이지들은 분명히 Amazon.com의 글로벌 자본주의적 목적에 기여하지만(팬들의 열정은 판매를 촉진한다), Jay Lemke가 개인적인 의사소통에서 관찰했듯이, 그들은 또한 팬들에게 어느 정도 저항의 가능성, 즉 기호주의적인 종류의 반 글로벌 게릴라 전술의 기회를 제공한다. 그 팬들은 이 페이지들을 자신들의 공유된 느낌의 커뮤니티의 특별한 용어를 명확하게 표현하기 위한 자원으로 사용하며, 그것에 의해 전 세계의 열광자들이 모일 수 있는 조율과 라포의 담화적 프레임워크를 구성한다. 우리의 편지에서 이러한 소속들이 구성되어 있는 대화적 용어들이 명확하게 표현된 것을 볼 수 있다. 겉으로는 완전히 '독백적인' 글이지만, 이 편지는 분명히 특별한 일련의 대화적 관계를 구성한다. 가장 주목할 만한 것은, 그것은 추정되는 수신인(잡지의 저널리스트 직원)뿐만 아니라 필자의 열정을 공유하는 다른 모든 독자들(다른 모든 '팬들')과 매우 개인화된 감정평가의 사용을 통해 어떤 소속을 구축한다는 것이다. 그렇다면, 이 편지의 요점은 잡지의 정기 독자층 사이에 공유된 느낌의 이 특별한 커뮤니티의 존재를 가정하고 그것을 널리 알리는 데에 있다.

'팬'으로서의 이 필자의 정체성은 열정을 나타내는 몇 가지 다른 객관적인 어휘문법적 표지들에 의해 전달된다. *I had to write and say*의 사용을 통해 그는 잡지에 대한 그의 열정을 자신의 행동을 지시하는 일종의 외부적 강요의 형태로 해석한다. 그것은 관계적 절의 **보어**가 **주어** 앞에 텍스트적으로 유표적 위치로 이동되는 감탄절의 전치적 구조를 사용하는 것과 유사한 효과를 낸다. 이러한 전치적 구조는 *what a brilliant magazine Empire is* (vs. *Empire is a brilliant magazine*)와 *Even better was the discovery that...* (vs. *the discovery that … was even better*)를 통해 두 번 나타난다. 따라서 팬들의 열망과 열정은 평가적 용어인 *brilliant*와 *even better*를 내세우고 전경화시키는 유표적 문법적 구조화를 선택하는 것을 통해 표현된다.

다음 예문에 있는 *naturally*의 사용에 대해서도 주목해 보라.

I was sitting on my bed on the morning of September 1, the first day
I had to go back to school, and I was **naturally** very depressed.
9월 1일 아침, 저는 침대에 앉아 있었지요. 그날은 학교로 다시 가야 하는 첫날이었고, 저는 당연히 매우 우울했어요.

이러한 용어들은 해석된 독자가 필자와 특별한 일련의 가치 또는 태도를 공유하는 것으로 표현된다는 점에서 분명히 상호작용적이거나 대화적이다. 이 경우에는 학교에 가는 것은 고통과 절망을 유발하는 것이 일반적인 심리학적 해석이다. 따라서 필자는 '상식'을 기반으로 하여 의도된 독자층과 합의를 구성하게 된다.

이 편지는 비록 몇 문장에 불과하지만 종종 평가적 언어의 복잡한 기능과 관련된 다양한 이슈를 보여준다. 그것은 다른 선택보다 한 유형의 태도(감정)를 선호하는 필자의 효과를 보여주었으며 이 선택은 특별한 담화적 개성을 발생시킨다. 그리고 평가하기가 근본적으로 갖고 있는 대화적인 성격은 다른 상호주관적 자원과 함께 필자, 잡지 및 일반 독자 사이의 조율과 라포의 관계를 해석하는 태도평가적 방향의 선택과 함께 논의되어 왔다.

텍스트 2는 일반적으로 영화 평론가들과 잡지의 필자들 사이에서 매우 널리 받아들여지는 견해, 즉, *Tomb Raider 2*가 나쁜 영화였다는 것에 대해 필자가 공감대를 형성하기보다는 반대한다는 점에서 대조를 이룬다. 우리는 이러한 차이가 두 필자가 텍스트를 형성하는 방식에 반영된다는 것을 알게 된다. 방금 언급했듯이, 첫 번째 필자는 *I had to write and say*를 사용하는 반면, 두 번째 필자는 *Just a line to say* …로 시작한다. 적대적인 두 번째 텍스트의 필자는 그가 토론에 기여하고자 하는 것의 중요성이나 무게를 어느 정도 감소시키거나 과소평가하는 발언을 채택한다. 그는 분명히 어떤 외적인 강요에 의해 자신을 나타내지 않는다. 또한, 영화에 대한 그의 정반대의 긍정적인 평가(이는 *a very affectionate homage*였다)는 *I feel*이라는 프레이머에 의해 그의 의견으로 명시적으로 제시되어 있어서 다른 사람들이 다르게 '느낄 수 있는' 가능성을 공개적으로 허용하고 있다.

그러나 텍스트 2는 텍스트 1과 적어도 하나의 중요한 특징을 공유한다. 이 텍스트의 필자는 또한 감정에서 그의 태도평가적 위치를 근거로 삼아서 *Tomb Raider* 리뷰의 부정적인 것에 대한 그의 슬픔을 묘사하는 것으로 시작을 한다. 자신의 감정적 반응에 대한 보고는 매우 개인적이다. 그들은 수신자가 개인적인 차원에서 응답하거나, 동정하고, 공감하거나, 아니면 적어도 감정을 허용하거나 이해할 수 있도록 유도한다. 이 점에서, 두 편지의 필자들은 유사한 상호주관적 전략을 사용한다. 그러나 둘의 유사성은 상대적으로 유동적인 것이다. 두 번째 기고자는 첫 번째 기고자와는 다른 점이 있는데, 감정에서 시작하지만, 여러 가지 구체적이고 때로는 기술적인 평가를 통해 자신의 관점을 뒷받침한다. 첫 번째 기고자와는 달리, 그는 자신의 역할을 팬의 역할이 아니라 잡지의 필자와 다른 평론가들과 동등하게 자리매김할 전문가의 역할로 구성한다.

지금까지 이러한 논의는 이 책의 나머지 부분에서 다루게 될 질문의 유형에 대한 소개로 제공되었다. 우리는 이제 평가어 이론의 역사적 발전을 간략하게 설명하고, 평가어 이론이 개발되고 확장되기 위한 SFL과의 관련성에 대한 간략한 개요를 제공할 것이다. 그렇게 함으로써 SFL이 발전하고 확장되기 위한 대인적 대기능과 평가적 이론의 다른 이론과의 관계가 밝혀질 것이다.

1.2 언어의 기능적 모델에서의 평가어

앞서 설명한 바와 같이, 우리의 평가하기 모델은 SFL의 일반적인 이론적 프레임워크 내에서 진화해 왔다. Eggins 2004/1994는 우리의 연구를 알린 SFL의 'Sydney' 사용역[5]에 대한 접근 가능한 소개를 제공하고 있다. 문법을 위해서 우리는 Halliday 2004/1994 및 Matthiessen 1995에 의존했으며, 담화 분석을 위해 Martin 1992b (나중에 Martin & Rose 2003으로 재맥락화됨)를 사용했다. 이론적 개념의 가장 관련성이 높은 저서는 Halliday & Matthiessen 1999이다(SFL의 이론에 대해 간략한 개요는 Halliday & Martin 1993 및 Christie & Martin 1997의 서장(序章)들을 참조하라). 이제 언어와 사회적 맥락의 전체론적 모델 내에서 평가어를 배치하는 방식으로 SFL의 기본 매개 변수 중 일부를 간략하게 설명할 것이다.

1.2.1 대기능

SFL의 핵심은 분석가에게 사용되는 언어를 해석하기 위해 보완 렌즈를 제공하도록 설계된 다중(多重) 관점 모델이다. (본질적으로 SFL은 다중(多重) 관점 모델이며, 이는 분석가들에게 우리가 사용

---

5) [역자주] 시드니 영어를 말함.

하는 언어를 해석할 수 있도록 보완 렌즈를 제공하기 위해 설계된 것이다.) 이러한 상호보완성 중 가장 기본적인 것 중 하나는 의미 종류의 개념이다. 즉, 언어는 거의 모든 의사소통 행위에서 관념적, 대인적 및 텍스트적 의미를 서로 매핑하기 위한 자원이라는 생각이다. 관념적 자원은 경험을 구성하는 것과 관련이 있다. 이것은 무슨 일이 일어나는지, 즉 누가 무엇을 누구에게, 어디서, 언제, 왜, 어떻게 하고 있는지 그리고 일어나는 것과 다른 것과의 논리적인 관계에 관한 것이다. 대인적 자원은 사회적 관계 협상과 관련이 있다. 이는 사람들이 공유하려는 느낌을 포함하여 사람들이 상호작용하는 방식을 말한다. 텍스트적 자원은 정보의 흐름과 관련이 있다. 즉, 이것은 웨이브들[6] 간의 상호 연결, 그리고 언어와 그에 수반되는 양식들(행동, 이미지, 음악 등) 간의 상호 연결을 포함한다. 즉 관념적 및 대인적 의미가 기호 체계의 웨이브로 분산되는 방식이다. 그림 1.1에 요약된 것처럼 이러한 고도로 일반화된 의미 유형을 대기능이라고 한다.

그림 1.1 관념적, 대인적, 텍스트적 대기능들

이 책에서 우리는 대인적 의미에 초점을 맞추고 있다. Martin & Rose 2003에서는 다른 종류의 의미와 관련하여 대인적 의미를 다루기 위한 공감적 프레임워크를 제공한다. 또한, 설명의 편의를 위해 여기서는 문어 담화에서 대인적 의미에 중점을 둔다. 이러한 관점에서 이 책은 구어를 다루는 Eggins & Slade 1997을 보완한다. 평가어 분석 개발에 참여하는 것은 여기에서 개발된 도구가 문어 텍스트와 구어 텍스트 모두에 유용하게 적용될 수 있다는 우리의 기대를 확인시켜준다.

약 1990년까지 SFL에서 대인적 의미에 대한 연구는 느낌(feeling)보다 상호 작용(interaction)에 더 중점을 두었다. 이것은 서법과 양태의 문법에 대한 Halliday의 획기적인 연구(Halliday 1994)와 대화의 말차례-전환 분석(Halliday 1984, Martin 1992b, Eggins & Slade 1997에서 소개된 발화 기능과 교환 구조 분석으로 확장)의 결과였다. 1990년대 초 동료 학자들과 연구하면서 우리는 독백적 텍스트에서 대인적 의미에 대한 더 풍부한 이해의 필요성에 의해 야기된 보다 어휘 쪽에 기반한 관점을 개발하기 시작했

---

6) [역자주] 주기어(periodicity)의 기본 단위

다. 처음에 우리는 이야기에서의 감정평가에 관심을 두었고, 직장과 중등학교에서의 문해와 관련된 행동 연구 프로젝트의 일환으로 문학 비평, 인쇄 매체, 예술 비평, 행정 담화 및 역사 담화에서의 평가하기를 고려하게 되었다(Iedema, Feez & White 1994, Iedema 1995, Martin 2000a, Martin 2001b). 그 이후로 연구는 많은 분야에 걸쳐 진행되었으며 프레임워크는 아래 2장과 3장에 설명된 범주를 중심으로 어느 정도 안정화되었다. 평가어의 지속적인 발전에 관심이 있는 독자는 www.grammatics.com/appraisal에서 토론에 참여할 수 있다.

1.2.2 실현

우리가 고려해야 할 두 번째 렌즈는 실현(realisation)이다. 언어는 서로 다른 추상화 레벨에서 3가지 부호화의 사이클을 포함하는 계층화된 기호 체계라는 개념이다(그림 1.2 참조). 구어의 경우 가장 구체적인 것은 음운론으로, 이는 음소를 음절로 구성하고 리듬과 억양 단위로 배치하는 것을 다룬다. 물론 쓰기의 경우 이 수준은 필적학과 관련이 있으며 구두점, 레이아웃 및 서식 설정과 함께 문자를 문장으로 구성하는 작업(중간 단위를 통해)을 처리해야 한다. 청각 장애인의 언어의 경우 이 레벨은 수어와 관련이 있다.

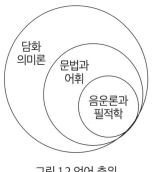

그림 1.2 언어 층위

SFL에서 다음 레벨의 추상화를 어휘문법(lexicogrammar)이라고 한다. 그것은 단어와 구조로 음운론적 그리고 필적학적 패턴들의 재부호화와 관련이 있다. 여기서 재부호화의 개념이 중요하다. 어휘문법은 음운론적 또는 필적학적 패턴으로 구성되지 않는다. 오히려 그것을 통해 실현된다. 그것은 단지 더 큰 조직이 아니라 '더 추상적인 레벨의 조직'이다. 이것을 이해하는 한 가지 방법은 음운론[7]

---

7) 설명을 단순화하기 위해, 이 시점에서 우리는 필적학을 따로 다루지는 않겠다.

과 문법 모두 고유한 구성적 위계들을 가지고 있다는 점에 유의하는 것이다. 영어 음운론에서 우리는 하나 또는 그 이상의 피트(feet)로 구성된 톤 그룹(tone group), 하나 또는 그 이상의 음절로 구성된 피트, 하나 또는 그 이상의 음소로 구성된 음절을 인식할 수 있다. 영어 문법의 경우, 절은 하나 또는 그 이상의 군[8]으로 구성되며, 군들은 하나 또는 그 이상의 단어로 구성되고, 단어는 하나 또는 그 이상의 형태소로 구성된다. 그리고 그 두 개의 위계가 반드시 일치하지는 않는다. 형태소는 하나 또는 그 이상의 음절(dog, parrot, elephant 등)로 실현되고, 음절은 하나 또는 두 개의 형태소(hat, hats; she, she's)로 실현되는 것처럼, 우리는 두 개 이상의 톤 그룹을 통해 실현되는 절과 하나의 톤 그룹이 두 개의 절로 실현되는 것을 발견할 수 있다. 따라서 어휘문법이 음운론으로 구성되는 경우는 없다. 어휘문법은 음운론 패턴들의 패턴이다. 다시 말하면, 보다 구체적인 레벨에 의해 실현된, 보다 추상적인 레벨이다.

추상화의 세 번째 레벨은 여기에서 담화 의미론으로 언급되며, 이것은 절 너머(즉, 다른 말로 텍스트로)의 의미와 관련되어 있다는 사실을 강조한다. 이 레벨은 사람들, 장소들 및 정황이 텍스트에서 어떻게 소개되고, 어떻게 추적되는지(식별어), 사건과 사태가 시간, 원인, 대조와 유사성의 측면에서 어떻게 서로 연결되는지(접속어), 참여자가 부분에서 전체로, 하위부류에서 부류로 어떻게 관계되는지(관념어), 말차례가 상품, 서비스와 정보의 교환으로 어떻게 조직되는지(교섭어), 평가하기가 어떻게 확립되고, 증폭되고, 대상화되고, 출처가 어디인지(평가어)에 대한 질문을 포함하여 담화 구성의 다양한 측면과 관련이 있다.

평가어는 다음의 세 가지 이유로 담화 의미론에 속한다. 첫째, 태도 평가어의 실현은 특히 증폭된 경우 문법적 경계에 관계없이 담화의 한 국면에 파급되는 경향이 있다. (Amazon 웹사이트에서 온) 한 Stevie Ray Vaughan 팬의 극찬은 각 절들의 합 이상의 긍정적 평가하기를 만들어 낸다.

awesome! awesome! awesome! awesome! it's very worth buying. oh did i say that it's awesome! thank you. stevie ray!
대박!대박!대박!대박! 정말로 살 만한 가치가 있었어요. 내가 대박이라고 했죠? 고마워요. stevie ray!

둘째, 주어진 태도 평가어는 다음의 예와 같이 다양한 문법 범주에 걸쳐 실현될 수 있다.

---

8) 정확하게는 Halliday 1994 이후의 군이나 구.

an <u>interesting</u> contrast in styles	형용사 (형용어)
스타일의 흥미로운 대조	
the contrast in styles <u>interested</u> me	동사 (과정)
스타일의 대조는 나를 흥미롭게 했다	
<u>interestingly</u>, there's a contrast in styles	부사 (논평 부가어)
흥미롭게도, 스타일의 대조가 있었다	

이렇게 분산된 예들에서 나타나는 공통되는 평가적 의미를 일반화하려면 어휘문법에서 벗어나야 한다.

마지막으로 문법적 은유에 대한 질문이 있을 수 있다(Halliday 1994, Halliday & Matthissen 1999). 이것은 다시 말하면 기존의 의미가 두 번 요리되는 과정으로, 표현과 의미 사이에 어느 정도의 긴장감을 유발하게 된다. 예를 들어, 방금 검토한 태도 평가어를 명사화함으로써 이것을 문법적으로 하나의 '사물'이 되게 할 수 있다.

the contrast in styles is of considerable <u>interest</u>
스타일의 대비는 상당한 관심사이다.

이런 식으로 표현하면 우리의 관심을 끄는 의미적 과정(preocess)은 어떤 관심을 끄는 유형을 지칭하는 문법적 개체(entity)로 만들어진다. 위의 *An interesting contrast in styles*도 같은 방식으로 처리할 수 있을 것이다. 왜냐하면 여기서 *contrast*는 그 자체가 명사화이며, 실제로 'an interesting contrast'의 리뷰 타이틀 글 안에서 다음의 *different*처럼 풀어쓰고 있기 때문이다.

His overall appearance, his stage presence, even his playing style are quite different in the two shows.
그의 전체적인 외모, 무대에서의 존재감, 심지어 그의 연주 스타일은 두 쇼에서 상당히 다르다.

문법적 은유는 의견을 객체화하고, 등급화하는 데 있어서도 사용하게 된다. 문법적으로 말하면, 이것은 양태와 관련이 있다. 그리고 우리는 이것을 양상 부사 그리고/또는 양상 동사를 통해 실현할 수 있다.

Perhaps his playing style might be different.
어쩌면 그의 연주 스타일은 다를지도 몰라.

Probably his playing style would be different.
아마 그의 연주 스타일은 다를 거야.

Certainly his playing style must be different.
확실히 그의 연주 스타일은 달라.

이와 달리, 우리는 확신의 정도를 설정하기 위해 1인칭, 현재 시제 정신적 과정(인지동사)을 사용할 수 있다.

I suspect his playing style is different.
나는 그의 연주 스타일이 다른 것 같아.

I believe his playing style is different.
나는 그의 연주 스타일이 다르다고 믿어.

I know his playing style is different.
나는 그의 연주 스타일이 다르다는 것을 알아.

그리고 우리가 이 외재적[9] 주관적 형태(Halliday 1994)를 사용하는 경우, 그 적절한 태그는 Stevie의 연주 스타일에 붙는 것이지 그 화자에 붙는 것이 아니다. - 왜냐하면 우리가 이야기하고 있는 것은 그가 어떻게 연주하느냐 하는 것이지, 화자가 생각하는 방식이 아니기 때문이다.

I suspect his playing style is different, isn't it?
나는 그의 연주 스타일이 다른 것 같아, 그렇지 않니?

*I suspect his playing style is different, don't I?[10]
나는 그의 연주 스타일이 다른 것 같아, 그렇지 않니?

---

9) [역자주] 내재적과 대립적인 용어로, 절 밖에서 실현되는 문법적 은유 표현들을 가리킨다.
10) 여기서 이 태그는 휴지(休止) 다음에 다시받기(재차 의심함)로 사용될 때만 허용된다.

이러한 예에서 확률에 대한 하나의 의미적 평가는 하나의 인지의 문법적 과정으로 재작업된다. 그 레벨들 사이의 그러한 긴장은 다음과 같은 언어적 유희를 야기한다.

'I'm inclined to think—' said I. 'I should do so', Sherlock Holmes remarked impatiently. I believe that I am one of the most long-suffering of mortals; but I'll admit that I was annoyed at the sardonic interruption. 'Really, Holmes', said I severely, 'you are a little trying at times'. (Doyle 1981: 769)

'나는 –라고 생각하는 경향이 있어' 내가 말했다. '그렇게 해야겠어.' Sherlock Holmes가 조급하게 말했다. 나는 내가 가장 오랫동안 고통받고 있는 인간 중 하나라고 믿는다. 하지만 나는 냉소적인 방해에 짜증이 났다는 것을 인정하겠다. '정말, Holmes.' 내가 진지하게 말했다. '너도 가끔은 노력하지.' (Doyle 1981: 769)

요약하자면, 여기서 우리의 요점은 Halliday의 문법적 은유 개념이 제공하는 담화 의미론과 어휘 문법 사이의 상호작용의 정도가 평가어 이론의 중요한 측면이라는 것이다. 그리고 우리가 의미에 대한 담화 의미적 자원으로서 평가어를 개발하지 않으면, 이러한 통찰들을 이끌어낼 수 없다.

방금 검토한 이 대기능적 및 실현적 측면의 상호보완성은 그림 1.3에 요약되어 있다.

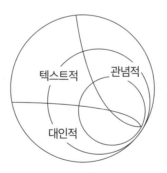

그림 1.3 층위와 대기능의 교차점

SFL의 다른 관련 차원으로 눈을 돌리기 전에 우리는 실현에 대해 우리가 취하는 Firth 학파의 관점, 즉 모든 레벨에서 의미가 만들어진다는 것을 강조해야 할 것이다. 대인적 의미에서는 억양, 음성 감각(예: sl-, gr-,-ump 스타일 시리즈) 같은 음운론이 기여를 한다. 이들은 종종 준언어적인 것으로 소외되는 경향이 있지만, 평가어 시스템이 적절하게 주어지면 훨씬 더 중심적으로 나타난다. 다시 말해, 우리는 대인적 의미에 관한 한 내용과 표현 형식 사이에 자의성의 선을 그을 필요가 있다는 것을 받아들이지 않으며, 언어 기능적 모델에서의 실현을 해석할 때, 일반적으로 사용하는 내용과 표현 사이에 Saussure의 시니피에(기의)와 시니피앙(기표)의 대립적 매핑이 도움이 되지 않는다는 것을 제안할 것이다.

마찬가지로, 우리는 Halliday 1994, Matthiessen 1995를 따라서 어휘문법을 형태들의 집합이 아니라 의미를 만들어 가는 언어적 자원으로 받아들인다. 우리가 보기에 문법 이론에 대한 Halliday의 주된 기여는 의미를 문법적으로 모델링할 수 있는 이론을 설계한 것이다. 우리는 우리의 작업에서 영어 문법에 대한 그의 '의미 가져오기(meaning importing)' 관점에 의존해 왔다. Hjelmslev의 용어로 이것은 우리가 어떤 층위화된 면에서 작업을 한다는 것을 뜻한다. 이 안에서는 어휘문법과 담화 의미론이 모두 어떤 텍스트의 의미 층위(layers)에 기여를 한다. 이러한 층위 간의 주요 상호보완성은 우리 시선의 범위와 관련이 있다. 즉, 절을 넘어서는 의미(담화 의미론)와는 반대로 절 내의 의미(어휘문법)에 관한 것이다. 문법적 은유를 전경(figure)과 배경(ground) 관계에 있는 의미의 층위가 있는 지층적 긴장으로 해석하는 것은 단지 이런 종류의 지층화된 내용 면에 달려 있다는 것을 유념하라.

1.2.3 축

SFL에서 분석의 또 다른 중요한 차원은 축 - 시스템과 구조의 음/양 상호보완성이다. Firth로부터 직접 계승되었지만, 이러한 대립은 Saussure의 계열적 관계와 통합적 관계(언어의 선택과 체인의 축)에 대한 고려로 거슬러 올라간다. Firth의 경우, 통합적 체인 내부의 구조 요소들은 시스템의 출발점으로 기능했다. 예를 들어, 음운론에서 음절의 CVC 구조는 초성과 종성에서 작동할 수 있는 자음 시스템과 그 사이의 모음 시스템 측면에서 계열적으로 탐구될 것이다.

이 작업에서 Halliday의 주요 혁신은 전체로서 구조의 단위를 시스템의 출발점으로 취급하고, 전체로서 단위와 관련하여 선택항에서 구조를 이끌어내는 것이었다. 음운론에서 이것은 음절의 시스템(Halliday 1992)과 필요에 따라 다른 상위 단위를 의미한다. 문법에서 그것은 군과 절의 구조를 조직하는 것을 책임지는 군과 절 선택의 정교한 패러다임의 개발로 이어졌다. 이는 위에서 소개한 대기능적 상호보완성을 인식하게 했으며, 영어와 중국어에 대한 의미 문법(그리고 시간이 지남에 따라 많은 다른 언어들; Caffarel, Martin & Matthissen 2004 참조)의 발전에 중요한 역할을 했다.

1.2.4 시스템

전통적으로 계열적 관계는 하나의 차원을 다른 차원에 대해 표로 표시하는 패러다임으로 표시된다. 위의 문법적 은유에 대한 논의에서 우리는 평가값(높음, 중간, 낮음)과 지향(객관적, 주관적)을 포함하여, 다양한 종류의 확률(Halliday 1994에 따름)을 살펴보았다. 이러한 대조는 표 1.1에 매트릭스로 제시되어 있다.

표 1.1 확률 - 지향별 평가값

	객관적	주관적
높음	perhaps	I suspect
중간	probably	I believe
낮음	certainly	I know

우리가 두 가지 차원을 다루는 한, 이런 종류의 계열적 관계 표시는 꽤 잘 작동할 것이다. 그러나 예를 들어, 외재적 주관적인 실현과 내재적 주관적인 실현 사이의 차이와 같은 하위 분류를 도입하면, 그 그림은 더 복잡해진다. 우리는 라벨링과 경계의 서식 설정에 대해 더 주의를 기울여야 한다 (표 1.2 참조).

표 1.2 확률 - 주관적 실현들을 하위분류하기

	객관적	주관적: 외재적	주관적: 내재적
높음	perhaps	I suspect	might
중간	probably	I believe	would
낮음	certainly	I know	must

우리가 세 번째 차원(빈도 또는 의무)을 도입하려고 하면, 그림은 더 복잡해진다. 시각적으로 말하면, 우리는 그릴 수는 있지만, 읽기 어렵고 많이 사용되지 않는 3차원 큐브를 갖게 된다. 다음 2장에서 우리는, 관련된 차원의 수와 하위 분류의 양을 가능한 한 제한하는, 여러 평가어 시스템을 표로 제시할 것이다.

이러한 추가적인 복잡성에 대처하기 위해, Halliday는 계열적 관계를 표시하기 위해 시스템 네트워크라고 하는 이미지를 디자인하였다. 패러다임들에서 행과 열의 이름은 선택항의 시스템의 특질로 처리되며, 어떤 특질도 다른 시스템으로의 진입 조건이 될 수 있다. 그림 1.4에서 화살표가 있는 각괄호는 논리적 '또는(or)'을 나타낸다. 이 네트워크는 주관적 양태가 외재적이거나 내재적일 수 있다는 것을 말하고 있다.

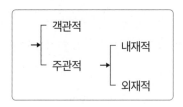

그림 1.4 종속 시스템들을 표시하는 네트워크

그림 1.4의 두 시스템은 각각 2항의 시스템이지만, 시스템들은 다양한 특질을 포함할 수 있다. 3가지 이상의 특질을 가진 시스템이 제안될 경우, 일반적으로 특질을 더 작은 시스템으로 그룹화하는 이유를 찾는 것이 가능하기 때문에, 일반적으로 시스템은 두 개 또는 세 개의 특질로 구성된다(아래 Halliday의 부정성과 관련된 평가값의 해석에 대한 논의 참조).

다차원성은 논리적 '그리고(and)'의 의미를 가진 각진 괄호로 처리된다. 이것은 그림 1.5에 강조되었듯이 표 1.1의 교차 분류를 처리하는 데 사용할 수 있다. 이 네트워크는 양태가 객관적이거나 주관적일 수 있고 동시에 높은, 중간 또는 낮은 평가값일 수 있음을 말해주고 있다. 다시 말하면, 그것은 지향에 대해 평가값을 매핑한다.

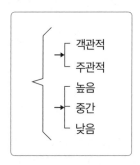

그림 1.5 두 개의 동시 시스템들을 표시하는 네트워크

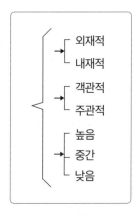

그림 1.6 세 개의 동시 시스템들을 표시하는 네트워크

이러한 종류의 도식화를 사용하면, 표시할 수 있는 차원의 수에 제한이 없다. 내재적/외재적 대립은 주관적 양태뿐만 아니라 객관적 양태(*perhaps/it's possible* 등)에도 적용되기 때문에, 이 시스템을 그림 1.6에서와 같이 실제로 세 번째 차원으로 포함할 수 있다. 우리는 한 시스템을 다른 시스템으로 세분화하거나 다중 차원에서 주의를 집중해야 할 때, 이러한 종류의 시스템 네트워크를 사용하여 평가어 시스템을 표시할 것이다.

문법에서, 시스템 네트워크는 범주적 대립을 나타내기 위해 사용된다. 시스템은 문법 항목을 하나의 종류 또는 다른 종류로 분류한다(둘 다도 아니고 그 사이에 있는 것도 아니다). 따라서 위에서 제시된 높은/중간/낮은 평가값 시스템은 하나의 척도처럼 보이지만, 시스템 네트워크 표기법은 그것을 그렇게 형식화하지 않는다. 다시 말해, 시스템에서 특질을 위에서 아래로 배열하는 것은 의미가 없다. Halliday(1976a, 1994)는 사실, 문법적으로 말하면 이 시스템은 척도가 아니라고 주장한다. 왜냐하면 중간 양태들은 높은 양태와 낮은 양태와 다르게 부정과 상호작용하기 때문이다. 예를 들어, 중간 확률을 사용하면 양태와 명제 사이에서 부정을 자유롭게 이동할 수 있다.

it's probable his playing styles aren't different
그의 연주 스타일이 다르지 않을 것이다.

it's not probable his playing styles are different
그의 연주 스타일이 다를 가능성은 없다.

이 둘은 어떤 의미에서 *His playing styles won't be different*와 같다. 그러나 높은 평가값과 낮은 평가값의 경우 부정이 이동하면 평가값이 전환된다(낮음에서 높음으로 또는 높음에서 낮음으로). 그리하여 *it's possible that ... not*은 *It's not certain that ...*과 쌍을 이룬다.

it's possible his playing styles aren't different
그의 연주 스타일이 다르지 않을 수 있다.

it's not certain his playing styles are different
그의 연주 스타일이 다른지 확실하지 않다.

그리고 *it's certain that ··· not*은 *it's not possible that ···*과 짝을 이룬다.

it's certain his playing styles aren't different

그의 연주 스타일이 다르지 않다는 것은 확실하다.

it's not possible his playing styles are different

그의 연주 스타일이 다를 리 없다.

그러면 문법적으로, 중간 양태와 그 외 양태 사이에 동기화된 대립이 있으며, 그 외 양태는 높고 낮음으로 나눌 수 있다. 이 해석은 그림 1.7에 요약되어 있다.

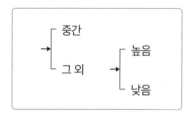

그림 1.7 Halliday의 양태의 문법적 읽기

그러나 평가어 의미론에 관한 한 우리는 일부 시스템을 척도화된 것으로 해석하는 것이 유용하다는 것을 발견했고, 이것이 실제 일반적으로 대인적 의미 시스템의 독특한 특징일 수 있다고 보았다. 이러한 의미의 경우 평가값은 '낮음(low)'에서 '높음(high)'으로 확장되는 연쇄 척도를 따라 위치한다는 개념을 사용하는 것이 유용하며, 그에 따라 이 두 극단 사이에 다양한 중간 지점이 가능하게 된다. 따라서 contented ^ happy ^ joyous ^ ecstatic의 연쇄는 contented의 낮은 강도 평가값에서 ecstatic의 최대의 높은 평가값까지의 연속체를 나타내는 것으로 분석될 수 있다. 양상 평가값인 possibly [낮음] ^ probably [중간] ^ certainly [높음]도 유사하게 분석될 수 있다. Sue Hood(사적 대화에서)는 척도의 시스템을 그림 1.8과 같이 나타낼 것을 제안했다.

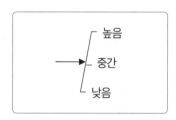

그림 1.8 척도화된 시스템의 표현(양태 평가값)

척도화된 시스템의 도입은 우리의 관점을 범주형 분석에서 등급화된 분석으로 전환한다. 기술적으로 말하면, 이것은 유형학에서 위상학(topology)으로의 전환이다. 위상학적 관점에서 우리는 의미의 영역과 한 의미가 연속체를 따라 다른 의미에 근접하는 것에 관심이 있다. 표현의 목적을 위해, 우리는 한 차원을 다른 차원[11]에 대해 배열할 수 있고, 이미지에서 서로 더 가깝거나 더 멀리 있는 실현을 정렬할 수 있다. 예를 들어, 양태를 사용하면, 우리는 평가값과 지향 모두를 연속체로(높은 것에서 낮은 것 그리고 주관적인 것에서 객관적인 것으로) 취급하고 주관성 또는 객관성 그리고 등급이 매겨진 평가값의 정도와 범위를 고려할 수 있다. 그림 1.9에는 외부적-주관적이고 외부적-객관적인 옵션(*for my part, I suspect, there's a possibility*)과 상위-가능성 및 하위-가능성(*very possible, just possible*)에 대한 평가값이 포함되어 있다. 물론 탐구해야 할 많은 다른 등급들이 있다.

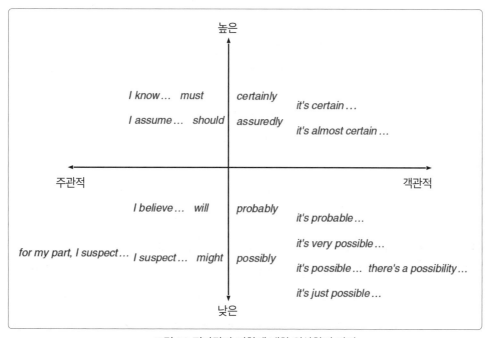

그림 1.9 평가값과 지향에 대한 위상학적 관점

1.2.5 구조

위에서 언급한 바와 같이, SFL에서 시스템과 구조는 의미 잠재성의 상호보완적인 양면이다. 시스템 관점은 자원으로서의 언어라는 선택의 개념을 강조하며 구조적 관점은 기호학적 과정의 고유한

---

11) 이론적으로 이 영역들은 다차원적이며, 의미에 대한 관련 교차 차원의 수가 얼마든지 가능하다. 그러나 패러다임에서처럼 동시에 세 차원 이상의 교차 차원으로 해석하는 것은 어렵다.

시간성을 강조하고 있다. 이러한 과정은 시간의 진행을 통해 펼쳐지고, 이 과정의 국면들은 만들어지는 의미를 신호로 전달함으로써 서로 상호의존적인 관계에 들어간다. Pike는 물리학에 근거하여 다양한 종류의 비교할 수 없는 구조화 원리를 인정한 최초의 언어학자였다.

> Within tagmemic theory there is an assertion that at least three erspectives are utilized by Homo sapiens. On the one hand, he often acts as if he were cutting up sequences into chunks - into segments or **particles** ⋯ On the other hand, he often senses things as somehow flowing together as ripples on the tide, merging into one nother in the form of a hierarchy of little **waves** of experiences on still bigger waves. These two perspectives, in turn, are supplemented by a third - the concept of **field** in which intersecting properties of experience cluster into bundles of simultaneous characteristics which together make up the patterns of his experience. [Pike 1982: 12-13]
>
> 문법소론(tagmemic theory)에서는 호모 사피엔스가 적어도 세 가지 관점을 사용한다는 주장이 있다. 한편으로는, 그는 종종 연쇄를 분절이나 소사(小辭, particles) 덩어리로 자르는 것처럼 행동한다. 다른 한편으로는, 그는 사물들이 조류 위의 잔물결처럼 함께 흘러가고, 훨씬 더 큰 웨이브 위에서 경험의 작은 웨이브의 위계 형태로 다른 것들로 합쳐지는 것을 감지한다. 이 두 가지 관점은 결국 세 번째 관점으로 보완되는데, 즉 경험의 교차하는 특성들이 동시에 그의 경험의 패턴을 구성하는 특성들의 묶음으로 형성되는 장(field)의 개념이다. [Pike 1982: 12-13]

Halliday(1979)는 구조의 종류를 의미의 종류와 연관시키는 추가적인 단계를 거치고 있다. Martin의 용어(1995a, 1996)에서 관념적 의미는 소사적 구조와 연관되고, 대인적 의미는 운율 구조와 연관되며, 텍스트적 의미는 주기적(periodic) 구조와 연관된다(그림 1.10 참조). 소사적 구조는 분절적이며, 단일-핵(궤도적) 또는 다중-핵(연쇄적) 패턴으로 구성된 분절을 찾을 수 있다. 이러한 종류의 구조는 관념적 의미를 구성하는데, 예를 들어, 단일-핵의 핵/위성 관계는 절에서 **과정**과 **매개자**가 다른 참여자와 절의 배경상황의 관계(과정/매개자가 중심이고, 참여자는 이 중심과 가까운 궤도에 있고, 배경상황은 바깥 궤도에 있다.), 또는 명사군에서 **분류어**와 **사물**의 전-수식과 후-수식과의 관계(분류어/사물 복합이 중심이고, 부가적인 수식은 다소 중력적으로 결속된다.)와 유사하다. 이 실현의 상호보완적인 연쇄 패턴은 어떤 하나의 중력 중심을 가지고 있지 않다. 오히려 그 구조는 우리가 투사 절(I think he knows she feels ⋯)에서 찾은 것과 같은 분절적 상호의존성 또는 영어 동사군에서 시제 선택(had been feeling - 과거 속 과거 속 현재)을 통해 전개된다. 주기적 구조는 서로 다른 웨이브가 하나의 주변에 다른 하나가 둘러싸면서 정보의 웨이브로 의미를 조직화한다. 우리는 음운론에서 음절을 음성의 파동으로, 풋을 강세가 있고 없는 음절의 파동으로, 톤 그룹을 전-톤과 톤 피트의 파동으로 해석할 수 있는 이러한 패턴에 가장 익숙하다.[12] 그러나 정보는 모든 층위에서 주기성의 위계로 조직된다.

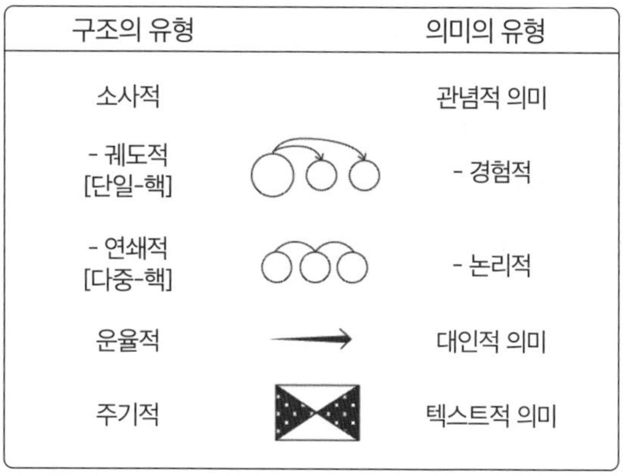

그림 1.10 구조의 종류와 관련된 의미 종류

대인적 구조의 운율성에 대한 Halliday의 논평은 평가어 분석과 특별한 관련이 있다.

The interpersonal component of meaning is the speaker's ongoing intrusion into the speech situation. It is his perspective on the exchange, his assigning and acting out of speech roles. Interpersonal meanings cannot easily be expressed as configurations of discrete elements … The essence of the meaning potential of this part of the semantic system is that most of the options are associated with the act of meaning as a whole … this interpersonal meaning … is strung throughout the clause as a continuous motif or colouring … the effect is cumulative … we shall refer to this type of realisation as 'prosodic', since the meaning is distributed like a prosody throughout a continuous stretch of discourse. [Halliday 1979: 66-7]

의미에 대한 대인적 요소는 화자가 발화 상황에 지속적으로 개입하는 것이다. 그것은 발화 교환에 대한 그의 관점 및 발화 역할에서의 분담과 행위를 말한다. 대인적 의미는 개별 요소의 구성으로 쉽게 표현될 수 없다. 의미 체계에서 이 부분의 의미 잠재성의 본질은 대부분의 선택항이 전체적으로 의미의 행위와 연관되어 있다는 것이다… 이 대인적 의미는… 연속적인 모티프 또는 채색화되어 이 절 전체를 통해 묶여 있다… 이 효과는 누적된다…. 우리는 이러한 유형의

---

12) van Leeuwen(1982)와 Martinec(2000)의 연구에서 미디어 담화를 위한 더 긴 (음운)파동 길이가 제안되었다.

인식을 '운율적'이라고 부를 것이다. 왜냐하면 의미는 연속적인 담화 전체에 운율처럼 분포되어 있기 때문이다. [Halliday 1979: 66-7]

물론 Halliday는 자음 클러스터와 음절, 모음 조화, 리듬, 억양에 걸쳐 매핑된 조음 운율을 포함한 비분절 형태의 실현을 강조한 Firth의 음운론적 분석을 바탕으로 하고 있다. 일단 어휘문법 및 담화 의미론으로 눈을 돌리면, 운율 구조를 분명히 모델링하고 이해하기가 더 어려운데, 이는 아마도 그 것이 알파벳 문자 시스템의 진화에 의해 모호화된 구조 중 하나이기 때문일 것이다. 여기에서는 세 가지 유형의 운율적 실현을 소개하겠다. 우리는 이러한 운율적 실현이 평가어가 지속적으로 누적되는 모티프로 작동될 때 그 방식을 해석하기 위해서 유용하게 사용된다는 것을 알게 되었다.

포화(saturation) - 이러한 운율적 실현의 유형은 기회주의적이다; 그 운율은 그것이 가능한 곳에서 나타난다. 예를 들어, 어떤 확률 양태는 1인칭 현재 시제의 정신적 과정, 양상 동사 및 양상 부가어로서 절을 통해 이어지고 태그에서 다시 선택될 수 있다. 이런 종류의 기회주의적 실현은 음운론의 모음조화와 유사하다.

I suppose	he	*might*	*possibly*	have	*mightn't*	he
정신적 과정을 투사하기		양상 동사	양상 부가어		양상 동사 (+부정)	

강화(intensification) - 이 실현 유형은 증폭과 관련되어 있다; 그 음량을 높여서 그 운율이 주변 담화를 통해 울려 퍼지는 소리를 더 크게 만든다. 강화는 다양한 종류의 반복을 포함하며, 음운론에서 강조를 위해 음의 크기 및 음높이 변화를 사용하는 것과 유사하다.[13] (Poynton 1984, 1985, 1996에 나타난 것처럼):

'**That**,' said her spouse, 'is a lie.' '**It's the truth**,' said she. 'It's a <u>**dirty rotten stinking lousy bloody low filthy two-faced**</u> lie,' he amplified. He's just a <u>**lovely lovely lovely**</u> guy; <u>**Truly, TRULY**</u> outstanding. <u>**Gregsypookins**</u> – five steps of 'diminutive' endearment. *(Greg-s-y-poo-kin-s)*

---

13) 필적학에서 강조하기를 위한 서식 설정의 사용과 유사하다.

'그건' 그녀의 배우자가 말했다. '거짓말이야.' '그건 사실이야.' 그녀가 말했다. '더럽고 썩은 악취가 나는 형편없는 피비린내 나는 더러운 두 얼굴의 거짓말'이라고 그는 더 자세히 설명했다. 그는 그저 사랑스럽고 사랑스러운 사랑스러운 남자야. 정말로, 정말로 대단해. Gregsypookins – '약칭' 애정어의 5단계. (Greg-s-y-poo-kin-s)

어떤 운율은 하위 수식, 감탄절 구조 또는 최상급 형태를 통해 양이 증가될 수도 있다.

You will find yourself laughing in awe of **how truly** great a SRV show could be.
여러분은 SRV 쇼가 얼마나 진심으로 대단한지에 대해 경외심을 갖게 되고, 웃고 있는 자신을 발견하게 될 것입니다.

What an amazing album. 'Love Struck Baby' starts it off and is one of their **most** famous songs. 'Testify' is one of the great**est** songs Stevie ever did.
정말 멋진 앨범이다. 앨범은 'Love Struck Baby'로 시작되는데 이는 그들의 가장 유명한 곡 중 하나이다. 'Testify'는 Stevie가 부른 가장 위대한 노래 중 하나이다.

지배(domination) – 이러한 종류의 실현에서 운율은 범위 내에서 다른 의미를 갖는 의미와 자신을 연관시킨다. 영어 문법에서 Halliday의 **서법부** 기능은 절의 논쟁 가능성 – 논쟁의 '핵심'을 해석함으로써 이러한 방식으로 작동한다. 이 기능은 Star Wars 서사 영화에서 Yoda의 개인 평가어를 통해 대중 문화의 전면에 등장했다. 표준 영어에서는 **서법부** 기능을 절의 처음에 배치하는 반면 Yoda는 그것을 맨 뒤에 배치한다.

[표준: **서법부 ^ 잔여부 연쇄하기**]

I can – sense a disturbance in the force.
나는 그 힘의 동요를 감지할 수 있다.

He was – full of anger.
그는 화가 잔뜩 났다.

[Yoda: **잔여부 ^ 서법부 연쇄하기**]

Sense a disturbance in the force – I can.
그 힘의 동요를 감지할 수 있다 – 나는.

Full of anger – he was.

화가 잔뜩 났다 – 그는.

초기에 Monty Python은 이러한 대인적 핵심의 논쟁 가능성 기능에 주목했다.

It's just contradiction!

이건 그냥 모순이야!

– No it isn't.

– 아니, 그렇지 않아.

– It is!

– 맞아요!

– It is not.

– 그렇지 않아.

Well an argument isn't just contradiction.

글쎄, 어떤 논쟁은 그냥 모순이 아니야.

– It can be.

– 그럴 수 있어.

– No it can't. [from Monty Python's Flying Circus]

– 아니, 그럴 수 없어. [Monty Python의 Flying Circus에서]

위의 기술한 바와 같이, **서법부** 기능은 양태 및 극성과 함께 절의 서법(평서, 의문, 명령 등)을 설정한다. 절의 나머지는, Halliday가 **잔여부**라고 부른 것으로, 이러한 의미들의 영역으로서 기능한다. 이것은 **서법부** 내 부정 극성과 **잔여부** 내 비한정적 직시의 상호작용을 통해 표준 영어와 비표준 영어에 반영된다. 호주 복싱 챔피언인 Jeff Fenech의 문장을 보자.

'If you don**'t** get **no** publicity, you don**'t** get **no** people at the fight,' … 'If you don**'t** get **no** bums on seats you don**'t** get paid …Anyway I enjoy it.'

'홍보 안 하면 시합에 사람도 안 온다'…'자리에 사람이 없으면 돈을 받지 못한다…어쨌든 난 그것을 즐긴다'

(cf. standard: If you do**n't** get **any** publicity for **any** fights in **any** papers from **any**one ⋯)
(참조. 표준영어: 만약 당신이 누군가로부터 어떤 신문에서도 시합에 대한 홍보를 얻지 못한다면...)

이러한 운율적 실현으로, 비록 관련 있는 대인적 의미들이 국소적으로(서법부 기능에서) 실현될 수 있지만, 그들은 그들의 영역에서 의미를 지배함으로써 담화의 더 긴 구간을 채색하게 된다(범위적 의미에 대해서는 McGregor 1997을 참조하라).

이와 유사한 효과는 대인적 의미를 어떤 정보적 웨이브의 정점과 연관시킴으로써 성립되기도 한다. 영어의 대인적 **테마** (Halliday 2004/1994)는 **레마**에 이어지는 절의 의미에 대한 어떤 태도평가를 구성한다. 감탄사, 절두의 논평 부가어(욕설 포함) 및 강조된 WH 의문절들은 모두 이러한 방식으로 기능한다. 우리는 이것을 어떤 운율에 의한 주기적 구조의 어떤 공동-선택항으로 해석할 수 있다.

All of the hits are here from the albums 'Couldn't Stand the Weather' and 'Texas Flood,' plus so much more. Along with the band that night (Thursday, Oct. 4 1984) was The Roomful of Blues, a group of musicians who play the brass section. **What a** great job they did!
모든 히트곡들은 'Couldn't Stand the Weather'와 'Texas Flood' 그리고, 그 외에도 많은 앨범에 수록되어 있다. 그날 밤 (목요일, 1984년 10월 4일) 밴드와 함께 브라스 섹션을 연주하는 음악가들의 그룹인 The Roomful of Blues가 있었다. 그들은 정말 잘했다!

Unfortunately for us SRV appeared in the production-poor 80's;
우리에게는 안타깝게도 SRV는 생산량이 부족한 80년대에 등장했다.

fortunately for us, we have excellent live recordings to if not replace then bring into perspective his real greatness.
우리에게는 다행스럽게도, 바꾸지만 않으면, 우리는 그의 진정한 위대함을 볼 수 있는 훌륭한 라이브 녹음을 가지고 있다.

Our leaders are too holy and innocent. And faceless. I can understand if Mr (F.W.) de Klerk says he didn't know, but **dammit**, there must be a clique, there must have been someone out there who is still alive and who can give a face to 'the orders from above' for all the operations.
우리 지도자들은 너무 거룩하고 순진해. 얼굴도 없고. 나는 (F.W.) de Klerk 씨가 몰랐다고 말한다면 이해할 수 있지만, 젠장, 분명히 패거리가 있을 거야, 밖에 아직 살아 있고 모든 작전에 대해 '위로부터의 명령'에 얼굴을 내밀 수 있는 누군가가 있었을 거야.

Why, oh why, did he have to leave us so young?
왜, 오, 왜, 그는 그렇게 젊은 나이에 우리를 떠나야만 했을까?

마찬가지로 언어들은 대인적 의미를 한 단위의 머리어와 연관시킬 수도 있는데 이 경우 그 단위의 나머지 부분들은 종속적으로 의존적이다. Tagalog어는 이러한 방식으로 종속적 결합어 *na/ng*를 사용하여 양태(및 기타 대인적 기능)의 운율 영역을 설정한다.

sigurado-**ng**	u-uwi	ka	ng bahay	ngayon hapon
certain LK	go home	you-sg	house	today afternoon

'You'll certainly go home to your house this afternoon.'
'당신은 오늘 오후에 반드시 집으로 돌아갈 것입니다.'

종속배열에 대한 Halliday의 α β 표기법을 사용하여, 우리는 그림 1.11에서 이 연관성의 운율 효과를 보여줄 수 있다.

영어 예시를 위해 위에 소개된, 외재적으로 주관적인 양태 은유들은 양태를 정보양태화된 명제가 의존하는 주절로 설정함으로써 동일한 방식으로 작동한다(그림 1.12 참조).

α   I cannot believe
    나는 믿을 수 없다

β   that his death and the murder of so many others in the last
    terrible weeks has not prompted an immediate response
    from the government!
    그의 죽음과 많은 다른 사람들의 살인이 끔찍한 몇 주 동안 정부
    로부터 즉각적인 반응을 이끌어내지 못했다는 것을!

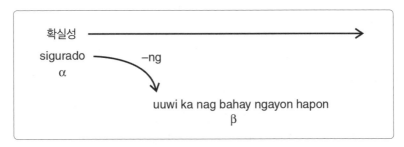

그림 1.11 Tagalog어의 운율 영역

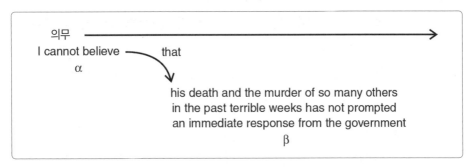

그림 1.12 영어의 운율 영역

우리는 여기서 운율적 실현 원리로 포화, 강화 및 지배를 설명하기 위해 문법의 예를 사용했다. 요약하면 이러한 전략은 그림 1.13에 도식적으로 요약되어 있다. 동일한 전략이 담화 의미론 레벨에서 작동하며, 이 책의 후반부에서 필요에 따라 해당 레벨에서 탐구될 것이다.

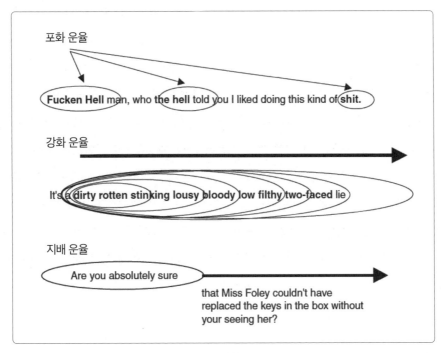

그림 1.13 운율의 유형

1.2.6 사례화

우리가 고려해야 할 추가적인 상호보완성은 실현과 관련된 사례화에 대한 것이다. 실현은 하나의 패턴의 의미를 다른 패턴으로 재부호화하는 것을 포함하는 추상화의 척도인 반면, 사례화는 관성과 변화에 대한 우리의 관점을 포함하는 일반화의 척도이다 - 우리는 한발 물러서서 무슨 일이 일어나고 있는지 전체적으로 파악하는가? 아니면 바로 가까이 서서 미시적인 모든 것의 사례의 재구성에 참여하는가? 아니면 우리는 그 중간 어딘가에 있는가? 여기서 Halliday의 비유는 날씨와 기후(Halliday & Matthiessen 1999)로써, 날씨는 우리가 매일 경험하는 변덕스러운 유동(遊動)이고, 기후는 우리가 계획하기 위해 사용하려고 하는 비교적으로 익숙한 관성이다. 결정적으로, 날씨와 기후는 같은 것이지만 다른 방향에서 볼 수 있다. 기후는 날씨 패턴의 일반화이고 날씨는 기후 트렌드의 한 예이다. SFL에서 사례화의 개념은 시스템의 메타-안정성을 탐구하는 데 사용된다. 즉, 시스템이 중요한 방식으로 글로벌하게 어떻게 변화하는지(예: 지구 온난화)와 그렇지 않은 방식으로 지역적으로 어떻게 변화하는지(예: 일교차) 탐구하는데 사용된다. 이론적으로 지역적 변화는 항상 한 타자가 치는 모든 샷이 그의 타수(그리고 타율)를 변화시키는 것처럼 한 방향 또는 다른 방향으로 시스템 전체를 밀어내는 것이다. 그러나 대부분의 경우, 그 변화는 너무 작아서 알아차릴 수 없다. 그리고 우리는 일기예보에서 기상 캐스터가 오늘의 기온이 평균보다 2° 높은 26°라고 말할 때 모순이라고 느끼지 못한다(오늘의 기온이 실제로 그 평균을 변화시켰을 때).

비록 사례화는 연속체이지만, 언어학자들은 특정 레벨의 일반화에 대해 암시적으로든 명시적으로든 시선을 고정하는 경향이 있다. 그 척도의 한쪽 끝에는 시스템이라는 용어가 있다. SFL에서 이것은 현재 고려 중인 해당 화자 커뮤니티를 위한 일반적인 언어자원으로서 기능하는 의미 잠재성이다. 다른 쪽에는 분석 중인 시스템의 구어 또는 문어 사례인 텍스트라는 용어가 있다. 사용역 이론과 장르 이론은 하위 시스템(언어 사용에 따른 기능적 변화)을 다룬다. Halliday & Matthiessen은 이 수준의 일반성과 사례 사이에서 사용역적 또는 일반적 하위-시스템으로 일반화하기에는 너무 작은 사례 모음에 대한 텍스트 유형 용어를 제안하고 있다. 이 척도에 읽기(reading)라는 용어를 더 추가할 수도 있다. 독자의 사회적 주관성에 따라 텍스트 자체가 다른 방식으로 읽을 수 있는 충분한 의미 잠재성을 가지고 있기 때문이다(그림 1.14 참조). 따라서 궁극적인 사례는 텍스트 자체가 아니라 텍스트가 제공하는 읽기이다. 그리고 담화 분석가로서 우리는 우리의 분석이 항상 사회적 위치에 있는 읽기이며 우리가 할 수 있는 한 이러한 '관심'을 표현할 필요가 있다는 것을 우리 자신에게 지속적으로 상기시킬 필요가 있다.

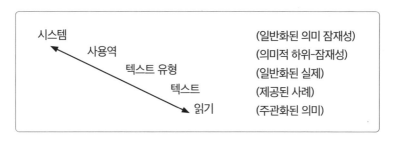

시스템		(일반화된 의미 잠재성)
	사용역	(의미적 하위-잠재성)
	텍스트 유형	(일반화된 실제)
	텍스트	(제공된 사례)
	읽기	(주관화된 의미)

그림 1.14 사례화의 연속체

좀 더 자세한 설명을 위해서, 이 책에서 우리는 담화 의미 체계로서의 평가어를 제안하고 있다. 4장에서 우리는 키(Keys)와 개인 평가어(Signatures)라고 언급한 평가어의 하위 시스템을 논의할 것이다. 우리가 탐구한 다른 의미적 시스템들보다, 평가어 분석은 텍스트가 제공하는 의미 그리고 해석될 수 있는 다양한 잠재성들에 초점을 맞추는 읽기 위치들에 주의를 집중한다. 우리는 2장에서 이것에 대한 몇 가지 이유들을 살펴볼 것이다. 이 책의 전체를 통해 우리는 텍스트 내의 의미에 대한 전반적인 궤적에 의해 만들어지는 '중립적인' 읽기에 대한 관심을 끌기 위해 최대한 노력했다.

사례화는 메타안정성에 관한 한 모더니즘 및 포스트 모더니즘 관점 모두를 위한 공간을 만들어낸다. 현대에서 언어학은 그 언어 사용의 기초가 되는 시스템을 밝혀내는 데 매우 관심이 많았으며, 일부 이론가들[14]은 언어 사용의 사례가 이런 종류의 연구에 적합한 자료가 아니라고 주장하기까지 했다. 급진적 후기구조주의는 이 이상주의에 심각한 도전을 제기하여, 거대한 시스템의 개념을 거부하고 텍스트의 의미로서 주관화된 읽기를 옹호했다. 이러한 종류의 양극화는 시스템이 안정성과 변화를 모두 협상하는 사례들을 통해 시스템 대 사례의 관계를 다루어야 하는 언어 변화에 대한 설명에 도움이 되지 않는다.

1.2.7 발생론

사례화가 일반 시스템과 관련하여 특정 사례들의 시너지에 초점을 맞추는 경우, 발생론은 우리가 기호학적 변화를 고려할 때 시간을 얼마나 멀리 바라보느냐와 관련이 있다. Halliday & Matthissen 1999는 표 1.3에 요약된 바와 같이 담화발생론(logogenesis), 개체발생론(ontogenesis) 및 계통발생론(phylogenesis)이라는 용어를 포함하는 시간 프레임의 개요를 개발했다. 담화발생론(logogenesis)은 텍

---

14) 이러한 이론가들 중 가장 잘 알려진 사람은 여러 가지 이유에서 현대성의 화신이라고 할 수 있는 Chomsky이다(de Beaugrande 1997, Martin 1997a를 참조하라).

스트의 전개와 관련된 비교적 짧은 시간 프레임과 관련이 있다; 개체발생론(ontogenesis)은 개인의 기호학적 레퍼토리의 성장을 고려한다; 계통발생론(phylogenesis)은 한 문화에 정체성을 부여하는 의미 저장소의 진화를 다룬다.

표 1.3 기호학적 변화를 위한 시간 프레임

담화발생론(logogenesis)	'텍스트의 사례화'	전개
개체발생론(ontogenesis)	'개인의 발달'	성장
계통발생론(phylogenesis)	'문화의 확대'	진화

이러한 종류의 모델에서, 계통발생론은 개체발생론을 위한 환경을 제공하고, 이는 결국 담화발생론을 위한 환경을 제공한다. 다시 말해, 문화가 진화에 도달한 곳은 개인의 언어적 발전을 위한 사회적 맥락을 제공하고, 개인이 그들의 발달에 있는 지점은 전개된 텍스트의 사례화를 위한 언어자원을 제공한다. 반대로, 담화발생론은 개체발생론을 위한 재료(즉, 기호학적 재화)를 제공하고, 이는 차례로 계통발생론에 대한 재료를 제공한다. 즉, 텍스트는 개인이 시스템을 배우기 위해 상호 작용하는 수단을 제공한다. 그리고 그것은 개별 시스템(항상 이미 사회 시스템인)의 다성적인 집합체, 즉 우리 모두의 변화하는 목소리를 통해 문화의 기호학적 궤적이 진화한다. 이 모델에서 언어 변화는 새로운 담화적, 물질적 환경에 적응함에 따라 기호 시스템의 핵심 특징인 의미 잠재성의 확장이라는 관점에서 읽힌다.

이 책에서 우리는 이러한 시간 프레임 중 가장 짧은 시간에 초점을 맞추고, 텍스트에서 그것이 전개될 때, 운율들, '키(key)'에서의 변화 및 다양한 장르의 '국면(phase)'과 '단계짓기(staging)'를 통해 평가어를 고려한다. 평가어의 개체발생론에 대한 연구는 Painter 2003을 참조하라. 우리가 알고 있는 한 이 프레임워크를 사용하는 계통발생론에 대한 연구는 거의 없다; Martin 2002a는 화해의 담화에서 평가하기의 진화와 관련하여 몇 가지 흥미로운 추측을 포함하고 있다.

1.2.8 맥락

다른 기능적 이론들과 달리, SFL은 언어 기능의 내재적 및 외재적 이론으로 모두 발전해 왔다. SFL의 언어 기능의 내부 모델은 대기능을 다루면서 1.2.1에서 소개되었다. 1970년대까지 이 삼분지 기능은 필드(Field), 모드(Mode), 테너(Tenor)를 포함하는 언어 사용의 공명적인 외부 모델로서 사회적 맥락에 투사되었다. 1980년대 시드니에서 이 모델은 장르 개념과 관련하여 더욱 발전되었다(Martin

1999a). 여기서 우리는 맥락의 층위화된 사용역과 장르 모델을 가정하고 평가어 분석과 관련하여 일반적인 용어들로 그것들을 살펴볼 것이다.

1.2.9 사용역

Martin 1992b는 사회적 맥락 필드(field), 모드(mode) 및 테너(tenor)로 구성된 분석 레벨을 사용역으로 설명했다. 사용역은 담화 패턴과 관련이 있기 때문에 담화 의미론보다 더 추상적인 수준의 분석이다. Hjelmslev는 내포적 기호학과 외연적 기호학의 차이를 설명했다. 그는 내포적 기호학을 표현 면에서 또 다른 기호학적 시스템을 가지는 것으로 정의했다. 그의 프레임워크에서, 외연적 기호학은 그들의 고유한 표현 면을 가진다. (예를 들어 언어는 음운론, 필적학, 기호 등 자신의 표현 형식을 통해 실현된다.) 이러한 용어에서 사용역은 언어를 통해 실현되는 내포적인 기호이다. 대기능과 상관관계가 있는 사용역 범주의 SFL 모델은(관념적 대기능은 필드(field)로, 텍스트적 대기능은 모드(mode)로, 대인적 대기능은 테너(tenor)로) 다음의 그림 1.15와 같이 요약된다.

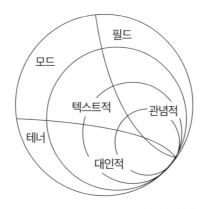

그림 1.15 필드, 모드 및 테너와 관련된 대기능

필드는 현재 진행 중인 지역적 또는 제도화된 활동을 실현하는 담화 패턴들과 관련이 있다. 기술적으로 말하면, 필드는 어떤 전역적 제도적 목적을 지향하는 일련의 활동 연쇄[15]이다. 이러한 활동 연쇄는 물론 한 필드를 다른 필드와 구별하는 분류학으로 조직된 참여자, 과정 및 배경상황을 포함한다. 이 책에서 우리는 주로 대인적 의미에 관심이 있기 때문에, 필드 분석은 중심적인 역할을 하지 않을 것이다. 하지만, 우리는 느낌이 항상 '어떤 것'에 대한 느낌이라는 것을 강조해야 한다 - 즉, 이

---

15) [역자주] Martin & Rose (2003)의 2장 관념어(Ideation)의 핵심 연구 영역이다.

는 한 필드 또는 다른 필드를 제정하는 활동 연쇄와 분류법에 대한 것이다. 그리고 커뮤니티들은 단순히 공유된 가치들 주변에 형성되는 것이 아니라 공동의 활동에 대한 공유된 가치들 주변에 형성된다. 따라서 우리는 논의의 다양한 지점에서 평가어 자원과 필드의 인터페이스를 다루어야 할 것이다. 3장의 키(key)에 대한 우리의 논의는 특히 역사와 인쇄 매체의 필드에서 관념적 의미를 갖는 평가어의 결합에 대해 살펴볼 것이다.

필드, 일상어 탐구, 기술어와 추상어에 대한 관련 작업, 기술과 관료제에 대한 작업, 그리고 인문학, 사회 과학, 과학의 담화에 대한 작업은 Halliday & Martin 1993, Hasan & Williams 1996, Martin & Veel 1998, Christie 1999, Unsworth 2000, Hyland 2000, Martin & Wodak 2003을 보라.

모드는 의사소통의 채널링을 다루며, 따라서 한 의사소통 양식에서 다른 의사소통 양식(말, 글, 전화, SMS 메시지, 이메일, 웹 페이지, 편지, 라디오, CD, 텔레비전, 영화, 비디오, DVD 등)으로의 정보 흐름의 텍스쳐링[16]을 다룬다. 한 가지 중요한 변인은 진행 중인 것과 관련하여 언어가 수행하는 작업의 양이다. 어떤 맥락에서는 사용되는 양식(예: 이미지, 음악, 동작)이 진행 중인 것에 크게 개입하기 때문에 언어가 작은 역할을 할 수도 있다. 다른 맥락에서 언어는 대체로 진행 중인 것일 수 있다. 그 이유는 때로는 추상적인 용어가 우리가 만지고, 맛보고, 느끼고, 듣고, 볼 것으로 기대할 수 있는 감각적 경험에서 상당히 제거되기 때문이다. 이러한 변이의 범위는 때때로 행동의 언어에서 추상의 언어로의 연속체로 특징지어진다.

또 다른 핵심 변인은 대화 연속체를 통한 상호보완적 독백이다. 이 척도는 다양한 의사소통 기술이 촉진되는 상호작용의 종류에 미치는 영향에 민감하다. 여기서 핵심적인 요소는 대화하는 사람이 서로를 듣고 볼 수 있는지 여부(청각 및 시각 피드백) 및 응답의 임박성(즉시 또는 지연)과 관련이 있다.

우리는 평가어 자원이 여러 가지 면에서 모드에 민감하다는 것에 대해 의심의 여지가 없다. 여기서 문어 독백적 모드에 대한 우리의 연구는 일상적인 대화에서의 평가하기에 대한 Eggins & Slade의 1997년 연구와 비교하는 것이 유용하다. 그러나 현 단계에서 평가어와 모드 변화의 상호작용은 대체로 미개척된 연구 분야이다. 모드는 Halliday & Martin 1993, Martin & Veel 1998 및 Martin & Wodak 2003에서 추가로 탐구되었다. SFL의 관점에서 언어에 수반되는 양태에 대한 연구 중 이미지에 대해서는 O'Tool 1994, Kress & van Leuwen 1996을 보라(Goodman 1996, Jewitt & Oyama 2001,

---

16) [역자주] 이것을 연구하는 것을 텍스트성(textuality)이라고 한다.

Stenglin & Iedema 2001은 유용한 소개를 제공한다). 그리고 음악과 소리에 관해서는 van Leuwen 1999를, 행위에 관해서는 Martinec 1998, 2000a, b, c, 2001을 참조하라. 이러한 연구의 결과로, 다중양상 담화 분석(multimodal discourse analysis)은 기능 언어학에서 매우 흥미로운 작업 영역이 되었으며(Kress & van Leeuwen 1996), 이는 부분적으로 개인용 컴퓨팅 기술에 의해 가능한 통신의 새로운 전자 양식에서 영감을 받았다(Baldry 1999). 이것과 평가어 분석과의 관계는 Martin 2001a, Martin 2004에 명시되어 있다.

대인적 의미에 우리의 초점을 맞추고 있기 때문에, 테너는 우리의 논의와 가장 관련이 있는 사용역 변인이다. Halliday 1985b는 테너의 특징을 다음과 같이 설명한다.

> **Tenor** refers to who is taking part, to the nature of the [communicative] participants, their statuses and roles: what kinds of role relationship obtain, including permanent and temporary relationships of one kind or another, both the types of speech roles they are taking on in the dialogue and the whole cluster of socially significant relationships in which they are involved. [Halliday 1985b/9:12]
> 테너는 참가하는 사람, [의사소통적]참여자의 특성과 그들의 지위, 역할에 관한 것이다. 즉, 대화에서 그들이 맡고 있는 발화 역할의 종류와 그들이 관여하는 사회적으로 중요한 관계의 전체 클러스터 둘 모두에서, (한 종류 혹은 다른 종류의 영구적이고 일시적인 관계를 포함하여), 어떤 종류의 역할 관계를 획득하는가를 가리킨다. [Halliday 1985b/9:12]

그의 아이디어는 1980년대에 Sydney에서 주로 Poynton에 의해 발전되었으며, Poyton은 명사군에서 성별(gender), 감정(affect), 이름짓기(naming) 관행 그리고 증폭(amplification)에 대한 선구적인 작업을 통해 1990년대까지 평가어 이론 발전의 토대를 마련했다(Poynton 1984, 1985, 1990a, b, 1993, 1996). 이 작업을 바탕으로 우리는 힘과 친밀성을 두 가지 핵심 테너 변인, 즉 수직적 차원과 수평적 차원의 대인적 관계로 파악할 수 있었다(Poynton 1985와 Martin 1992b에 의해 지위 및 접촉이라고 칭함).

Poynton(1985)은 힘과 친밀성에 대한 중요한 실현 원칙을 개괄적으로 설명하였지만, 불행히도 그들은 지금까지 제대로 탐구되지 않았다. 힘(Power)의 경우, 그녀는 선택의 '상호성'을 중요한 변인으로 간주한다. 따라서 동등한 지위의 사회적 주체들은 같은 종류의 선택에 접근하고 선택함으로써 평등을 구성하는 반면, 불평등한 지위의 주체들은 다른 종류의 선택을 한다. 이 분야의 명백한 예로 호칭(Terms of address)을 들 수 있다. 영어를 사용하는 학자가 아시아 학생을 이름으로 부르고, 반대로 그

학자를 교수라고 부르는 것은 상상하기 쉽다. 마치 동료가 서로의 이름(Peter와 Jim)으로 부르는 것을 쉽게 상상할 수 있는 것과 같다. 그러나 아시아 학생이 교수를 Jim이라고 부르는 것은 해당 학자의 호칭 선호도가 무엇이든 간에 놀라운 일이 될 것이다. 민족성, 세대, 그리고 학생-교사 관계는 모두 비-상호적 호칭을 용이하게 한다. 이 예에서 우리는 그것이 상호성의 문제일 뿐만 아니라 지배적이고 경의를 받는 위치에 있는 대화 상대에게 사용할 수 있는 다양한 종류의 선택에 대한 문제임을 알 수 있다. 평가어에 관한 한, 이 원칙은 누가 느낌을 표현할 수 있고 누가 표현하지 못하는지, 어떤 종류의 느낌을 표현하는지, 얼마나 강하게 표현하는지, 얼마나 직접적으로 전달되는지에 영향을 미친다.

친밀성에 대해 Poynton은 '확장하기(proliferation)'와 '축소하기(contraction)'의 실현 원리를 제안한다. 확장하기란 당신이 누군가와 가까울수록 교환할 수 있는 더 많은 의미를 갖는다는 개념을 말한다. 이것을 이해할 수 있는 하나의 방법은 누군가를 알아가는 과정과 당신이 그들을 모를 때 당신이 말할 수 있는 것(매우 적은 것)과 당신이 그들을 아주 잘 알 때 당신이 말할 수 있는 것(거의 모든 것)을 상상하는 것이다. 평가어 측면에서 이것은 처음에는 날씨에 대한 감상, 관계가 발전함에 따라 정치인과 스포츠 영웅 그리고 언론인들에 대한 판단, 친밀감이 발달함에 따라 가족, 친구, 연인에 대한 감정적 반응으로 이동함을 포함할 수 있다. 언제 어느 정도의 확장하기가 적절한가는 사회적 주체들에 따라 다르다. Seattle의 해산물 레스토랑에서 영국과 호주 동료들과 함께 앉아 있던 Peter와 Jim은, 특정 메뉴에 대해 그의 의견을 묻지 않았는데 웨이터가 앉아서 메뉴에 있는 다양한 요리에 대해 그의 반응을 설명하는 것을 보고 놀랐다. 좋은 우호적인 서비스를 구성하려는 그의 시도는 '외부인들'에 의해 거슬리는 것으로 읽혔고, 방문 중인 사회 기호학자들의 입장에서 문화적 차이로 인해 양해되어야 했다(이 이야기는 그들이 고향에 있는 가족, 친구, 동료들과 유대감을 형성하는 데 사용하는 흥미로운 이야깃거리로 제공되었다).

축소하기는 의미를 교환하는 데 드는 표현의 양, 그리고 누군가를 더 잘 알수록 그것이 장황해질 필요가 없다는 생각을 말한다. Poynton은 누군가를 아주 잘 알 때 짧은 이름을 사용하는 반면, 덜 잘 알 때 긴 이름을 선호한다는 점을 지적하면서 이를 부분적으로 명명하기를 통해 예시한다. 외부인의 경우 Stevie Ray Vaughan은 예를 들어 Texas bluesman Stevie Ray Vaughan으로 소개될 수 있지만 열정 팬의 경우 그의 이니셜만 사용하면 된다.

Texas bluesman Stevie Ray Vaughan

Stevie Ray Vaughan

Stevie Ray

Stevie

SRV

　평가어의 경우 축소하기는 느낌을 교환하는 데 필요한 표현의 양에 영향을 준다. 자신을 잘 알리기로 유명한 동료가 자기 홍보를 위해 또다시 저녁 파티에 참석한다고 상상해 보자. 이 행동에 익숙한 친구는 코멘트를 달기 위해 서로의 눈을 마주치기만 하면 된다. 당황한 친구는 화를 표현하기 위해 억양을 사용하여 단순히 동료의 이름을 부를 수 있다. '비언어적' 평가하기에 익숙하지 않은 사람들의 경우에는, 저녁 늦게 질의가 필요할 수 있으며, 아마도 일부 가십이나 명시적으로 경멸적인 용어가 포함된 비난 투의 이야기 장르를 이끌어낼 수 있다(Eggins & Slade 1997).

　여기에서 일반적인 요점은 친밀성에 관한 것으로, 당신이 누군가를 더 잘 알수록 당신은 더 많은 느낌을 공유할 것이고, 그것들을 공유하기 위해 말할 필요가 더 적을 것이다. 그리고 관계는 시간이 지남에 따라 전개되는 역동적인 과정이기 때문에, 확장하기와 축소하기가 친밀감과 거리를 협상하기 위한 기호학적 자원으로 가장 잘 읽힌다.

　힘과 친밀성의 실현 원칙의 예시에서 알 수 있듯이, 여기에서는 평가어를 테너를 구성하는 자원으로 취급하고 있다. 기술적으로 말하면 그것은 테너의 실현 중 하나로 담화 의미론에서 작동한다. 이러한 처리는 사용역에서 감정평가를 힘과 친밀성[17]과 나란히 배치한 Poynton의 테너 모델과 대조된다. 이것은 부분적으로 Halliday(1978: 33)에서 테너의 일부로 관계에 '정서적 부담의 정도'를 포함시킨 John Pearce에 대한 언급으로 거슬러 올라간다(Doughty 외, 1972: 185-6). 돌이켜보면 감정평가가 이 수준으로 다시 밀려난 이유 중 하나는 1980년대에 담화 의미론의 수준에서 대인적 의미에 대한 연구에서 강한 상호작용적 초점이 있었던 것으로 생각된다. 그때는 말차례와 관련하여 서법과 양태의 의미론에 중점을 두었다. (Martin 1992b에 요약된 대로 발화 기능 및 교환 구조 분석). 1990년대, 느낌의 의미론 쪽으로 초점이 옮겨졌을 때, 평가하기를 구성하는 어휘문법적 패턴들의 하나의 패턴으로서 담화 의미론에서 이 연구를 찾는 것이 더 자연스러워 보였다. Poynton의 모델에서 감정평가는 어떤

---

17) Poynton(1985)은 힘(power)에 대해서는 지위(status)라는 용어로, 친밀성(solidarity)에 대해서는 접촉(contact)이라는 용어를 사용한다; 테너에 대한 그녀의 3자 모델과 전문 용어는 Martin(1992b)에서 채택되었다.

경우든 힘과 친밀성이 항시적인 반면, 감정평가의 작용은 선택적이라는 점에서 다른 것과 달리 테너 변인으로 인정되었다. 언급한 바와 같이, 우리는 여기서 평가어를 힘과 친밀성을 구축하기 위해 배치된 담화 의미론적 자원으로 취급할 것이다. Poynton의 실현 원칙과 함께 이 두 변인이 사용역 레벨에서 추가적인 감정 지향적 변인을 제안할 필요 없이 텍스트 전반에 걸쳐 평가어 패턴을 일반화하기에 충분할 것으로 예상된다.

1.2.10 장르

1980년대에 시드니에서 언어의 기능적 변인 분석은 방금 소개된 필드, 모드 및 테너 프레임워크를 넘어서서 장르라고 불리는 보다 추상적인 패턴 수준을 포함하도록 추진되었다(Martin 1999a). 이 층위화된 사회적 맥락 모델은 그림 1.16에 요약되어 있다. 이 모델에서 장르란 담화의 반복적인 단계에서 전개되는 필드, 모드 및 테너 선택의 구성으로 이루어진 시스템이다. 다시 말하면, 사용역 패턴들로 구성된 하나의 패턴이다. 우리의 응용 연구에서 우리는 단계적이고 목적 지향적인 사회적 과정으로서 장르 개념의 정의를 채택했다(Martin 1997b, 2000c, 2001c). 우리는 다른 사람들과 장르에 참여하기 때문에 '사회적'이다; 우리는 장르를 사용하여 일을 끝내고, 장르를 통해 목표를 해결하지 못했을 때 좌절감을 느끼기 때문에 '목표 지향적'이다; 우리의 목표에 도달하는 데 몇 단계가 필요하기 때문에 '단계적'이라고 할 수 있다.

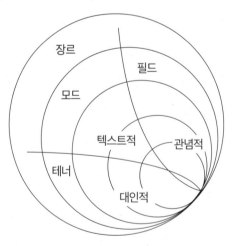

그림 1.16 장르별로 재맥락화된 사용역

어떤 문화에서든 눈에 띄게 구별되는 장르의 수는 꽤 많을 수 있지만, 감당할 수 없을 정도로 많지는 않다. 현대 서양 문화에서 우리는 *인사, 서비스 만남, 일상적인 대화, 논쟁, 전화 문의, 지시, 강의, 토론, 연극, 농담, 게임* 등과 같이 의미 패턴이 다소 예측 가능한 많은 구어 장르를 비공식적으로 명명할 수 있다. 그리고 이러한 각 일반적인 유형 내에서 우리는 더 많은 특정 장르들을 명명할 수 있다. 평가어의 관점에서, 우리는 장르가 목표를 달성하기 위해 그리는 평가하기의 범위 그리고 장르의 한 단계에서 다른 단계로 이러한 평가하기가 어떻게 수행되는지에 관심이 있다. Eggins & Slade(1997)은 이러한 관점에서 다양한 종류의 서사와 가십을 포함하여 많은 구어 장르에 대한 평가어를 고려한다. 이 책에서는 주로 여러 문어 텍스트를 살펴보면서, 그 일반적인 구조를 다룰 것이다.

일반적인 구조에 관한 한, 대인적 의미의 관점에서 우리는 텍스트의 논리보다 텍스트의 수사적 조직에 더 관심이 있다. 우리는 장르가 독자와 어떻게 힘과 친밀성을 교섭하는지, 그리고 전개되는 평가어의 운율이 그 교섭에 어떻게 기여하는지에 대해 질문하고 있다. 기능언어학에서 이러한 분석 스타일은 서사에 집중하는 경향이 있다(예: Martin & Plum 1997). 여기서 우리는 인쇄 매체와 역사 담화의 다양한 장르를 포함하도록 이를 확장할 것이다(Coffin 1997, Iedema 1997, White 1997의 초기 연구를 바탕으로 함).

1.3 SFL에서 평가어를 자리매김하기

위에서 소개한 상호보완성에 기초하여 우리는 평가어를 담화 의미론의 레벨에서 대인적 시스템 안에 자리매김할 수 있다. 이 대인적 레벨에는 다른 두 가지 시스템인 교섭어와 친소어가 포함된다. 교섭어는 (Martin 1992b에서 제시된 바와 같이) 담화, 발화 기능 및 교환 구조의 상호작용적 측면에 초점을 맞춤으로써 평가어를 보완한다. Eggins & Slade(1997)는 일상적인 대화에서 상호적 말두기[18]를 분석하기 위한 상세한 SFL 프레임워크를 제시하고 있다.

친소어는 테너 관계, 특히 친밀성을 교섭하기 위해 등급화할 수 없는 자원에 초점을 맞춤으로써 평가어를 보완한다. 위에서 소개한 Poynton의 연구와 관련하여 소개된 호칭어의 용어는 비속어(및

---

18) [역자주] 여기서 말두기(move)란 서법이 달라지는 최소 단위를 뜻한다. 한정한 외(2022: 27)을 참조하라.

관련된 완곡 표현)와 간투어(이것들은 다음 2장의 태도 평가어와 관련이 있을 것이다)와 함께 이 영역에 속한다. 속어(은어(anti-language)라고 부르는 범죄적 밀어에 대해서는 Halliday 1976b를 참조하라)와 기술적, 전문적 어휘(그리고 사용되는 약어)를 포함하여, 집단 소속의 신호로 기능하는 어휘 자원들도 여기에 포함될 수 있다. 이러한 집합 안에 비밀 대본, 뒤바꿈말(어린이 은어), 사회적 방언의 다양한 표지들(사투리, 비표준어 형태, 의미적 스타일 등)을 추가할 수 있다. 우리는 이 분야에서 많은 성과를 낸 것은 아니며 언어자원의 폭을 여기에서 완전히 소진시킬 의도는 없다. 우리의 의도는 단순히 집단 정체성을 협상하고 테너 관계의 실현에 있어 평가어와 교섭어로 사용하기 위해 광범위한 자원의 존재를 표시하는 것이다.

이러한 대인적 의미적 시스템과 관련된 테너에 대한 개요는 그림 1.17에 제시되어 있다.

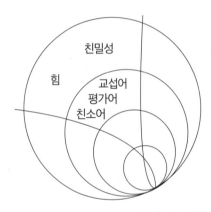

그림 1.17 대인적 의미 시스템과 테너 변수들

교섭어, 평가어 및 친소어를 실현하는 음운론적 및 어휘문법적 패턴의 범위에 대한 지침이 표 1.4에 제시되어 있다. 이 표는 전체적이라고 간주되기보다 관련된 의미에 대한 방향을 제시하기 위한 것이다. 테너 수준에서 세 가지 담화 의미적 시스템과 관련하여 힘과 친밀성을 고려할 필요가 있지만, 위에서 언급한 바와 같이 친소어는 집단 구성원 자격(따라서 친밀성)의 교섭에 특히 맞춰져 있다. 즉, 사회적 집단은 지위가 있고, 권력 관계에 대한 소속 집단의 함축적 의미를 무시할 수 없다.

표 1.4 어휘문법 및 음운론과 관련된 대인적 의미들

사용역	담화 의미론	어휘문법론	음운론
테너	**교섭어** -발화 기능 -교환	-서법 -태깅	-톤 (& '키')
힘 (지위)	**평가어** -개입평가 -감정평가 -행위평가 -정황평가 -강도평가	-'평가적' 어휘 -양상 동사 -양상 부가어 -극성 -전/명수법 -강화 -반복 -방식; 규모 -논리적 의미 -호칭어	-음의 크기 -음높이 이동 -음질 -음향 미학 -[서식 설정]
친밀성 (접촉)	**친소어** -명명하기 -기술어 -추상어 -반-언어 -욕설	-고유 명사 -기술 어휘 -전문 어휘 -속어 -금기 어휘 -문법적 은유	-'악센트'... -귓속말... -두음자어 -뒤바꿈말 -비밀 대본

1.4 평가어 – 개요

그림 1.17과 표 1.4에서 알 수 있듯이, 평가어는 대인적 의미를 구성하는 3개의 주요 담화 의미적 자원들 중 하나이다(친소어와 교섭어와 함께). 평가어 자체는 '태도평가', '개입평가', '강도평가'의 상호 작용하는 3가지 영역으로 분할된다. **태도평가**는 감정적인 반응, 행동에 대한 판단, 정황에 대한 평가를 포함하여 우리의 느낌과 관련이 있다. **개입평가**는 담화에서 태도와 의견들에 대한 목소리를

내는 출처들을 다루는 것과 관련이 있다. **강도평가**는 느낌들이 증폭되고 범주가 모호해지는 등급화 현상에 관한 것이다.

태도평가는 '감정평가', '행위평가', '정황평가'의 세 가지 느낌의 영역으로 나뉜다. **감정평가**는 감정적 반응을 해석하기 위한 자원을 다루는데 예를 들면 9/11 사건과 관련된 충격적 느낌 등을 예로 들 수 있다.

> The terrible events of the past week have left us with feelings - in order of occurrence - of **horror, worry, anger,** and now, just **a general gloom.** [Mourning 2001]
> 지난주에 있었던 끔찍한 사건은 우리에게 공포, 걱정, 분노, 그리고 지금은 일반적인 우울의 감정을 순서대로 남겼다. [Mourning 2001]

행위평가는 다양한 규범적 원칙 - 예를 들면, 호주 수상 John Howard의 신보수주의 정부에 대한 비판 - 과 같이 행동을 평가하기 위한 자원과 관련이 있다.

> Worse, this is a **mean** administration, a **miserly, mingy, minatory** bunch if ever there was one. [Carleton 2000: 38]
> 더 나쁜 것은, 이 행정부가 비열하고, 비참하고, 비겁하고, 인색한 집단이라는 것이다. [Carleton 2000: 38]

정황평가는 자연 현상 및 기호 현상(산물 또는 과정)을 포함한 정황의 가치를 해석하기 위한 언어자원에 관한 것이다. 예를 들어 Stevie Ray Vaughn CD에 대한 팬의 극찬에서 보듯이:

> … and, as a bonus, **a very psychedelic, destructive** (literally!), **cathartic** and **liberatory** version of Jimi Hendrix's 'Third stone from the sun'. [Amazon.com online reviews]
> … 그리고, 보너스로, Jimi Hendrix의 'Third stone from the sun'의 매우 몽환적이고 파괴적이며(말 그대로!), 카타르시스와 해방감을 선사하는 버전도 있습니다. [Amazon.com online reviews]

여기서 알 수 있듯이, 느낌에 대한 우리의 접근 방식은 감정의 언어적 해석을 훨씬 뛰어넘어 행동을 통제하고 기호를 관리하기 위해 태도평가가 배치되는 영역으로 이동하는 상당히 포괄적인 접근 방식이다. 태도평가 분석을 위한 우리의 프레임워크는 다음 2장에 제시되어 있다.

대체적으로 **개입평가**는 투사, 양태, 극성, 양보 및 다양한 논평 부사어와 같은 자원이 화자/필자가 주장하는 평가값 위치 그리고 그 평가값 위치에 대한 잠재적인 반응에 대하여 화자/필자를 배치하는 방식과 관련이 있다. 여기에는 인용하기, 보고하기, 가능성 인정하기, 부인하기, 반박하기, 긍정하기 등이 있다. 다음의 예에서 필자는 자신이 말한 것이 사실이라고 대담하게 단언하는 것으로 시작하고(not making this up) 긴 투사와 인용 부호를 사용하여 테러 혐의의 판단을 조심스럽게 객체화시키며(승객은 한 남자가 자신을 '보스니아 테러리스트'라고 **부르는 것을 들었다고 말했다**), 그런 다음 in fact라고 말한 것을 괄호 안에 넣음으로써 그가 설정한 기대를 의외적으로 표현하고 있다.

Meanwhile (and we're not making this up), two Indian nationals on a flight from Singapore to Hong Kong were detained at Changi Airport after an American passenger said he heard one of the men calling himself a 'Bosnian terrorist.' (The man in fact said he was a 'bass guitarist.') [Mourning 2001]

한편 (우리가 지어낸 것이 아님), 싱가포르에서 홍콩으로 가는 비행기에서 한 미국 승객이 남자 승객 둘 중 한 명이 자신을 '보스니아 테러리스트'라고 부르는 소리를 들었다고 말한 이후 두 명의 인도인 승객이 창이공항에서 구금되었다. (이 남자는 사실 그가 '베이스 기타리스트'라고 말했다.) [Mourning 2001]

3장에서 우리는 화자가 자신의 대안적 위치를 단성적 목소리의 담화 또는 다성적 목소리의 담화(Bakhtin (1981)에서 유래)로 인정하는지 여부를 살펴보는 이러한 자원에 대한 사회적 대화적 관점을 발전시킬 것이다.

강도평가는 등급가능성과 관련이 있다. 태도평가에 있어서, 언어 자원은 본질적으로 등급화되기 때문에, 강도평가는 평가하기의 정도, 즉 느낌이 얼마나 강하거나 약한지를 조정하는 것과 관련이 있다. 이러한 종류의 **강도평가**는 '세기'라고 불리는데, 이는 강화, 비교급 및 최상급 형태, 반복, 그리고 다양한 철자법 및 음운론적 특질(다음과 같이 강화된 어휘를 사용 - really dislike를 loathe로 쓰는 것 등)으로 실현된다. 일반적으로 음량을 줄이는 것보다 음량을 키우는 데에 더 많은 언어자원이 쓰이는 것 같다.

상향어	so touchy, *infinitely more* naked, quite clinical, most dangerous
	매우 감동적인, 훨씬 노골적인, 상당히 임상적인, 가장 위험한
하향어	a little upset, somewhat upset, the least bit more information
	조금 화나는, 다소 화나는, 아주 조금 더 많은 정보

비-등급화 언어 자원의 맥락에서, 강도평가는 핵심 유형의 정황과 주변 유형의 정황을 구성하는 범주들 사이의 경계들의 견고성의 강도를 조정하는 효과를 가진다.[19] 이 시스템은 '초점'이라고 부르며, 그 예는 아래와 같다.

강화어	a fully-fledged, award-winning, gold-plated monster; all alone
	성충이 된, 수상을 한, 금칠이 된 몬스터; 완전히 홀로
약화어	a word … spelled somewhat like terrorists; about 60 years old
	테러리스트와 유사한 철자의 단어; 약 60세

나이지리아인 사기꾼에 대해 격분한 '피해자' 중의 한 명의 다음 반응에서 **세기**와 **초점**의 상호보완성에 주목하라. [Column 8 2002 - *Sydney Morning Herald*]:

세기	singularly, extraordinarily, incredibly, bewilderingly stupid …
	특이하게, 월등히, 믿을 수 없을 정도로, 어리둥절하게 어리석은 …
초점	Some pure essence of stupid so uncontaminated by anything else as to be beyond the laws of stupidity that we know.
	우리가 알고 있는 어리석음의 법칙을 뛰어넘을 만큼 다른 어떤 것에 오염되지 않은 어리석음의 어떤 순수한 본질.

강도평가 시스템은 3장에서 더욱 자세히 설명할 것이다. 이러한 평가어 시스템의 개요는 그림 1.18과 같다. 시스템에 대한 요약적 소개는 Martin 2000a, Martin & Rose 2003을 참조하라; 평가

---

19) 최근 인도 영화 Monsoon Wedding을 즐겼던 독자들은 이벤트 매니저가 그의 업무에서 'exactly와 approximately'을 반복적으로 사용하는 것에 흥미를 느꼈을 것이다; 강도평가의 관점에서, 그는 힘을 증가시키기 위한 잘못된 노력으로 모순된 초점을 사용하고 있는 것으로 보인다.

어 웹사이트와 토론 그룹은 이러한 도구에 대한 인터넷 접속 (www.grammatics.com/appraisal/)을 제공하며 Macken-Horarik & Martin 2003은 이 모델을 기반으로 한 최근 논문을 포함하고 있다.

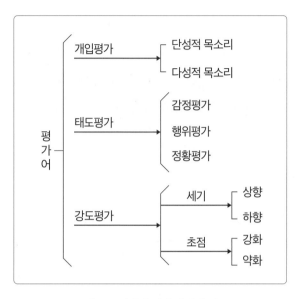

그림 1.18 평가어 언어 자원의 개요

1.5 평가어와 평가적 언어 분석법의 다른 전통들

평가어는 다양한 방식으로 다른 평가하기 모델에 대한 연구와도 관련이 있다; 우리는 여기서 포괄적인 요약을 시도하지는 않을 것이다(Ochs 1989와 Macken-Horarik & Martin 2003은 문헌에 대한 유용한 방향을 제공한다). Hunston & Thompson 2000a가 가장 관련 있는 개요를 제공하고, '개체들'에 대한 의견과 '명제들'에 대한 의견 사이에 유용한 구분을 제공한다. 개체들에 대한 의견은 기본적으로 태도평가적이며 긍정적이고 부정적인 느낌을 포함한다; 다른 한편으로 명제에 대한 의견은 기본적으로 인식적이며, 확실성의 정도를 포함한다. Hunston & Thompson은 전자는 어휘적으로, 후자는 문법적으로 실현되는 경향이 있다고 지적한다. 이런 식으로 설정을 하면, 감정평가와 양태를 서로 대립적인 것으로 이해하게 된다. Ochs & Schiefflen 1989, Biber & Finnegan 1989, Bybe & Fleischman 1995, Conrad & Biber 2000 등에서도 이런 유사한 대립 관계가 발견된다. 이러한 다소 유사한 대립 관계는 Hunston 본인이 구분한 '상호작용적인 면'(어떤 텍스트의 명제와 그 텍스트 안에서 바로 이어지는 명제의 평가)이라고 명명한 '평가값'과 '자립적인 면'(경험적 세계 현상의 평가, 전형적으로 '좋다' 또는 '나쁘다'의 의미이지만, 이 이분법에 국한되지 않는다)이라고 명명한 '평가값' 사이에서도 작용한다. 그러나 Hunston은 '평가값'(방금 약술한 바와 같이)과 '지위'를 구분함으로써 평가 지향의 추가적인 변동 축을 알아내려고 했다. 상호작용적인 면에서 '지위'에 대한 평가하기는 명제의 유형(예: '사실', 평가, 가정, 권고 등)을 결정하는 역할을 한다. 또한 Chafe & Nichols 1986의 증거성에 대한 인식론적-지향 연구, Niemeier & Dirven 1997과 Wierzbicka 1990b의 감정에 대한 태도평가적-지향 연구 등 어느 한 쪽에 더 초점을 맞춘 연구들도 있다(표 1.5에 용어의 선택적 개요가 제공되어 있다).

표 1.5 평가하기에 대한 접근법

평가하기에 대한 접근법	'개체에 초점화된'	'명제에 초점화된'
Chafe & Nichols 1986		evidentiality 증거성
Ochs & Schiefflen 1989	affect specifiers 감정평가적 특정어	affect intensifiers 감정평가적 강화어
Biber & Finnegan 1989	affect 감정평가	evidentiality 증거성
Wierzbicka 1990b	emotion 감정	
Bybee & Fleischman 1995	evaluation 평가하기	modality 양태
Niemeier & Dirven 1997	emotion 감정	
Conrad & Biber 2000	attitudinal stance 태도평가적 입장	epistemic stance 인식적 입장
Hunston & Thompson 2000	opinions about entities 개체들에 대한 의견	opinions about propositions 명제에 대한 의견
Hunston 2000	'status' and 'value' on the 'autonomous plane' '자립적 면'에서 '지위'와 '평가값'	'status' and 'value' on the 'interactive plane' '상호작용적 면'에서 '지위'와 '평가값'

물론, Hunston & Thompson이 지적하듯이, 우리가 어떤 주어진 언어에서의 실현들이나, 담화 의미에서 그것들의 기능을 고려할 때, 이 대립 관계를 유지하기가 항상 쉬운 것은 아니다. Labov의 서사에 나타난 평가하기와 강화성에 관한 연구(Labov 1972, 1982, 1984, 1997)에서 발전되었듯이, 범주들은 어떤 종류의 성질-지향적인 우산 아래 좀 더 광범위한 의미를 포괄하려는 경향이 있다.

이 그림을 더욱 복잡하게 만드는 것은 완곡어에 대한 연구로서, 이는 Lakoff 1972의 모호한 경계에 대한 연구(원형 이론을 환기하는)로부터 시작하여, Brown & Levinson 1987에 의해 체면을 교섭하는 하나의 도구로 채택되고 확장되었다. Hyland 1998에서 완곡어라는 용어는 '동반하는 명제의 진리값에 대한 약속의 결여' 또는 '그 약속을 범주적으로 표현하지 않으려는 욕구'를 나타내는 언어 자원을 의미한다(Hyland 1998: 1). 이러한 종류의 정의에서 모호성에 대한 Lakoff의 원래 초점은 (Channel 1984에서 더 발전된) '약속의 정도'의 개념을 통해 증거성의 영역으로 잘 확장된 것으로 보인다.

위에서 약술된 바와 같이, 우리 자신의 입장은 어떤 의미에서 집중적인 **태도평가**를 취하고 있으며 (명제와 관련된 입장을 채택하고 관여의 강도 또는 정도를 각각 척도화하기 위한) **개입평가**와 **강도평가**를 별개의 자원으로 구별한다. **감정평가**에 대한 일부 연구와 비교하여, 우리의 **태도평가**의 개념은 감정을 넘어 **감정평가**, **행위평가** 및 **정황평가**를 포함한 느낌을 더 포괄적으로 다루고 있다. **개입평가**는 많은 면에서 증거성에 비견될 수 있지만, Bakhtin의 대화주의에 영감을 받은 우리의 사회적 관점은, 철학적으로 영향을 받은 접근법들의 진리 기능적 지향과는 대조적인 관점을 가진다. **강도평가**에 대하여, 우리는 증감조절(세기)과 강약조절(초점)을 위한 언어자원을 별도의 시스템으로 설정하며, 둘 다 정도에 따른 의미 조절과 관련이 있다. 따라서 우리는 완곡어를 위한 더 많은 분리된 접근법을 채택하고, '퍼지어(fuzzification)'와 별개로 관여의 정도를 설정한다. 그리고 일반적으로 우리는 평가하기에 대해 더 많은 분리 접근법을 채택하며, **태도평가**를 평가하기의 출처와 강화로부터 구별되도록 한다. 이것은 부분적으로 우리의 연구 역사를 반영한다 - 위에서 언급했듯이 우리는 서사의 다양한 유형에서 감정평가를 고려하기 시작했고 거기서 교육적으로 중요한 다양한 장르(Christie & Martin 1997)와 일상적인 대화(Eggins & Slade 1997)의 영역으로 넘어갔다. 더욱 중요한 것은 우리는 SFL의 일반적인 이론적 프레임워크 내에서 음운론/필적학 및 기호, 어휘문법, 담화 의미론, 사용역, 장르 및 다중-양식 등의 풍부하게 발전하고 있는 설명의 맥락에서 연구의 접근 방식을 개발해 왔다는 사실이다. 동시적인 연구와 관련하여 말하면, 평가어는 아마도 Biber와 그의 동료들이 말뭉치에 기반한 정량적 연구에서 개발한 '입장'(stance)의 개념과 가장 밀접한 관련이 있을 것이다(예: Conrad & Biber 2000, Precht 2003).

증거성에 대한 연구(예: Chafe & Nichols 1986, Ochs 1989)와 비교하여, 현재까지 평가어 연구는 영어에 집중되어 있다. 우리의 이론적 귀속성은 보편주의자(Wierzbicka 1986)가 아니라 분명히 사회 구성주의자(Harré 1987)이며, 따라서 Lutz가 수행한 것과 같은 교차 문화적인 평가하기의 관점이 언어와 문화에 걸친 평가어를 작업하는 데 가장 적절한 방향을 제공하는 것으로 보인다(Lutz 1982, 1986, 1988, Lutz & Abu-Lughod 1990, Lutz & White 1986).

1.6 본서의 개요

위에서 언급한 바와 같이, 다음의 2장은 **태도평가**에 대해 다루고 있으며, 3장의 관심사는 **개입평가**와 **강도평가**이다. 그런 다음 4장에서는 평가어 선택의 증후(syndromes)가 고유한 하위-사용역들(기술적으로 말하면 키(key)들)로 조직되는 방식을 살펴보면서 사용역의 관점에서 평가어를 살펴본다. 마지막으로 5장에서 우리는 두 개의 텍스트를 이용하여 우리의 분석적 접근 방식을 좀 더 자세히 예시하여 보여줄 것이다. 이 장에서 우리는 평가하기가 사회적 관계를 교섭하기 위해 어떻게 사용되는지에 초점을 맞추어 평가어 패턴을 맥락과 연관시키는 것에 특별히 관심이 있다.

분명히 이런 종류의 발전이 빠르고 다루기 힘든 분야에서는, 어떤 것도 단정적으로 말하기가 어렵다. 그래서 우리는 지난번에 우리의 포부를 놓쳤던 동료 Trekkies (텔레비전 공상과학 시리즈 Star Trek의 팬들)을 위해서 우리 자신의 말을 인용하는 것으로 이 장을 간단히 마무리하겠다.

In the course of the Star Trek Next Generation episodes Unification I and II, Spock and Data are at work together on an encrypted Romulan communication. Engaging Spock in conversation, Data takes an interest in the fact that whereas he, an android with no feelings, has spent his lifetime trying to acquire some so as to become more human, Spock, a Vulcan/human born with emotions, has spent his lifetime suppressing them. It is salutary to note that of all the Enterprise crew, it is only the lexicogrammars of Spock and Data that contemporary linguistics has begun to describe. Perhaps, as this volume heralds for evaluative language, it is time to explore strange new worlds, seeking out new life, where few linguists have gone before. [Martin 2000a: 175]

스타트렉 넥스트 제너레이션 에피소드 Unification I과 II에서 Spock과 Data는 암호화된 로뮬런 통신에서 함께 작업한다. 대화에 Spock을 끌어들이면서 Data는 감정이 없는 안드로이드인 자신이 더 인간적이 되기 위해 평생 노력한 반면, 감정을 가지고 태어난 벌칸/인간인 Spock은 감정을 억누르는 데 평생을 보냈다는 사실에 관심을 가진다. 모든 엔터프라이즈 승무원 중

현대 언어학이 설명하기 시작한 것은 Spock과 Data의 어휘문법일 뿐이라는 점에 주목할 필요가 있다. 어쩌면 이 책이 평가적 언어를 예고하고 있는 것처럼, 지금이야말로 새로운 삶을 찾아 소수의 언어학자들만이 갔던 낯선 새로운 세계를 탐험해야 할 때인지도 모른다. [Martin 2000a: 175]

지금까지 달성한 성과에 대해서는 다소 가혹한 평가일 수 있지만, 아직 수행하지 못한 평가하기에 대한 작업이라는 점에서 보면 크게 틀린 말은 아니다.

2

태도평가:
느낌의 방법들

2.1 느낌의 종류

이 장에서 우리는 영어 텍스트에서 해석되는 느낌을 매핑하기 위한 프레임워크를 간략하게 설명하며, 이 의미 시스템을 **태도평가**라고 부른다. 이 시스템은 전통적으로 감정(emotion), 도덕(ethics), 심미(asthetics)라고 불리는 것을 다루는 세 가지 의미 영역을 포함한다. 감정은 선천적으로 갖고 있는 표현적 자원이자 거의 태어날 때부터 생리학적으로 구현되기 때문에 거의 틀림없이 이 영역들의 중심에 있다(Painter 2003). 우리는 이 감정적인 차원의 의미를 **감정평가**라고 부를 것이다.

감정평가란 긍정적이고 부정적인 느낌을 사용역화하는 것과 관련이 있다: 우리는 행복하거나 슬프거나, 자신만만하거나 불안하거나, 흥미나 지루함을 느끼는가? 다음 예시에서 해석된 느낌은 '호주의 잃어버린 세대의 구성원'이 그녀의 형제자매와 헤어져야만 했던 경험을 이야기하는 불행한 느낌이다.

[2.1][20] So this meant the **grieving** took place again. The **grief** came for my younger sister and two brothers whom I thought I would never see again. The day I left the Orphanage - that was a **very sad** day for me. I was **very unhappy**, and the memories came back. There was nowhere to turn. You was on your own. I was again in a different environment … I had no choice but to stick it out. With the hardships going and thinking of my sister and brothers which I left at the Orphanage. **My heart full of sorrows** for them. [*Bringing Them Home* 1997: 12]

[2.1] 그래서 이것은 슬픔이 다시 찾아옴을 의미했다. 그땐 다시는 볼 수 없을 줄 알았던 여동생과 두 남동생에 대한 큰 슬픔이 밀려왔다. 내가 고아원을 떠난 날 - 그날은 나에게 매우 슬픈 날이었다. 나는 매우 불행했고, 그 기억들이 되살아났다. 발길을 돌릴 곳이 없었다. 난 혼자였다. 나는 다시 다른 환경에 있었다… 나는 그저 버틸 수밖에 없었다. 고아원에 남겨둔 여동생과 남동생들을 생각하며 힘든 시간을 보내었다. 그들을 향한 내 마음은 슬픔으로 가득찼다. [*Bring Them Home* 1997: 12]

행위평가는 우리가 존경하거나 비판하거나 칭찬하거나 비난하는 행동에 대한 태도평가를 다룬

---

20) 발췌문(extracts) 번호. 이하 동일.

다. 2.1에서 부정적인 **감정평가**를 야기한 호주의 원주민에 대한 처우는 20세기 초의 다음과 같은 논평에서 강하게 비판받고 있다.

[2.2] You have almost exterminated our people, but there are enough of us remaining to expose the **humbug** of your claim, as white Australians, to be a **civilised, progressive, kindly and humane** nation. By your **cruelty** and **callousness** towards the Aborigines you stand **condemned** … If you would openly admit that the purpose of your Aborigines Legislation has been, and now is, to exterminate the Aborigines completely so that not a trace of them or of their descendants remains, we could describe you as **brutal**, but **honest**. But you dare not admit openly that what you hope and wish is for our death! You **hypocritically** claim that you are trying to 'protect' us; but your modern policy of 'protection' (so-called) is killing us off just as surely as the pioneer policy of giving us poisoned damper and shooting us down like dingoes! [*Bringing Them Home* 1997: 46]

[2.2] 당신들은 우리 민족을 거의 몰살시켰지만, 백인 호주인으로서 문명화되고 진보적이며 친절하고 인도적인 국가라는 당신들의 주장에 대한 속임수를 폭로하기에 충분한 인원이 우리에게 남아 있습니다. 원주민에 대한 잔인함과 무자비함으로 인해 당신들은 비난을 받고 있습니다. 만약 당신들이 원주민 법률(Aborigines Legislation)의 목적이 원주민이나 그 후손의 흔적이 남지 않도록 원주민을 완전히 말살하는 것이었다고 공개적으로 인정한다면, 우리는 당신들을 잔혹하지만 정직하다고 묘사할 수 있습니다. 하지만 당신들은 당신들이 바라고 바라는 것이 우리의 죽음을 위한 것이라는 것을 공개적으로 인정하지 않습니다! 당신들은 당신들이 우리를 '보호(protect)'하려고 한다고 위선적으로 주장하지만, 당신들의 현대적인 (소위) '보호(protection)' 정책은 우리에게 독이 든 댐퍼[21]를 주고 우리를 딩고[22]처럼 쏘아 쓰러뜨리는 개척자 정책만큼이나 확실히 우리를 죽이고 있습니다! [*Bringing Them Home* 1997: 46]

정황평가[23]는 주어진 분야에서 가치가 평가되거나 평가되지 않는 방법에 따라 기호학적 및 자연적 현상에 대한 평가하기를 포함한다. 스리랑카에서의 탈식민지 투쟁과 인권 유린에 관한 Michael Ondaatje의 소설 *Anil's Ghost*는 긍정적인 찬사로 예비 독자들에게 추천되고 있다.

---

21) [역자주] 호주의 전통적인 빵.

22) [역자주] 호주에 무리지어 사는 야생 들개를 말함. 수천년전 가축견이 사람에 의해 호주로 도입된 후 들개처럼 야생화되어 지금의 딩고가 되었다고 함.

23) [역자주] 정황평가는 사정과 상황의 줄임말

[2.3] **Virtually flawless**, with **impeccable** regional details, **startlingly original** characters, and a **compelling** literary plot that borders on the thriller, Ondaatje's **stunning** achievement is to produce an **indelible** novel of **dangerous beauty**. *USA Today* [Previews M Ondaatje *Anil's Ghost* Toronto: Vintage. 2000: i]

[2.3] 거의 흠잡을 데 없고, 나무랄 것 없는 지역적 디테일, 놀랄 만큼 독창적인 캐릭터, 스릴러에 가까운 홍미진진한 문학적 줄거리, Ondaatje의 놀라운 업적은 잊을 수 없는 위험한 아름다움의 소설을 만들어 낸 것이다. *USA Today* [Previews M Ondaatje *Anil's Ghost* Toronto: Vintage. 2000: i]

방금 살펴본 예에서 부분적으로 반영되었듯이, 태도평가적 의미는 화자와 필자가 **감정평가**, **행위평가** 또는 **정황평가**를 지향하는 입장을 취함에 따라 담화의 한 국면을 확장하고 채색하는 경향이 있다. 우리는 여기서 운율적 실현에 대한 이러한 선호를 설명하기 위해 세 가지 더 긴 예를 제공하는데, Halliday(1979)에 따르면, 이는 일반적으로 언어의 레벨들을 아우르는 대인적 의미의 특징이다.

감정평가 (감정들; 행동, 텍스트/과정, 현상에 반응하기)

[2.4] ⋯ It might have been said that Jack Aubrey's **heart had been sealed off**, so that he could accept his misfortune **without it breaking**; and **that sealingoff** had turned him into a **eunuch as far as emotion was concerned**. ⋯ whereas in former times Captain Aubrey, like his hero Nelson and so many of his contemporaries, had been **somewhat given to tears** - he had **wept with joy** at the masthead of his first command; **tears** sometimes wetted the lower part of his fiddle when he played particularly moving passages; and **cruel sobs** had racked him at many a shipmate's funeral by land or sea - he was now **as hard and dry-eyed as** any man could well be. He had parted from Sophie and the children at Ashgrove Cottage with no more than a **constriction in his throat** which made his farewells sound painfully harsh and **unfeeling** ⋯ [O'Brian 1997a: 10]

[2.4] ⋯ Jack Aubrey의 마음이 봉인되어 그의 불행을 부서지지 않고 받아들일 수 있었다고 말할 수 있다. 그리고 그 봉인은 감정에 관한 한 그를 거세당한 사람으로 만들었다. ⋯ 예전에 Aubrey 선장은 그의 영웅 Nelson과 많은 동시대 사람들과 마찬가지로 어느 정도 눈물을 흘렸다. 그는 첫 지휘의 돛대의 꼭대기에 기쁨으로 눈물을 흘렸다. 그가 특별히 감동적인 구절을 연주할 때 때때로 눈물이 바이올린의 아랫부분을 적셨다. 그리고 육지나 바다에서 행해지는 많은 선원의 장례식에서 잔혹한 흐느끼는 소리가 그를 괴롭혔다. - 그는 이제 누구보다도 냉혹하고

올지 않았다. 그는 Ashgrove Cottage에서 Sophie와 아이들과 헤어졌는데, 그의 이별은 고통스러울 정도로 가혹하고 무정하게 들렸다. ... [O'Brian 1997a: 10]

행위평가 (윤리; 행동을 평가하기)

[2.5] 'The temptation is the same whatever the country: it is often to the lawyer's interest to make **wrong** seem **right**, and **the more skilful** he is the more he succeeds. Judges are even more exposed to temptation, since they sit every day; though indeed it is a temptation of a different sort: the have **enormous powers**, and if they choose they may be **cruel, oppressive, froward** and **perverse** virtually without control - they may interrupt and **bully**, further their political views, and **pervert the course of justice**. I remember in India we met a Mr Law at the dinner the Company gave us, and the gentleman who made the introductions whispered to me in a reverential tone that he was known as "the **just** judge". What an **indictment** of the bench, that one, one alone, among so many, should be **so** distinguished.' [O'Brian 1997b: 226-8]

[2.5] '유혹은 나라에 상관없이 동일합니다. 잘못된 것을 옳은 것처럼 보이게 하는 것이 변호사의 이익에 부합하며, 그가 더 능숙할수록 그는 더 성공합니다. 판사들은 매일 자리에 앉는 순간부터 유혹에 훨씬 더 노출됩니다; 사실 그것은 다른 종류의 유혹입니다: 그들은 엄청난 힘을 가지고 있고, 만약 그들이 선택한다면 그들은 사실상 통제 없이 잔인하고 억압적이며 인상을 찌푸리고 비뚤어질 수 있습니다. - 그들은 방해하고 괴롭히고, 그들의 정치적 견해를 발전시키고, 정의 과정을 왜곡할 수 있습니다. 인도에서 우리는 그 단체가 우리에게 제공한 만찬에서 Law 씨를 만났는데, 소개를 맡은 신사가 경건한 어조로 나에게 "정의로운 판사"로 알려져 있다고 속삭인 것으로 기억합니다. 수많은 재판관들 중에서 단 한 사람, 오직 한 명만이 그렇게 구별된다는 것이 얼마나 재판관의 폐단인 걸까요.' [O'Brian 1997b: 226-8]

정황평가 (심미; 텍스트/과정, 자연적 현상을 평가하기)

[2.6] 'To tell you the truth, Maturin, on a **perfect** vernal day like this, I find nothing **so pleasant** as sitting on a **comfortable** chair in the sun, with green, green grass stretching away, the sound of bat and ball, and the sight of cricketers. Particularly such cricketers as these: did you see how Maitland glanced that ball away to leg? A **very pretty** stroke. Do not you find watching **good** cricket **restful, absorbing**, a **balm** to the anxious, harassed mind?' 'I do not. It seems to me, saving your presence, **unspeakably tedious**.' 'Perhaps some of the **finer** shades may escape you. Well played, sir! Oh very well played indeed. That was as **pretty** a late cut as I have ever seen - how they run, ha ha …' [O'Brian 1997b: 189-90]

[2.6] '솔직히 말해서, Maturin, 이렇게 완벽한 봄날, 나는 푸르고 푸른 풀이 쭉 뻗은 태양 아래 편안한 의자에 앉아 있는 것, 배트와 공 소리, 크리켓 선수들의 모습만큼 즐거운 것은 없습니다. 특별히 이런 크리켓 선수들: Maitland가 어떻게 공을 다리 쪽으로 흘끗 넘기는지 봤나요? 아주 멋진 스트로크였어요. 당신은 좋은 크리켓 경기를 보면 불안하고 괴로운 마음이 안정되고, 흡수되고, 진정되지 않나요?' '그렇지 않아요. 제가 보기엔 당신 앞에서 이렇게 말하는 것은 실례지만, 말할 수 없이 지루해 보여요.' '아마도 더 좋은 그림자 몇 개는 당신을 벗어날 수 있을 거예요. 잘했어요, 선생님! 오 정말 잘 뛰었어요. 그것은 내가 본 것 중 가장 늦은 컷이었어요. - 그들이 어떻게 달리는지, 하하…' [O'Brian 1997b: 189-90]

이러한 운율적 성질과 함께, **태도평가**는 위의 2.1-2.6의 여러 항목과 마찬가지로 강화되고 비교될 수 있는 등급 가능한 의미를 포함한다. 느낌은 깊이를 가지고 있다. 다시 말해서, 담화의 한 국면에 걸쳐 넘치고 확산되는 경향을 제공하는 것으로 해석할 수 있는 특질을 가지고 있다. 이러한 태도평가적 의미의 측면은 3장의 **강도평가**의 논의에서 다루어질 것이다.

<u>very</u> sad, <u>very</u> unhappy, <u>full of</u> sorrows, the <u>more</u> skilful, <u>virtually</u> flawless, <u>startlingly</u> original, <u>so</u> pleasant, <u>very</u> pretty, <u>finer</u>, <u>as</u> pretty
매우 슬픈, 매우 불행한, 슬픔으로 가득 찬, 더 능숙한, 거의 흠잡을 데 없는, 놀랄 만큼 독창적인, 너무 즐거운, 매우 예쁜, 더 정밀한, 예쁜

행위평가와 **정황평가**에 대해 생각하는 한 가지 방법은 그것들을 제도화된 느낌으로 보는 것인데, 이는 우리를 일상적인 상식 세계에서 공유된 공동체 가치의 비상식적 세계로 데려간다. 이러한 측면에서, **행위평가**는 행동에 대한 제안의 영역에서 느낌을 재작업한다. - 우리가 어떻게 행동해야 하는지, 아닌지; 이러한 제안들 중 일부는 교회와 국가가 관리하는 규칙과 규정으로 형식화된다. 반면에 **정황평가**는 정황의 가치에 대한 명제로 느낌을 재작업한다. 그것이 가치가 있든지 없든지 상관없이; 이러한 평가들 중 일부는 보상(prices, grades, grants, prizes 등)의 시스템으로 형식화된다. 물론, Painter 2003이 보여주듯이, 양육자들이 자신의 삶에 가져온 (아이의) 제멋대로 하려는 의지와 탐욕

스러움의 감정적인 분출을 길들이기 위해서 고군분투할 때, **행위평가**와 **정황평가**에 대한 학습은 언어 발전의 첫 단계인 가정(家庭)에서부터 시작된다. 제도화된 느낌의 핵심에 있는 **감정평가**에 대한 이러한 지향의 개요는 그림 2.1에 나와 있다.

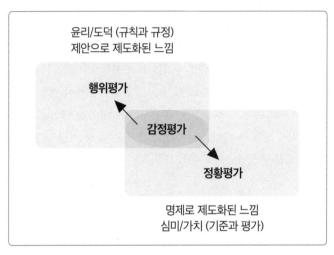

그림 2.1 제도화된 감정평가로서 행위평가와 정황평가

2.2 감정평가

여기서 우리는 담화 의미 시스템으로서의 **태도평가**를 개발하고 있기 때문에, 우리는 그것의 실현이 문법적 구조의 범위에 걸쳐서 다양해질 것을 기대할 수 있다. 그리고 이것은 확실히 **감정평가**에 해당한다. Halliday 1994 용어의 관점에서 볼 때, 이러한 실현은 참여자들과 과정들의 수식어로, 감정적인 정신적 과정들과 감정적인 행동적 과정들로, 그리고 양상 **부가어**들로 구성된다.

- **'질'로서의 감정평가**
- 참여자들을 묘사하기　　　　a **sad** captain　　　　　　　형용어
　　　　　　　　　　　　　　　슬픈 선장
- 참여자들에게 귀속된　　　　the captain was **sad**　　　　　속성
　　　　　　　　　　　　　　　그 선장은 슬펐다

- 과정들의 방식	the captain left **sadly** 그 선장은 슬프게 떠났다	배경상황

• **'과정'**[24] **으로서의 감정평가**

- 감정적인 정신적 과정	his departure **upset** him 그의 떠남은 그를 슬프게 했다	과정(자동태)
	he **missed** them 그는 그들을 그리워했다	과정(중간태)
- 감정적인 행동적 과정	the captain **wept** 그 선장은 흐느꼈다	과정

• **'논평'으로서의 감정평가**

- 희구적	**sadly**, he had to go 슬프게도 그는 가야만 했다	양상 부가어

물론 이것을 넘어서 우리는 질들(*joy, sadness, sorrow*)과 과정들(*grief, sobs, constriction in his throat*)의 명사화된 실현을 포함한 일반적인 문법적 은유 범위를 발견한다(Halliday 1994).

감정을 분류하기 위해 우리는 이 영역을 대립 시스템으로 매핑하는 전략을 채택했다. 문법학자로서 교육을 받은 우리는 이러한 종류의 어휘-지향의 분류법을 찾을 수 있을지 명확하지 않다. 또한 사전학이나 말뭉치 언어학 분야에서 관련 논증 전략을 찾을 수도 없었다. 따라서 우리의 감정의 지도(**감정평가, 행위평가, 정황평가**)는 이 단계에서 관련 의미 구성에 대한 가설로 다루어져야 한다. 적절한 추론 개발과 관련된 사람들에게는 도전으로, 대안적인 분류를 가진 사람들에게는 기준점으로, 그리고 담화에서 평가하기 분석을 관리할 무언가가 필요한 사람들에게는 도구로 제공된다.

감정평가를 분류하기 위해, 우리는 실제로 다음 6가지 요소들을 도출했는데, 그중 몇 가지는 영어 문법에서 전경화되어 있기 때문에(Halliday 1994 이후) 감정의 유형 문제에 매우 일반화된 관련성을 가정했다. 이 논의의 목적을 위해 우리는 감정을 경험하는 의식 있는 참여자를 **감정표현자**(Emoter)라고 부르고, 그 감정에 책임이 있는 현상을 **감정촉발자**(Trigger)라고 부를 것이다.

i. 그 느낌은 그 문화에 의해 일반적으로 긍정적인 느낌(경험하는 것이 즐거운 좋은 감정) 또는 부정적인

---

24) *I'm pleased that ⋯, It's pleasing that ⋯* 과 같은 관계적 동종 형식을 포함한다.

느낌(피하는 것이 더 좋은 나쁜 감정)으로 해석되는가? 우리는 여기서 특별한 흔치 않은 감각의 심리적 프레임워크가 하나 또는 다른 감정에 놓일 수 있는 가치에 대해서는 논하지 않는다('그것은 …라는 신호이기 때문에 당신이 슬퍼하는 것은 아마도 생산적일 것이다.' 참조).

- **긍정적인 감정평가**   the captain was **happy**
  그 선장은 행복했다
- **부정적인 감정평가**   the captain was **sad**
  그 선장은 슬펐다.

ii. 그 느낌은 일종의 내재된 준언어적 또는 언어외적 표현을 포함하는 감정의 차오름으로 실현되는가, 아니면 일종의 감정적 상태 또는 진행 중인 정신적 과정으로 내부적으로 더 많이 경험되는가? 문법적으로 이러한 구분은 행동적 과정(예: *She smiled at him*)과 정신적 과정(예: *She liked him*) 또는 관계적(예: *She felt happy with him*) 과정 사이의 대립으로 구성된다.

- **행동적으로 차오름**   the captain **wept**
  그 선장은 흐느꼈다.
- **정신적 과정/상태**   the captain **disliked** leaving/the captain felt **sad**
  그 선장은 떠나는 것을 싫어했다/그 선장은 슬픔을 느꼈다.

iii. 그 느낌은 어떤 특정한 감정적 **감정촉발자**를 향하거나 반응하는 것으로 해석되는가, 아니면 '왜 그렇게 느끼고 있는가?'라는 질문을 던지고 '잘 모르겠다'라는 대답을 얻을 수 있는 일반적이고 지속적인 기분으로 해석되는가? 문법적으로 이러한 구별은 정신적 과정(*She likes him/he pleases her*)과 관계적 상태(*she's happy*) 사이의 대립으로 구성된다. 정신적 과정에서는 그 감정의 **감정표현자**와 **감정촉발자**가 모두 참여자(감지자와 현상)이므로 과정에 직접 관여한다. 관계적 상태에서는 **감정표현자**와 그 감정은 참여자(담지자와 속성)가 되어 **감정촉발자**를 선택적인 배경상황적 위치로 밀어낸다(*she's happy with him/about that*).

- **다른 것에 대한 반응**   the captain **disliked** leaving/leaving **displeased** the captain

         그 선장은 떠나는 것을 싫어했다/떠나는 것이 그 선장을 불쾌하게 했다.

- **불분명한 기분**   the captain was **sad**

         그 선장은 슬펐다.

'please' 유형의 수동적 정신적 과정은 이러한 양극점 사이에 있으며(*she's pleased by him*), 특히 **현상**이 암시적으로 남아 있는 경우(*she's pleased*)에는 일반적으로 정신적 또는 관계적 사례로 분류하기 어렵다. 우리는 이 의미 영역을 다음 선을 따라 등급화된 척도로 생각할 수 있다.

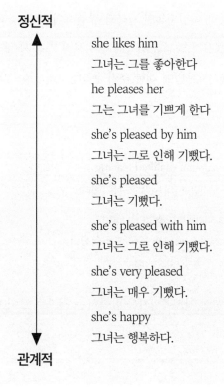

iv. 그 느낌은 어떻게 등급화 되는가? - 강도의 척도의 더 낮은 값을 향하거나 더 높은 값을 향하는 방향으로 되는가? 아니면 그 사이 어딘가인가? 우리는 이 단계에서 낮음, 중간, 높음이 별개의 평가값(**양태**에서 보여지듯이 - Halliday 1994: 358-9 참조)이라는 것을 암시하기를 원하지 않지만 대부분의

감정이 균등하게 연속된 척도에 따라 등급이 매겨지는 어휘화를 제공할 것으로 기대한다(아래 슬픔에 대한 논의 참조).

- **저**   the captain **disliked** leaving
  그 선장은 떠나는 것을 좋아하지 않았다.

- **중**   the captain **hated** leaving
  그 선장은 떠나는 것을 싫어했다.

- **고**   the captain **detested** leaving
  그 선장은 떠나는 것을 혐오했다.

v. 그 느낌은 (실현성보다 더) 비실현적인 자극과 관련하여 (반응보다 더) 의도를 포함하는가? 문법적으로 이 구분은 희구적인 정신적 과정과 감정적인 정신적 과정 사이의 대립으로 구성된다(*I'd like to* vs *I like it*); 여기서 문제가 되는 문법에 대한 추가 논의는 Davidse 1991, Halliday 1994, Lock 1996, Matthiessen 1995를 참조하라.

- **실현성**   the captain <u>**disliked**</u> leaving
  그 선장은 떠나는 것을 싫어했다.

- **비실현성**   the captain <u>**feared**</u> leaving
  그 선장은 떠나는 것을 두려워했다.

비실현성 **감정평가**는 항상 감정촉발자를 함축하는 것으로 보이며 따라서 표 2.1(위의 매개변수 iii 제외)과 같이 요약할 수 있다.

표 2.1 비실현성 감정평가

거부/희구	(행동의) 차오름	타고난 성질
두려움	tremble 떨리는	wary 조심스러운
	shudder 전율적인	fearful 두려운
	cower 움츠러드는	terrorised 공포에 떠는
욕구	suggest 제안	miss 보고 싶어하는
	request 요청	long for 동경하는
	demand 요구	yearn for 그리워하는

vi. **감정평가**에 대한 우리의 유형 분류에서 마지막 변수는 감정을 슬픔/행복, 불안/확신, 싫증/몰입과 관련된 세 가지 주요 집합으로 나눈다. 슬픔/행복 변수는 '마음의 문제' - 슬픔, 증오, 행복, 사랑 -와 관련된 감정, 불안/확신 변수는 생태적 안녕 - 불안, 두려움, 자신감, 신뢰 -과 관련된 감정, 싫증/몰입 변수는 목적인(telos, 목표의 추구) - 권태, 불만, 호기심, 존경 -과 관련된 감정을 포함한다.

- **슬픔/행복**   the captain felt **sad/happy**
  그 선장은 슬픔/행복을 느꼈다
- **불안/확신**   the captain felt **anxious/confident**
  그 선장은 불안감/확신감을 느꼈다
- **싫증/몰입**   the captain felt **fed up/absorbed**
  그 선장은 싫증/몰입감을 느꼈다

슬픔/행복의 의미의 집합은 아마도 우리가 감정에 대해 생각할 때 가장 먼저 떠오르고, 접하는 모든 목록에 포함된다. 그것은 행복하거나 슬픈 기분을 느끼는 감정, 그리고 그것을 좋아하거나 싫어함으로써 이러한 느낌을 **감정촉발자**로 향하게 하는 그 가능성과 관련되어 있다(표 2.2를 보라).

표 2.2 감정평가 - 슬픔/행복

슬픔/행복	(행동의) 차오름	(타고난) 성질
슬픔		
고통 [기분: '내 안에']	whimper 훌쩍이다	down [low] 우울한 [저]
	cry 울다	sad [median] 슬픈 [중]
	wail 울부짖다	miserable [high] 비참한 [고]
반감 [직접적인 느낌: '당신에게']	rubbish 경멸하다	dislike 싫어하는
	abuse 구박하다	hate 몹시 싫어하는
	revile 비난하다	abhor 혐오하는
행복		
환호	chuckle 빙그레 웃다	cheerful 발랄한
	laugh[25)] 소리내어 웃다	buoyant 자신감에 차 있는
	rejoice 크게 기뻐하다	jubilant 의기양양한
호감	shake hands 악수하다	be fond of 좋아하는
	hug 껴안다	love 사랑하는
	embrace 포옹하다	adore 흠모하는

불안/확신은 우리와 함께 감정들을 공유하는 사람들을 포함하여 우리의 환경과 관련된 평화로움과 불안감의 감정을 포괄한다. 전형적으로 성별로 구별된 커뮤니티에서 이러한 느낌은 가정에서

---

25) 하지만 Suzanne Eggins가 우리에게 종종 보여주었듯이, 웃음은 보통 행복이 아닌 상호작용의 주름에 의해 촉발된다; Lynn Mortensen에 의해 우리에게 제공된 다음의 예에서, 웃음은 우호적인 환호와 아무 상관이 없다: '… 심지어 Broe 박사도 내가 떠날 때, Lidcombe를 떠날 때, 당신이 언제든지. 그는 "나를 위해, 너는 나에게 연락할 수 있어, 그래서 내가 문제가 있다는 것을 알게 되어 항상 기쁘다. … 나는 항상 그를 보러 갈 수 있다. … 그래서 나는 요즘 (웃음) 그가 세계 어디에 있든 그럴 가능성이 별로 없다고 생각한다'고 말했다.

의 '어머니 역할하기'와 관련이 있으며 이는 외부(혹은 그렇지 않은) 세계로부터의 보호에 맞춰 조정되어 있다(표 2.3을 보라).

표 2.3 감정평가 - 불안/확신

불안/확신	(행동의) 차오름	(타고난) 성질
불안		
동요	restless 안절부절못하다	uneasy 불안한
	twitching 경련하다	anxious 염려하는
	shaking (부르르) 떨다	freaked out 자제력을 잃은
놀람	start 깜짝 놀라다	startled 깜짝 놀란
	cry out 소리를 지르다	jolted 가슴이 철렁한
	faint 실신하다	staggered 충격받은
확신		
자신	declare 분명히 말하다	together 흔들림 없는
	assert 주장하다	confident 자신감 있는
	proclaim 선언하다	assured 확실한
신뢰	delegate 위임하다	comfortable with -이 마음에 드는
	commit 충실하다	confident in/about -에 자신만만한
	entrust (일을) 맡기다	trusting 사람을 믿는

싫증/몰입은 참여자와 관중으로서의 역할을 포함하며, 우리가 참여하는 활동과 관련하여 성취감과 좌절감을 다룬다. 전형적으로 성별로 구분된 커뮤니티에서 이러한 느낌은 학습과 성취에 맞춰져 있는 '아버지 역할하기(fathering)'(그리고 일반적으로 멘토링)와 관련이 있다. 이러한 대조는 Spock(감정을 억누르는 인간/벌칸의 혼혈)과 Data(아무것도 느끼지 못하는 인간 모습의 로봇)와 같은 Star Trek의 등장인물에

서 흔히 볼 수 있는 것처럼 우리를 **감정평가**의 경계로 이끈다. Spock과 Data는 가끔 그들의 매혹됨을 정황(일반적으로 그들이 인간의 기행이라고 생각하는 것에 의해 촉발되는)으로 나타낸다. 이 영역의 직접적인 감정은 우리가 반응하는 활동에서 얼마나 적극적인 역할을 하는지에 대해 민감하다. 우리는 어떤 활동에서는 실망한 참여자이면서 관중으로서는 지겨워하며 우리 자신의 성과에 만족하면서도 다른 사람들의 성과에 매료되기도 한다(표 2.4를 보라).

표 2.4 감정평가 - 싫증/몰입

싫증/몰입	(행동의) 차오름	(타고난) 본질
싫증		
권태	fidget 초조하고 지루하다	flat 맥 빠진
	yawn 하품하다	stale 진부한
	tune out 무시하다	jaded 싫증난
불쾌	caution 주의를 주다	cross, bored with 짜증난, 지겨운
	scold 꾸짖다	angry, sick of 화가 난, 지긋지긋한
	castigate 크게 책망하다, 혹평하다	furious, fed up with 몹시 화가 난, 질린
몰입		
흥미	attentive 주의를 기울이다	involved ~에 궁금해하는
	busy 열심이다	absorbed ~에 빠져 있는
	industrious 매진하다	engrossed ~에 몰두하는
감탄	pat on the back 격려하다	satisfied, impressed 만족하는, 감명받은
	compliment 칭찬하다	pleased, charmed 기뻐하는, 매혹된
	reward 보상하다	chuffed, thrilled 아주 기뻐하는, 너무 황홀한

이 표에 제공된 예들은 충분한 것은 아니지만, 관련된 의미 범위의 요점을 제공하기 위해 포함되

었으며 하나의 어휘 항목 또는 다른 어휘 항목의 선택은 항상 느낌의 깊이를 등급화하여 포함된다는 사실을 강조하고 있다. 이 점을 강조하기 위해, 우리는 '슬픔'이라는 기분에 대해서는 하나의 셀로만 나타냈고, Roget의 시소러스에서 더 광범위한 의미를 포함하여 표 2.5에서 그것을 확대하였으며 그렇게 함으로써 Roget에서 더 정교하게 설명된 몇 가지 의미만을 포함할 수 있었다. 이러한 종류의 어휘적 정교화를 정당화하기 위해 다양한 교차 매개 변수를 중심으로 설계된 각 셀에 대한 의미론적 용어 분류 체계를 개발할 필요가 있다. 그러나 그 프로젝트는 이 책의 범위를 훨씬 벗어난 것이다.

표 2.5 감정평가 - 슬픔의 종류

감정	긍정적	부정적
거부/희구	miss, long for, yearn for 그리워하다, 갈망하다, 동경하다	wary, fearful, terrorised 경계하다, 두려워하다, 공포에 떨다
슬픔/행복	cheerful buoyant, jubilant; 발랄한, 자신감에 차 있는, 의기양양한; like, love, adore 좋아하다, 사랑하다, 흠모하다	sad, melancholy, despondent; 슬픈, 우울한, 낙담한; cut-up, heart-broken … broken-hearted, heavyhearted, sick at heart; 속상한, 상처받은 … 상심한, 마음이 무거운, 마음이 상한; sorrowful … grief-stricken, woebegone … dejected …; 서러운 … 슬픔에 잠긴, 비통한 … 실의에 빠진 …; dejected, joyless, dreary, cheerless, unhappy, sad; 허탈한, 즐겁지 않은, 처량한, 생기없는, 불행한, 슬픈; gloomy, despondent, … downcast, low, down, down in the mouth, depressed …; 음울한, 낙담한, … 풀이 죽은, 기분이 침체된, 우울한, 의기소침한, 활기 없는 …; weepy, wet-eyed, tearful, in tears … 울먹이는, 울 것 같은, 눈물이 글썽이는, 눈물에 젖은 …
불안/확신	together, confident, assured; 흔들림 없는, 자신감 있는, 확실한; comfortable, confident, trusting 마음에 드는, 자신만만한, 사람을 믿는	uneasy, anxious, freaked out; 불안한, 염려하는, 자제력을 잃은; startled, surprised, astonished 깜짝 놀란, 놀란, 당황스러운
싫증/몰입	involved, absorbed, engrossed; 궁금해 하는, 빠져 있는, 몰두하는; satisfied, pleased, chuffed/ impressed, charmed, thrilled 만족하는, 기뻐하는, 아주 기뻐하는/ 감명받은, 매혹된, 너무 황홀한	flat, stale, jaded; 맥 빠진, 진부한, 싫증난; cross, angry, furious; 짜증난, 화가 난, 몹시 화가 난; bored with, sick of, fed up with 지겨운, 지긋지긋한, 질린

2.3 행위평가

이제 우리가 사람들과 그들의 행동하는 방식, 즉 그들의 성격(어떻게 그들이 자신들의 기대와 필요에 부합하는지)에 대한 우리의 태도를 해석하는 의미의 영역인 **행위평가**로 넘어가겠다. 일반적으로 **행위평가**는 '사회적 존경(social esteem)'을 다루는 것과 '사회적 인정(認定)(social sanction)'을 지향하는 것으로 나눌 수 있다. **존경의 행위평가**는 '평범성(normality)'(얼마나 특별한지), '기량(capacity)'(얼마나 유능한지)과 '신뢰성(tenacity)'(얼마나 믿을 만한지)과 관련이 있고, **인정의 행위평가**는 '진실성(veracity)'(얼마나 진실한지)과 '적절성(propriety)'(얼마나 윤리적인지)과 관련이 있다. **사회적 존경**은 잡담, 소문, 농담, 그리고 때때로 유머가 중요한 역할을 하는(Eggins & Slade 1997) 다양한 종류의 이야기를 통한 구술 문화에서 기호화되는 경향이 있다. 이 영역에서 가치를 공유하는 것은 소셜 네트워크(가족, 친구, 동료 등)의 형성에 매우 중요하다. 반면에 **사회적 인정**은 교회와 국가가 감독하는 대로 행동하는 방법에 대한 칙령, 법령, 규칙, 규정 및 법률과 같이 서면으로 성문화되는 경우가 더 많다. 이 분야에서 가치를 공유하는 것은 시민의 의무와 종교적 준수를 뒷받침한다.

사회적 존경에 대한 예시적인 실현은 **평범성, 기량** 및 **신뢰성**에 대해 표 2.6에 제시되어 있다. 열거된 의미 범위는 총망라한 것은 아니며, 예시도 높은 척도부터 중간 척도, 낮은 척도까지 등급화된 것은 아니다. **감정평가**와 마찬가지로, 우리는 긍정적인 평가와 부정적인 평가, 즉 비판과 감탄의 특성을 인식할 수 있다. 또한 이러한 용어 목록을 여기에서 다루고 있는 의미에 대한 일반적 지침으로만 제공한다는 점을 강조해야 한다. 맥락상 언어 사용에 관한 한, 주어진 어휘 항목이 맥락에 따라 태도적 의미를 변화시키는 경우가 종종 있다. 따라서 아래 표에서 우리가 *slow*라고 한 것은 부정적인 **기량**(사회적 존경)의 값을 인코딩한 것이지만, 다른 맥락에서 그것은 완전히 다른 긍정적인 평가적 의미를 전달할 수 있다 - 'the slow food movement'('패스트 푸드'의 단점으로 보이는 것에 대해서, 그 자체로 음식 준비와 식사에 대한 접근 방식에 대한 언급을 가리킨다). 따라서 이 목록은 텍스트 분석에서 기계적으로 적용될 수 있는 **행위평가**의 평가값의 사전으로 취급되어서는 안 된다.

표 2.6 행위평가 - 사회적 존경

사회적 존경	긍정(감탄)	부정(비판)
평범성 '얼마나 특별한가'	lucky, fortunate, charmed …; 행운의, 운이 좋은, 매력적인…; normal, natural, familiar …; 평범한, 자연스러운, 친밀한…; cool, stable, predictable …; 멋진, 안정적인, 예측가능한…; in, fashionable, avant garde …; 유행을 따르는, 전위적인…; celebrated, unsung … 유명한, 불경스러운…	unlucky, hapless, star-crossed …; 불운한, 행복하지 않은, 불행한…; odd, peculiar, eccentric …; 이상한, 기이한, 괴짜의…; erratic, unpredictable …; 불규칙한, 예측불가능한…; dated, daggy, retrograde …; 유행 지난, 세련되지 못한, 역행하는…; obscure, also-ran … 모호한, 낙오된…
기량 '얼마나 유능한가'	powerful, vigorous, robust …; 강력한, 힘찬, 추진력있는 …; sound, healthy, fit …; 굳건한, 건강한, 늘씬한 …; adult, mature, experienced …; 어른, 성숙한, 능숙한 …; witty, humorous, droll …; 재치있는, 유머러스한, 재능이 있는 …; insightful, clever, gifted …; 통찰력 있는, 영리한, 재능이 있는 …; balanced, together, sane …; 균형 잡힌, 흔들림 없는, 분별 있는 …; sensible, expert, shrewd …; 합리적인, 전문적인, 상황 판단이 빠른 …; literate, educated, learned …; 문해력있는, 교육받은, 학식있는 …; competent, accomplished …; 유능한, 성취한 …; successful, productive … 성공적인, 생산적인 …	mild, weak, whimpy …; 가벼운, 약한, 연약한 …; unsound, sick, crippled …; 건강하지 않은, 병적인, 무능한 …; immature, childish, helpless …; 미숙한, 유치한, 무력한 …; dull, dreary, grave …; 지루한, 무미건조한, 음산한 …; slow, stupid, thick …; 느린, 멍청한, 둔한 …; flaky, neurotic, insane …; 괴짜인, 신경질적인, 미친 …; naive, inexpert, foolish …; 순진한, 미숙한, 어리석은 …; illiterate, uneducated, ignorant …; 문맹의, 교육받지 못한, 무지한 …; incompetent; unaccomplished …; 무능한; 성취하지 못한 …; unsuccessful, unproductive … 실패한, 생산적이지 못한 …
신뢰성 '얼마나 신뢰할 수 있는가'	plucky, brave, heroic …; 결단력 있는, 용감한, 영웅적인 …; cautious, wary, patient …; 신중한, 조심성 있는, 인내심 있는 …; careful, thorough, meticulous …; 세심한, 철저한, 꼼꼼한 …; tireless, persevering, resolute …; 지칠 줄 모르는, 끈기있는, 단호한 …; reliable, dependable …; 믿을 수 있는, 신뢰할 수 있는 …; faithful, loyal, constant …; 믿음직한, 충성스러운, 굳건한 …; flexible, adaptable, accommodating … 유연한, 융통성 있는, 수용적인 …	timid, cowardly, gutless …; 소심한, 비겁한, 배짱이 없는 …; rash, impatient, impetuous …; 성급한, 참을성 없는, 무모한 …; hasty, capricious, reckless …; 경솔한, 변덕스러운, 신중하지 못한…; weak, distracted, despondent …; 나약한, 산만한, 의기소침한 …; unreliable, undependable …; 믿을 수 없는, 의지할 수 없는 …; unfaithful, disloyal, inconstant …; 믿음직하지 못한, 불충한, 굳건하지 못한 …; stubborn, obstinate, wilful … 완고한, 기가 센, 고집이 센 …

사회적 인정에 대한 예시적인 실현은 긍정적이고 부정적인 평가 - 비난하거나 칭찬하는 행동을 포함하여 **진실성**과 **적절성**에 대해서 표 2.7에 제시되어 있다. 독자 중에서 가톨릭 신자는 소죄(小罪)에서 대죄(大罪)의 전환과 비교될 수 있는 **사회적 존경**에서 **사회적 인정**으로의 전환을 인식할 수 있다. 가톨릭 신자가 아닌 사람들에게는 누구에게 도움을 청해야 하는가의 문제가 될 수 있다. 너무 부정적인 **존경**이 강하면, 치료사를 찾아가야 할 수도 있다; 너무 부정적인 **인정**이 강하면, 변호사를 불러야 할 수도 있다.

표 2.7 행위 평가 - 사회적 인정

사회적 인정 '심각한'	긍정(칭찬)	부정(비난)
정직성[진실] '얼마나 정직한가'	truthful, honest, credible …; 진실한, 정직한, 신뢰할 수 있는 …; frank, candid, direct …; 솔직한, 진실한, 직접적인 …; discrete[26], tactful … 신중한, 조심스러운 …	dishonest, deceitful, lying …; 부정직한, 기만적인, 거짓말하는 …; deceptive, manipulative, devious …; 현혹한, 조종하는, 교활한 …; blunt, blabbermouth … 직설적인, 수다스러운 …
적절성[윤리] '얼마나 비난에서 떨어져 있는가'	good, moral, ethical …; 선한, 도덕적인, 윤리적인 …; law abiding, fair, just …; 준법적인, 공정한, 정의로운 …; sensitive, kind, caring …; 세심한, 친절한, 배려심 있는 …; unassuming, modest, humble …; 겸손한, 겸허한, 공손한 …; polite, respectful, reverent …; 예의바른, 존경심있는, 경건한, altruistic, generous, charitable … 이타적인, 관대한, 자비로운 …	bad, immoral, evil …; 악한, 부도덕한, 악의적인 …; corrupt, unfair, unjust …; 부패한, 불공평한, 불공정한 …; insensitive, mean, cruel …; 무심한, 인색한, 잔인한 …; vain, snobby, arrogant …; 허영심있는, 뻐기는, 거만한 …; rude, discourteous, irreverent …; 무례한, 불손한, 불경한 …; selfish, greedy, avaricious … 이기적인, 탐욕스러운, 욕심 많은 …

행위평가를 조직하는 매개 변수는 양상화의 시스템에서 문법적 차이를 다음과 같은 부분을 반영한다(Halliday 1994). 평범성은 빈도와 관련이 있고, 기량은 능력[27]과 관련이 있다. 신뢰성은 의향과 관련이 있고, 정직성은 확률과 관련이 있고, 적절성은 의무와 관련이 있다. 초기 연구에서 **행위평가**의 주요 유형에 대한 우리의 용어는 그림 2.2(평범성을 운명에, 진실성을 결심에, 정직성을 진실에, 적절성을 윤리에)에 반영되었듯이 이러한 양상 대립에 더 가까웠다.

---

26) [역자주] 'discreet'의 오타로 보임.

27) [역자주] 평범성, 기량, 신뢰성, 정직성, 적절성은 평가어의 용어로만 사용하겠다. 또한 빈도, 능력, 의향, 확률, 의무는 양태의 범주 용어로만 사용하겠다.

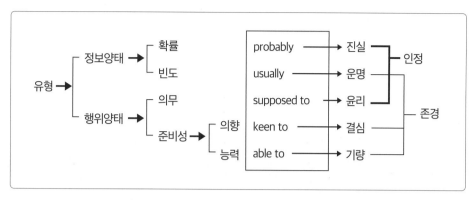

그림 2.2 양태와 행위평가의 유형들(Iedema 외 1994에 의하면)

서법, 양태, 대인적 은유에 대한 Halliday의 연구는 이러한 연관성을 뒷받침하는 대인적 문법과 평가어 사이의 가교를 제공한다(Halliday 1994, Martin 1992b, 1995b; Lemke 1998 참조). 명제를 시작하는 것으로, 우리는 확률, 빈도 그리고 능력에 대한 일련의 실현을 구성할 수 있다. 이 실현은 일치적 실현으로 시작되고, 자연스럽게 분명히 평가하는 어휘에 대한 은유적 실현을 통해서 강화된다. 이러한 방식으로 **서법부**에서 확률의 양상화는 **진실성**에 대한 어휘화된 **행위평가**와 관련될 수 있다.

He's naughty.
그는 장난이 심하다.

He's **certainly** naughty.
그는 확실히 장난꾸러기예요.

It's **certain** he's naughty.
그는 분명히 장난꾸러기예요.

It's **true** he's naughty.
그가 개구쟁이인 것은 사실이다.

It's **true, honest, credible, authentic, bogus**, etc. [judgement: veracity]
그것은 진실, 정직, 신뢰, 진짜의, 가짜의 등입니다. [행위평가: 진실성]

이와 마찬가지로, 빈도의 양태는 평범성의 **행위평가**와 관련될 수 있다.

He's naughty.
그는 장난이 심하다.

He's **often** naughty.
그는 종종 장난을 친다.

It's **usual** for him to be naughty.
그는 장난을 치는 것은 보통이다.

It's **normal** for him to be naughty.
그가 장난을 치는 것은 일반적이다.

It's **normal, average, fashionable, peculiar, odd,** etc. [judgement: normality]
그것은 평범한, 보통의, 유행을 따르는, 기이한, 이상한 등이다. [행위평가: 평범성]

[행위평가: 평범성]

능력과 기량은 다음과 같다.

He **can** go.
그는 갈 수 있다.

He's **able** to go.
그는 갈 수 있다.

He's **capable** of going.
그는 갈 수 있다.

He's **strong** enough to go.
그는 갈 만큼 충분히 강하다.

He's **healthy enough, mature enough, clever enough,** etc.
그는 충분히 건강하다, 충분히 성숙하다, 충분히 영리하다 등등.

[행위평가: 기량]

제안의 경우, 의향의 행위양태는 어휘화된 신뢰성과 관련이 있을 수 있다.

I'll go.
나는 갈 것이다.

I'm **determined** to go.
나는 가기로 결심했다.

I'm **intent** on going.
나는 갈 작정이다.

I'm **resolved**.
나는 결심했다.

I'm **resolute, steadfast, unyielding, unflinching**, etc.
나는 단호하다, 확고하다, 양보하지 않는다, 굽히지 않는다 등등.

[행위평가: 신뢰성]

그리고 의무의 행위양태는 적절성이 어휘화된 **행위평가**와 관련된다.

Go.
가라.

You **should** go.
당신은 가야 한다.

You're **supposed** to go.
당신은 가기로 되어있다.

It's **expected** you'll go.
당신이 갈 것을 기대한다.

It'd be **unfair** for you to go.
당신이 가는 것은 부당하다.

It'd be **corrupt, insensitive, arrogant, selfish, rude,** etc.

그것은 부패하다, 둔감하다, 오만하다, 이기적이다, 무례하다 등등.

[행위평가: 적절성]

이러한 논의의 연장선에서 추론하면, 어떤 연속체의 한쪽 끝에는 문법화된 실현의 대인적 문법(서법과 양태)이, 그리고 반대편 끝에는 어휘화된 실현의 평가어가 있으며, 그 사이에는 의미를 해석하는 Halliday의 양태 은유를 위치시킬 수 있다(Martin 2000b).

2.4 정황평가

정황평가는 우리가 '정황(things)', 특히 우리가 만드는 것과 우리가 이루는 성과(成果)는 물론, 자연현상 등에 대한 우리의 평가하기를 해석하는 것을 의미하며, 그러한 것에 어떤 가치가 있는지(우리가 그것들을 어떻게 가치 있게 여기는지)에 대해 주목한다. 일반적으로 **정황평가**는 정황에 대한 우리의 '반응(reaction)'(그것이 우리의 관심을 끌까; 그것이 우리를 기쁘게 할까?), 그것의 '구성(composition)'(균형 및 복잡성), 그리고 그것의 '가치짓기(value)'(얼마나 혁신적이고, 진정성 있고, 시기 적절한가 등)로 나눌 수 있다.

정황평가에 대한 예시적인 실현은 **반응, 구성** 그리고 **가치짓기**로, 표 2.8에 제시되어 있다. 열거된 의미 범위는 총망라한 것은 아니며, 예시도 높은 척도부터 중간 척도, 낮은 척도까지 등급화된 것은 아니다. **감정평가**와 **행위평가**와 마찬가지로, 우리는 긍정적인 평가하기와 부정적인 평가하기를 인식할 수 있다. 즉, 우리가 가치 있다고 평가한 속성과 그렇지 않다고 평가한 속성을 나란히 두어 비교한 것이다.

표 2.8 정황 평가어의 유형들

	긍정적	부정적
반응: 영향 '평가 대상이 내 관심을 끄 는가?'	arresting, captivating, engaging …; 시선을 사로잡는, 매혹적인, 호감이 가는 …; fascinating, exciting, moving …; 대단히 흥미로운, 신나는, 감동적인 …; lively, dramatic, intense …; 생동감 있는, 극적인, 강렬한 …; remarkable, notable, sensational … 두드러진, 주목할 만한, 선풍적인 …	dull, boring, tedious …; 따분한, 재미없는, 싫증이 나는 …; dry, ascetic, uninviting …; 무미건조한, 금욕적인, 매력없는 …; flat, predictable, monotonous …; 생기 없는, 예측 가능한, 단조로운 …; unremarkable, pedestrain … 눈에 띄지 않는, 진부한 …
반응: 질 '내가 그 대 상을 좋아하 는가?'	okay, fine, good …; 괜찮은, 질 높은, 좋은 …; lovely, beautiful, splendid …; 사랑스러운, 아름다운, 훌륭한 …; appealing, enchanting, welcome … 흥미로운, 매력있는, 환영하는 …	bad, yuk, nasty …; 나쁜, 역겨운, 지저분한 …; plain, ugly, grotesque …; 평범한, 못생긴, 기괴한 …; repulsive, revolting, off-putting … 혐오스러운, 불쾌한, 정이 안 가는 …
구성: 균형 '얼마나 정합 적인지?'	balanced, harmonious, unified, symmetrical, proportioned …; 균형된, 조화로운, 통일된, 대칭적인, 균형이 잡힌 …; consistent, considered, logical …; 일관된, 숙고된, 논리적인 …; shapely, curvaceous, willowly[28] … 짜임새 있는, 미끈한, 유연한 …	unbalanced, discordant, irregular, uneven, flawed …; 불균형한, 조화를 이루지 않은, 불규칙한, 고르지 않은, 흠이 있는 …; contradictory, disorganised …; 모순되는, 체계적이지 못한 …; shapeless, amorphous, distorted … 짜임새 없는, 무형의, 일그러진 …
구성: 복잡성 '이해하기가 어려운지?'	simple, pure, elegant …; 간단한, 순수한, 우아한 …; lucid, clear, precise …; 명쾌한, 깔끔한, 정확한 …; intricate, rich, detailed, precise … 복잡한, 풍부한, 상세한, 정밀한 …	ornate, extravagant, byzantine …; 화려한, 사치스러운, 비잔틴적인 …; arcane, unclear, woolly …; 난해한, 불분명한, 희미한 …; plain, monolithic, simplistic … 단조로운, 획일적인, 극단적으로 단순화한 …
가치짓기 '얼마나 가치 가 있는가?'	penetrating, profound, deep …; 통찰력 있는, 심오한, 깊은 …; innovative, original, creative …; 혁신적인, 독창적인, 창의적인 …; timely, long awaited, landmark …; 시기적절한, 고대한, 기념비적인 …; inimitable, exceptional, unique …; 모방할 수 없는, 예외적인, 독특한 …; authentic, real, genuine …; 진본의, 진짜의, 진품의 …; valuable, priceless, worthwhile …; 값진, 가치를 매길 수 없는, 가치 있는 …; appropriate, helpful, effective … 적절한, 도움이 되는, 효과적인 …	shallow, reductive, insignificant …; 피상적인, 환원주의적인, 중요치 않은 …; derivative, conventional, prosaic …; 새롭지 않은, 관습적인, 따분한 …; dated, overdue, untimely …; 낡은, 철 지난, 때가 안 맞는 …; dime-a-dozen, everyday, common …; 흔해빠진, 일상적인, 흔한 …; fake, bogus, glitzy …; 가짜의, 위조의, 과시적인 …; worthless, shoddy, pricey …; 가치없는, 조잡한, 너무 비싼 …; ineffective, useless, write-off … 실효성 없는, 쓸모없는, 무용지물의 …

---

28) [역자주] 'willowy'의 오타로 보임.

이러한 변수들 중 가치짓기는 특히 필드에 민감한데, 왜냐하면 그 정황의 가치는 우리의 제도적 초점에 크게 좌우되기 때문이다. 예를 들어, Stevie Ray Vaughan의 블루스는 그의 팬들로부터 그 진정성에 대한 많은 인정을 받고 있다.

real, definitive, true, pure, authentic, raw, hardcore, vintage, classic, this-iswhat-the-blues-are-all-about, essence …
정말, 확정적인, 사실인, 순수한, 진짜인, 날것의, 하드코어한, 빈티지한, 클래식한, 이것-이-블루스-에-관한-모든-것, 본질 …

Amazon 웹사이트에서 한 팬은 이렇게 언급했다. '만약 당신이 이 CD에 있는 음악을 감상할 수 없다면, 당신은 진정한 신의 축복이 있는 미국 음악의 팬이 아니다. Stevie Ray Vaughan은 이 CD 한 장으로 완전히 찢었다!' 반면에 언어학과 같은 학술적 영역에서의 기여는 심오한 혁신으로 (또는 명백한 결점으로) 평가될 가능성이 더 높다.

penetrating, illuminating, 통찰력 있는, 빛나는,	shallow, ad hoc, reductive, 피상적인, 임시방편의, 환원주의적인,
challenging, significant, deep, 도전적인, 중요한, 깊은,	unconvincing, unsupported, fanciful, 설득력이 없는, 지지받지 못하는, 허황된,
profound, satisfying, 심오한, 만족스러운,	tendentious, bizarre, counterintuitive, 편견이 있는, 기괴한, 반직관적인,
fruitful, ground-breaking … 알찬, 획기적인 …	perplexing, arcane … 당혹스러운, 난해한 …

문법적으로, Suzanne Eggins가 우리에게 제안한 것처럼, 우리는 **반응, 구성** 및 **가치짓기**를 우리가 정황을 보는 방식(우리의 시선)인 정신적 과정들과 관련하여 생각할 수 있다. **반응**은 호감과 관련되어 있다(감정적 - '나를 사로잡는다', 희구적 - '나는 이것을 원한다'). **구성**은 지각과 관련되어 있고(순서에 대한 우리의 관점), **가치짓기**는 인지와 관련되어 있다(우리의 숙고된 의견들). 대안적으로 **정황평가**의 프레임워크는 대인적 중요성에 대한 **반응**, 텍스트적 조직화에 대한 **구성** 그리고 관념적 가치에 대한 **가치짓기**

로서 대기능적으로 해석될 수 있다(아래 표 2.9에 요약됨).

표 2.9 정황 평가의 하위 유형들

정황 평가	정신적 과정의 종류	대기능
반응(reaction)	호감(affection)	대인적(interpersonal)
구성(composition)	지각(perception)	텍스트적(textual)
가치짓기(valuation)	인지(cognition)	관념적(ideational)

분명히 **정황평가**의 다양한 **반응**과 **감정평가**(위에서 약술된 바와 같이) 사이에는 파생적으로 관련 어휘를 포함한 강한 연관성이 있다. 그럼에도 불구하고 우리는 누군가가 느끼는 감정을 해석하는 것(**감정평가**)과 그러한 느낌들을 촉발시키는 힘을 정황에 부여하는 것을 구별하는 것이 중요하다고 생각한다.

감정평가   정황평가: 반응
I'm sad/weeping   *a weepy rendition of the song*
나는 슬프다/울고 있다   그 노래의 슬픈 연주

마찬가지로, 어떤 것에 대한 긍정적이고 부정적인 가치짓기는 창조하거나 수행할 수 있는 누군가의 기량에 대한 긍정적이고 부정적인 **행위평가**를 의미한다. 그러나 우리는 행동의 **행위평가**와 정황의 평가하기를 구별하는 것이 유용하다고 생각한다.

행위평가: 기량   정황평가: 가치짓기
a brilliant scholar   *a penetrating analysis*
뛰어난 학자   통찰력 있는 분석

아래의 경계들(2.5절)과 기록과 토큰들(2.6절)에 대한 논의에서 이러한 링크를 다시 살펴보겠다.

비록 우리의 **태도평가**를 분석하기 위한 일반적인 프레임워크가 한 사용역에서 다른 사용역으로 이동함에 따라 수년에 걸쳐 안정화되었지만, 우리는 (위에서 언급한 것처럼) 현재 우리가 이용할 수 없는 어휘를 분류하기 위한 사회기호학적 원리를 개발할 필요가 있다고 믿는다. 우리는 이것들이 말뭉치

연구에서 나타날지, 아니면 합리적인 논증의 발전 (또는 그 둘의 일부 조합)에서 나타날지 확신할 수 없다. 그러는 동안에 우리는 **태도평가**가 더 연구됨에 따라 시소러스, 사전 및 수작업의 텍스트 분석에 의해 가능해진 미세 조정의 틀 안에 갇혀 있을 수밖에 없다.

2.5 경계들

태도평가에 대한 표준 문법적 실현은 원래 등급가능한 의미이고, 형용사적이다; 따라서 이러한 종류의 실현과 관련하여 **태도평가**의 유형을 구별하기 위한 문법적 프레임을 설정하는 것이 타당하다. **감정평가**의 경우, *feel*을 포함하는 의식적인 참여자와 관계적 속성적 과정이 유용한 구분하기 프레임이 된다.

감정평가

{person feels **affect** about something}
{사람은 무언가에 대해 '감정평가'를 느낀다}

{it makes person feel **affect** that [proposition]}
{그것은 사람들로 하여금 그것[명제]에 '감정평가'를 느끼게 한다.}

I feel **happy** (about that/that they've come).
(그들이 왔다는 것에 대해) 나는 행복을 느낀다.

It makes me feel **happy** that they've come.
그들이 와서 나를 행복함을 느끼게 만든다.

행위평가는 어떤 사람의 행동에 **태도평가**를 부여하는 관계적 속성적 과정이다(Lemke 1998 참조):

행위평가

{it was **judgement** for person/of person to do that}
{그것은 그것을 하는 사람의/그 사람에 대한 '행위평가'이다.}

{(for person) to do that was **judgement**}
{(그 사람을 위해) 그것을 한 것은 '행위평가'였다}

It was **silly** of/for them to do that.
그들이 그렇게 하는 것은 어리석었다.

(For them) to do that was **silly**.
(그들이) 그것을 한 것은 어리석었다.

정황평가의 경우, 어떤 사물에 **태도평가**를 부여하는 정신적 과정을 진단으로 사용할 수 있다.

정황평가

{Person consider something **appreciation**}
{사람이 무엇인가를 '정황평가'로 생각한다}

{Person see something as **appreciation**}
{사람은 무엇인가를 '정황평가'로 본다}

I consider it **beautiful**.
나는 그것이 아름답다고 생각한다.

They see it as **beautiful**.
그들은 그것을 아름다운 것으로 본다.

추가적 프레임에 대한 연구는 Niemeier & Dirven 1997을 참조하기 바란다; 이러한 프레임에 대한 보다 상세한 연구는 위에서 제안된 **감정평가**, **행위평가** 그리고 **정황평가**의 하위 범주화를 조사하는 데 도움이 될 수 있다.

우리가 이미 언급했듯이, 평가하기의 출처와 대상은 또 다른 기준이다. **감정평가**의 출처는 물론 개인, 인간 집단 그리고 기관을 포함한 의식적인 참여자이다(Halliday & Matthiessen 1999):

woman, boy, mother, striker, streaker, lawyer, client, teacher, student …
여자, 소년, 엄마, 파업 노동자, 나체 시위자, 변호사, 고객, 선생님, 학생 …

family, team, platoon, class, professoriate, clergy, congregation, judiciary …
가족, 팀, 소대, 학급, 교수진, 성직자, 회중, 사법부 …

government, commission, court, council, board, company, senate, tribunal …
정부, 위원회, 법원, 의회, 이사회, 회사, 상원, 재판소 …

그리고 이 의식적인 참여자들의 행동은 **행위평가**의 대상이다. 반면에 **정황평가**는 구체적이든 추상적이든, 물질적이든 기호적이든 정황을 대상으로 한다. 따라서 아래 예에서 '능숙한(skill)'은 다르게 해석될 수 있다.

he played **skilfully**　　　　행위평가
그는 능숙하게 뛰었다.

he's a **skilful** player　　　행위평가
그는 능숙한 선수이다.

it was a **skilful** innings　　정황평가
그것은 능숙한 이닝[29]이었다.

명사군이 제도적 역할에 대한 의식적인 참여자를 해석하거나 복합 과정을 사물로 명명하는 경우, 아래 예시와 같이 (비록 항상 같은 의미는 아니지만) 사실상 동일한 태도평가적 어휘를 **행위평가**하거나 **정황평가**하는 데 사용할 수 있다.

행위평가	**정황평가**
he proved a fascinating player	it was fascinating innings (영향)
그는 매력적인 선수임을 증명했다.	그것은 매력적인 이닝이었다.

---

29) [역자주] 야구에서 양팀이 한 번씩의 공격을 주고 받는 단위를 말함.

he proved a splendid player
그는 훌륭한 선수임을 증명했다.

it was a splendid innings (질)
그것은 훌륭한 이닝이었다.

he proved a balanced player
그는 균형 잡힌 선수임을 증명했다.

it was a balanced innings (균형)
그것은 균형 잡힌 이닝이었다.

he proved an economical player
그는 경제적인 선수임을 증명했다.

it was an economical innings (복잡성)
그것은 경제적인 이닝이었다.

he proved an invaluable player
그는 가치있는 선수임을 증명했다.

it was an invaluable innings (가치짓기)
그것은 가치있는 이닝이었다.

he was an average player (평범성)
그는 평균적인 선수였다.

it was an average innings
그것은 평균적인 이닝이었다.

he was a strong player (기량)
그는 강한 선수였다.

it was a strong innings
그것은 강한 이닝이었다.

he was a brave player (신뢰성)
그는 용감한 선수였다.

it was a brave innings
그것은 용감한 이닝이었다.

he was an honest player (진실성)
그는 정직한 선수였다.

it was an honest innings
그것은 정직한 이닝이었다.

he was a responsible (적절성)
그는 책임감이 있었다.

it was a responsible innings
그것은 책임감이 있는 이닝이었다.

위와 비교되는 의미에 대한 절 프레임은 덜 유연할 수 있다:

It was balanced of them to come.
그들이 오는 것은 안정적이었다.

[행동을 행위평가하기??]

I consider it honest.
나는 그것이 정직하다고 생각한다.

[구체적인 것을 정황평가하기??]

이러한 상호보완성과 함께, **감정평가**와 **행위평가**로 동시에 해석되는 거의 틀림없는 태도평가적 어휘의 몇 가지 어휘 목록이 있다.

> guilty, embarrassed, proud, jealous, envious, ashamed, resentful, contemptuous …
> 죄책감이 드는, 당황스러운, 자랑스러워하는, 질투하는, 부러워하는, 부끄러운, 분개하는, 경멸하는 …

이러한 항목들은 행동에 대해 우리가 찬성하거나 반대하는 감정적 반응을 해석한다.

> I felt guilty about cancelling.
> 나는 취소하는 것에 대해 죄책감을 느꼈다.
>
> I felt proud that they'd won.
> 나는 그들이 이겼다는 것이 자랑스러웠다.

비슷한 맥락에서 *disgust/revolt*(혐오감/반항)라는 용어는 거의 틀림없이 **감정평가**와 **행위평가** 또는 는 **감정평가**와 **정황평가**가 결합된 것이다(참조: *they/it revolted me*):

> I felt disgusted with them for provoking him. [감정평가/행위평가]
> 나는 그를 자극한 그들에게 역겨움을 느꼈다.
>
> I felt disgusted with/by the smell. [감정평가/정황평가]
> 나는 그 냄새에 혐오감을 느꼈다.

아래 2.6절의 마지막에서 이러한 명백한 혼합(hybrid) 실현을 분석하는 방법을 제안한다.

그러나 일반적으로 태도평가적 어휘의 경우 위에서 소개한 절 프레임과 평가하기의 출처와 대상의 성격을 이용하여 **감정평가**, **행위평가** 및 **정황평가**를 구별할 수 있다.

2.6 간접 실현[30]

지금까지, 우리는 태도평가적 어휘의 사용을 통하여 담화에서 직접적으로 기록된 평가하기를 고려했다. 이것은 다음과 같은 텍스트에서 *fighting mad*과 *tears were falling down*이라는 구들을 **감정평가**의 관점에서만 초점을 맞추는 것을 의미한다. 이것이 '잃어버린 세대'(Rose 1996에서 인용)의 원주민 가수 Archie Roach의 애국가에서 이 부분에 대한 평가하기를 고려하는 방식이다.

One dark day on Framingham
Framingham의 어느 어두운 날

Came and didn't give a damn
왔어요. 신경도 안 썼어요.

My mother cried go get their dad
어머니는 울면서 아버지를 찾으러 갔어요.

He came running **fighting mad**
그는 미친 듯이 싸우러 달려왔어요

Mother's **tears were falling down**
어머니의 눈물이 떨어지고 있었어요

Dad shaped up he stood his ground
아버지는 자신의 입장을 고수했지요

He said you touch my kids and you fight me
그는 '너희들이 내 아이들을 손대면 나와 싸울 거야'라고 말했어요

And they took us from our family
그리고 그들은 우리를 우리 가족으로부터 데려갔어요

Took us away
우리를 데려갔어요

---

30)) [역자주] 평가어를 촉발하는 토큰들

They took us away
그들은 우리를 데려갔어요

Snatched from our mother's breast
우리 어머니의 가슴에서 빼앗았어요

Said this was for the best
이게 최선이라고 말했어요

Took us away [Rose 1996: 81]
우리를 데려갔어요 [Rose 1996: 81]

그러나 이런 종류의 제한적인 초점은 대부분의 청취자들에게 Roach의 이야기가 불러일으키는 감정적인 반응을 정당화하지 못한다. 백인 공권력에 의해 가족을 빼앗겼다는 그의 이야기는 이보다 더 감동적이다. 직접적으로 기록된 **감정평가어**가 제거되더라도, 우리는 여전히 Archie의 아버지가 느꼈던 분노를 추론할 수 있다.

My mother cried go get their dad …
어머니는 울면서 아버지를 찾으러 갔어요 …

Dad shaped up he stood his ground
아버지는 자신의 입장을 고수했지요.

He said you touch my kids and you fight me [Rose 1996: 81]
그는 '너희들이 내 아이들을 손대면 나와 싸울 거야'라고 말했어요. [Rose 1996:81]

마찬가지로 우리는 Archie가 그의 집에서 끌려가는 것에 대해 느꼈을 고통에 대해 공감하지 않을 수 없다. 비록 그가 자신의 감정에 대해 명시적으로 말하지는 않지만, 그 감정들은 쉽게 볼 수 있다:

As Archie Roach got up to sing the words of the song Uncle Ernie had played on his gum leaf, he also indicated his **anguish** at being taken from his parents, and how he had gone on, not to the better life promised at the time by the white authorities, but to face discrimination and destitution. 'I've often lived on the streets and gone without a feed for days and no-one ever said sorry to me.' [Sitka 1998]

Archie Roach는 Ernie 삼촌이 그의 껌 잎으로 연주하던 노래 가사를 부르기 위해 일어났을 때, 그는 또한 그의 부모를 잃은 것에 대한 그의 고통과 그가 어떻게 지냈는지를 보여주었는데, 그것은 당시 백인 공권력에 의해 약속된 더 나은 삶이 아니라 차별과 빈곤에 직면하게 된 사연이었다. "나는 종종 길거리에서 살았고 며칠 동안 음식 없이 지냈고 아무도 나에게 미안하다고 말한 적이 없었다." [Sitka 1998]

여기서 말하는 일반적인 요점은 어떻게 느끼는지를 직접적으로 알려주는 태도평가적 어휘가 없더라도 관념적 의미를 선택하는 것만으로도 평가하기를 불러일으키기에 충분하다는 것이다. 언뜻 보기에 관념적 선택에 의해 유발된 평가하기를 분석하는 것은 바람직하지 않은 주관성 요소를 분석에 도입하는 것처럼 보일 수 있다. 다른 한편으로, 이런 종류의 환기된 평가하기를 피하는 것은 관념적 의미가 그것이 불러일으키는 태도평가에 관계없이 선택된다는 제안에 해당한다. - 이는 우리가 유지할 수 없는 입장이다. 이러한 맥락에서 개인적 주관성과 사회적 주관성을 구별하는 것이 중요하다. 즉, 독특한 응답자로서의 독자와 성별, 세대, 계층, 민족 및 기량/무-기량의 특정 구성에 따라 위치를 정한 독자 커뮤니티를 구분하는 것이다. 환기된 평가하기를 분석할 때, 후자의 변수와 관련하여 가능한 한 자신의 읽기 위치를 지정하는 것이 확실히 중요하다. 또한 텍스트를 순응적으로 [31], 저항적으로 또는 전술적으로 읽고 있는지 여부를 분명히 하는 것도 중요하다.

전술적 읽기란 일반적으로 부분적이고 관심 있는 읽기를 말하는데, 중립적인 읽기 이외의 사회적 목적을 위해 텍스트를 배치하는 것을 목표로 한다. 저항적 읽기는 텍스트에서 의미의 공동 선택에 의해 중립적 읽기 위치에 반대되는 반면, 순응적 읽기는 이에 동의하는 것을 말한다. 예를 들어, 우리가 기록되고 환기된 **태도평가어**를 설명하기 위해 Roach의 시를 사용하는 것은 언어학자로서의 우리의 목적에 도움이 되는 전술적 읽기이며, 호주 원주민의 사회 운동가이자 대변인으로서의 읽기는 아니다. 순응적 읽기는 우리를 Roach의 경험에 동정적이고 수치스러운 호주인으로서 위치시켰을 것이다; 저항적 읽기는 우리가 호주 백인 세대에 의한 이러한 대량학살 행위에 대해 공개적으로 사과하는 것을 거부하는 호주 총리 John Howard의 편을 들게 했을지도 모른다.

이를 넘어, 어떤 텍스트 읽기 위치를 중립적으로 제안한다는 것은 평가하기에 관한 한 독자가 공유

---

31) 전체적으로, 이 책 전체에서, Jim과 Peter는 텍스트를 남성, 중년, 중산층, 앵글로/켈트, 신체 건강한 독자로서 순응적으로 분석하려고 시도했다.

하기를 바라는 **태도평가**의 종류에 대해 다분히 직접적이라는 의미이다. 부분적으로 이들은 잠재적으로 준(準)언어(음성, 표정, 몸짓, 신체 자세), 의상, 음악 반주, 이미지, 춤 등을 포함한 의사소통의 모든 부수적 양식에 의해 서로 부합될 것이다(예를 들어, Roach의 고통은 그의 영혼이 담긴 노래와 감동적인 멜로디에 분명히 기록되어 있다). 이 외에도 **태도평가어**와 같은 대인적 의미의 실현의 운율적 성격은 기록들이 지역적 문법적 환경 범위보다 텍스트를 더 채색하는 경향이 있다는 것을 의미한다. 그 기록들은 다시 말해, 그들을 둘러싼 관념적인 선택을 읽는 방법을 알려주는 표지판 역할을 한다. Roach의 가사를 되짚어 보면서, *fighting mad*라는 글은 확실히 그의 아이들을 지키려는 아버지의 헛된 시도를 채색한다:

My mother cried go get their dad
어머니는 울면서 아버지를 찾으러 갔어요

He came running **fighting mad**
그는 미친 듯이 싸우러 달려왔어요

Mother's tears were falling down
어머니의 눈물이 떨어지고 있었어요

Dad shaped up he stood his ground
아버지는 자신의 입장을 고수했지요.

He said you touch my kids and you fight me
그는 '너희들이 내 아이들을 손대면 나와 싸울 거야'라고 말했어요

And they took us from our family [Rose 1996: 81]
그리고 그들은 우리를 우리 가족으로부터 데려갔어요 [Rose 1996: 81]

이는 논쟁의 여지는 있지만 동정적인 독자들에게 요구되지 않는 표지판이다; 하지만 이 점에서 원주민 가족의 아이들을 데려가는 것이 일반적인 관행이었고(일부 초기 추정치에서 최대 50,000 가정; Manne 1998, 2001 참조), 그 아이들 자신에게 최선의 이익이 되도록 인도적인 대우로 공개적으로 옹호하는 사회를 상상하는 것이 중요하다. 이런 종류의 사회는 확실히 원주민들을 인간 이하로 여겼고, 아마도 Roach가 여기에 기록한 감정들을 공감할 수 없을 것이다. 그리고 우리에게, 이런 종류의 행동에 대해 공개적으로 사과하기를 거부하는 사회는 계속해서 비슷한 인종차별적 입장에 동의한다.

운율적 실현의 또 다른 예와, 기록과 원래의도의 상호작용에 대해 원주민 예술 비평가 Eric Michaels의 다음 텍스트를 고려해보자. 1983년 교장의 *modest* 제안에 대해서 Michaels는 Yuendumu 학교의 문(그리고 지금은 지역 사회 전체 있는 집들의 문들)을 덮고 있는 경이로운 사막 미술 그림을 *spectacular, remarkable*, 그리고 *major* 하다는 반응으로 정황평가하고 있다. - 그리하여 긍정적인 평가하기의 운율을 설정하고, 나아가 **감정평가어**(excitement, interest, pleasure, pride, enthusiastic) 의 긍정적인 기록들에 의해 강화되었다.

> In 1983, the new school headmaster (Mr Terry Lewis) brought considerable excitement to the Yuendumu community by his interest in and support of traditional Warlpiri culture and language. One of his more **modest** suggestions was to make the school look less 'European' by commissioning senior men to paint the school doors with traditional designs. The results were **more spectacular** than anyone envisaged.
> 1983년, 학교에 새로 온 교장(Terry Lewis)은 전통적인 Warlpiri 문화와 언어에 대한 관심과 지원을 보임으로써 Yuendumu 커뮤니티에 상당한 자극을 가져왔다. 그의 더 겸손한 제안 중 하나는 상급생들에게 전통적인 디자인으로 학교 정문을 칠하도록 요청함으로써 학교를 덜 '유럽적'으로 보이게 하는 것이었다. 그 결과는 누구도 예상하지 못했던 것보다 더 놀랄 만했다.

> Both European and Aboriginal residents of Yuendumu took considerable pleasure and pride in the achievement. Visitors to the community were equally enthusiastic, and word about these **remarkable** paintings began to spread. My own response was to see this accomplishment as a **major** one for contemporary international art as well as an achievement in indigenous culture. For me, these doors seemed to strike a chord with issues and images that were being negotiated in the art galleries of Sydney, Paris and New York. [Michaels 1987: 135]
> Yuendumu의 유럽인과 원주민 모두 이 업적에 상당한 기쁨과 자부심을 느꼈다. 지역사회 방문객들도 마찬가지로 열광했고, 이 놀라운 그림들에 대한 소문이 퍼지기 시작했다. 나의 개인적 반응은 이 업적을 원주민 문화의 업적일 뿐만 아니라 현대 국제 예술의 주요한 업적으로 보는 것이었다. 내게는, 이 문들이 시드니, 파리, 뉴욕의 미술관에서 논의되고 있는 이슈와 이미지들과 조화를 이루는 것처럼 보였다. [Michaels 1987: 135]

맥락에서 벗어나서 보면, 이 문들을 설명하기 위해 Michaels가 선택한 용어들, *achievement, accomplishment*와 그 다음의 *achievement*는 완료된 활동을 단순명사화함으로써 비-태도평가적 표현으로 간주될 수도 있다. 그리고 처음의 *achievement*는 그렇게 읽힐 수도 있을 것이다. 하지만 이 텍스트가 전개되면서 긍정적인 **정황평가**의 운율로 발전하게 되고 태도평가적 읽기에 이끌리게 된다. 그래서 두 번째 나오는 *achievement*는 '많은 노력 후에 얻는 좋은 것의 성취'를 의미한다. Michaels가 그 문들을 세계적인 예술 도시들에서 논의되는 이슈와 이미지와 비교할 때, 그의 이상적인 선택이 긍정적인 **정황평가**를 환기시키도록 계획되었다는 것에 대해서는 의심의 여지가 없다. 다시 말하면, 기록된 **태도평가어**는 그 범위 내에서 독자들이 비-태도적 관념적 자료에 대해 평가할 때 독자를 안내하는 (의미적) 운율을 개시하고 점점 강화시키는 역할을 한다.

이를 보충하면, 관념적 의미는 단순히 독자를 초대하는 데 그치지 않고 독자들의 태도평가적 반응을 촉발하는 데 활용될 수 있다. 이것은 어휘적 은유의 하나의 기능이다. 앞서 소개한 노래에서 Roach는 원주민과 동물의 대우를 비교하기 위해 이러한 어휘적 자원을 활용한다.

> This story's right, this story's true
> 이 이야기는 맞아, 이 이야기는 사실이야
>
> I would not tell lies to you
> 나는 너에게 거짓말을 하지 않을 거야
>
> Like the promises they did not keep
> 그들이 지키지 않은 약속처럼
>
> **And how they fenced us in like sheep**
> 그리고 그들이 어떻게 우리를 양처럼 울타리에 가뒀는지
>
> Said to us come take our hand
> 우리에게 와서 손을 잡으라고 했어
> Sent us off to mission land
> 우리를 선교부로 보냈어
>
> Taught us to read, to write and pray
> 읽고, 쓰고, 기도하는 법을 가르쳤지
>
> Then they took the children away ...[Rose 1996]
> 그리고 그들은 아이들을 데려갔어 ...[Rose 1996]

'잃어버린 세대'에 대한 1997년 정부 보고서, *Bringing Them Home*에서 위와 유사한 은유가 사용되고 있다.

We was bought **like a market**. We was all lined up in white dresses, and they'd come round and pick you out **like you was for sale.** [BTH 90]
우리는 시장에서 팔리듯이 팔렸다. 우리는 모두 하얀 드레스를 입고 줄을 섰고, 그들은 돌아다니며 마치 매물을 고르듯이 우리들을 골랐다. [BTH 90]

I remember all we children being **herded up, like a mob of cattle,** and feeling the humiliation of being graded by the colour of our skins for the government records. [BTH 186]
나는 우리 아이들이 소 떼처럼 떼를 지어 끌려가 정부의 목표치를 위해 피부색으로 등급이 매겨지는 굴욕감을 느꼈던 것을 기억한다. [BTH 186]

이들 예에서 원주민 목소리는 백인 공권력을 명시적으로 비인간적이라고 평가하고 있지는 않으나, 사람들을 상업적 상품으로 취급하는 것은 분명히 **행위평가**를 불러일으키는 것을 넘어 - 행위평가를 촉발하는 역할을 하고 있다. 여기에 John Howard의 1990년대 경제 합리주의를 비판한 저널리스트 Bob Ellis의 확장된 예가 있다.

John Howard says he knows how vulnerable people are feeling in these times of economic change. He does not. For they are feeling **as vulnerable as a man who has already had his arm torn off by a lion, and sits in the corner holding his stump and waiting for the lion to finish eating and come for him again.** This is something more than vulnerability. It is injury and shock and fear and rage. And he does not know the carnage that is waiting for him if he calls an election. And he will be surprised. [Ellis 1998]
John Howard는 경제 변화의 시기에 사람들이 스스로를 얼마나 연약하다고 느끼는지 알고 있다고 말한다. 하지만 그는 틀렸다. 왜냐하면 그들은 이미 사자에게 팔을 뜯긴 사람처럼 연약함을 느끼고, 구석에 앉아서 남은 그루터기를 잡고 사자가 포식을 끝내고 다시 그를 찾아오기를 기다리고 있다. 이것은 연약성 이상의 것이다. 그것은 상처와 충격과 두려움과 분노이다. 그리고 선거를 치르게 되면 대학살이 자신을 기다린다는 사실을 모른다. 그는 깜짝 놀랄 것이다. [Ellis 1998]

이 은유에 의해 촉발된 (일반 호주인들이 느끼는) **감정평가**와 (Howard의) **행위평가**는 매우 명확하게 나타난다.

다소 덜 촉발적이지만, 여전히 평가하기가 적용되고 있다는 것을 알 수 있는 것은 그것을 단어의 핵심 의미에 주입함으로써 어떤 의미에서 방식의 배경상황을 어휘화한 비핵심 어휘로 사용하고 있다는 것이다. 비교를 나타내는 방신은 이런 방식으로 *herd*(위에서 인용한 은유에서)로 나타나는데, 이는 '가축들이 하는 방식으로 함께 모이다'를 의미한다. 마찬가지로 *gallop*은 '말처럼 달리다'를 의미하며, 이런 방식으로 달리는 사람에 대한 **행위평가**를 내포하고 있다.

단순한 강화는 과정을 등급화하고 등급화가 태도평가 어휘의 고유한 특질일 수 있기 때문에 또한 직설적이다. 예를 들어 *break*와 같은 핵심 어휘 항목은 다양한 방식으로 그리고 다양한 등급에 의해 강화될 수 있다.

> demolish, damage, dismantle, break down, undermine, break up, smash, shatter, smash to smithereens, tear to bits, tear to shreds, pull to pieces …
> 파괴하다, 손해를 입히다, 분해하다, 무너뜨리다, 약화시키다, 해체하다, 박살내다, 산산조각 내다, 산산이 부수다, 조각조각 찢어지다, 갈가리 찢어지다. 조각조각 끌어내다 …

Paul Keating 전 노동당 총리는 그의 유명한 Redfern Park 연설에서 침략적인 유럽인들이 원주민 문화를 다루는 것을 *smash*를 사용하여 묘사하고 있으며 그렇게 함으로써 부정적인 **행위평가**를 함축하고 있다(이러한 **행위평가**는 다음의 기록들에 의해 확인될 수 있다.):

> … It begins, I think, with that act of recognition
> … 나는 이것이 인식의 행위로 시작한다고 생각합니다.

> Recognition that it was we who did the dispossessing.
> 처분을 한 것은 우리라는 인식.

> We took the traditional lands and **smashed** the traditional way of life.
> 우리는 전통적인 땅을 차지하고 전통적인 삶의 방식을 박살냈습니다.

> We brought the diseases. The alcohol.
> 우리는 질병 그리고 술을 가져왔습니다.

We committed the murders.
우리는 살인을 저질렀습니다.

We took the children from their mothers.
우리는 그들의 어머니에게서 아이들을 데려갔습니다.

We practised discrimination and exclusion.
우리는 차별과 배제를 실천했습니다.

It was our ignorance and our prejudice.
그것은 우리의 무지와 편견이었습니다.

And our failure to imagine these things being done to us.
그리고 이런 일들이 스스로에게도 일어날 수 있다고 상상하지 못했습니다.

With some noble exceptions, we failed to make the most basic human response and enter into their hearts and minds.
몇 가지 드문 예외를 제외하고, 우리는 가장 기본적인 인간의 반응을 만들어 내고 그들의 마음과 생각을 들여다보는 데 실패했습니다.

We failed to ask - how would I feel if this were done to me? [Keating 1992]
우리는 묻지 못했습니다 - 이것이 우리에게 일어난다면 우리는 어떻게 느끼게 될까요? [Keating 1992]

전통적인 용어로 우리는 방식과 융합된 이러한 비핵심 어휘 항목들이 **태도평가**를 지시하기보다는 그것을 내포한다고 말할 수 있다. 따라서 그들은 **태도평가**를 부여하는 것과 그것을 유발하는 것 사이의 어딘가에 있으며, 따라서 어휘적 은유와 직접적인 기록보다 해석을 위한 상호-텍스트와 읽기 위치에 더 민감하다. 이와 유사하게 태도평가를 '내포'하거나 '명백히 신호'할 수 있는 다양한 다른 메커니즘이 있으며 이는 **태도평가**를 부여하는 것과 유발하는 것 사이에 있는 것과 같다. 어떤 행동이나 사건을 예상과 반대로 해석하는 것은 그러한 메커니즘 중 하나이다. 예를 들어 다음을 생각해 보자.

This is another book by an American who writes about the pleasures and pains of owning a house in France. Barry, <u>however</u>, is something of an exception because, unlike other authors in this genre, she does not <u>actually</u> live in her house in France. Her profiles of

Gallic rusticity and meditation on the French way of life are derived from visits of <u>only</u> two or three weeks each year and her experience of village life seems confined to finding a neighbor to keep her keys for her andsomeone to garage her car while she's away. [online book review - Amazon.com]

이것은 프랑스에서 집을 소유하는 것의 즐거움과 고통에 대해 쓴 어느 미국인의 또 다른 책이다. 그러나 Barry는 이러한 장르의 다른 작가들과 달리 프랑스에 있는 그녀의 집에서 실제로 살지 않기 때문에 약간 예외적이라고 할 수 있다. 프랑스적 소박함에 대한 그녀의 프로필과 프랑스의 삶의 방식에 대한 명상은 매년 2~3주 동안만 방문하는 것에서 유래하며, 마을 생활에 대한 그녀의 경험은 그녀를 위해 열쇠를 보관해 줄 이웃과 그녀가 없는 동안 차를 정비해 줄 누군가를 찾는 것에 국한된 것처럼 보인다. [온라인 도서 리뷰 - Amazon.com]

여기에는 역-기대의 여러 지표가 있는데(예: *however, actually, only two or three weeks*) 이는 태도평가적 평가값(긍정적/부정적)이 문제가 되고 있다는 것을 독자에게 경고하는 역할을 한다. 물론 관념적인 내용 자체가 독자를 이와 같은 부정적인 시각으로 이끌었을 수도 있다. 그러나 요점은 리뷰어가 예상과 달리 Barry의 행동을 명시적으로 평가하기 위해 본문에 끼어들었고 저자나 그녀의 책에 대한 부정적인 시각을 신호하고 있다는 것이다.

위에 소개된 **태도평가어**를 기록하는 것과 환기시키는 다양한 전략은 그림 2.3에 요약되어 있다. 선택항들은 텍스트에 의해 중립적 가치와 일치하도록 독자를 허용하는 자유도의 정도에 따라 '기록하는 것' → '기록', '내재하기' → '부여하기'의 연속체로서 하향식으로 유용하게 읽을 수 있다. 어휘적 은유와 비핵심 어휘 모두 감정을 심화시키는 효과가 있으므로, 아래 3장의 강도평가에서 '세기'로 검토한 강화 자원과 유용하게 비교할 수 있다.

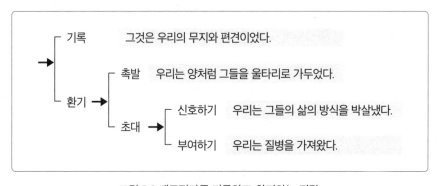

그림 2.3 태도평가를 기록하고 환기하는 전략

기록되고 환기된 **태도평가**의 인식은 그림 2.3에 소개된 경계 범주의 이중 부호화를 허용할 수 있음을 의미한다. 선수들이 역할에서 명시적으로 행위평가되는 경우, 그들의 성취에 대한 환기된 **정황평가**가 인식될 수 있다; 마찬가지로, 활동이 사물로 명시적으로 정황평가될 때, 그것을 달성한 사람에 대한 **행위평가**가 환기될 수 있다(표 2.10을 보라).

표 2.10 태도평가적 원래의도와 태도평가적 기록 사이의 상호작용

기록된 행위평가 & 환기된 정황평가	기록된 정황평가 & 환기된 행위평가
he proved a fascinating player 그는 매혹적인 선수임을 증명했다.	it was fascinating innings (영향) 그것은 매혹적인 이닝이었다.
he proved a splendid player 그는 훌륭한 선수임을 증명했다.	it was a splendid innings (질) 그것은 훌륭한 이닝이었다.
he proved a balanced player 그는 균형 잡힌 선수임을 증명했다.	it was a balanced innings (균형) 그것은 균형 잡힌 이닝이었다.
he proved an economical player 그는 경제적인 선수임을 증명했다.	it was an economical innings (복잡성) 그것은 경제적인 이닝이었다.
he proved an invaluable player 그는 매우 귀중한 선수임을 증명했다.	it was an invaluable innings (가치짓기) 그것은 매우 귀중한 이닝이었다.
he played average (평범성) 그는 평균 이닝을 소화했다.	it was an average innings 그것은 평균적인 이닝이었다.
he played strongly (기량) 그는 강한 이닝을 소화했다.	it was a strong innings 그것은 강한 이닝이었다.
he played bravely (신뢰성) 그는 용감하게 경기를 했다.	it was a brave innings 그것은 용감한 이닝이었다.
he played bravely (정직성) 그는 정직하게 경기를 했다.	it was an honest innings 그것은 정직한 이닝이었다.
he played responsibly (적절성) 그는 책임감 있게 경기했다.	it was a responsible innings 그것은 책임감 있는 이닝이었다.

이런 방식으로 생각하면, 우리가 위의 2.5절에서 소개한 것처럼 어떤 **태도평가**로 승인할 수도, 불승인으로 해석할 수도 있는 혼합(hybrid)은 **행위평가**나 **정황평가**(*guilty, embarrassed, proud, jealous, envious, ashamed, resentful, contemptuous; disgust/revolt*)를 환기시키는(즉, 암시하는) **감정평가적** 기록으로 취급할 수 있다.

2.7 태도평가를 넘어서

우리는 태도평가적 자원에 대한 우리의 설명을 다루기 쉬운 척도로 축소하기 위해 평가하기를 구성하는 등급화된 어휘 항목에 초점을 맞춰 왔다. 이것은 욕설을 우리의 연구의 범위 밖으로 밀어내는 결과를 가져왔다. 왜냐하면 그것은 등급화를 할 수 없는 어휘를 포함하기 때문이다. 그러나 욕설은 아래의 서사적 평가하기에서처럼 강한 느낌을 해석하기 위해 분명히 사용된다.

> You know, and I'd think that was some sort of record. And that was real absolute lunacy, doing that. We wouldn't do it again, but **my God** we had a ball doing it though, didn't we? (addressed to partner) We really had a good time. You know, but there was so much work. [Plum 1988: 222]
> 그건 일종의 기록이라고 생각해. 그리고 그것은 정말 완전히 미친 짓이었어. 우리는 다시는 그러지 않을 것이지만, 세상에, 우리는 그것을 하는 것이 재미있었어, 그렇지 않니? (청자에게) 우리는 정말 좋은 시간을 보냈어. 하지만 일이 너무 많았어. [Plum 1988: 222]

이런 종류의 감정적 폭발은 그 자체로 **감정평가, 행위평가** 또는 **정황평가**로 분류하기 어렵다. 일부 텍스트에서는 감정적 폭발은 관련된 기록들을 증폭시키는 것으로 읽을 수 있다. 따라서 우리의 분석에 욕설을 포함하려면, 원칙적으로 위에 *my God*을 *had a ball*을 강화시키는 것으로 취급할 수 있다. 다른 텍스트에서는 어떤 종류의 **태도평가**가 해석되고 있는지 정확하게 말하기 더 어렵다.

> **Fucken Hell** man, who **the hell** told you I liked doing this kind of **shit**. On Saturday I saw Brian and Brendon and his Girlfriend at Waterloo, I was waiting to catch the **bloody** bus, anyway they started talking to me so that killed alot of time. Anyway I had to go to the Laundromat Yesterday and I saw my ex-boyfriend man he looks **fucken** ugly **god** knows what I went out with him, he looks like a **fucken dickhead** ⋯ [Martin 1997c: 312-3]
> 제기랄, 내가 이딴 거 좋아한다고 대체 어떤 죽일 놈이 말했지? 토요일에 나는 Waterloo에서 Brian과 Brendon과 그의 여자친구를 보았고, 나는 그 빌어먹을 버스를 타기 위해 기다리고 있었다. 어쨌든 그들은 나에게 말을 걸기 시작했기 때문에 많은 시간을 보냈다. 어쨌든 나는 어제 빨래방에 가야 했고 나는 내 전 남자친구를 봤다. 그는 존나 못생겼어. 내가 그와 데이트한 것을, 신이, 알 거야. 그는 빌어먹을 멍청이처럼 보여⋯ [Martin 1997c: 312-3]

아마도 일반적으로 우리는 단순히 표현, 관련된 완곡어(gosh, darn 등) 및 간투어(ugh, hew, gr-r-r, ow, whew, tut-tut 등)를 평가하기의 분출로 보며, 이는 **태도평가**의 유형에 관한 한 미분류된 상태로 취급한다. 그러나 Jordens 2002는 특정 사용역에서 특별한 유형의 욕설과 감탄사들은 특별한 유형의 **태도평가**와 연관될 수 있다고 지적한다. 예를 들면, 결장암 치료를 받고 있는 환자들과 인터뷰에서 불안감을 느끼며 말하는 *oh, man, ohhhh, whoa, oh heavens, oh god, oh crikey, oh shit* 등이 있다.

간투어는 일반적으로 언어로 간주되는 경계에 우리를 이르게 하며, 이는 겉보기에는 남아 있는 원형언어 자료로 구성되어 있다(Halliday 1975 그리고 Painter 1984, 1998에서 묘사한 바와 같이). 대인적 의미에 대한 연구가 발전함에 따라, 언어와 준언어 사이의 전통적인 구별은 확실히 재고될 필요가 있지만, 이것은 우리가 여기서 더 논의할 단계는 아니다. 그러나 준언어(동작, 표정, 웃음, 음질, 소리 강도 등)와 의사소통의 수반 양식(이미지, 음악, 움직임 등)에 대한 연구는 기능언어학에서 보다 포괄적인 사회-기호학적 관점으로 이동함에 따라 **태도평가**의 실현에 대한 추가 연구의 중심 영역이다. 이미지에서 **태도평가**의 실현과 언어 텍스트와의 상호작용은 Martin(2001a)에서 탐구되었다.

2.8 태도평가를 분석하기

2.7절을 끝으로, **태도평가** 시스템에 대한 소개를 이 정도로 마무리하기로 하자. 이 장의 나머지 부분에서는 세 가지 예문을 중심으로 담화에서 전개되는 **태도평가**의 실현을 살펴볼 것이다. 그 중 첫 번째는 Annie Proulx의 *The Shipping News*의 한 국면으로, 작은 마을 신문 기자로서의 Quoyle의 좌절된 견습생 생활에 관한 것이다.

Quoyle brought over his copy. 'Al isn't in yet,' he said, squaring up the pages, 'so I thought I'd give it to you.'
Quoyle은 자신의 원고를 가져왔다. 'Al은 아직 안 들어왔어.'라고 그가 페이지를 정리하면서 말했다. '그래서 나는 그것을 너에게 주려고 생각했어.'

His friend did not smile. Was on the job. Read for a few seconds, lifted his face to the fluorescent light. 'Edna was in she'd shred this. Al saw it he'd tell Punch to get rid of you. You got to rewrite this. Here, sit down. Show you what's wrong. They say reporters can be made out of anything. You'll be a test case.'

그의 친구는 웃지 않았다. 일을 하고 있었다. 몇 초 동안 책을 읽고는, 얼굴을 형광등 쪽으로 들어 올렸다. 'Edna가 이걸 갈기갈기 찢어 버릴 거야. Al은 Punch에게 널 없애라고 말할 거야. 너는 이걸 다시 써야 해. 자, 앉아봐. 뭐가 잘못됐는지 보여줄게. 사람들은 기자들이 무엇이든 만들어 낼 수 있다고 말하지. 너는 그 시범사례가 될 거야.'

It was what Quoyle had expected.

그것은 Quoyle이 예상했던 것이었다.

'Your lead,' said Partridge. 'Christ!' He read aloud in a high-pitched singsong.

'네가 읽어봐.'라고 Partridge가 말했다. '세상에!' 그는 높은 음조로 노래하듯이 읽었다.

> Last night the Pine Eye Planning Commission voted by a large margin to revise earlier recommendations for amendments to the municipal zoning code that would increase the minimum plot size of residential properties in all but downtown areas to seven acres.
>
> 어젯밤 Pine Eye 계획 위원회는 시내를 제외한 모든 지역의 주거용 부동산의 최소 부지 크기를 7에이커로 늘리는 지방 자치 구역법 개정에 대한 이전 권고안을 큰 표 차로 수정하기로 투표했다.

'It's like reading cement. Too long. Way, way, way too long. Confused. No human interest. No quotes. Stale.' His pencil roved among Quoyle's sentences, stirring and shifting. 'Short words. Short sentences. Break it up. Look at this, look at this. Here's your angle down here. That's news. Move it up.'

'이건 시멘트를 읽는 것 같아. 너무 길어. 너무, 너무, 너무나도 길어. 혼란스럽다고. 아무도 관심을 갖지 않을걸. 따옴표도 없고. 진부해.' 그의 연필은 Quoyle의 문장 사이를 휘젓고 움직이며 돌아다녔다. '짧은 단어들, 짧은 문장들로 쪼개봐. 이것 봐, 이것 좀 봐. 여기에 너의 관점이 있어. 그게 뉴스야. 빨리 해봐.'

He wrenched the words around. Quoyle leaned close, stared, fidgeted, understood nothing.

그는 그 말을 빙빙 돌렸다. Quoyle은 가까이 기대어, 응시하고, 안절부절못하며, 아무것도 이해하지 못했다.

'O.K., try this

'좋아, 이렇게 해봐.

> Pine Eye Planning Commission member Janice Foxley resigned during an angry

late-night Tuesday meeting. 'I'm not going to sit here and watch the poor[32] people of this town get sold down the river,' Foxley said.

Pine Eye 기획 위원회의 Janice Foxley 위원은 화요일 심야 회의에서 분개하며 사임했다. '나는 여기 앉아서 이 마을의 가난한 사람들이 강 아래로 팔려가는 것을 보고 있지 않을 것이다.'라고 Foxley는 말했다.

A few minutes before Foxley's resignation the commission approved a new zoning law by a vote of 9 to 1. The new law limits minimum residential property sizes to seven acres.

Foxley가 사임하기 몇 분 전 위원회는 9 대 1의 투표로 새로운 구역제 법안을 승인했다. 새 법은 최소 주거용 부동산 크기를 7에이커로 제한한다.

'Not very snappy, no style, and still too long,' said Partridge, 'but going in the right direction. Get the idea? Get the sense of what's news? What you want in the lead? Here, see what you do. Put some spin on it.'

Partridge는 '별로 명료하지 않고, 스타일도 없고, 여전히 너무 길다.'라고 말했다. '하지만 올바른 방향으로 가고 있어. 알겠어? 무엇이 뉴스인지 알겠어? 네가 원하는 것이 무엇이야? 여기, 네가 뭘 하는지 봐. 그것에 대해 머리를 돌려서 생각을 좀 해봐.'

Partridge's fire never brought him to a boil. After six months of copy desk fixes Quoyle didn't recognise news, had no aptitude for detail. He was afraid of all but twelve or fifteen verbs. Had a fatal flair for the passive. 'Governor Murchie was handed a bouquet by first grader Kimberley Plud,' he wrote and Edna, the crusty rewrite woman, stood up and bellowed at Quoyle. 'You lobotomized moron. How the hell can you hand a governor?' Quoyle another sample of the semi-illiterates who practiced journalism nowadays. Line them up against the wall! [Proulx 1993: 7-8]

Partridge의 불은 그를 끓게 하지 못했다. 6개월 동안 편집자의 자리에서 일한 후에도 Quoyle은 뉴스를 인식하지 못했고, 세부 사항에 대한 소질이 없었다. 그는 12개나 15개의 동사를 제외한 모든 동사를 두려워했다. 수동적인 표현에 치명적인 재주가 있었다. 'Murchie 주지사는 1학년 Kimberley Plud로부터 꽃다발을 받아졌습니다.'라고 썼고, 신경질적인 교열 여기자 Edna는 일어서서 Quoyle을 향해 고함을 질렀다. '뇌엽절개술이라도 했냐, 이 바보야? 도대체 어떻게 주지사가 받아질 수 있어?' Quoyle은 요즘 저널리즘을 실천하는 준-문맹자들의 또 다른 표본이다. 그들을 벽에 세워라! [Proulx 1993: 7-8]

---

32) Jim은 원래 poor를 동정의 감정평가어로 읽었다; 하지만 사실 공동-텍스트는 경험적 읽기를 더 중립적으로 본다(새로운 구역법의 결과로 주거지를 살 수 있을 만큼 여유가 없는 사람들).

담화 분석에서 관례적으로 우리는 '하향식(top-down)' 또는 '상향식(bottom-up)' 관점으로 시작할 수 있다. **태도평가**에 있어서 이것은 운율들로 시작해서 그들의 실현까지 또는 실현으로 시작해서 텍스트의 '서법'으로 돌아가는 것을 의미한다. 운율들을 탐색하는 데 유용한 기술 중 하나는 채색 코딩을 사용하는 것으로, 꽤 일반적인 범주(예: **감정평가, 행위평가, 정황평가**)들을 포함하고 이것을 전개 모티브들에 매핑시키는 것이다. 그러나 이것은 학술적 논문에 게재하기에는 비용이 너무 많이 들기 때문에, 이 텍스트의 경우에는 '상향식' 방법으로 기록으로부터 시작하여 표를 사용하여 결과를 표시할 것이다. 사용하는 약어는 다음과 같다.

+	'긍정적 태도평가'
-	'부정적 태도평가'
des	'감정평가: 욕구'
hap	'감정평가: 슬픔/행복'
sec	'감정평가: 불안/확신'
sat	'감정평가: 싫증/몰입'
norm	'행위평가: 평범성'
cap	'행위평가: 기량'
ten	'행위평가: 신뢰성'
ver	'행위평가: 진실성'
prop	'행위평가: 적절성'
reac	'정황평가: 반응'
comp	'정황평가: 구성'
val	'정황평가: 가치짓기'

감정평가, 행위평가, 정황평가를 위한 별도의 열을 설정함으로써(표 2.11 참조), 이러한 평가하기는 이를 구성하는 어휘문법 항목으로 주석될 수 있다. **행위평가**와 **정황평가**를 위해서는 **태도평가**의 출처(누가 행위평가하고 있는지 또는 정황평가하고 있는지)와 무엇이 평가되고 있는지(누가 행위평가되고 있는지 또는 무엇이 정황평가되고 있는지) 주목할 필요가 있다. 일반적으로 우리는 **태도평가**가 추가적인 평가자의 발

화나 생각으로 투사되지 않는 한 화자와 필자를 평가하기의 출처로 해석한다.[33] 그래서 내레이터는 Quoyle을 세부사항에 대한 소질이 없다고 행위평가하는 반면, 그의 초고를 잘못된 것으로 평가하는 것은 Partridge이고, 그를 멍청이로 판단하는 것은 Edna이다; 우리는 Proulx의 텍스트에 '내레이터'를 반복해서 쓰는 것을 피하기 위해 기본 위치(즉, 필자/화자 등 평가어를 제공한 출처)에 빈칸을 남길 것이다.

표 2.11 태도평가 분석의 예시

평가 항목	평가자	감정평가	행위평가	정황평가	평가 대상
wrong 틀린	Partridge			-val	Q's copy
no aptitude 소질이 없는			-cap		Quoyle
lobotomised moron 뇌엽 절개술을 받은 바보	Edna		-cap		Quoyle

물론 우리는 내레이터의 목소리가 이야기 속의 한 사람 또는 다른 인물의 목소리와 조율할 수 있고, 이를 고려하기 위해 평가어의 출처 분석이 조정되어야 할 수도 있다는 것을 인정한다. 우리는 여기서 '관점'이라는 이 문제를 추구하지 않을 것이지만, 평가하기는 작가가 누구의 목소리로 내레이션을 하는지를 나타내는 데 사용되는 주요한 서술적 자원 중 하나라는 것을 강조할 것이다. 예를 들어, 내레이터로서 Proulx는 Quoyle에게 상대적으로 동정적이며, 독자들이 그의 모든 실패에 대해 공감할 수 있도록 조율한다; 그리고 이것은 그의 견습 기간 동안 Quoyle의 동료들의 견해, 특히 Edna의 비판과 뚜렷한 대조를 이룬다. 소설이 전개됨에 따라 우리가 익숙해지는 동정과 반감의 행위 때문에, 우리는 - 이러한 평가하기가 Proulx에 의해 직접 또는 간접적으로 발화 또는 생각으로서 명시적으로 투사되지 않음에도 불구하고 - Proulx가 아닌 Edna가 Quoyle과 그와 같은 사람들을 총살당해야 하는 반(半)-문맹자들이라고 비난하는 것을 듣게 된다.

> Partridge's fire never brought him to a boil. After six months of copy desk fixes Quoyle didn't recognise news, had no aptitude for detail. He was afraid of all but twelve or fifteen

---

33) 물론 우리는 다른 사람이 느끼는 것을 우리에게 말해주는 사람은 화자나 필자이며, 따라서 그들이 '궁극적인' 평가어의 출처로서 기능을 계속한다는 것을 명심할 필요가 있다.

verbs. Had a fatal flair for the passive. 'Governor Murchie was handed a bouquet by first grader Kimberley Plud,' he wrote and Edna, the crusty rewrite woman, stood up and bellowed at Quoyle. 'You lobotomized moron. How the hell can you hand a governor?' **Quoyle another sample of the semi-illiterates who practiced journalism nowadays. Line them up against the wall!**

Partridge의 불은 그를 끓게 하지 못했다. 6개월 동안 편집자의 자리에서 일한 후에도 Quoyle 은 뉴스를 인식하지 못했고, 세부 사항에 대한 소질이 없었다. 그는 12개나 15개의 동사를 제외한 모든 동사를 두려워했다. 수동적인 표현에 치명적인 재주가 있었다. 'Murchie 주지사는 1학년 Kimberley Plud로부터 꽃다발을 받아졌습니다.'라고 썼고, 신경질적인 교열 여기자 Edna는 일어서서 Quoyle을 향해 고함을 질렀다. '뇌엽절개술이라도 했냐, 이 바보야? 도대체 어떻게 주지사가 받아질 수 있어?' Quoyle은 요즘 저널리즘을 실천하는 반(半)-문맹자들의 또 다른 표본이다. 그들을 벽에 세워라!

감정평가는 감정표현자를 평가자로 취급하고, 만약 복원이 가능하다면 감정촉발자를 평가 대상으로 취급함으로써 이런 식의 프레임워크로 부호화될 수 있다. 이것은 우리가 평가자를 어떤 것(감정평가, 행위평가 또는 정황평가이든지)을 느끼고 있는 사람으로 해석하고, 평가 대상을 반응하는 사람, 사물 또는 활동으로 해석하는 것이 타당하다. 물론 이것은 평가자와 평가 대상의 일상적인 의미를 확장하는 것으로, 우리는 부호화를 표준화하기 위해 감정평가하는 법을 배웠고, 우리가 제공하는 용어에 대한 기술적 재정의라고 볼 수 있다. 이것이 도움이 되지 않는다고 생각하는 분석가들은 위에서 소개한 것처럼 감정표현자와 감정촉발자라는 용어를 사용하여 **행위평가** 및 **정황평가**와 별개로 **감정평가**를 부호화하는 것을 선호할 수 있다.

우리는 또한 부정적인 느낌과 문법적으로 부정되는 긍정적인 느낌을 구별하여 *sad*와 *not happy* 를 구별하는 것이 유용하다는 것을 알게 되었다. 문법적 부정을 'neg'로 표기함으로써 *not happy* 를 'neg +hap'로 부호화하고, *sad*를 '-hap'로 부호화할 수 있다. 반면에 형태론적 부정(예: *unhappy, insecure*)은 Halliday의 **서법부** 기능 밖에서 어휘적으로 실현되기 때문에 논쟁의 여지가 없다.[34] 따라서 우리는 그것을 부정된 **태도평가**가 아닌 부정적 **태도평가**로 부호화할 것이다(즉, *unhappy*의 경우 -hap, *not happy*의 경우 neg +hap) (표 2.12를 보라).

---

34) 새천년이 시작될 무렵 John Howard 총리의 정책에 반대하는 호주인들은 'Not Happy John'이라고 새겨진 항의 티셔츠를 입고 문법적 부정을 통해 그와 관계를 맺었다(*I'm not happy with your policies …*). 형태론적 부정이 있는 기록 'Unhappy John'은 동일한 도전적인 효과를 갖지 않았을 것이라는 점에 주목하라.

표 2.12 평가어 분석 규칙들

평가 항목	평가자	감정평가	행위평가	정황평가	평가 대상
not smile *웃지 않다*	Partridge	neg +hap			Q's arrival
afraid *두려워 하는*	Quoyle	-sec			대부분의 동사들

Proulx의 텍스트에 있는 태도평가적 기록에 대한 우리의 읽기는 표 2.13에 요약되어 있다. 명시적인 **태도평가**의 대부분은 주로 Partridge의 논평(및 Edna의 논평과 생각)으로 투사된다; 우리는 이것에 대해 평가자 열에 주석을 달았고, 발화에는 큰따옴표(")를, 생각에는 작은따옴표(')를 사용했다(Halliday 1994를 따라서). 평가하기의 대부분은 Quoyle의 원고를 향한 **정황평가**이며, 나중에 그의 기자로서의 소질에 대한 부정적인 **행위평가**로 넘어간다; 기록된 **감정평가**는, 주로 Quoyle의 것이며, 추가적인 모티프이다.

표 2.13 Proulx에 기록된 태도평가

평가 항목	평가자	감정평가	행위평가	정황평가	평가 대상
not smile *웃지 않다*	Partridge	neg +hap			Q's arrival
wrong *잘못되다*	Partridge"			-val	Q's copy
too long *너무 길어*	Partridge"			-comp	Q's lead
way (x3) too long *너무 너무 너무 길어*	Partridge"			-comp	Q's lead
confused *혼란스럽다고*	Partridge"			-comp	Q's lead
stale *진부해*	Partridge"			-reac	Q's lead
short *짧은*	Partridge"			+comp	∞Q's lead[35]
Short *짧은 (단어, 문장)*	Partridge"			+comp	∞Q's lead

---

35) 우리는 '∞' 기호를 사용하여, Partridge가 Quoyle의 선례(lead)가 무엇인지가 아니라 무엇이 되기를 원하는지 정황평가하고 있음을 나타냈다.

news[36] 뉴스	Partridge"			+val	angle
fidgeted 안절부절 못하다	Quoyle	-sat			P's editing
not very snappy 별로 명료하지 않고	Partridge"			neg +reac	revised copy
no style 스타일도 없고	Partridge"			neg +val	revised copy
too long 너무 길다	Partridge"			-comp	revised copy
right direction 올바른 방향으로	Partridge"			+val	revised copy
news 뉴스	Partridge"			+val	revised copy
want 원하는 것	P" Quoyle	+des			news
spin 머리를 돌려서	Partridge"			+val	revised copy
news 뉴스				+val	Q's copy
no aptitude 소질이 없다			neg +cap		Quoyle
afraid 두려워하다	Quoyle	-sec			most verbs
fatal flair 치명적 재주			-cap		Quoyle
crusty 신경질적인			-ten		Edna
bellowed[37] 고함지르다	Edna	-hap			Quoyle
lobotomised 노엽절단수술 받은	Edna"		-cap		Quoyle
semi-illiterates 준-문맹자	Edna'		-cap		Quoyle (& kind)

---

36) 뉴스성은 저널리즘에서 특정 정보의 긍정적인 속성이기 때문에 기록으로 취급된다.

37) Collins Cobuild는 bellow를 '크고 깊은 목소리로 **분노하여** 외친다'고 정의하고 있으므로, 우리는 그것을 여기에 기록으로 포함시켰다.

여기서 볼 수 있듯이, 담화의 이 국면에서의 평가하기는 저널리즘 분야에 관한 한 어떤 뉴스가 옳고 그른지에 초점을 맞추고 있다.

wrong, too long, confused, stale, not very snappy, no style
잘못된, 너무 긴, 혼란스러운, 진부한, 별로 간결하지 않은, 스타일이 없는

right, short, spin
옳은, 짧은, 의견 제시가 빠른

이 분야에서 우리는 *news*라는 용어를 긍정적인 정황평가로 받아들였는데, 이는 *news*가 인쇄할 만큼 충분히 가치 있는 뉴스로서의 가치가 있는 정보를 가리키는 데 사용되기 때문이다.

그리고 그의 견습 과정의 이 단계에서는 Quoyle은 나쁜 기자이다.

no aptitude for detail, fatal flair for the passive, lobotomized moron, semi-illiterates
디테일에 대한 소질이 없음, 수동 표현에 대한 치명적인 재주, 뇌엽절개술을 받은 바보, 반(半)-문맹의

이러한 부정적인 **행위평가** 중 하나는 욕설(Edna의 *you lobotomised moron*)을 포함한다. *Collins Cobuild Dictionary*는 이 용어를 '당신이 어떤 사람을 바보라고 지칭한다면, 당신은 그들이 **매우 멍청하다**고 생각한다는 것을 보여주고 있다'고 설명하며, 이러한 용어는 등급화될 수 있다고 설명한다(*you complete moron, you total idiot, you absolute imbecile* 등). 이러한 근거로 경멸적인 명칭을 태도 평가의 기록으로 포함시키는 것이 적절해 보인다. 'moron(바보)' 집합의 몇 가지 추가적인 예는 다음과 같다.

moron, imbecile, idiot, half-wit, numbskull, blockhead, simpleton, boofhead, dimwit, slowcoach, thickhead, peabrain ...
바보, 저능아, 천치, 반편이, 밥통, 돌대가리, 얼간이, 멍텅구리, 얼뜨기, 굼벵이, 등신, 멍청이 ...

Quoyle의 실패에도 불구하고 Quoyle의 독자들을 사랑하려는 Proulx의 노력은 여기에서 우리가

부정적인 **행위평가**(무-기량)으로 부호화한 그의 *fatal flair for the passive*에 대한 그녀의 설명에서 가장 명확하게 예시된다. *flair*라는 용어는 일반적으로 긍정적인 **행위평가**(무엇인가를 잘 할 수 있는 자연스러운 능력)와 일치하며, 이러한 맥락에서 독자들은 Quoyle을 단순히 어리석다는 것이 아니라 그 자신의 언어 사용 성향의 불행한 희생자로 공감할 수 있게 된다.

환기된 **태도평가**는 표 2.14의 분석에 관념적 토큰/원래의도에 대한 표기법 't,'를 사용하여 추가된다(예: *squaring up*의 경우 't, +comp'). Partridge와 Edna가 질이 떨어지는 Quoyle의 원고(*Christ*와 *the hell*)에 분노한 것을 기록하는 **태도평가**의 폭발로 인해 욕설도 표에 포함되었다. 투사는 반복적 시스템이므로 평가자 열에는 한 인물이 다른 인물의 평가를 투사하는 몇 가지 예가 포함된다(예: Partridge는 Al이 Punch에게 Quoyle을 해고하라고 말할 것이라고 말한다(Partridge saying Al would tell Punch to fire Quoyle)).

표 2.14 Proulx에 기록된, 그리고 환기된 태도평가

평가 항목	평가자	감정평가	행위평가	정황평가	평가 대상
squaring up 정리하면서				t, +comp	Q's copy
not smile 웃지 않았다	Partridge	neg +hap			Q's arrival
on the job 일을 하고 있다	Partridge	t, +sat			P's work
shred 찢어버리다	P" Edna'			t, −val	Q's copy
get rid of 없애버리다	P" Al"		t, −cap		Quoyle
wrong 잘못되다	Partridge"			−val	Q's copy
test case 시범사례	Partridge"		t, −cap		Quoyle
[Christ!] 세상에	Partridge"			−val	Q's copy
high-pitched singsong 높은 음조로 노래하듯이				t, −react	Q's copy
like reading cement 시멘트를 읽다	Partridge"			t, −react	Q's copy
too long 너무 길어	Partridge"			−comp	Q's lead

way (x3) too long 너무 너무 너무 길어	Partridge"			-comp	Q's lead
confused 혼란스럽다고	Partridge"			-comp	Q's lead
no human interest 아무도 관심 없어	Partridge"			t, -react	Q's lead
no quotes 따옴표도 없고	Partridge"			t, -react	Q's lead
stale 진부해	Partridge"			-react	Q's lead
short 짧아	Partridge"			+comp	∞Q's lead
short 짧아	Partridge"			+comp	∞Q's lead
news 뉴스	Partridge"			+val	Q's angle
wrenched 돌리다				t, -comp	Q's copy
fidgeted 안절부절 못하다	Quoyle	-sat			P's editing
understood nothing 아무 것도 이해 못하다			t, -cap		Quoyle
not very snappy 명료하지 않다	Partridge"			neg +reac	revised copy
no style 스타일도 없고	Partridge"			neg +val	revised copy
too long 너무 길고	Partridge"			-comp	revised copy
right 올바른(방향)	Partridge"			+val	revised copy
news 뉴스	Partridge"			+val	revised copy
want 원하다	P" Quoyle	+des			news
spin (머리를) 돌려서	Partridge"			+val	revised copy

fire 불	Patridge	t, +des			Q's copy
never … boil 결코 끓지 못하다			t, –cap		Quoyle
news 뉴스				+val	Q's copy
didn't recognise 인식하지 못하다			t, –cap		Quoyle
no aptitude 소질도 없고			neg +cap		Quoyle
afraid 두렵다	Quoyle	–sec			most verbs
fatal flair 치명적인 재주			–cap		Quoyle
crusty 신경질적인			–ten		Edna
bellowed 고함치다	Edna	–hap			Quoyle
lobotomized moron 뇌엽절개수술 받은	Edna"		–cap		Quoyle
[how the hell …] 도대체 … 어떻게	Edna"			–comp	Q's passive
semi-illiterates 준-문맹자들	Edna'		–cap		Quoyle & kind
line them up … 벽에 세워라	Edna'		t, –cap		Quoyle & kind

이 토큰들의 주요 기능은 표 2.15에 요약된 바와 같이 명시적 평가 항목에 의해 기록된 **정황평가**(잘못된 원고) 및 **행위평가**(무능한 기자)의 부정적인 운율을 확장하는 것이다. 일부 토큰들은 어휘적 은유(*test case, like reading cement, Partridge's fire never brought him to a boil*)를 통해 평가하기를 촉발한다. 그리고 *shred*와 *wrench*는 그들의 의미하기에 강화된 방식('cut or tear **into very small pieces**(매우 작은 조각으로 자르거나 찢다)', 'pull or twist **violently**(격렬하게 당기거나 비틀다)') 때문에 거의 틀림없이 평가하기를 암시한다.

표 2.15 Proulx에 있는 환기된 태도평가

평가 항목	평가자	감정 평가	행위 평가	정황 평가	평가 대상
squaring up 페이지를 정리하다				t, +comp	Q's copy
shred 찢어 버리다	P" Edna'			t, -val	Q's copy
high-pitched singsong 높은 음조로 노래하듯이				t, -react	Q's copy
like reading cement 시멘트를 읽는 것 같이	Partridge"			t, -react	Q's copy
no human interest 아무도 관심 없다	Partridge"			t, -react	Q's lead
no quotes 따옴표도 없고	Partridge"			t, -react	Q's lead
wrenched 돌리다				t, -comp	Q's copy
[Christ!] 세상에	Partridge"			-val	Q's copy
[how the hell …] 도대체...어떻게	Edna"			-comp	Q's passive
get rid of 없애버리다	P" Al"		t, -cap		Quoyle
test case 시범사례	Partridge"		t, -cap		Quoyle
understood nothing 아무 것도 이해 못하다			t, -cap		Quoyle
never..boil 결코 끓지 못하다			t, -cap		Quoyle
didn't recognise 인식하지 못하다			t, -cap		Quoyle
line them up … 벽에 세우다	Edna'		t, -cap		Quoyle & kind

우리는 평가적 의미를 다 쓰지 못한 채 이쯤에서 이 본문에 대한 논의를 마치겠다. 넓게 말하자면 유머에는 분명한 역할이 있다. 예를 들어 Partridge는 그의 리드를 고음의 목소리로 소리 내어 읽어서 Quoyle을 조롱한다. 그의 부분에서, Quoyle은 동사를 두려워하고, 수동적인 표현에 치명적으

로 끌리고, 그런 그의 문제로 인해 총살대에 직면하도록 선고받았는데, 이것은 생명을 위협하는 시나리오지만, 우리는 유머스러운 것으로 읽었다(문자 그대로 받아들이기에는 너무 과하다). 그리고 Quoyle은 반(半)-문맹의 예시(sample)로 상품화된 것이지, Edna의 폭발에 자극을 추가하여 비꼬는 말을 나열하는 예시(example)가 아니다. 불행히도 우리의 무지함을 인정하면서, 우리는 유머를 우리의 범위 밖에 두고자 한다; 일상대화에서의 평가어와 관련된 유머에 대한 획기적인 연구는 Eggins & Slade(1997)를 참조하라.

Proulx의 텍스트는 **행위평가**와 **정황평가**를 강조하므로 이제 감정평가에 집중하는 호주 육아 잡지의 텍스트를 살펴보겠다. 이 텍스트는 *Mother & Baby*(A Bounty Publication) 1994년 6월/7월호의 'Dad Department'의 일부이다.

Baby, please don't cry
아기야, 제발 울지마

> Becoming a parent unleashes a torrent of new emotions in dads too - never more so than when your child is inconsolable. Ask George Blair-West.
> 부모가 되는 것은 또한 아빠들에게 새로운 감정의 소용돌이에 휘말리게 된다 - 당신의 아이가 슬픔에 잠겨있을 때보다는 아니지만. George Blair-West에게 물어보라.

At last, you are in dreamland. My Goddess of Laughter, the Princess-of-all-that-is-Good. Your skin so smooth and soft. The squeals of sheer and utter joy that you unleashed only a few hours ago echo in my mind. I had to come and look at you. It is all I can do not to reach out and kiss you. But my feelings can't afford for you to wake again.

마침내 너는 꿈나라에 있구나. 나의 웃음의 여신, 만물의 공주님. 너의 피부는 매우 매끄럽고 부드럽구나. 불과 몇 시간 전에 네가 불러일으킨 순수하고 완전한 기쁨의 비명소리가 내 마음에 메아리친다. 나는 너를 보러 와야 했지. 손을 뻗어 너에게 키스하지 않는 것이 내가 할 수 있는 전부란다. 하지만 내 마음은 네가 다시 깨는 것을 감당할 수 없다.

You cried so hard after we put you down. My heart hurt. It was all I could do not to rush to your side. And then you screamed your cry. I had to come to your door. You had no idea, but I was only feet away. Wanting. Wanting to hold you in my arms. You would have settled within seconds - but it would have been for my benefit, not yours.

우리가 너를 내려놓은 후에 너는 아주 심하게 울었어. 마음이 아팠다. 네 곁으로 달려가지 않는 것이 내가 할 수 있는 전부였다. 그리고 너는 비명 소리를 질렀어. 나는 네 문 앞까지 가야 했어. 너는 몰랐겠지만 나는 불과 몇 피트 거리에 있었어. 너를 내 품에 안고 싶었어. 그럼 너는 몇 초 안에 안정됐을 거야. - 그러나 그것은 네가 아닌 나의 이익을 위한 것이야.

It must have been scary, imprisoned by those hard white bars. You felt all alone. It was black with darkness. You probably thought we had left you forever. Abandoned. What a scary word. But of course you don't know the word - you only know the feeling.

그 단단한 하얀 창살들에 갇혀 무서웠을 것이야. 너는 혼자라고 느꼈겠지. 어두워서 캄캄했지. 너는 아마 우리가 너를 영원히 떠났다고 생각했을 것이야. 버려졌다고. 정말 무서운 단어네. 하지만 물론 너는 그 단어를 모르지. - 너는 그 느낌만 알지.

Do you remember? Last night I came to you. You had been crying for us, calling 'Mummy' and then, when that didn't work, 'Daddy, Daddy'. After 20 minutes I couldn't take it any longer. Mummy said 'no'. She knew. I didn't mean to make it worse for you - I'm sorry. You gave me that big hug. You were so relieved to see me. I felt like a white knight on a shining charger. But, probably like every man who thinks he is Sir Lancelot, I soon realised I could not save you. I had to go, you see. And you cried for 30 minutes more because I had taught you that this would make me come to you.

기억나니? 어젯밤에 나는 너에게 갔어. 너는 우리에게 울면서 '엄마'라고 불렀고, 그것이 통하지 않을 때 '아빠, 아빠'하고 불렀어. 20분이 지나자 나는 더 이상 참을 수가 없었다. 엄마는 '안 돼'라고 말했어. 엄마는 알았지. 너를 더 나쁘게 하려는 의도는 아니었어. 미안하다. 너는 나를 크게 안아주었어. 너는 나를 보고 크게 안심했지. 빛나는 백마를 탄 백기사가 된 기분이었어. 하지만, 아마 자신이 Lancelot 경이라고 생각하는 모든 사람처럼 나도 너를 구할 수 없다는 것을 곧 깨달았어. 나는 가야만 했어. 너도 알잖아. 그리고 30분 동안 너는 더 울었잖아. 내가 그걸 가르쳐줬기 때문이야. 내가 너에게 갈 수 있을 거라고.

Tonight you settled after 35 minutes. I'm getting better, aren't I? If it were not for me you might have only taken 15 minutes tonight. Don't worry. As Mummy says, we know you are okay because you were laughing when you went to bed. Remember? You wanted two kisses from each of us and you couldn't stop giggling when I blew on your tummy.

오늘 밤 너는 35분 후에 잠잠해졌어. 나는 점점 나아지고 있어, 그렇지? 내가 아니었으면 오늘 밤 너는 15분밖에 안 걸렸을지도 몰라. 걱정하지 마. 엄마 말대로, 네가 잘 때 웃고 있었기 때문에 우리는 네가 괜찮다는 것을 알아. 기억하니? 너는 우리 각자에게 두 번의 키스를 원했고 내가 너의 배에 바람을 불었을 때 너는 킥킥 웃음을 멈출 수 없었지.

It was only when we shut the door and left you that the fear must have closed in. But if you wake during the night we'll be in here like a flash - you just wait and see. Mind you, that was how this problem started. You'd been doing fine till you got sick a week ago. I guess having us sit up with you and rocking you to sleep for four nights in a row threw you off your game, huh?

우리가 문을 닫고 너를 떠났을 때 비로소 두려움이 엄습했을 거야. 하지만 네가 밤에 깨어나면 우리는 섬광처럼 여기에 있을 거란다. 너는 그저 기다리면 돼. 내 말은, 그게 이 문제가 시작된 방법이야. 너는 일주일 전에 아플 때까지 잘 지내고 있었어. 우리가 네 옆에 앉아 4일 연속으로 너를 흔들어 재우게 한 것이 너를 게임에서 쫓아낸 것 같아, 그렇지?

Now you have finally settled. You sleep the sleep of the cotton-soft breath. I'm glad one of us is over this, for even as I watch I know you went to sleep in exhausted desperation. After a while you will realise that we can leave you and come back again. At 18 months you're too young to understand 'later' or 'tomorrow'. Such complicated words. You probably do not even know you are 18 months! I wish I could explain. I especially wish I could explain to you that you're safe when we leave you and turn out the light.

이제 마침내 자리를 잡았구나. 너는 솜처럼 부드러운 숨결에 잠을 잔다. 우리 중 한 사람이 이일을 끝내서 기쁘다. 내가 보고 있는 동안에도 네가 지쳐 자빠진 심정으로 잠들었다는 것을 알고 있거든. 잠시 후 너는 우리가 너를 떠나 다시 돌아올 수 있다는 것을 깨닫게 될 거야. 18개월이면 '나중에' 또는 '내일'을 이해하기에는 너무 어리지. 너무 복잡한 말이지. 너는 아마도 네가 18개월인지조차 모를 거야! 내가 설명할 수 있으면 좋겠다. 나는 특히 우리가 너를 떠나 불을 끌 때 네가 안전하다는 것을 너에게 설명할 수 있었으면 좋겠다.

You know, there are times when you can feel pretty helpless as a big person. I guess this is part of the training for getting through life. It scares me when I think of how far we have to go and what could go wrong - but I wouldn't want it any other way. So you, and I, have to suffer for a little longer. Together, if we really, really try, with Mummy's help, I think - no, I'm sure - we can beat this. Dream sweetly. [Mother & Baby 1994]

너도 알지?, 네가 다 큰 어른처럼 상당히 무력감을 느낄 때가 있다는 것을. 나는 이것이 인생을 살아가는 훈련의 일부라고 생각해. 우리가 얼마나 멀리 가야 하고 무엇이 잘못될 수 있는지 생각하면 겁이 나지만, 다른 방법으로는 원하지 않아. 그러니 너도 나도 조금 더 고생해야 한다. 우리 함께. 엄마의 도움으로, 우리가 정말로, 정말로 노력한다면, 내 생각에는 - 아니, 확신해. - 우리는 이것을 이길 수 있어. 달콤한 꿈을 꾸렴. [*Mother & Baby* 1994]

이 텍스트에는 너무 많은 **감정평가어**가 있기 때문에 우리가 Proulx에서 시도한 것보다 더 섬세하게 분석을 수행하는 것이 유용하다. 실현된 **감정평가어**를 다음과 같이 하위 범주화하였다.

슬픔

고통 whimper, cry, wail; down, sad, miserable
   훌쩍이다, 울다, 울부짖다; 우울한, 슬픈, 비참한

반감 rubbish, abuse, revile; dislike, hate, abhor
   경멸하다, 학대하다, 매도하다; 싫어하다, 몹시 싫어하다, 혐오하다

행복

환호 chuckle, laugh, rejoice; cheerful, buoyant, jubilant
   빙그레 웃다, 소리내어 웃다, 크게 기뻐하다; 발랄한, 자신감에 차 있는, 의기양양한

호감 shake hands, hug, embrace; fond, loving, adoring
   악수하다, 껴안다, 포옹하다; 좋아하다, 사랑하다, 흠모하다

불안

동요 restless, twitching, shaking; uneasy, anxious, freaked out
   안절부절 못하는, 씰룩거리다, 떨림; 불안한, 염려하는, 자제력을 잃은

놀람 start, cry out, faint; taken aback, surprised, astonished
   깜짝 놀라다, 소리를 지르다, 실신하다; 당황하다, 놀라다, 경악하다

확신

자신 declare, assert, proclaim; together, confident, assured
   분명히 말하다, 주장하다, 선언하다; 흔들림 없는, 자신감 있는, 확신한

신뢰 delegate, commit, entrust; comfortable with, confident in, trusting
   위임하다, 충실하다, 일을 맡기다; -이 마음에 드는, -에 자신만만한, 사람을 믿는

싫증

권태 fidget, yawn, tune out; flat, stale, jaded
   초조하고 지루하다, 하품하다, 무시하다; 맥 빠진, 진부한, 싫증난

불쾌 caution, scold, castigate; cross, angry, furious
   주의를 주다, 꾸짖다, 크게 책망하다; 짜증나다, 화가 나다, 몹시 화가 나다

몰입

흥미 attentive, busy, flat out; involved, absorbed, engrossed
   주의를 기울이다, 열심이다, 죽어라고 ~하다; ~에 열심이다, ~에 빠져 있다, ~에 몰두하다

감탄	pat on the back, compliment, reward; satisfied, pleased, chuffed
	격려하다, 칭찬하다, 보상하다; 만족하다, 기뻐하다, 아주 기뻐하다

'Baby, please don't cry'에 기록된 **태도평가어**는 표 2.16과 같다. 이 기사는 일부 **정황평가어**를 포함하고 있지만, **행위평가어**는 거의 없으며 압도적으로 아버지와 아기의 감정에 초점을 맞추고 있다. 이것은 좋은 육아와 나쁜 육아를 위한 규범을 구축하는데 특화된 잡지에 실린 일부 **태도평가어**로 하는 재미있는 놀이이다. 아마도 여기서 구축되는 메시지는 좋은 육아란 감성적인 신세대 남성들('snaggy' dads)이 그들의 감정에 직접 대면하는 것을 배우는 것도 포함하지만, 그들은 또한 엄마와 아기의 요구에 맞춰 감정을 관리하는 것을 배워야 한다는 것이다(물론, 그것은 엄마가 가장 잘 알고 있다).

표 2.16 'Baby, please don't cry'에 기록된 태도평가어

평가 항목	평가자	감정 평가	행위 평가	정황 평가	평가 대상
Laughter 웃음	Bub	cheer			(various)
good 선한				+val	(various)
so smooth and soft 매끄럽고 부드러운				+val	B's skin
squeals of..utter joy 순수하고...기쁨의 비 명소리	Bub	cheer			Dad
∞...not to...kiss 키스하지 않다	Dad	neg aff.			Bub
my feelings can't 내 느낌을 ...할 수 없다	Dad	(various)			Bub
cried so hard 심하게 울다	Bub	misery			parents leave
settled 안정되다	Bub	∞conf.			∞Dad return
my heart hurt 마음이 아프다	Dad	misery			Bub crying
screamed your cry 비명소리를 지르다	Bub	disp.			parents gone

wanting -고 싶어서	Dad	desire			come in
wanting -고 싶어서	Dad	desire			hold Bub
benefit 이익				+val	hold Bub
scary 무서워하다	Bub	disquiet			imprisoned
felf all alone 혼자라고	Bub	disquiet			parents gone
abandoned 버려졌다고	Bub	disquiet			parents gone
scary 무서운				-reac	'abandoned"
the feelings 그 느낌	Bub	disquiet			abandoned
crying for us 울면서 우리에게	Bub	disp.			parents gone
I couldn't take it 참을 수가 없었다	Dad	disp.			Bub crying
I'm sorry 미안하다	Dad	misery	-prop		visiting
worse 나쁘게 하려는				-val	being alone
that big hug 크게 안아 주다	Bub	affection			Dad
so relieved 안심했지	Bub	confident			See Dad
cried for 30 minutes 30분 동안을 울다	Bub	misery			Dad gone
better 나아지다			+cap		Dad
don't worry 걱정하지 마	Bub	∞dis.q			patents gone
okay 괜찮아				+val	Bub

were laughing 웃고 있었어	Bub	cheer		
kisses 키스	parents	affection		
couldn't stop giggling 킥킥 웃음을 멈출 수 없고	Bub	cheer		...on tummy
fear 두려움	Bub	disquiet		parents gone
this problem 이 문제			-val	Bub crying
sick 아프다			-cap	Bub
settled 안정된	Bub	confident		exhausted
glad 기쁘다	Dad	cheer		Bub settled
exhausted desperation 지쳐서 자빠진 심정으로		ennui		parents gone
complicated 복잡한			-comp	words
wish -으면 좋겠다	Dad	desire		explain
especially wish 특별히 (-으면 좋겠다)	Dad	desire		explain...
safe 안전하게			+val	Bub
feel pretty helpless 상당히 무력감을 느끼다			-cap	big person
scares 겁이나다	Dad	disquiet		how far to go
wrong 잘 못 되다			-val	how far to go
wouldn't want 원하지 않아	Dad	neg des.		life

have to suffer 고생해야 한다	Dad & Bub	disquiet			settling
sweetly 달콤한				+val	∞dream

아빠에게서 불러일으킨 '새로운 감정의 분출'은 표 2.17에 요약되어 있다. 아빠는 욕망과 씨름하는 존재로 구성되어 있다 - 굴복하고 죄책감을 느끼지만, 강해지고 '통제된 울기' 규칙의 처방을 따르려고 노력한다.

표 2.17 'Baby, please don't cry'에 기록된 아빠의 태도평가어

평가 항목	평가자	감정평가	행위평가	정황평가	평가 대상
...not to...kiss 키스하지 않다	Dad	neg aff.			Bub
my feelings can't 내 마음은 .. 할 수 없다	Dad	(various)			Bub
my heart hurt 마음이 아프다	Dad	misery			Bub crying
wanting -고 싶어서	Dad	desire			come in
wanting -고 싶어서	Dad	desire			hold Bub
I couldn't take it 참을 수가 없었다	Dad	disp.			Bub crying
I'm sorry 미안하다	Dad	misery	-prop		visiting
kisses 키스	Parents	affection			
glad 기쁘다	Dad	cheer			Bub settled
wish -으면 좋겠다	Dad	desire			explain
especially wish 특별히 (-으면 좋겠다)	Dad	desire			expalin..
scares 겁이나다	Dad	disquiet			how far to go

wouldn't want 원하지 않아	Dad	neg des.			life
have to suffer 고생해야 한다	Dad & Bub	disquiet			settling

아기의 입장에서 아기는 버려졌을 때 위로받을 수 없고 부모님이 곁에 있을 때만 행복한 존재로 제시된다. 그래서 아기는 '진정'하는 법을 배울 때까지, 아빠와 함께 고통을 겪어야 한다 - 표 2.18 참조.

표 2.18 'Baby, please don't cry'에 기록된 아기의 태도평가어

평가 항목	평가자	감정평가	행위평가	정황평가	평가 대상
squeals of..utter joy 순수하고...기쁨의 비명소리	Bub	cheer			Dad
cried so hard 심하게 울다	Bub	misery			parents leave
settled 안정되다	Bub	conf.			Dad return
screamed your cry 비명소리를 지르다	Bub	disp.			parents gone
scary 무서워하다	Bub	disquiet			imprisoned
felf all alone 혼자라고	Bub	disquiet			parents gone
abandoned 버려졌다고	Bub	disquiet			parents gone
the feelings 그 느낌	Bub	disquiet			abandoned
crying for us 울면서 우리에게	Bub	disp.			parents gone
that big hug 크게 안아주다	Bub	affection			Dad
so relieved 안심했지	Bub	confident			see Dad
cried for 30 minutes 30분 동안 울다	Bub	misery			Dad gone

don't worry 걱정하지마	Bub	disq.			parents gone
were laughing 웃고 있었어	Bub	cheer			
couldn't stop giggling 킥킥 웃음을 멈출 수 없고	Bub	cheer			..on tummy
fear 두려운	Bub	disquiet			parents gone
settled 안정된	Bub	confident			exhausted
exhausted desperation 지쳐서 자빠진 심정으로	Bub	ennui			parents gone
have to suffer 고생해야 한다	Dad & Bub	disquiet			settling

Proulx와 비교했을 때, 많은 것들이 명시적으로 기록되어 있기 때문에 환기된 **태도평가어**는 거의 없다. 부모의 행동 중 일부는 **감정평가어**의 토큰들로 읽을 수 있다.

to hold you in my arms
너를 내 품에 안기 위해

(you probably thought) we had left you forever
(아마도 너는 생각했겠지) 우리가 너를 영원히 떠났다고

I blew on your tummy
나는 너의 배에 바람을 불었지

그리고 아기와 아빠에 대한 **행위평가들**을 강화하는 어휘적 은유가 있다. 은유의 맥락에서 *laughter*(감정평가)과 *good*(정황평가)을 다시 읽기를 하게 되면 이제 아기의 온화한 **기량**과 적절성에 대한 **행위평가들**로 취급된다는 것을 참고하라.

My Goddess of Laughter [+기량]
나의 웃음의 여신

the Princess-of-all-that-is-Good [+적절성]

만물의 공주

I felt like a white knight on a shining charger [+기량]

나는 빛나는 백마를 탄 백기사처럼 느껴졌어

… man who thinks he is Sir Lancelot, I soon realised I could not save you [-기량]

… 자신이 Lancelot 경이라고 생각하는 모든 사람처럼 나도 너를 구할 수 없다는 것을 곧 깨달았어.

we'll be in here like a flash [+적절성]

우리는 섬광처럼 여기에 있을 거란다.

추가적인 은유가 아기의 감정적 성질을 강화하기 위해 사용되었다.

you are in dreamland

너는 꿈나라에 있어

imprisoned by those hard white bars

그 단단한 하얀 창살들에 갇혀

threw you off your game

너를 게임에서 쫓아낸

You sleep the sleep of the cotton-soft breath

너는 솜처럼 부드러운 숨결에 잠을 잔다.

이 텍스트는 **태도평가**와 그것이 누구를 평가하느냐에 따라 중립적인 읽기 위치를 고려하는 데 유용하다. Jim의 반응은 기본적으로 가장 손쉬운 방법을 찾는 것이다. 남자들이 감정을 가지지 않았거나 감정을 가지고 있더라도, 그것들에 대해 아무 말도 하지 않았던 그리 멀지 않던 때를 갈망하면서 말이다. 이것을 뒷받침하는 것은 이 텍스트가 여성을 위해, 여성에 의해 쓰여졌다는 그의 의심이다 - 이 감정의 특별한 분출은 완전히 여성적인 꾸며진 이야기라는 것이다.[38] 다른 말로 하면 완전

---

38) 그가 경험한 바에 따르면 아이들이 울 때, 엄마들을 침대에 있게 하는 것은 아버지들이지, 그 반대는 아니다.

한 이질감이다. 이 부성애의 묘사에 실제로 공감할 수 있는 신세대 아빠들의 커뮤니티가 존재하는 지 여부는 흥미로운 질문이다. 여기서 아빠는 아마도 여자들이 밤새 아이들을 다루도록 내버려두는 더 전통적인 부류보다 훨씬 도움이 되지 않을 것이다; 그는 관여하고 싶지만 일을 엉망으로 만들고, 그의 감정을 엄마에 의해 관리받아야 한다. 엄마는 이제 한 명 대신 두 명의 '아기'를 돌봐야 한다. 확실한 것은 여기에 제시된 양육방식에는 가부장제 이후의 것은 아무것도 없다는 것이다; 남자들은 자기 방종적이고 무능한 미련퉁이들로 구성되어 있고 그들의 모성 파트너의 지혜에 전적으로 의존한다. 아마도 우리가 여기에 가지고 있는 것은 전통적인 가치를 가진 여성들의 즐거움을 위한 단순한 수난극일 뿐이다 - 남성을 조롱하는 모성애의 찬사이며, 결국 *Mother & Baby*라는 잡지에서 기사의 위치를 정당화할지도 모른다.[39]

우리가 고려할 세 번째 텍스트는 Dorothy Sayers의 살인 미스터리 *Strong Poison*에 나오는 그의 조수 Katherine Climpson이 Peter Whimsey에게 보낸 편지이다. Sayers는 Climpson의 편지에서 평가하기를 강조하기 위해 필적학(이탤릭체와 작은 대문자)을 사용하며, 이 책의 이 부분에서 다루어지는 것처럼 Climpson(일하는 여성)과 Whimsey(예술가 관료이자 아마추어 탐정)의 관계의 특수성에 우리의 관심을 끌고 있다.

My dear Lord Peter,
친애하는 나의 Peter 경에게,

I feel sure you will be anxious to hear, at the *earliest possible* moment *how* things are *going*, and though I have only been here *one* day, I really think I have *not* done so *badly*, all things considered!
저는 당신이 가능한 한 가장 빨리 일이 어떻게 진행되고 있는지 듣고 싶어할 것이라고 확신합니다. 그리고 비록 제가 여기에 온 지 하루밖에 되지 않았지만, 모든 것을 고려했을 때, 저는 정말로 그렇게 나쁘지 않았다고 생각합니다!

My train got in quite late on Monday night, after a *most dreary* journey, with a *lugubrious* wait at *Preston*, though thanks to your kindness in insisting that I should travel *First-class*, I was not really at all tired! Nobody can realise what a *great* difference these extra comforts make, especially when one is getting on in years, and after the

---

39) Jim의 저항적 읽기는 물론 공동 양육에 대한 자신의 경험에 의해 채색된다. 서로 다른 위치에 있는 사회적 주체에 대해, 보상적인 읽기가 발견될 것이다.

uncomfortable travelling which I had to endure in my days of poverty, I feel that I am living in almost *sinful* luxury! The carriage was *well* heated - indeed, *too much so* and I should have liked the window down, but that there was a *very fat* business man, *muffled* to the eyes in *coats* and *woolly waistcoats* who *strongly* objected to fresh air! Men are such HOT-HOUSE PLANTS nowadays, are they not, quite unlike my dear father, who would never permit a *fire* in the house *before* November the 1st, or after March 31st even though the thermometer was at *freezing-point* !

제 기차는 길고 긴 따분한 여정 끝에 Preston에서 애처롭게 기다리다가 월요일 밤 매우 늦은 시간에 도착했습니다. 그러나 일등석을 타고 여행해야 한다고 말한 당신의 친절 덕분에, 저는 전혀 피곤하지 않았습니다! 아무도 이러한 여분의 편안함이 얼마나 큰 차이를 만드는지 깨닫지 못합니다. 특히 나이가 들고 가난했던 시절에 견뎌야 했던 불편한 여행 후에, 저는 제가 거의 죄악에 가까운 사치 속에서 살고 있다고 느낍니다! 마차는 난방이 잘 되어있었습니다. 정말이지, 너무 열이 많이 났고 창문을 내렸어야 했는데, 코트와 양털로 된 조끼를 입고 눈까지 감싼 매우 뚱뚱한 사업가가 신선한 공기를 매우 싫어했습니다! 요즘 남자들은 정말 온실 속의 화초(HOT-HOUSE PLANTS)예요. 온도계가 빙점에 있음에도 불구하고 11월 1일 이전이나 3월 31일 이후에는 집에 불을 때는 것을 절대 허용하지 않는 사랑하는 나의 아버지와는 전혀 다르지요!

I had no difficulty in getting a comfortable room at the Station Hotel, *late* as it was. In the *old* days, an *unmarried woman arriving alone at midnight with a suitcase* would hardly have been considered *respectable* - what a wonderful difference one finds today! I am *grateful* to have lived to see such changes, because whatever old-fashioned people may say about the greater *decorum* and *modesty* of women on Queen Victoria's time, those who can remember the old conditions know how *difficult* and *humiliating* they were!

늦은 시간이지만 Station Hotel에서 편안한 방을 얻는 데는 어려움이 없었습니다. 옛날에는, 여행 가방을 들고 자정에 혼자 도착하는 미혼 여성은 존경할 만한 사람으로 여겨지지 않았을 것입니다. 오늘날 우리는 얼마나 놀라운 차이를 발견할 수 있을까요! 빅토리아 여왕 시대에 여성들의 더 큰 예의와 겸손에 대해 고리타분한 사람들이 뭐라고 하든, 옛 조건을 기억할 수 있는 사람들은 그들이 얼마나 어렵고 굴욕적이었는지 알기 때문에, 저는 그러한 변화를 볼 수 있어서 감사합니다!

Yesterday morning, of course, my *first* object was to find a *suitable boardinghouse*, in accordance with your instructions, and I was *fortunate* enough to hit upon this house at the *second* attempt. It is very well run and *refined*, and there are three *elderly ladies* who are *permanent* boarders here, and are *well up* in all the GOSSIP of the town, so that nothing could be more *advantageous* for our purpose! …

어제 아침, 물론, 제 첫 번째 목표는 당신의 지시에 따라 적당한 하숙집을 찾는 것이었고, 운 좋게도 두 번째 시도에서 이 집을 발견할 수 있었습니다. 그곳은 매우 잘 운영되고 세련되었으며, 이곳에는 상주하는 하숙인 세 명의 할머니가 있고, 마을의 모든 한담이 모이기 때문에 우리의 목적에 이보다 더 유리한 곳은 없습니다! …

That gave me quite a *good* opportunity to ask about the *house* !! Such a *beautiful* old place, I said, and did anybody live there? (*Of course* I did not blurt this out *all at once* - I waited till they had told me of the many *quaint spots* in the district that would interest an artist!) Mrs. Pegler, a very *stout*, FUSSY old lady, with a LONG TONGUE (!) was able to tell me *all* about it. My dear Lord Peter, what I do *not* know now about the *abandoned wickedness* of Mrs. Wrayburn's early life is really NOT WORTH KNOWING!! But what was *more to the point* is that she told me the *name* of Mrs. Wrayburn's *nurse-companion*. She is a MISS BOOTH, a retired nurse, about *sixty* years old, and she lives *all alone* in the house with Mrs. Wrayburn, except for the *servants*, and a *housekeeper*. When I heard that Mrs. Wrayburn was so *old*, and *paralysed* and *frail*, I said was it not very *dangerous* that Miss Booth should be the only attendant, but Mrs. Pegler said the housekeeper was a *most trustworthy* woman who had been with Mrs. Wrayburn for many years, and was *quite* capable of looking after her any time when Miss Booth was out. So it appears that Miss Booth does go out sometimes! Nobody in this house seems to *know* her *personally*, but they say she is often to be seen in the town in *nurse's uniform*. I managed to extract quite a good description of her, so if I should happen to meet her, I daresay I shall be *smart* enough to *recognise* her! …

그것은 그 집에 대해 물어볼 수 있는 꽤 좋은 기회를 주었습니다!! 너무 아름다운 오래된 장소라고 내가 말했고, 거기에 누가 살았나요? (물론 나는 이 모든 것을 한꺼번에 털어놓지는 않았습니다. 나는 그들이 그 지역에서 예술가의 흥미를 끌 만한 많은 진기한 장소에 대해 말해줄 때까지 기다렸어요!) Pegler 부인, 매우 억세고 신경질적인 노부인, 긴 혀(!)를 가진 그녀가 저에게 모든 것을 말해줄 수 있었습니다. 친애하는 Peter 경, 어린 시절에 버려진 Wrayburn 부인의 사악한 삶에 대해 제가 지금 알지 못하는 것은 정말 알 가치가 없는 것입니다!! 하지만 더 중요한 것은 그녀가 나에게 Wrayburn 부인의 간병인의 이름을 말해줬다는 것입니다. 그녀는 미혼의 Booth 양이고, 은퇴한 간호사이며, 60세 정도이며, 그녀는 Wrayburn 부인과 함께 집에서 혼자 살고 있습니다. 하인들과 가정부를 제외하고요. 그 말을 들었을 때 Wrayburn은 너무 늙고, 마비되고, 허약해서, 미혼의 Booth 양이 유일한 수행원이 되는 것은 좀 위험하지 않냐고 물었지만, Pegler 부인은 가정부가 Wrayburn 부인과 오랫동안 함께 지낸 믿을 수 있는 여성이라 미혼의 Booth 양이 자리를 비울 때 언제든지 그녀를 돌볼 수 있다고 말했습니다. 그래서 미혼의 Booth

양은 가끔 밖에 나가는 것 같아요! 이 집에서는 아무도 그녀를 개인적으로 아는 것 같지 않지만, 그들은 간호사복을 입은 그녀를 마을에서 자주 볼 수 있다고 말합니다. 저는 그녀에 대해 꽤 좋은 평을 얻어냈기 때문에, 만약 제가 그녀를 만난다면, 저는 감히 그녀를 알아볼 수 있을 정도로 똑똑하다고 말할 수 있습니다! …

I will let you know as *soon* as I get the *least bit* more information.
제가 조금이라도 더 많은 정보를 얻는 대로 당신에게 알려드리겠습니다.

Most sincerely yours,
당신의 가장 충실한,

Katherine Alexandra Climpson [Sayers 1991: 98-100]
Katherine Alexandra Climpson [Sayers 1991: 98-100]

Sayers의 형식이 기록된 태도평가와 환기된 태도평가 둘 모두를 나타낸다. 그 기록은 다음과 같다:

not done so *badly*; a *most dreary* journey; a *lugubrious* wait; travel *First-class*; the *uncomfortable* travelling; almost *sinful* luxury; *well* heated; indeed, *too much so* [heated]; would hardly have been considered *respectable*; I am *grateful*; the greater *decorum* and *modesty* of women on Queen Victoria's time; how *difficult* and *humiliating* [the old conditions]; a *suitable boarding-house*; I was *fortunate* enough; very well run and *refined*; nothing could be more *advantageous*; a *good* opportunity; a *beautiful* old place; the many *quaint spots; not* know now about the *abandoned wickedness* of Mrs. Wrayburn's early life; what was *more to the point*; so *old*, and *paralysed* and *frail*; not very *dangerous*; a *most trustworthy* woman; quite capable; I shall be *smart* enough to *recognise her*

그렇게 나쁘지는 않았다; 가장 따분한 여정; 지루한 기다림; 일등석을 타고 여행하다; 불편한 여행; 거의 죄악에 가까운 사치; 난방이 잘 되어있는; 정말이지, 열이 너무 많이 났고; 존경할 만한 사람으로 여겨지지 않았을; 감사합니다; 빅토리아 여왕 시대 여성들의 더 큰 예의와 겸손; 얼마나 어렵고 굴욕적이었는지 [구식]; 적당한 하숙집; 운 좋게도; 매우 잘 운영되고 세련되었으며; 이보다 더 유리한 것은 없습니다; 좋은 기회; 아름다운 오래된 장소; 많은 진기한 장소; 어린 시절에 버려진 Wrayburn 부인의 사악한 삶에 대해 제가 지금 알지 못하는 ; 더 중요한 것은; 너무 늙고, 마비되고, 허약했고; 그리 위험하지 않다; 가장 신뢰할 수 있는 여성; 꽤 ~할 수 있는; 나는 그녀를 알아볼 수 있을 정도로 똑똑하다 기록된 것보다 몇 가지 더 많은 원래의도가 있는데, 대부분 등급을 매기는 것을 포함하며, 이 점에서 평가하기를 유도한다. 우리는 아래의 굵은 글씨로 강화를 강조했다(더 자세한 설명은 3장에서 후술하겠다).

the *earliest possible* moment; **how** things are *going*; only been here **one** day; *Preston*; a **great** difference [*travelling first class*]; a **very** *fat* business man; **muffled to the eyes** in *coats* and *woolly waistcoats*; **strongly** objected; **never** permit a *fire* in the house *before* November the 1st; even though the thermometer was at **freezing**-*point*; *late* **as** it was; the *old* days; an *unmarried woman arriving alone at midnight with a suitcase*; my **first** object; the **second** attempt; three *elderly ladies*; **permanent** boarders; **well** *up* in **all** the GOSSIP of the town; the *house*; *Of course* I did not **blurt** this out *all at once;* a **very stout**, FUSSY old lady, with a LONG TONGUE; **all** about it; the *name* of Mrs. Wrayburn's *nurse-companion;* about *sixty* years old; and she lives **all** *alone* in the house with Mrs. Wrayburn, except for the *servants*, and *a housekeeper*; Nobody in this house seems to *know* her *personally*; in *nurse's uniform*; to *recognise* her; I will let you know **as soon as** I get the **least bit** more information

가능한 한 가장 빨리; 일이 어떻게 진행되고 있는지; 하루밖에 되지 않았지만; *Preston*; 큰 차이 [일등석을 타고 여행하기]; 매우 뚱뚱한 사업가; 코트와 울로 덮인 조끼를 입고 눈까지 감싼 사람; 매우 싫어하다; 11월 1일 전에는 집에 불을 때는 것을 허용하지 않는; 온도계가 빙점에 있음에도 불구하고; 늦은 시간이지만; 옛날에는; 여행 가방을 들고 자정에 혼자 도착하는 미혼 여성; 제 첫 번째 목표; 두 번째 시도; 세 명의 할머니; 상주하는 하숙인; 마을의 모든 한담이 모이는; 그 집; 나는 물론 이 모든 것을 한꺼번에 털어놓지 않았다; 억세고, 신경질적인 노부인, 긴 혀를 가진; 모든 것; Wrayburn 부인의 간병인의 이름; 60세 정도; 그리고 그녀는 Wrayburn 부인과 함께 집에서 혼자 살고 있습니다. 하인들과 가정부를 제외하고; 이 집에서는 아무도 그녀를 개인적으로 아는 것 같지 않지만; 간호사복을 입고; 그녀를 알아본다; 제가 조금이라도 더 많은 정보를 얻는 대로 당신에게 알려드리겠습니다

작은 대문자는 다섯 가지 평가하기를 드러내기 위해 사용되며, 이는 이탤릭체로 된 기록과 원래의도와 다르게 기능하는 것으로 보이지 않는다.

Men are such HOT-HOUSE PLANTS nowadays
요즘 남자들은 정말 온실 속의 화초예요.

all the GOSSIP of the town
마을의 모든 한담

a very *stout*, FUSSY old lady, with a LONG TONGUE (!)
억세고, 신경질적인 노부인, 긴 혀를 가진

is really NOT WORTH KNOWING!!
정말 알 가치가 없습니다!!

She is a MISS BOOTH
그녀는 미혼의 BOOTH 양이다.

기록된 평가하기에 관한 한, Sayers의 형식은 상당히 포괄적이다. 일반 글꼴은 9개의 기록에만 사용된다. 이 중 두 가지는 태도평가가 아닌 양태로 받아들일 수 있다.

you will be **anxious** to hear? [양태화: 의향]
당신이 듣고 싶어할까요?

I should have **liked** the window down [양태화: 의향]
나는 창문을 내렸어야 했는데.

다음의 네 가지의 어휘화된 전형적 구들은 논쟁의 여지가 있기는 하지만 대부분의 평가하기를 희석시킨다.

My **dear** Lord Peter
친애하는 Peter 경
thanks to your **kindness**
당신의 친절에 감사드립니다.

my **dear** father … !
사랑하는 나의 아버지 … !

Most sincerely yours,
당신의 가장 충실한,

이에 일반 글꼴로 5개의 기록만 남는다. 이들 중 4개는 감탄절들로 나타나지만, Climpson의 편지에 있는 거의 모든 문장이 느낌표(두 개는 느낌표 두 개 '!!')로 끝나거나 포함되어 있기 때문에 우리는 이것에 크게 주의를 기울일 필요가 없다. 작은 대문자와 마찬가지로, 이러한 생략에는 패턴이 없는 것으로 보인다.

I had no **difficulty** in getting a comfortable room … .
나는 편안한 방을 얻는 데는 어려움이 없었습니다…,

- what a **wonderful** difference one finds today!
- 오늘날 우리는 얼마나 놀라운 차이를 발견할 수 있을까요!

old-fashioned people … !
고리타분한 사람들…!

that would **interest** an artist!
예술가의 흥미를 끌 만한

quite a good description of her … !
그녀에 대한 꽤 좋은 평…!

이전의 예에 대한 상향식 접근 방식을 보완하기 위해, 우리는 여기서 더 운율적인 관점을 전개할 것이다. - Sayers에 의해 문단으로 구성된 편지를 국면에 따라 진행한다.

국면 1의 평가하기는 '긴급'을 지향한다. 즉, Climpson의 관심은 가능한 한 빨리 Whimsey에게 보고하는 것이다.

'긴급'

I feel sure you will be anxious to hear, at the *earliest possible* moment *how* things are *going*, and though I have only been here *one* day, I really think I have *not* done so *badly*, all things considered!;
저는 당신이 가능한 한 가장 빨리 일이 어떻게 진행되고 있는지 듣고 싶어할 것이라고 확신합니다. 그리고 비록 제가 여기에 온 지 하루밖에 되지 않았지만, 모든 것을 고려했을 때, 저는 정말로 그렇게 나쁘지 않았다고 생각합니다!

[이탤릭체로 된 기록]

not done so *badly*; the *earliest possible* moment; *how* things are *going*; only been here *one* day

그렇게 나쁘게 하지 않았다; 가능한 가장 빨리; 일이 어떻게 진행되고 있는지; 하루밤에 되지 않았다

국면 2는 주로 Climpson의 여행에 대한 Whimsey의 부정적인 반응을 채운다(비록 그녀는 일등석을 고집함으로써 여행을 더 편안하게 하려고 노력하는 Whimsey에게 감사하기 위해 조심하고 있지만). 이탤릭체로 표시된 *Preston*은 Sayers의 형식이, 이탤릭체로 표시되지 않았다면 우리가 비평가적으로 넘길 수 있는 경험적 의미에 대한 태도평가적 읽기를 촉발시키는 힘을 보여준다. 그러나 Preston이 어떻게 평가되고 있는지를 알기 위해서는 어느 정도 전문적인 지식이 필요하다. 이것이 Climpson에 의해서 그녀에게 Preston이 어떤 의미인지, 그녀의 의견을 공유할 수 있는 누군가로서 '아는 사람'으로 구성되는 Whimsey에게 문제가 될 것이라는 것은 아니다.

'어떤 따분한 여행'

My train got in quite late on Monday night, after a *most dreary* journey, with a *lugubrious* wait at *Preston,* though thanks to your kindness in insisting that I should travel *First-class,* I was not really at all tired! Nobody can realise what a *great* difference these extra comforts make, especially when one is getting on in years, and after the *uncomfortable* travelling which I had to endure in my days of poverty, I feel that I am living in almost *sinful* luxury! The carriage was *well* heated - indeed, *too much* so and I should have liked the window down, but that there was a *very* fat business man, *muffled* to the eyes in *coats* and *woolly waistcoats* who *strongly* objected to fresh air! Men are such HOT-HOUSE PLANTS nowadays, are they not, quite unlike my dear father, who would never permit a *fire* in the house *before* November the 1st, or after March 31st even though the thermometer was at *freezing-point* !

제 기차는 길고 긴 따분한 여정 끝에 Preston에서 애처롭게 기다리다가 월요일 밤에 매우 늦은 시간에 도착했습니다. 그러나 일등석을 타고 여행해야 한다고 말한 당신의 친절 덕분에, 저는 전혀 피곤하지 않았습니다! 아무도 이러한 여분의 편안함이 얼마나 큰 차이를 만드는지 깨닫지 못합니다. 특히 나이가 들고 가난했던 시절에 견뎌야 했던 불편한 여행 후에, 저는 제가 거의 죄악에 가까운 사치 속에서 살고 있다고 느낍니다! 마차는 난방이 잘 되어있었습니다. 정말이지, 너무 열이 많이 났고 창문을 내렸어야 했는데, 코트와 양털로 된 조끼를 입고 눈까지 감싼 매우

뚱뚱한 사업가가 신선한 공기를 매우 싫어했습니다! 요즘 남자들은 정말 온실 속의 화초(HOT-HOUSE PLANTS)예요. 온도계가 빙점에 있음에도 불구하고 11월 1일 이전이나 3월 31일 이후에는 집에 불을 때는 것을 절대 허용하지 않는 사랑하는 나의 아버지와는 전혀 다르지요!

[이탤릭체로 된 기록]

a *most dreary* journey; a *lugubrious* wait; travel *First-class*; the *uncomfortable* travelling; almost *sinful* luxury; *well* heated; indeed, *too much so* [heated]

가장 따분한 여행, 애처로운 기다림, 일등석 여행, 불편한 여행; 거의 죄악에 가까운 사치; 난방이 잘 되어있는; 정말이지, 너무 많이 [열이 나다]

[이탤릭체로 된 원래의도]

Preston; a *great* difference [travelling first class]; a *very fat* business man; *muffled* to the eyes in *coats* and *woolly waistcoats*; *strongly* objected; never permit a *fire* in the house *before* November the 1st; even though the thermometer was at *freezing-point*.

Preston; 큰 차이 [일등석을 타고 여행]; 매우 뚱뚱한 사업가; 코트와 양털로 된 조끼를 입고 눈까지 감싼; 강력하게 반대했다; 11월 1일 이전에는 집에 불을 때는 것을 절대 허용하지 않는; 온도계가 빙점에 있음에도 불구하고

[작은 대문자(어휘적 은유)]

Men are such HOT-HOUSE PLANTS nowadays

요즘 남자들은 정말 온실 속의 화초예요.

국면 3에서는 Climpson이 늦은 밤에 숙소를 쉽게 찾을 수 있었던 것에 대해 설명하는데, 이는 빅토리아 시대의 예의에서 환영할 만한 변화이다.

'더 나은 시간'

I had no difficulty in getting a comfortable room at the Station Hotel, *late* as it was. In the *old* days, an *unmarried woman arriving alone at midnight with a suitcase* would hardly have been considered *respectable* - what a wonderful difference one finds today! I am *grateful* to have lived to see such changes, because whatever old-fashioned people may say about the greater *decorum* and *modesty* of women on Queen Victoria's time, those who can remember the old conditions know how *difficult* and *humiliating* they were!

늦은 시간이지만 Station Hotel에서 편안한 방을 얻는 데는 어려움이 없었습니다. 옛날에는, 여행 가방을 들고 자정에 혼자 도착하는 미혼 여성은 존경할 만한 사람으로 여겨지지 않았을 것

입니다. 오늘날 우리는 얼마나 놀라운 차이를 발견할 수 있을까요! 빅토리아 여왕 시대에 여성들의 더 큰 예의와 겸손에 대해 고리타분한 사람들이 뭐라고 하든, 옛 조건을 기억할 수 있는 사람들은 그들이 얼마나 어렵고 굴욕적이었는지 알기 때문에, 저는 그러한 변화를 볼 수 있어서 감사합니다!

[이탤릭체로 된 기록]

would hardly have been considered *respectable*; I am *grateful*; the greater *decorum* and *modesty* of women on Queen Victoria's time; how *difficult* and *humiliating* [the old conditions]; *late* as it was; the *old* days; an *unmarried woman arriving alone at midnight with a suitcase*

존경할 만한 사람으로 여겨지지 않았을 것입니다; 나는 감사합니다; 빅토리아 여왕 시대에 여성들의 더 큰 예의와 겸손; 얼마나 어렵고 굴욕적이었는지 [구식]; 늦은 시간이지만; 옛날에는; 여행 가방을 들고 자정에 혼자 도착하는 미혼 여성

국면 4에서 Climpson은 미혼 여성에게 적합하고 진상 조사 임무에 유리한 장기 숙박으로 이동한다.

'적당한 숙소'

Yesterday morning, of course, my *first* object was to find a *suitable boarding-house*, in accordance with your instructions, and I was *fortunate* enough to hit upon this house at the *second* attempt. It is very well run and *refined*, and there are three *elderly ladies* who are *permanent* boarders here, and are *well up* in all the GOSSIP of the town, so that nothing could be more *advantageous* for our purpose! ⋯

어제 아침, 물론, 제 첫 번째 목표는 당신의 지시에 따라 적당한 하숙집을 찾는 것이었고, 운 좋게도 두 번째 시도에서 이 집을 발견할 수 있었습니다. 그곳은 매우 잘 운영되고 세련되었으며, 이곳에는 상주하는 하숙인 세 명의 할머니가 있고, 마을의 모든 한담이 모이기 때문에 우리의 목적에 이보다 더 유리한 곳은 없습니다! ⋯

[이탤릭체로 된 기록]

a suitable *boarding-house*; I was *fortunate* enough; very well run and *refined*; nothing could be more *advantageous*

적당한 하숙집; 나는 운이 좋게도; 매우 잘 운영되고 세련되었으며; 이보다 더 유리한 것은 없습니다.

[이탤릭체로 된 원래의도]

my *first* object; the *second* attempt; three *elderly ladies*; *permanent* boarders; *well up* in all the GOSSIP of the town

나의 첫 번째 목표; 두 번째 시도; 세 명의 할머니; 상주하는 하숙인; 마을의 모든 한담이 모이는

[작은 대문자]

all the GOSSIP of the town

마을의 모든 한담

국면 5에서는 Climpson의 탐문 대상인 그 집(위의 Preston과 마찬가지로 평가하기를 위해 형식 설정됨)과 당면한 사건과 관련이 있을 수 있는 가능성에 대해 알게 된 내용을 살펴본다. 이와 관련하여 Sayers 는 몇 가지 관련 정보를 이탤릭체로 하며, 그중 하나의 구만 강조된다(*all* alone).

the *name* of Mrs. Wrayburn's *nurse-companion*, about *sixty* years old, and she lives *all alone* in the house with Mrs. Wrayburn, except for the *servants*, and a *housekeeper*, Nobody in this house seems to *know* her *personally*, in *nurse's uniform*, to *recognise* her

Wrayburn 부인의 간병인의 이름, 60세 정도, 그녀는 Wrayburn 부인과 함께 집에서 혼자 살고 있다, 하인들과 가정부를 제외하고, 이 집에서는 아무도 그녀를 개인적으로 아는 것 같지 않지 만, 그녀가 간호사복을 입은, 그녀를 알아볼 수 있다.

물론 이것들은, Whimsey가 그의 사건들을 해결하기 위해 의존하고, Climpson의 서비스들을 중 요시하는 세부사항들이다.

'관련 정보'

That gave me quite a *good* opportunity to ask about the *house* !! Such a *beautiful* old place, I said, and did anybody live there? (*Of course* I did not blurt this out *all at once* - I waited till they had told me of the many *quaint spots* in the district that would interest an artist!) Mrs. Pegler, a very *stout*, FUSSY old lady, with a LONG TONGUE (!) was able to tell me all about it. My dear Lord Peter, what I do *not* know now about the *abandoned wickedness* of Mrs. Wrayburn's early life is really NOT WORTH KNOWING!! But what was more to the point is that she told me the *name* of Mrs. Wrayburn's *nurse-companion*.

She is a MISS BOOTH, a retired nurse, about *sixty* years old, and she lives *all alone* in the house with Mrs. Wrayburn, except for the *servants*, and a *housekeeper*. When I heard that Mrs. Wrayburn was so *old*, and *paralysed* and *frail*, I said was it not very *dangerous* that Miss Booth should be the only attendant, but Mrs. Pegler said the housekeeper was a *most trustworthy* woman who had been with Mrs. Wrayburn for many years, and was *quite* capable of looking after her any time when Miss Booth was out. So it appears that Miss Booth does go out sometimes! Nobody in this house seems to *know* her *personally*, but they say she is often to be seen in the town in *nurse's uniform*. I managed to extract quite a good description of her, so if I should happen to meet her, I daresay I shall be *smart* enough to *recognise* her! ⋯

그것은 그 집에 대해 물어볼 수 있는 꽤 좋은 기회를 주었습니다!! 너무 아름다운 오래된 장소라고 내가 말했고, 거기에 누가 살았나요? (물론 나는 이 모든 것을 한꺼번에 털어놓지는 않았습니다. 나는 그들이 그 지역에서 예술가의 홍미를 끌 만한 많은 진기한 장소에 대해 말해줄 때까지 기다렸어요!) Pegler 부인, 매우 억세고 신경질적인 노부인, 긴 혀(!)를 가진 그녀가 저에게 모든 것을 말해줄 수 있었습니다. 친애하는 Peter 경, 어린 시절에 버려진 Wrayburn 부인의 사악한 삶에 대해 제가 지금 알지 못하는 것은 정말 알 가치가 없는 것입니다!! 하지만 더 중요한 것은 그녀가 나에게 Wrayburn 부인의 간병인의 이름을 말해줬다는 것입니다. 그녀는 미혼의 Booth 양이고, 은퇴한 간호사이며, 60세 정도이며, 그녀는 Wrayburn 부인과 함께 집에서 혼자 살고 있습니다. 하인들과 가정부를 제외하고요. 그 말을 들었을 때 Wrayburn은 너무 늙고, 마비되고, 허약해서, 미혼의 Booth 양이 유일한 수행원이 되는 것은 좀 위험하지 않냐고 물었지만, Pegler 부인은 가정부가 Wrayburn 부인과 오랫동안 함께 지낸 믿을 수 있는 여성이라 미혼의 Booth 양이 자리를 비울 때 언제든지 그녀를 돌볼 수 있다고 말했습니다. 그래서 미혼의 Booth 양은 가끔 밖에 나가는 것 같아요! 이 집에서는 아무도 그녀를 개인적으로 아는 것 같지 않지만, 그들은 간호사복을 입은 그녀를 마을에서 자주 볼 수 있다고 말합니다. 저는 그녀에 대해 꽤 좋은 평을 얻어냈기 때문에, 만약 제가 그녀를 만난다면, 저는 감히 그녀를 알아볼 수 있을 정도로 똑똑하다고 말할 수 있습니다! ⋯

[이탤릭체로 된 기록]

a *good* opportunity; a *beautiful* old place; the many quaint spots; *not* know now about the *abandoned wickedness* of Mrs. Wrayburn's early life; what was *more to the point*; so *old*, and *paralysed* and *frail*; not very *dangerous*; a *most trustworthy* woman; *quite* capable; I shall be *smart* enough to *recognise* her

좋은 기회; 아름다운 오래된 장소; 많은 진기한 장소; Wrayburn 부인의 어린 시절은 정말 알 가치가 없다; 더 중요한 것; 너무 늙고, 마비되고, 허약한; 그리 위험하지 않은; 가장 신뢰할 수 있는 여성; 꽤 ~할 수 있는; 나는 그녀를 알아볼 있을 정도로 충분히 똑똑하다.

[이탤릭체로 된 원래의도]

the *house; Of course* I did not blurt this out *all at once; all* about it; the *name* of Mrs. Wrayburn's *nurse-companion;* about *sixty* years old; and she lives *all alone* in the house with Mrs. Wrayburn; except for the *servants;* and a *housekeeper;* Nobody in this house seems to *know* her *personally;* in *nurse's uniform;* to *recognise* her

그 집; 물론 나는 이 모든 것을 한꺼번에 털어놓지는 않았다; 모든 것; Wrayburn 부인의 간병인 의 이름; 60세 정도; 그리고 그녀는 Wrayburn 부인과 함께 집에서 혼자 살고 있다; 하인들을 제 외하고; 그리고 가정부; 이 집에서는 아무도 그녀를 개인적으로 아는 것 같지 않지만; 간호사복 을 입고; 그녀를 알아본다

[작은 대문자]

a very *stout,* FUSSY old lady, with a LONG TONGUE (!); is really NOT WORTH KNOWING!!; She is a MISS BOOTH

억세고, 신경질적인 노부인, 긴 혀를 가진 (!); 정말 알 가치가 없다!!; 그녀는 미혼의 BOOTH 양 이다.

이 편지는 그것이 시작되었던 '긴급' 운율을 재개하면서 여섯 번째 국면으로 마무리된다.

'긴급'

I will let you know as *soon* as I get the *least bit* more information.

제가 조금이라도 더 많은 정보를 얻는 대로 당신에게 알려드리겠습니다.

전반적으로 이 텍스트는 태도평가적으로 전개되면서 Climpson과 Whimsey 사이의 복잡한 개 인적이고 전문적인 이해를 협상하면서 발전한다. 국면 1과 국면 6의 긴급은 Climpson이 여성을 위해 특이한 일을 수행하는 직업적 열정에 우리를 맞추게 한다(20세기 초). 국면 2와 국면 3에서는 Climpson이 변화하는 시대에 대한 그녀의 태도, 즉 일등석으로 여행할 수 있는 능력(Whimsey 덕분 에)과 빅토리아 시대 이후에 새로 찾은 독립성을 공유하면서 보다 개인적인 관계를 협상한다. 국면 4와 국면 5에서 그녀는 Whimsey의 지시를 따르며 남자로서는 쉽게 참여할 수 없는 상황에서 그의 눈과 귀가 되어 사건을 해결해 나간다.

국면 1	긴급	'전문적 열정'
국면 2	어떤 따분한 여정	'개인적 - 의존'
국면 3	더 나은 시간	'개인적 - 독립'
국면 4	적당한 숙소	'전문적 역량'
국면 5	관련 정보	'전문적 통찰력'
국면 6	긴급	'전문적 열정'

그런 다음 운율적으로 텍스트는 Climpson과 Whimsey 사이의 대인적 관계를 해석하는 기능을 한다. Sayers의 형식이 명시적으로 제시하는 것처럼 - 미스터리의 줄거리를 밀고 나가는 그들의 역할과 함께, 이 목적인(telos)을 가능하게 하는 관념적 의미들이 선택된다.

우리는 여기에서 Sayers의 텍스트에서 **태도평가**에 대한 항목별 읽기를 시도하지 않을 것이며, 각 국면의 태도평가적 어휘에서 위에서 검토한 운율을 구체화하는 데에 손을 대는 것은 독자에게 맡길 것이다. 단지 여기에서 주목할 점은 느낌으로 가득 찬 텍스트에 이탤릭체로 된 기록된 **감정평가어**가 거의 없다는 것이다(*I am grateful*뿐). 남아 있는 이탤릭체로 된 기록들 중에서, (주로 여정과 숙소 구하기에 대한) **정황평가어들**이 (모두 여성에 관한 것 - Climpson, Wrayburn 그리고 Pegler) **행위평가어들**보다 많다.

정황평가어

a *most dreary* journey; a *lugubrious* wait; travel *First-class*; the *uncomfortable* travelling; *well* heated; indeed, *too much so* [heated]; how *difficult* and *humiliating* [the old Victorian conditions]; a *suitable boarding-house*; very well run and *refined* [boarding-house]; nothing could be more *advantageous* [than the boarding-house]; a *good* opportunity; a *beautiful* old place; the many *quaint spots* what was *more to the point*; I said was it not very *dangerous* [that Miss Booth should be the only attendant]
가장 따분한 여정; 지루한 기다림; 여행 일등석을 타고 여행하다; 불편한 여행; 난방이 잘 된; 정말이지 너무 열이 많이 났고; 얼마나 어렵고 굴욕적이었는지 [오랜된 빅토리아식 방식]; 적당한 하숙집; 매우 잘 운영되고 세련된 [하숙집]; 이보다 더 유리한 곳은 없다 [이 하숙집보다]; 좋은 기회; 아름다운 오래된 장소; 더 중요한 것은 많은 진기한 장소들; 나는 그것이 그리 위험하지

않다고 말했다 [미혼의 Booth 양이 유일한 수행원이 되는 것]

행위평가어

not done so *badly*; almost *sinful* luxury; would hardly have been considered *respectable*; the greater *decorum* and *modesty* of women on Queen Victoria's time; I was *fortunate* enough; not know now about the *abandoned wickedness* of Mrs. Wrayburn's early life; so *old*, and *paralysed* and *frail*; a *most trustworthy* woman; *quite* capable; *I shall be smart enough to recognise her*

그렇게 나쁘지는 않았다; 거의 죄악에 가까운 사치; 존경할 만한 사람으로 여겨지지 않았을; 빅토리아 여왕 시대에 여성들의 더 큰 예의와 겸손; 나는 운 좋게도; Wrayburn 부인의 어린 시절의 제멋대로 안하무인적인 사악함에 대해서 모르는; 너무 늙고, 마비되고, 허약한; 가장 신뢰할 수 있는 여성; 꽤 ~할 수 있는; 나는 그녀를 알아볼 수 있을 정도로 똑똑하다고 할 수 있다

그러면 이것으로 **감정평가**, **행위평가**와 **정황평가**의 언어 자원에 대한 개요를 마친다. 다음 장에서 우리는 이러한 태도평가적 평가들과 관련하여 저자의 목소리가 위치하는 의미를 탐구하기로 한다.

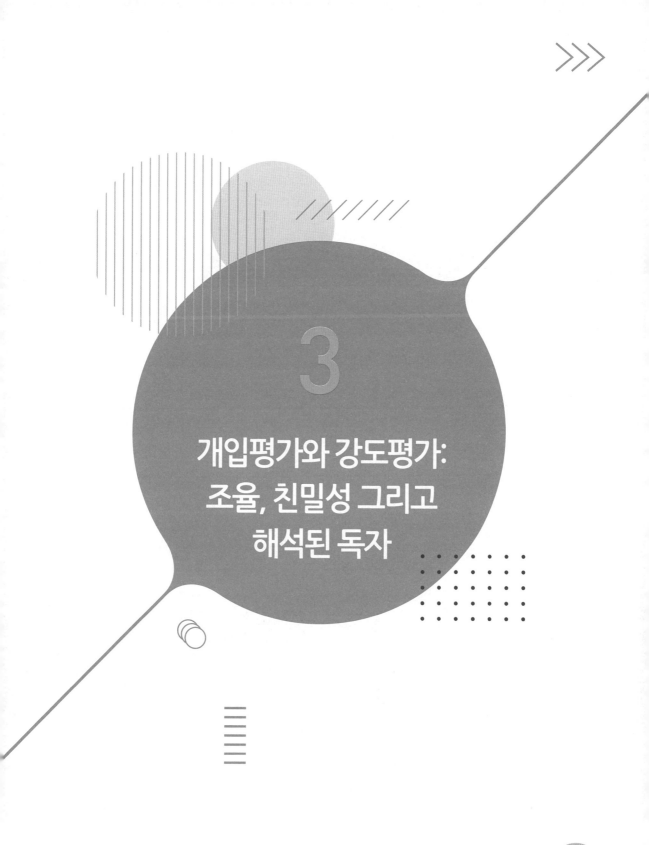

3

개입평가와 강도평가:
조율, 친밀성 그리고
해석된 독자

3.1 도입: 대화적 관점

이 장에서는 화자/필자가 텍스트에 참조된 평가값의 위치와 그들이 다루는 평가값의 위치에 대한 입장을 채택하는 언어 자원에 관해 다룬다. 이 장에서는 언어에 의해 제공되는 이러한 입장에 대한 다양한 가능성의 특징을 알아보고, 이러한 다양한 위치와 관련된 수사적 효과를 조사하고, 한 입장이 다른 입장에 우선하여 선택될 때 무엇이 문제가 되는지 탐구하기 위한 프레임워크를 제공한다. 우리의 접근 방식은 모든 발화들이 어떤 방식으로든 입장을 취하거나 태도평가적으로 간주하는 전통에 우리를 위치시킨다. 따라서 우리는 '화자(또는 필자)가 무엇이든 말할 때마다 그들은 그것에 대한 그들의 관점을 부호화한다'는 Stubbs의 견해를 공유한다(Stubbs 1996: 197). 보다 구체적으로 말하면, 우리의 접근 방식은 현재 널리 영향력이 있는 Bakhtin/Voloshinov의 대화주의와 다성성(多聲性)의 개념에 의한다는 것을 말해둔다. 그것은 모든 언어적 의사소통은 구어이든 문어이든 '대화적(dialogic)'이라는 것이며, 이는 말하거나/쓰는 것은 영향을 드러내거나, 참조하거나, 이전에 말하거나/쓰여진 것을 어떤 식으로든 받아들게 한다는 것이다. 동시에 실제적, 잠재적 또는 상상의 독자/청자의 반응을 예상할 수 있다는 것이다. 이에 대해 Voloshinov는 다음과 같이 언급하였다.

The actual reality of language-speech is not the abstract system of linguistic forms, not the isolated monologic utterance, and not the psychological act of its implementation, but the social event of verbal interaction implemented in an utterance or utterances.
언어-발화의 실제 현실은 언어 형식의 추상적 체계가 아니고, 고립된 독백적 발화도 아니며, 그것을 구현하는 심리적 행위도 아닌, 하나의 발화와 발화들로 구현되는 언어적 상호작용의 사회적 사건이다.

Thus, verbal interaction is the basic reality of language.
따라서 언어적 상호작용은 언어의 기본 현실이다.

Dialogue … can also be understood in a broader sense, meaning not only direct, face-to-face, vocalised verbal communication between persons, but also verbal communication of any type whatsoever. A book, i.e. a verbal performance in print, is also an element of verbal communication. … [it] inevitably orients itself with respect to previous performances in the same sphere … . Thus the printed verbal performance engages, as it were, in ideological colloquy of a large scale: it responds to something, affirms something, anticipates possible responses and objections, seeks support, and so on. [Voloshinov 1995: 139]

대화는 … 또한 더 넓은 의미로 이해될 수 있다. 즉, 사람들 사이의 직접적으로 대면하여 음성적으로 실현된 언어적 의사소통뿐만 아니라 모든 유형의 언어적 의사소통을 의미한다. 책, 즉 인쇄된 언어적 수행도 언어적 의사소통의 요소이다. … [그것은] 필연적으로 같은 영역에서 이전 수행과 관련된다 …. 따라서 인쇄된 언어적 수행은 말하자면 대규모의 이데올로기적 대화에 참여한다. 즉, 무언가에 응답하고, 무언가를 긍정하고, 가능한 반응과 반대를 예상하고, 지원을 구하는 등의 작업을 수행한다. [Voloshinov 1995: 139]

마찬가지로 Bakhtin은 모든 발화들이 존재한다는 것을 관찰한다.

… against a backdrop of other concrete utterances on the same theme, a background made up of contradictory opinions, points of view and value judgements … pregnant with responses and objections. [Bakhtin 1981: 281].

… 동일한 주제에 대한 다른 구체적인 발화들을 배경으로, 상반된 의견, 관점 및 가치 판단으로 구성된 배경 … 반응과 반대가 가득하다. [Bakhtin 1981: 281].

이러한 대화주의적 관점은 화자/필자가 '동일 영역에서의 이전 발화들'을 통해 맺는 것으로 제시되는 관계의 성격, 즉 고려 중인 이슈와 관련하여 이전에 입장을 취한 다른 화자들과의 관계, 특히 그들이 사회적으로 중요한 신념이나 가치를 공유하는 커뮤니티를 형성한 경우에 주의를 기울이게 한다. 따라서 우리는 화자/필자가 이러한 이전 화자들을 인정하는 정도와 화자/필자가 이전 화자들과 관계를 맺는 방식에 관심이 있다. 우리는 그들이 다른 화자와 그들의 평가값의 위치에 대해 자신을 지지하는지, 반대하는지, 결정하지 않는지 또는 중립으로 제시하는지에 관심이 있다. 동시에, 대화주의적 관점은 우리로 하여금 텍스트의 기대 측면, 즉 화자/필자가 현재 명제와 그것이 발전하는 평가값의 위치에 어떻게 반응할 것으로 기대하는지에 대해 제공하는 신호에 주의를 기울이게 한다. 따라서 우리는 평가값의 위치가 이 특별한 청중에게 당연하게 받아들여질 수 있는 것으로 제시되는지, 어떤 면에서 새롭고 문제가 있거나 논쟁의 여지가 있는 것으로 제시되는지 또는 의문을 제기하거나 저항하거나 거부할 가능성이 있는 것으로 제시되는지에 관심이 있다.

그런 다음 우리가 개략적으로 설명하는 프레임워크는 그러한 위치시키기(positioning)가 언어적으로 어떻게 달성되는지에 대한 체계적인 설명을 제공하는 방향으로 향한다. 그것은 다른 목소리들 중에서 일련의 다성적 배경과 그들이 텍스트에 대해 구성하는 대안적 관점에 따라, 그리고 그들이 그 배경과 관계를 맺는 방식에 따라 화자/필자의 대인적 스타일과 그들의 수사학적 전략을 특징짓는 수단을 제공한다.

이와 같은 프레임워크는 문법적 형식보다는 맥락의 의미와 수사적 효과를 지향한다. 결과적으로, 텍스트에서 참조되는 평가값의 위치와 관련하여 그리고 Bakhtin의 용어로는 모든 텍스트가 작동하는 대안적인 의견, 관점 및 가치 판단의 배경과 관련하여, 그들 모두가 필자/화자를 위치시키기 위해 작동하는 어휘적으로 그리고 문법적으로 다양한 발언의 선택을 통합한다. 1장에서 이미 언급했듯이, 이 선택에는 양태, 극성, 증거성, 강화, 객체화, 양보 및 결과성과 같은 표제 아래에서 전통적으로 취급되었던 표현이 포함된다.[40] '개입평가'라는 표제어 아래에서 위의 프레임워크는 그러한 발언을 그룹화시킨다. 여기서 발화 행위는 저자의 목소리를 현재의 의사소통적 맥락에서 작용하는 것으로 해석되는 다른 사람들의 목소리들과 대안적인 위치에 관해 자기 위치를 정립시키는 것을 말한다. 또한 이 문헌에서 '헤지(hedges)', '톤내리기(downtoners)', '부스터(boosters)', '강화어(intensifiers)'[41]와 같은 라벨이 붙은 의미를 포함한다. 예를 들면 *somewhat, slightly, rather, very, entirely* 그리고 *sort of/kind of, true/pure*와 같다(*I'm kind of upset by what you said.*에서 *kind of* 그리고 *He's a true friend*에서 *true*와 같다.). 이들 발언들은 화자/필자가 발화의 힘 또는 의미적 평가값이 식별되는 범주의 초점을 '강하게 하거나 약하게 하는' 메커니즘이라는 점에 기초하여 '강도평가'라는 표제로 함께 그룹화된다. 이 장에서는 이 두 번째 세트(**강도평가들**)의 발언들이 어떻게 대화주의적 역할을 하는지 탐구한다. 여기에서 화자/필자는 텍스트에 의해 진전되는 평가값의 위치와 더 강하게 조율되거나 덜 강하게 조율된 자신을 제시함으로써 그러한 위치와 관련된 공유 가치와 신념의 커뮤니티와 관련하여 자신을 위치시킨다. 우리는 또한 범주적이거나 순수 단언들(예: *the banks are being greedy*)이 상호주관적으로 부과되고 따라서 관점이나 태도의 더 명백한 표시를 포함하는 발화들만큼 '입장을 정립하는(stanced)' 방식을 보여준다. 따라서 이러한 다양한 일련의 발언들에 대한 우리의 설명은 언어에 대한 개인적, 심리적 및 자기표현적 기능을 1차적이고, 근본적인 것으로 간주하며, 많은 경우 의미를 궁극적으로 사회적 관계가 아닌 '진리 조건'의 문제로 보는 언어 이론의 관점에서 고려되었던 의미

---

40) 양태는 Palmer(1986)를 참조하고, 증거성은 Chafe & Nichols(1986)를 참조하라.

41) 헤지/부스팅은 Jakobson(1957), Myers(1989), Meyer(1997), Hyland(1996)를 참조하고 강화는 Labov(1984)를 참조하라.

와 구조를 Bakhtinian의 대화주의적 관점으로 재분석하는 것과 관련이 있다.

이러한 어휘적으로 그리고 문법적으로 다양한 그룹화 작업에서 우리는 유사한 의미론적 또는 수사학적 지향을 가진 다른 연구자들을 따를 것이다. 여기에는, 예를 들어 Fuller 1998, Martin 1997의 (상호주관적 위치시키기의 자원에 대한 포괄적 용어로서) '개입평가'의 범주를 받아들여 발전시키고, '양태' 범주가 양상 동사는 물론 화자/필자가 명제에 대한 부속/배제를 조절하는 모든 단어 선택과 형식을 포함하도록 확장되어야 한다고 제안한 Stubbs의 이론을 받아들인다(Stubbs 1996: 8장).

3.2 평가값의 위치, 조율 그리고 추정적 독자

상호주관적인 위치시키기의 이런 자원들에 대해 우리가 제공하는 프레임워크는 그러한 의미와 관련된 주요 대화주의적 효과를 모델링하는 쪽으로 향하고 있다. 첫째, 우리는 화자/필자가 텍스트에 의해 참조되는 다양한 평가값의 위치에 대해 조율/부조율의 관계를 협상하고 따라서 그러한 위치와 관련하여 공유된 태도와 신념의 사회적 구성 커뮤니티에 대해 협상하는 과정에서, 그들이 수행하는 역할에 관심을 둔다. 우리가 여기서 말하는 '조율/부조율'이란 세상의 이치, 과거의 역사, 꼭 그래야 하는 방법에 대한 신념, 가정 또는 태도평가적 평가에 대한 동의/비동의를 말한다. 이와 관련하여 우리는 화자/필자가 자신의 입장을 나타낼 때 자기 표현적으로 '자신의 생각을 말할' 뿐만 아니라 동시에 다른 사람들을 자신의 느낌, 취향 또는 규범적 평가를 승인하고 공유하도록 초대한다는 점에 주목해야 한다. 따라서 태도의 선언은 청자를 공유 가치와 신념의 커뮤니티에 조율하는 방향으로 대화적으로 진행된다.

둘째로, 우리는 화자/필자와 텍스트의 추정적 청자 사이에서 지속되면서 텍스트가 해석되는 관계에 적용되는 이러한 조율/부조율의 협상에 관심을 두고 있다. 상호주관적 의미의 이러한 측면을 탐구하는 데 있어서, 우리는 또한 다양한 지표들을 사용함으로써 우리가 고려하고 있는[42] 단일하게 구성된, 대중적인 의사소통 텍스트의 유형들이 '예상한', '상상의' 또는 '이상적' 독자들을 스스로 구성하는 방식도 고려해야 한다. 왜냐하면, 화자/필자가 다소 조율되거나/부조율되는 것으로 제시되는 것은

---

42) 우리의 초점은 대중적 청자를 대상으로 하여 일반적으로 쓰인 단일 구성 텍스트에 있기 때문에, 반드시 우리가 설명하는 위치시키기 효과가 즉각적으로 상호작용하는 개인 간 텍스트 유형에도 적용되는지의 여부를 질문으로 열어두어야 한다. 물론 화자-청자 관계의 모든 해석은 일반적으로 청자에 의한 즉각적인 도전, 거부 또는 순응의 대상이 된다. 개인 간 구어적 상호작용의 맥락에서 조율의 협상에 대한 논의는 Clark, Drew & Pinch(2003) 또는 Eggins & Slade(1997)를 참조하라.

추정적 수신자와 관련이 있기 때문이다.[43] 따라서 우리의 주요 관심사 중 하나는 이러한 언어 자원들이 화자/필자와 특정 관점을 공유하는 것을 당연하게 여기거나, 주어진 명제가 추정적 독자에게 문제가 될 것(또는 문제가 되지 않을 것)이라고 예상하거나, 독자가 특별한 관점으로 넘어가야 한다고 가정해야 한다는 것을 화자/필자에게 제시해 줌으로써 '독자를 텍스트에 담는' 방식이 될 수 있다는 것이다.

조율/부조율의 문제를 이러한 자원 모델링의 핵심으로 하면서, 우리는 일반적으로 '친밀성'이라고 불리는 관계가 이러한 유형의 텍스트에서 어떻게 해석되는지에 대한 이해를 확장하려고 한다. 그러나 우리는 친밀성이 단순히 이념적 및/또는 태도평가적 동의의 정도의 문제라고 제안하는 것이 아니라는 점을 강조해야 한다. 많은 사람들이 우리보다 앞서 연구했듯이, 화자/필자는 항상 이러한 다양한 관점을 타당하다고 인식하고, 다른 입장을 고수하는 사람들과 관계를 맺을 준비가 되어 있음을 나타냄으로써, 그들이 동의하지 않는 사람들과 친밀성을 유지하려는 시도를 하고 있다. 따라서 친밀성은 동의/비동의의 문제가 아니라 대안적 관점에서 볼 때 용인에 관한 것이며, 필자/화자가 독자와 조율하는 커뮤니티성을 통해서 다양한 관점이 자연스럽고 정당한 것으로 인식될 수 있다는 것을 나타낸다.

여기에서 대인적으로 논점이 되는 것에 대한 간략한 소개 예시를 알아보기 위해, 우리는 당시 호주 총리인 John Howard와의 라디오 인터뷰에서 가져온 다음의 짧은 발췌문을 살펴보려고 한다. 시사 프로그램의 진행자는 Howard 총리에게 호주 은행들이 기록적인 수익을 올렸다고 보도한 직후에 수수료와 요금을 인상하는 행동에 대해 어떻게 생각하는지 질문하고 있다.

[3.1] - *interviewer question*
[3.1] - *진행자의 질문*

There is an argument, though, is there, the banks have been a bit greedy. I mean, their profits are high and good on them, they're entitled to have high profits, but at the same time the fees are bordering on the unreasonable now.

하지만, 은행들이 조금 탐욕스러웠다는 주장이 있다. 내 말은, 그들의 수익이 높고 그들에게 유리하며 높은 수익을 가져갈 자격이 있긴 하지만 그와 동시에 지금의 수수료는 비합리적인 면이 있다는 것이다.

---

43) 물론 이와 같은 '추정적', '이상적' 또는 '상상의' 독자/청중이라는 개념은 기존 문헌에서도 다방면으로 연구되었다. 예시를 보려면 Eco(1984), Coulthard(1994) 또는 Thompson(2001)을 참조하라.

여기에는 다음과 같이 전개가 되는 두 가지의 입장 - (1) 은행이 고수익을 낸다는 사실에 대해 긍정적으로 평가하는 관점과 (2) 최근의 수수료 인상으로 인해 발생한 고수익을 취한 특별한 사례에 대해 부정적으로 평가하는 관점이 있다. 물론 그러한 관점을 전개시키면서, 진행자는 적절한 것과 적절하지 않은 것, 은행의 도덕적 행동에 대해 공유 가치와 신념을, 잘 확립되고 이념적으로 지수화된 커뮤니티와 연결시킨다. 일반적으로 은행이 높은 수익을 내는 것이 올바르고 적절하다는 명제를 형식화하는 방식으로, 화자는 그러한 관점에 대해 이의를 제기하거나 의문을 제기하지 않을 것으로 예상하고 따라서 자신과 추정되는 청자 모두 이 특별한 평가값의 위치에 문제없이 조율하는 것으로 제시하고 있다. 이와는 대조적으로, 최근의 수익 창출 활동에 대한 부정적인 견해가 문제가 될 가능성이 높고 추정되는 청자들로부터 반대에 직면할 수 있다는 명백한 신호들도 있다. 이러한 신호들은 은행들이 부도덕하게 행동하고 있다는 명제가 현재 논쟁과 토론의 대상(there is an argument though, is there ...)으로 해석되며, 화자가 명확하게 조율되고 있다는 것을 주저하게 하는 장치의 형태를 취한다(즉, 단순한 *have been greedy*보다는 ... *have been a bit greedy*, 단순한 *are unreasonable*보다는 ... *are bordering on the unreasonable*). 따라서, 이 경우, 반-은행적 관점이 전개되고 있는 동안에도 화자나 청자 중 누구도 공유 가치가 있는 반-은행적 커뮤니티에 명확하게 조율되지는 않는다. 동시에 화자는 두 관점의 타당성을 인식한다는 근거로 은행에 대해 부정적인 견해를 가진 사람들과 그것을 거부하는 사람들 모두와 잠재적으로 친밀성을 갖는 것으로 자신을 표현하고 있다.

3.3 상호주관적 입장의 언어 자원들: 개입평가의 개요

이제 우리는 대화주의적 위치시키기의 언어 자원들을 더 자세히 살펴볼 것이다. 이 절에서 우리는 이 장의 3.16절과 그 이후 절들에 나타난 **강도평가**의 언어 자원에 의지하여 **개입평가** 범주에 부과되는 의미를 살펴보려고 한다. **개입평가** 및 **강도평가**의 개별 하위 유형에 대한 절에서 먼저 관련된 발언들을 확인하고 대화주의적 기능성을 탐색한 다음에, 해당하는 경우 위에서 논의한 것처럼 추정적 청자 해석, 조율 및 친밀성과 관련된 잠재적 효과를 고려해 볼 것이다.

언급한 바와 같이, 우리는 텍스트에 대한 이전 발화들의 다성적 목소리 배경, 대안적 관점 및 예상 응답을 해석하는 다양한 방법들에 나타난 의미들을 **개입평가**의 범주에 포함시킬 것이다. 우리는 다양한 **개입평가** 의미들을 위치시키는 분류법의 개요를 설명하는 것으로 시작하겠다. 이 분류법은 주어진 의미들과 관련된 특별한 대화주의적 위치시키기를 식별하고, 주어진 의미들이 다른 의미가 아닌 주어진 의미로 사용될 때 무엇이 현안이 되는지를 설명해 준다.

반대: 텍스트적 목소리는 다음과 같은 일부 대조적인 위치와 상충되거나 거부되는 위치에 자신을 위치시킨다.

- (거부) 부정 (*You don't need to give up potatoes to lose weight.*)(*살을 빼기 위해 감자를 포기할 필요는 없다.*)

- (의외) 양보/역-기대 (*Although he ate potatoes most days he still lost weight.*)(*그는 감자를 먹었지만 대부분의 날 그는 여전히 살이 빠졌다.*)

지지: 명제를 매우 보증할 만한 것으로 표현함으로써(강력하고, 타당하고, 그럴듯하고, 근거가 충분하고, 일반적으로 합의되고, 신뢰할 수 있는 등), 텍스트적 목소리는 대안적 위치를 반대하거나, 억제하거나, 배제한다.

- (동조) *naturally*(당연하게) …, *of course*(물론) …, *obviously*(분명히) …, *admittedly*(확실히) … 등; 몇 가지 유형의 '수사적' 또는 '유도' 질문

- (공표) *I contend* …(나는 …라고 주장한다), *the truth of the matter is* …(그 문제의 진실은 …이다), *there can be no doubt that* …(…은 의심할 여지가 없다) 등.

- (보증) *X has demonstrated that* …(X는 …을 증명했다); *As X has shown* …(X가 보여주었듯이 …) 등.

판단유보: 자신의 우발적이고 개인적인 주관성에 근거한 명제를 명시적으로 제시함으로써, 저자의 목소리는 명제를 가능한 위치의 범위 중 하나로 표현한다 - 따라서 다음 대화적 대안을 **판단유보하거나** 환기시킨다:

- *it seems*(그렇게 보인다), *the evidence suggests*(증거에 따르면), *apparently*(겉보기에), *I hear*(내가 듣기로)

- *perhaps(아마), probably(어쩌면), maybe(아마도), it's possible(그것은 ~(으)ㄹ 수도 있다), in my view(내 생각에), I suspect that(나는 ~라고 짐작한다), I believe that(나는 ~라고 믿는다), probably(어쩌면), it's almost certain that …(거의 ~라고 확신한다), may(~일지도 모른다)/will(~일 것이다)/must(~임에 틀림없다)*; 그밖에 어떤 종류의 '수사적' 또는 '설명적' 질문*

객체화: 외부 목소리의 주관성에 기초한 명제를 표현함으로써 텍스트적 목소리는 명제를 가능한 위치의 범위 중 하나로 표현한다. - 따라서 다음 대화적 대안을 판단유보하거나 환기시킨다:

- (인정) *X said …(X가 ~라고 말했다), X believes …(X는 ~라고 믿는다), according to X(X에 따르면), in X's view(X의 관점에서)*

- (거리) *X claims that(X는 ~라고 주장한다), it's rumoured that(소문에 의하면 ~라고 한다)*

개입평가의 선택항들의 분류법은 이 절의 끝에 제공되는 시스템 네크워크에 나타난다(202쪽의 그림 3.4를 보라).

3.4 개입평가와 순수 단언의 대화주의적 지위

이 분류법의 세부 사항을 다루기 전에 상호주관적 위치시키기가 달라질 수 있는 몇 가지 더 광범위한 매개 변수들을 개략적으로 설명할 필요가 있다. 이러한 문제 중 하나는 이전 절에서 간단히 언급되었는데, 이는 대화주의적 위치시키기의 언어 자원들과 관련된 프레임워크 내에서 '순수한' 또는 범주적 단언의 지위에 대한 질문이다.

물론, 순수하게 단언된 명제는 종종 상호주관적으로 중립적이고 객관적이거나 심지어 '사실적'이라는 특징이 있다. 예를 들어, Lyons는 그가 '사실적(factive)'이라고 부르는 순수한 단언의 가정된 '객관성'과 그가 '반-사실적(non-factive)'이라고 부르는 양상화된 발화의 '주관성' 사이의 대조를 설정하고 있다(Lyons 1977: 794). 그러나 그러한 특성화는 그와 같은 형식의 대화주의적 기능성을 고려하지 않고 진리 조건의 문제에만 주의를 기울인다. 일단 우리가 모든 언어적 의사소통이 다른 목소리들과 대안적 관점들의 다성적 목소리의 배경에서 일어난다는 견해를 가지면 다소 다른 그림이 나타난다.

우리가 방금 개략적으로 설명한 다양한 대화주의적 언어 자원들은 모든 사람들이 어떤 식으로든 대화주의적 배경을 인식하고 관여한다는 것이다. 각각은 다른 목소리들 그리고/또는 대안적 관점들의 특별한 배열들로 해석된다. 따라서, 앞 절에서 논의된 바와 같이, *There is an argument though, is there, the banks have been a bit greedy*라는 형식은 은행의 행동이 적절한지의 여부에 대한 서로 다른 경쟁적 관점으로 채워지는 다성적 목소리의 환경으로 해석된다. 그들이 '탐욕적'이었다는 견해는 여러 가지 가능한 견해 중 하나의 견해로 표현된다. Bakhtin에 따라, 우리는 텍스트의 의사소통적 배경이 다양한 것임을 인식하기 위해 이런 방식으로 기능하는 모든 발언에 '다성적 목소리'라는 라벨을 붙인다.

순수 단언들은 다성적 목소리를 공개적으로 언급하지 않거나 대안적 위치를 인식하지 않는다는 점에서 이러한 다성적 목소리의 선택항과 분명히 대조된다. 결과적으로, 의사소통 맥락은 적어도 발화에 의해 차지되는 짧은 텍스트의 순간 동안 단일 목소리 또는 Bakhtin의 용어로 '단성적 목소리'와 '비대화적'으로 해석된다. 이를 통해 화자/필자는 현재의 의사소통 맥락에서 인식하거나 관여할 필요가 있는 대화주의적 대안이 없는 명제로서 즉, 대화주의적으로 비활성적이며 따라서 범주적으로 선언될 수 있는 명제를 제시한다. 이러한 단성적 목소리 스타일은 다음과 같은 발췌문에서 그 예시를 볼 수 있다.

Two years on, the British government has betrayed the most fundamental responsibility that any government assumes - the duty to protect the rule of law.
2년 후, 영국 정부는 어떤 정부라도 해야 하는 가장 근본적인 책임인 법치주의를 보호할 의무를 저버렸다.

It is a collusion in an international experiment in inhumanity, which is being repeated and expanded around the world.
그것은 전 세계적으로 반복되고 확대되고 있는 비인간성에 대한 국제적인 실험에서의 담합이다.

넓은 의미에서, 우리는 이러한 이분법적 구별에 따라 발화들을 분류할 수 있으며, 그들이 다른 목소리와 관점을 언급하지 않을 때는 '단성적 목소리'로, 대화주의적 대안을 환기하거나 허용할 때는 '다성적 목소리'로 분류할 수 있다. 그러한 예시는 표 3.1을 보라.

표 3.1 단성적 목소리와 다성적 목소리

단성적[44] 목소리(대화주의적 대안들에 대한 인식이 없는)	다성적 목소리(대화주의적 대안들에 대한 인식이 있는)
The banks have been greedy. 은행들은 탐욕스러웠다.	There is the argument though that the banks have been greedy. 그래도 은행들이 탐욕스러웠다는 주장이 있다. In my view the banks have been greedy. 내가 보기에 은행들은 탐욕스러웠다. Callers to talkback radio see the banks as being greedy. 라디오 방송국의 응답하는 사람들은 은행들이 탐욕스럽다고 본다. The chairman of the consumers association has stated that the banks are being greedy. 소비자협회 회장은 은행들이 탐욕스럽다고 말했다. There can be no denying the banks have been greedy. 은행들이 탐욕스러웠다는 것을 부인할 수 없다. Everyone knows the banks are greedy. 모든 사람들은 은행이 탐욕스럽다는 것을 안다. The banks haven't been greedy. 은행들은 탐욕스럽지 않았었다. etc. 등등.

그러나, 순수 단언(단성적 목소리)의 사용과 관련된 대화주의적 위치시키기에 대한 정확한 효과는 복잡하다는 것을 인정해야 한다. 실제로 위치시키기의 정확한 성격은 다양한 요인에 의해 결정되는 일련의 잠재적 효과가 있다. 여기에는 전체적으로 텍스트에 의해서 추구하는 의사소통적 목적들(예: 그것이 주장하든지, 설명하든지, 서술하든지, 경험담을 말하든지, 기록하든지 등 간에), 그리고 이러한 의사소통적 목적들과 관련된 명제의 역할, 그리고 명제 자체의 성격(예: 평가적 의미 대 경험적/정보적 의미를 부각시키는 정

---

44)[역자주] 단성적 목소리를 독백적이라고 단순화하기는 어려워 보인다. 자기 자신에게 말하는 독백은 단성적이지만, 청자를 가정하고 하는 방백은 다성적 목소리이다. 또 기사문의 '-(이)다', '-습니다'와 같은 진술형은 특정 독자를 인식하지 않고 불특정 독자를 대상으로 하는 말이므로, 단성적이라고 해야 한다.

도)이 포함된다.

　단성적 목소리의 단언들 내의 핵심적인 차이는 텍스트의 성질이 명제가 당연한 것으로 여겨지는 것인지 또는 대안적으로 논점이 되는 것으로 제시되는지 또는 논의 중인 것으로 제시되는지 여부에 달려 있다. 당연한 것으로 여겨질 수 있는 다양한 텍스트 배열이 있다. 하나는 종종 '전제'(Kempson 1975의 예를 보라)라고 불리는 범주에 속하는 구조를 통해서이다. 이와 같이 당연한 것으로 여겨지는 것에 대한 예시는 다음 발췌문에서 볼 수 있다.

> [3.2] After nine years of the government's **betrayal** of the promised progressive agenda, Canadians have a gut feeling that their country is slipping away from them. [Canadian Hansard, ttp://www.parl.gc.ca/ 37/2/parlbus/chambus/ house/debates/002_2002-10-01/ han002_ 1215-E.htm]
> [3.2] 캐나다인들은 정부가 약속한 진보적 의제를 배신한 지 9년 만에 자국이 그들로부터 멀어지고 있다는 직감을 갖게 된다. [Canadian Hansard, ttp://www.parl.gc.ca/ 37/2/parlbus/ chambus/ house/debates/002_2002-10-01/han002_ 1215-E.htm]

　여기서 정부가 진보적 의제를 배신했다는 명제는 더 이상 쟁점이 되지 않는 것으로 해석된다. 이는 논의 대상이 아니며, 따라서 '주어진' 것으로 취급될 수 있다. 그러므로 당연한 것으로 여겨지는 것은 이 평가값의 위치를 필자/화자와 공유하고, 마찬가지로 그 명제가 문제가 되지 않는 추정된 청자를 위해 텍스트를 해석하는 강한 이념적 효과를 갖는다.

　대안적으로, 그 텍스트의 성질은 범주적, 단성적 목소리로 단언된 명제가 토론과 논쟁의 초점처럼 스포트라이트에 매우 많이 노출되도록 할 수 있다. 이러한 성질은 2003년 두 명의 영국 여학생을 살해한 것으로 악명 높은 Ian Huntley의 파트너인 Maxine Carr의 사건과 관련된 The Sun지의 사설에서 발췌한 다음과 같은 발췌문에서 입증된다. 이 사설은 Maxine Carr가 경찰의 조사를 방해한 혐의로 징역형을 선고받았으며, 그녀의 익명성은 법에 의해 보호될 것이라고 발표된 후 작성되었다. 이것은 타블로이드 신문에 의한 여성에 대한 증오 캠페인과 그녀가 감옥에 있는 동안 수많은 살해의 위협을 받은 후에 일어났다.

> [3.3] THE cloak of secrecy thrown around Maxine Carr sets a dangerous legal precedent.
> [3.3] Maxine Carr 주변에 둘러싸인 비밀의 망토는 위험한 법적 선례를 남긴다.

Now every supposedly 'notorious' criminal will demand a new life shielded from public scrutiny once they leave jail.

이제 모든 악명 높은 범죄자들은 일단 감옥을 떠나면 대중의 감시로부터 보호받는 새로운 삶이 시작될 것이다.

Why does Carr gets this unique protection, which is not justified by any facts laid before the court?

왜 Carr는 법원에 제출된 어떤 사실로도 정당화되지 않는 유례없는 보호를 받는가?

She is just a common criminal who lied to give her murdering boyfriend an alibi.

그녀는 살인한 남자친구에게 알리바이를 주기 위해 거짓말을 한 평범한 범죄자일 뿐이다.

What if she gets a job at a school?

만약 그녀가 학교에 취직한다면?

What if she chooses to live with another Svengali-like criminal?

만약 그녀가 다른 Svengali 같은 범죄자와 함께 사는 것을 선택한다면?

But the media cannot tell you anything about Carr from now on.

하지만 언론은 이제부터 Carr에 대해 아무것도 말해줄 수 없다.

[*The Sun*, leading article, 15/5/04]

[*The Sun*, 사설, 2004년 5월 15일]

여기서 이 법적 결정이 '위험한 법적 선례를 남긴다'는 명제가 단성적 목소리로 선언되더라도 당연하게 받아들여지는 것은 아니다. 필자가 평가값의 위치를 지지하는 일련의 주장을 계속 제공한다는 사실은 그것이 매우 논쟁적이고 논쟁의 초점이라는 것을 설명해 준다. 결과적으로, 그 텍스트들은 Maxine Carr의 익명권에 대한 필자의 견해를 반드시 공유하지는 않는 독자로 해석할 수 있다. 그리고 그 독자란 결정을 내리지 못하고, 더 많은 지침을 찾고 있거나 이미 필자의 방향으로 기울어져 있지만 더 많은 논쟁에 관심이 있는 독자들을 말한다. 그 텍스트는 독자가 정반대의 입장을 견지할 수 있으므로 설득해야 한다고 예상하는 것으로 읽힐 수 있다. 물론 텍스트의 다른 부분에서 필자가 진행 중인 논쟁에 대한 독자의 반대나 저항을 예상하는 지표들이 부족하다는 점을 고려하면 이러한 읽기는 타당성이 떨어진다.

3.5 다성성(多聲性): 대화적 축소와 확대

우리는 이제 분명하게 대화주의적 발언들과 그것들이 나타내는 다성적 목소리로의 다양성에 대한 지향에 눈을 돌릴 것이다. 개별적인 선택항에 대한 좀 더 자세한 설명을 시작하기 전에, 우리는 이러한 다성적 목소리의 언어 자원들이 상호주관적 기능성에서 '대화적으로 확대적'인지 '대화적으로 축소적'인지에 따라 두 가지 큰 범주로 나눌 수 있다. 이 구별은 발화가, 이 중 하나 또는 그 이상의 발언들을 사용하여, 대화적으로 대안적인 위치들과 목소리들을 적극적으로 허용(대화적 확대)하거나, 또는 대안적으로 그러한 범위를 도전, 회피 또는 제한(대화적 축소)하는 역할을 하는 정도에 달려 있다.

이러한 구분은 다른 문헌들에서 확인되지 않았기 때문에 우리는 그것을 간단히 증명하는 것으로 시작하기로 한다. 예시를 통해 다음 두 개의 대조적인 텍스트 발췌문을 살펴보자.

[3.4] (*dialogic contraction*)
[3.4] (*대화적 축소*)
Follain punctures the romantic myth that the mafia started as Robin Hoodstyle groups of men protecting the poor. He <u>**shows**</u> that the mafia began in the 19th century as armed bands protecting the interests of the absentee landlords who owned most of Sicily. He also <u>**demonstrates**</u> how the mafia has forged links with Italy's ruling Christian Democrat party since the war. [Cobuild Bank of English]
Follain은 마피아가 가난한 사람들을 보호하는 Robin Hood 스타일의 집단으로 시작되었다는 낭만적인 신화를 깨뜨린다. 그는 마피아가 19세기에 시칠리아의 대부분을 소유한 부재지주들의 이익을 보호하는 무장 세력으로 시작되었음을 보여준다. 그는 또한 마피아가 전쟁 이후 이탈리아의 집권 기독민주당과 어떻게 관계를 맺었는지 보여준다. [Cobuild Bank of English]

[3.5] (*dialogic expansion*)
[3.5] (*대화적 확대*)
Tickner said regardless of the result, the royal commission was a waste of money and he would proceed with a separate inquiry into the issue headed by Justice Jane Matthews. His attack came as the Aboriginal women involved in the case demanded a female minister examine the religious beliefs they <u>**claim**</u> are inherent in their fight against a bridge to the

island near Goolwa in South Australia. [Cobuild Bank of English]

Tickner는 결과와 무관하게 왕실 위원회는 돈 낭비이며 Jane Matthews 판사가 이끄는 이 문제에 대해 별도의 조사를 진행할 것이라고 말했다. 그의 공격은 이 사건에 연루된 원주민 여성들이 여성 장관에게 사우스오스트레일리아주 Goolwa 근처의 섬으로 가는 다리에 대한 그들의 고유 권리라고 주장하는 종교적 믿음을 조사할 것을 요구하는 동안 일어났다. [Cobuild Bank of English]

두 발췌문은 모두 외부 목소리의 발화들과 관점을 명시적으로 참조한다는 점에서 분명히 대화주의적이다. 이것은 그들이 보고된 발화의 문법을 사용한다는 사실에서 비롯된다. 하지만 여기에는 단순히 여러 목소리가 있다는 것 이상의 중요성이 있다. 첫 번째 발췌문[3.4]은 특수 유형의 보고하기 동사(*show, demonstrate*)가 - 전언된 명제에 대한 특별한 입장을 채택하고 그것을 사실로 유지하는 동사 - 사용된 형식의 예를 보여준다. (이러한 유형의 보고하기 동사는 '사실성'의 개념의 맥락에서 문헌에서 널리 논의되어 왔으며, - 그 예로 Kiparsky & Kiparsky 1970을 보라 - 전언과 직접 및 간접 발화에 관한 문헌에서도 널리 논의되어 왔다. 그 예로 Hunston 2000 또는 Caldas-Coulthard 1994를 보라.) 이러한 '보증하기' 형식에 의해, 저자의 목소리는 명제를 '참' 또는 '유효'로 제시하고, 그에 따라 명제의 출처로 도입된 외부 목소리와 조율된다. 이러한 방식으로 저자에 의한 강력한 참여를 표시하고 일부 권위 있는 상대를 현재의 수사적 원인에 공동-채택함으로써, 그러한 형식은 실제 또는 잠재적인 반대 입장에 대항하거나 적어도 회피한다. 따라서 위의 사례에서는, 텍스트적 목소리가 마파아를 Robin Hood 유형으로 보는 신뢰할 수 없는 대안적 견해에 맞서는 쪽으로 스스로를 설정하면서, *show*와 *demonstrate*가 사용되었다. 따라서 이러한 단어선택은 **대화적으로 축소적인 것**으로 해석될 수 있으며, 대화적 대안을 위한 공간을 닫아버린다.

두 번째 텍스트[3.5]는 반대 효과를 가진다. 여기서 텍스트적 목소리는 *claim*에 의해 프레임이 잡힌 명제로부터 거리를 두며, 그것은 의심스럽지는 않더라도 여전히 의문의 여지가 있는 것으로 표현된다. 그 효과는 대화적 대안을 초대하거나 적어도 판단유보함으로써 그러한 대안을 진전시킬 수 있는 모든 사람의 대인적인 비용을 낮추는 것이다. 따라서 이러한 **거리두기** 형식은 **대화적 확대**로 볼 수 있으며 대안적 입장들을 위한 대화의 공간을 열어둔다.

여기에서 동사 *to claim*이 모든 경우에 반드시 이 기능을 갖지는 않는다는 점을 주목해야 한다. 예를 들어, 그러한 단어의 수사학적 잠재력은 서로 다른 공동-텍스트적 조건들의 영향 아래에 체계적으로 달라질 수 있으며, 사용역, 장르 및 담화 영역에 걸쳐 달라질 수 있다. 사실, 우리의 관심사는 어휘소로서의 *to claim*에 관한 것이 아니라 위의 텍스트 발췌문에서 예시된 대화주의적 위치시키기, 즉 우리가 **거리두기**라고 이름 붙인 대화주의적 위치이다. *claim*을 사용하는 모든 경우가 이러한 방식의 **거리두기**에 해당하는지의 여부는 해결되지 않은 문제이다. 다음에 나오는 모든 대화주의적 언어 자원의 예시에도 동일한 관점이 적용된다.

그렇다면, 이러한 구별에서, 이와 같은 방식으로 명제를 **보증의 객체화** 방식과 저자의 목소리를 명제로부터 **거리두기의 객체화** 방식 사이에서, 우리는 대화적 **축소**와 **확대** 사이의 근본적인 대조를 볼 수 있다.

지금까지 설명된 **개입평가** 시스템은 그림 3.1에 나와 있다.

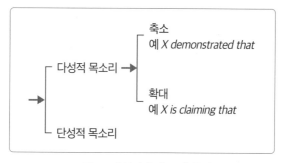

그림 3.1 개입평가: 축소와 확대

3.6 판단유보: 양태와 증거성의 대화주의적 확대성

이제 우리는 **개입평가** 시스템 내에서 개별적인 선택항을 보다 자세히 고려해 볼 것이다. 우리는 우리의 용어로 **대화주의적으로 확대되는** 형식을 탐구하는 것으로 시작할 것이다.

여기에서 우리는 '판단유보'라는 용어를 선택할 것이다. 이는 저자의 목소리는 그 위치가 가능한 여러 위치 중의 하나에 불과하다는 것을 의미하며 그에 따라 많든지 적든지 그러한 가능성을 위한 대화적 공간을 만든다는 것을 의미한다. 즉, 저자의 목소리는 그러한 대화적 대안들을 판단유보시킨다. 이것은 전통적으로 '인식양태(epistemic modality)'(예: Palmer 1986 또는 Coates 1983)와 '증거성 (evidentiality)'(예: Chafe & Nichols 1986)이라는 제목으로 기존 문헌에서 다루어져 온 의미론적 영역이다. 체계기능언어학 전통 내에서 그것은 '확률의 양상', '현실성 국면' 및 특정 유형의 '대인적 은유' 라는 제목 아래 다루어져 왔다(1장, 1.2.2절과 Halliday 1994 참조). 이는 화자/필자가 양상 조동사들(*may, might, could, must* 등), 양상 부가어들(*perhaps, probably, definitely* 등), 양상 속성들(*it's possible that* ⋯, *it's likely that* ⋯ 등), *in my view* 유형의 배경상황, 특정 정신적 동사/객체화 투사(*I suspect that* ⋯, *I think, I believe, I'm convinced that, I doubt* 등)를 통해 가능성에 대해 평가하는 의미들을 포함하고 있다. 이 정신적 동사 투사의 마지막 하위 집합을 포함하는 데 있어서 우리는 그러한 구조가 의사소통 기능 에서 경험적이거나 정보적이기보다는 '양상적'이라고 설득력 있게 주장한 Halliday를 따른다.[45] 이 러한 견해는 Palmer에 의해 공유되고 있으며, 예를 들어 Palmer는 *I think*와 같은 형식들이 '인식적 판단'을 나타내는 역할을 하고 있다는 견해를 갖고 있다(Palmer 1986: 168). 이러한 **판단유보**의 하위 범주는 또한 증거/'~로 여겨짐'에 기반한 가정(*it seems, it appears, apparently, the research suggests* ⋯)과 특정 유형의 '수사적' 또는 '설명적' 질문(특정 응답을 가정하지는 않지만 어떤 명제가 가질 가능성을 높이기 위해 사용되는 질문)을 포함한다.[46]

대화주의적으로 볼 때(흔히 있는 것처럼 진리-기능적 의미론의 관점보다는), 그러한 발언은 화자/필자의 우 연적이고 개별적인 주관성에서 명제를 명시적으로 근거시키고, 그에 따라 명제가 현재의 의사소통 적 맥락에서 사용 가능한 여러 명제 중 하나에 불과하다는 것을 인식함으로써 텍스트에 대한 다성 적 목소리의 배경을 적극적으로 해석하는 것으로 보인다. 다음 발췌문에서 양상 부가어 *probably*의 사용을 예로 들어 보자:

[3.6] It was not a great speech. It reads like a sixth-form essay answering the question: 'Imagine you ruled the world. What would you do?' It was not the answer of a statesman, not of a realist. In fact it was **probably** the most immature, irresponsible, disgraceful and misleading address ever given by a British Prime Minister. It was all bluster, all bluff. [*Sunday Express*, 7/10/01]

[3.6] 그것은 훌륭한 연설이 아니었다. 그것은 '당신이 세계를 지배했다고 상상해보십시오. 어떻 게 하시겠습니까?'라는 질문에 답하는 여섯 번째 형식의 에세이처럼 읽힌다. 그것은 정치가의

---

45) 현재 널리 받아들여지는 주장은 *I think we should leave now* 또는 *I think Rupert cheated*와 같은 구조에서 *I think* 는 주절이 아니며 완전한 관념적/정보적 의미를 가지지 않는다는 것이다. 오히려 그것은 *possibly*나 *probably*와 같은 양 상 부가어들과 거의 같은 방식으로 기능한다. 따라서 *I think we should leave now*는 의사소통 기능에서 *Probably we should leave now*와 가깝다. 이 주장에 대한 자세한 내용은 Halliday(1994: 254)를 참조하라.

46) 이러한 유형의 '설명적 질문'에 대한 자세한 논의는 White(2003)를 참조하라.

대답도, 현실주의자의 대답도 아니었다. 사실 그것은 아마도 영국 총리가 한 연설 중 가장 미숙하고, 무책임하며, 수치스럽고, 오해의 소지가 있는 연설이었을 것이다. 그것은 모두 허세였고, 모두 허풍이었다. [*Sunday Express*, 7/10/01]

양태에 대한 보다 전통적인 설명은 그러한 발언을 명제의 '진리치에 대한 책무의 결여'를 나타내는 것으로 해석했을 수 있다(예: Palmer 1986, Lyons 1977 또는 Coates 1983). 그러나 대화주의적 관점은 우리의 초점을 전환시켜 '인식적 지위'와 '지식의 신뢰성'에 대한 그러한 관심이 항상 그리고 반드시 일차적인 의사소통 동기를 결정하는 주요한 동기는 아닌 것으로 본다. 예를 들어, 이 발췌문에서 '정보의 신뢰성'은 문제가 되지 않는다. 필자는 총리의 연설에 대한 전적으로 주관적이고, 전적으로 의견에 기반한 부정적인 평가를 전개시키는 데 관심이 있다. - 즉 그의 연설이 *미숙하고(immature)*, *수치스러운(disgraceful)* 것일 뿐만 아니라 다른 유사하게 개탄스러운 정치 연설 또는 그 이상이다. 그는 그 명제를 논쟁의 여지가 있는 것으로 표시하고 이 문제에 대한 필자의 관점을 정확하게 공유하지 않는 사람들이 있을 수 있다는 인식을 나타내기 위해 *probably*를 사용하였으며, 따라서 단정적인 수준으로까지는 가지 않는다. 효과적으로, 이 발화는 허용되거나 **판단유보되는** 대안적 위치들이 필자의 관점에 있는 전반적인 부정성을 거부하는 것이 아니라, 사실 이것이 이 총리나 또는 다른 총리가 한 연설 중 최악인지에 대해 이의를 제기할 수 있는 위치가 되도록 구성되어 있다. 따라서 그 화자는 그 연설에 대한 그의 부정적인 관점을 공유하지만, 이 총리가 훨씬 더 나쁜 연설을 했거나 다른 총리가 훨씬 더 나쁜 연설을 했다고 주장하는 사람들을 위해 텍스트의 다성적 목소리의 배경에 공간을 열어둔다. 저자의 목소리는 이 명제에 참여한 것으로 자신을 제시하는 동시에 진행 중인 평가값의 위치가 우연적이며 따라서 여러 잠재적 대화주의적 대안 중 하나임을 인정한다. 이를 통해 그 양상의 주요 기능이 대화주의적임을 알 수 있다. 그것은 잠재적으로 대화주의적 대안과 상충되는 것으로 제시됨으로써 명제에 대한 다성적 목소리의 배경을 인정하는 역할을 한다.

흥미롭게도, 필자가 이 명제에 많은 참여를 하고 있다는 이러한 의미는 낮은 강도의 양상화하기 선택항들이 사용되었더라도 실질적으로 유지되었을 것이다. 따라서,

In fact this was **possibly** the most immature, irresponsible, disgraceful and misleading address ever given by a British Prime Minister.

사실 이것은 아마도 영국 총리가 한 연설 중 가장 미숙하고, 무책임하며, 수치스럽고, 오해의 소

지가 있는 연설이었을 것이다.

In fact it **may** have been the most immature, irresponsible, disgraceful and misleading address ever given by a British Prime Minister.
사실 그것은 영국 총리가 한 연설 중 가장 미숙하고, 무책임하며, 수치스럽고, 오해의 소지가 있는 연설이었을지도 모른다.

이것은 그러한 발언들에 의해 전달되는 의미를 조건화하는 공동-텍스트의 역할을 나타낸다. 여기서 *in fact*로 나타나는 단호함, 최상급 *most*의 사용, 부정적 평가하기의 열의는 모두 *possibly*와 *may*와 같은 낮은 강도의 양상 형식들을 사용하더라도 크게 완화되지 않는 저자의 명제에 대한 강력한 참여를 나타내는 역할을 한다. (공동-텍스트적 조건 아래에서 그러한 양상들의 의미의 가변성에 대한 자세한 논의는 Hunston 인쇄 중을 참조하라.)

그러한 '양상화하기' 발언들의 근본적인 대화주의적 기능성은 아마도 정신적-동사의 투사가 사용된 경우(Halliday가 확률의 평가를 위한 외재적으로 주관적인 선택항이라고 표현한 것 - Halliday 1994)에 가장 투명하게 드러날 것이다. 예를 들면 다음과 같다.

[3.7] The sad aspect of all this is that by giving support to this invasion Blair will be destroying the UN and **I believe** will have betrayed the British people.
[3.7] 이 모든 것의 슬픈 측면은 이번 침공을 지원함으로써 Blair가 UN을 파괴할 것이고 영국 국민을 배신할(파괴하고 영국 국민을 배신하는) 것이라고 나는 믿는다.

여기서 필자 자신의 주관성에 있는 평가값의 위치의 가장 명시적인 근거는 이렇게 화자/필자가 어떤 관점에 강력하게 관여할 수 있는 다성적 목소리를 해석하는 역할을 하지만 그럼에도 불구하고 다른 사람들이 이 평가값의 위치를 공유하지 않을 수 있다는 인식의 신호를 보낼 준비가 되어 있다는 것이다.

물론 일부 맥락에서 그러한 형식은 화자/필자의 입장에서 불확실성 또는 진리치에 대한 책무의 결여를 전달할 수 있다. 우리는 다음의 발췌문에서 그러한 맥락을 관찰할 수 있다.

[3.8] Many things (as the notes to this extremely well prepared catalogue show quite clearly) had an aristocratic provenance which showed that Gibbs has an acute sense of tradition and fine workmanship. The organ screen in the stables was **possibly** designed by Thomas Chippendale and came from the Earl of Harewood's sale at Harewood House, Yorkshire in 1988. But Chippendale is only half the story. A pair of Moroccan painted doors - **probably** 18th century - were evocative things in their own right and indicate the eclectic nature of this collection. [*Birmingham Post* 30/09/2000: 50]

[3.8] 많은 것들이 (이 극도로 잘 준비된 카탈로그의 주석들이 아주 분명하게 보여주듯이) Gibbs가 전통에 대한 예리한 감각과 훌륭한 솜씨를 가지고 있다는 것을 보여주는 귀족적인 귀족적인 풍채를 풍겼다. 마구간의 오르간 스크린은 아마도 Thomas Chippendale에 의해 디자인되었고, 1988년 Yorkshire의 Harewood House에서 Harewood 백작이 판매한 것으로 추정된다. 하지만 Chippendale은 이야기의 절반에 불과하다. 18세기로 추정되는 모로코 양식의 한 쌍의 문은 그 자체로 연상시키는 것들이 있으며, 이 컬렉션의 절충적인 성격을 잘 보여준다. [Birmingham Post 30/09/2000: 50]

[3.9] In modern times, humans have caused extinctions of individual species by destroying their environment or by overhunting. But before humankind came on the scene, mass extinctions **may** have been caused by major changes in sea level or disruptions in the food chain. [Bank of English]

[3.9] 현대에, 인간들은 그들의 환경을 파괴하거나 과도한 사냥으로 인해 개별 종들의 멸종을 야기해 왔다. 그러나 인류가 출현하기 전에, 대멸종은 해수면의 주요 변화나 먹이 사슬의 붕괴로 인해 발생했을지도 모른다. [Bank of English]

이러한 각각의 경우에 독자는 양상화하기 발언들을 필자의 신호로 해석할 수 있으며, 그것은 고려 중인 문제에 대한 지식이 어느 정도 제한되어 있어서 명제의 범주적 형식화를 허용하기에 충분하지 않다는 것이다(예: *The organ screen was designed by Thomas Chippendale / mass extinctions were caused by major changes in sea level*). 이 잠재적인 '인식적' 효과는 그러한 발언들의 근본적인 대화주의적 역할과 상충되지 않는다. 이러한 모든 경우에서 그 명제는 명시적 주관성에 기초하기 때문에 대안적 위치의 범위 중에서 하나의 위치로만 해석된다. 그 명제에 대한 대화주의적 대안들은 따라서 '판단유보적'이다. 그러나 이와 같은 '인식적' 효과는 우연적인 것이며, 독자/청자가 화자/필자의 입장에서 어떠한 지식 부족의 징후로 그러한 발언들을 해석할 수 있는 특별한 공동-텍스트적 및 맥락적 요인의 존재에 의존하고 있다.

양상적 표현들과 관련 의미들의 이러한 대화주의적 기능성은 이러한 발언들의 '화용론적' 측면이라고 불리는 것을 확인한 분석가들에 의해 이전에 언급되었다. 예를 들어 Myers는 적어도 학술적 담화에서 작동하는 그러한 발언들의 한 가지 목적은 지식의 주장을 불확실한 것으로 표시하는 것이 아니라 그 주장을 '담화 공동체에 의해 인정되지 않은' 것으로 표시하는 것이라고 이해했다(Myers 1989: 12). 유사하게, Hyland는 '헤지(hedges)'(낮은 강도의 양상 포함)가 때때로 불확실성을 전달하기보다는 '존경, 겸손 또는 존중'을 전달하는 역할을 한다고 주장한다(Hyland 2000: 88). 좀 더 구체적으로, *I think*에 대한 분석에서 Aijmer(1997)와 Simon-Vandenbergen(2000)은 발언이 '사실적' 명제들(예: ***I think*** *Mary teaches French*)과 함께 사용되는지 또는 '의견'(예: *Mr President, once again* *I think we are being denied as a parliament the opportunity to make our opinions known concerning the recommencement of whale hunting*)과 함께 사용되는지의 여부에 따라 해당 어법이 가변적인 기능을 가지고 있음을 발견한다(Simon-Vandenbergen 1998: 301). *I think*의 '사실적' 용법은 화자의 입장에서 어느 정도 잠정적이거나 불확실성을 가리키는 것으로 해석되어야 하며, '평가적' 용법은 반대로 권위를 표현하는 '신중한' 기능을 가지고 있다. 우리는 이런 식으로 '사실'과 '의견'을 분명히 분리하는 분류법을 사용하는 것을 선호하지 않지만, 그럼에도 불구하고 그러한 발언들의 '의미'가 공동-텍스트적 조건화에 따라 체계적으로 달라질 것이라는 견해를 이 연구자들과 공유하고 있다. 그리고 우리는 명제가 평가적/대인적 의미보다 경험적/정보적 의미를 전면에 내세울 때 인식적 효과(지식의 불확실성 신호)가 일반적으로 작동한다는 것을 확실히 허용하고 싶을 것이다.

3.6.1 판단유보와 필자-독자 관계들

따라서 그러한 양상화하기 발언들의 주요 기능성은 텍스트가 위치한 진행 중인 대화에서 대안적인 목소리와 평가값의 위치를 허용하고 그에 따라 공간을 열어 놓는 것이다. 그들은 다성적 목소리의 배경을 특별한 관점이 실제로 또는 잠재적으로 대화주의적 대안들과 긴장 관계에 있는 텍스트로 해석한다. 그렇게 함으로써 그들은 잠재적으로 문제가 되는 이슈로부터 분리된 청중과 그리고 참조되는 평가값의 위치를 보편적으로 공유하지 않아도 되는 청중을 그 텍스트에 투사한다. 대안적 관점을 인식하고 대화주의적으로 검증함으로써 적어도 반대 입장을 고수하는 사람들이 진행 중인 대화의 잠재적 참여자로 인식되는 정도까지 대안적 입장을 고수하는 사람들과의 연대 가능성을 제공한다.

명제가 의도된 청자에게 문제가 될 수 있다는 저자의 예상을 신호하기 위해 이러한 방식으로 '판단유보'의 평가값이 의도된 수신자에게 문제가 될 수 있다는 저자의 예상을 신호로 표시하는 정도는 어떤 공동-텍스트적 조건에 따라 달라질 수 있다. 이 기능성은 평가값의 위치가 일부 이데올로기적으로 중요하고 확립된 가치론적 형성과 명백하게 관련된 것일 때 작동할 가능성이 가장 높다(예: *The sad aspect of all this is that by giving support to this invasion Blair will be destroying the UN and I believe will have betrayed the British people*). 문제가 되는 평가값의 위치가 이념적으로 명백하게 연결되어 있지 않을 때, 아마도 '공적'보다 '사적'으로 보일 수 있을 때 그 기능성이 작동할 여지가 더 적다. 예를 들어 다음을 고려해 보자:

[3.10] [Your correspondent] suggests that MPs 'should talk to and be advised by those who know best' [about the issue of euthanasia]. As a nurse with more than 50 years experience including 10 years caring for the terminally ill I feel it appropriate to respond.
[3.10] [귀하의 특파원]은 의원들이 [안락사 문제에 대해] '가장 잘 아는 사람들과 이야기하고 조언을 받아야 한다'고 제안합니다. 말기 환자를 돌본 10년을 포함하여 50년 이상의 경력을 가진 간호사로서 답변하는 것이 적절하다고 생각합니다.

It has been my privilege to have cared for **possibly** several hundred terminally ill patients. [letter to the editor, *Bolton Evening News*, 16/02/04]
아마도 수백 명의 말기 환자를 돌봐 온 것은 저의 특권이었습니다. [편집자에게 보내는 편지, *Bolton Evening News*, 16/02/04]

여기에서 필자가 얼마나 많은 환자를 돌보았는지에 대한 질문과 독자가 속해 있을 수 있는 가치론적 공동체 사이에 즉각적인 명백한 연관성은 없다. 따라서 그 형식화는 언급된 부분에서 이 관점에 대한 일부 반대의 가능성을 예상하는 것으로 해석될 여지가 적고 이것이 정확한 것으로 간주되지 않는다는 필자의 신호로 해석될 여지가 더 높다. 따라서 그녀 자신이 그 수치를 약간 더 높게 또는 약간 더 낮게 설정했을 수도 있다.

3.6.2 판단유보의 추가 평가값

지금까지 우리는 우리의 논의를 확률의 양상들로 제한해 왔다. 위에서 언급했듯이 **판단유보**의 문법은 이보다 더 다양하다. 여기에는 '증거성'도 포함된다. 예를 들면 다음과 같다.

[3.11] One obvious failing in Britain is the gap between the skills the workforce offers and those employers want. That mismatch **seems** worse than it was ten years ago. [Bank of English - *Economist* sub-corpus]

[3.11] 영국의 한 가지 명백한 실패는 인력이 제공하는 기술과 고용주가 원하는 기술 사이의 격차이다. 그 불일치는 10년 전보다 더 나빠진 것으로 보인다. [Bank of English - *Economist* sub-corpus]

[3.12] One persistent idea has been that the two main moderate right-wing parties, the Rassemblement pour la Republique and the Union pour la Democratie Francaise, must get together if they are to have any chance of regaining power. But each time this has been tried, it comes up against the **apparently** irreconcilable rivalries of the three figures who have dominated the French right for the past 15 years - Jacques Chirac, Valery Giscard d'Estaing. [Bank of English - *Economist* sub-corpus]

[3.12] 온건 우파의 두 주요 정당인 the Rassemblement pour la Republique와 the Union pour la Democratie Francaise가 재집권 기회를 잡으려면 반드시 힘을 합쳐야 한다는 의견이 꾸준히 제기되어 왔다. 그러나 이것이 시도될 때마다 지난 15년 동안 프랑스 우익을 지배해 온 세 인물의 - Jacques Chirac, Valery Giscard d'Estaing을 포함한 - 명백하게 양립할 수 없는 경쟁 관계에 직면하게 된다. [Bank of English - *Economist* sub-corpus]

[3.13] His defensive behavior **suggests** he feels ashamed and guilty that you've discovered his habit. [Bank of English - Sun sub-corpus]

[3.13] 그의 방어적인 행동은 당신이 그의 습관을 알게 된 것에 대해 수치심과 죄책감을 느낀다는 것을 암시한다. [Bank of English - *Economist* sub-corpus]

이러한 각각의 경우에 그 명제는 화자/필자 측의 추론 또는 추측 과정을 통해 도출된 결과로서 우연적이고 주관적으로 해석된다. 어떤 명제를 추측한 대로 제시한다는 것은 분명히 그것을 잠재적 대안들의 범위 중 하나의 명제로 제시함으로써 그러한 대안을 위한 대화의 공간을 여는 것이다.

판단유보의 범주에는 일부 명제를 주장하기보다는 **판단유보**를 위해 단일구조의, 비-대화형 텍스트에서 자주 사용되는 특별한 유형의 '의사(疑似)' 질문도 포함된다. 이 용어는 종종 청자가 특별한 대답을 제공하도록 위치된 '의사' 질문으로 제한되지만, 이러한 질문은 '수사적 질문'이라고 할 수 있다 (예시를 보려면 Sadock 1974를 참조하라). 대조적으로, 이러한 유형의 질문은 개방형이며 Goatly(2000)에 의해 '설명적 질문'이라는 라벨이 붙여졌다. 영국의 '유명인'에 대한 뉴스 보도의 다음 헤드라인에서, Tara Palmer-Tomkinson은 이러한 옵션의 예를 보여준다.

> [3.14]
> **Is Tara on a downhill spiral to her bad old ways?**
> Tara는 안 좋았던 그녀의 예전 방식대로 내리막길로 가고 있는가?
>
> A drunken night out for Britain's favourite IT girl has set alarm bells ringing [*Daily Express*, 19/10/04: 10]
> 영국이 좋아하는 IT girl의 술취한 밤 외출이 경종을 올리고 있었다. [*Daily Express*, 19/10/04: 10]

여기에서는 명제를 Palmer-Tomkinson의 행동에 대한 하나의 가능한 관점으로 실행하기 위해 설명적 질문이 사용되고 있다.

3.6.3 지시하기 및 허가/의무의 양태

우리는 또한 허가 및 의무와 관련된 판단유보 발언들의 이러한 범주 내에 전통적으로 '의무' 양태 범주(예: You <u>must</u> switch off the lights when you leave.)를 포함시킨다. 분명하게도 우리는 근본적으로 다른 유형의 대화적 관계, 즉 정보와 관점의 제공보다는 통제와 순응/저항의 관계에 더 관심이 있다. 이러한 근본적인 차이에도 불구하고 의무 양상 표현들은 여전히 의사소통 환경을 다성적 목소리로 해석하고 대안에 대한 대화적 공간을 열어준다. 우리는 명령절(Turn out the lights before you leave)과 양상적 형식화(You must turn out the lights before you leave)가 서로 대조가 된다는 것을 볼 수 있다. 명령절은 대안적 행동을 참조하거나 가능성을 허용하지 않는다는 점에서 단성적 목소리이며, 대조적으로 양상 표현은 명령이 아니라 의무에 대한 화자의 평가이므로 화자의 주관성에 대한 요구를 명시적 근거로 삼는다. 그러므로 '지시하기'는 개별적으로 기반한 우연적인 것으로 해석되며, 따라서 대화적 교환의 참여자로서의 화자의 역할이 인정된다.

3.7 외재화된 명제를 통한 대화주의적 확대 – 객체화

'객체화'라는 제목 아래, 우리는 명제를 외부의 출처에 귀속시킴으로써 텍스트의 내부 저자의 목소리와 명제의 관련성을 분리하는 형식화들을 다룬다.[47] 이것은 일반적으로 직접적으로 또는 간접적으로 보고된 발화나 생각의 문법을 통해 달성된다. 그러므로 우리는 의사소통적 과정 동사(예, *Mr. Mandela said the Group of Eight nations have a duty to help battle the scourge of AIDS*) 또는 믿음과 의심과 같은 정신적 과정을 언급하는 동사(예: *Dawkins believes that religion is not an adaptive evolutionary vestige, but in fact a cultural virus*)를 사용하여 명제를 구성하는 데 관심이 있다. 이 범주는 유사하게 이러한 과정들의 명사화와 관련된 형식화(예: *Indonesia rejects United Nations assertion that bird flu is spreading, Chomsky's belief that language is for individuals rather than groups*) 및 *according to*(예: *He now poses little threat to the world, according to Halliday*)와 *X's view*와 같은 다양한 부사적 부가어들을 포함하고 있다.

우리는 몇몇 경우에 동일한 어휘소가 이 범주와 이전에 논의된 판단유보 범주 - 특히 *believe*나 *suspect*와 같은 정신적 과정 동사, 그리고 *in X's view*와 같은 배경상황어 등에서 나타난다는 것을 알게 된다. 그러나 맥락상, 두 개의 범주들 중 판단유보의 평가값은 그 출처로서 화자/필자의 내부적 목소리(예: *I believe, in my view*)를 제시하는 반면 객체화의 평가값은 외부적 목소리(예: *many Australians believe, in Dawkin's view*)를 제시한다는 점에서 쉽게 구별할 수 있다.

이 범주에는 특정한 출처가 지정되지 않은 **객체화**의 예들 - 다음과 같이 때로는 '전문(傳聞)'으로 분류되는 형식도 포함된다.

the government's serologist *reportedly* lied about his qualifications
보도에 따르면 정부의 혈청학자는 그의 자격에 대해 거짓말을 했다고 한다.

Williams retired in 1932, when he was 46. *It is said that* he lied about his age as he grew older …
Williams는 46세였던 1932년에 은퇴했다. 그는 나이가 들면서 나이를 속였다고 한다…

---

47) 비록 우리가 '객체화'라는 용어를 사용하는 것과 Sinclair, Tadros, Hunston의 버밍엄 학파에서 사용하는 것 사이에 약간의 중복이 있지만(예: Sinclair 1986, Tadros 1993, Hunston 2000 참조), 그럼에도 불구하고, 우리의 것은 명제의 주요 출처를 확인하는 것보다는 대화주의적 기능성을 분석하는 쪽으로 향하는 다소 다른 형식이다.

그리고 이전에 논의된 다음과 같은 예시도 포함된다.

there is an argument that....
...라는 주장이 있다.

3.7.1 객체화: 인정

객체화에는 두 개의 하위 범주가 있다. 하나는 '인정'이라고 하며, 이는 최소한 프레임 구성자 (framer)의 선택을 통해, 명제와 관련하여 저자의 목소리가 어디에 위치하는지에 대한 명백한 표시가 없는 발언들이다. 이것은 *say, report, state, declare, announce, believe, think*와 같은 보고하기 동사의 영역이다. 예를 들면 다음과 같다.

[3.15] A bishop today <u>describes</u> the Church of England's established status as indefensible, in a pamphlet <u>arguing that</u> the church should lose its political ties to the state.
[3.15] 오늘 한 주교가 교회가 국가와의 정치적 유대를 끊어야 한다고 주장하는 팜플렛에서, 영국 교회의 확립된 지위에 대해 변명의 여지가 없다고 기술했다.

The Rt Rev Colin Buchanan, Bishop of Woolwich, <u>says</u>: 'In this, as in so many other things, the Church of England prefers to live by fantasy rather than look coolly at the facts.' [*The Guardian*, 21/06/04]
Woolwich의 주교인 Rt Rev Colin Buchanan은 다음과 같이 말한다: '다른 많은 것들과 마찬가지로 이 점에서도 영국 교회는 사실을 냉정하게 바라보기보다는 환상에 따라 사는 것을 선호한다.' [*The Guardian*, 21/06/04]

어떤 **객체화**를 **인정**의 사례로 식별할 때 우리는 프레임 구성하기(framing) 장치의 의미(일반적으로 보고하기 동사)에만 주의를 기울인다. 특히 저자의 목소리와 현재의 명제를 분리하는 역할을 하는지의 여부에 관해 집중한다. 물론, 텍스트의 다른 곳에는 앞으로 전개될 평가값의 위치를 필자/화자가 더 전체적으로 지지하거나 거부하는 지표가 있을 수 있다. 그러나 이것은 분석의 다른 곳에서 다루어야 할 별개의 문제이다. 우리는 **객체화**의 수신자-발신자 라포의 결과를 고려할 때 이 문제를 이후 더 논의할 것이다.

인정은 전개되는 명제와 텍스트 자체에 있는 명제의 외부에 있는 목소리 그리고/또는 위치를 인정과 연관시키고 저자의 목소리를 그러한 목소리와 상호 작용하는 것으로 제시한다는 점에서 분명히 대화적이다. 이러한 방식으로 그들은 의사소통적 설정을 명백하게 다성적 목소리로 해석한다. **인정**의 이러한 측면은 보고된 발화와 인용에 대한 광범위한 문헌에서, 특히 학술적 담화 내에서 작동하기 때문에 많은 관심을 받아왔다. 그러나 판단유보의 평가값이 대화적이라는 동일한 이유로 이 형식 또한 상당히 중요하게 대화적이며 이는 명시적 주관성에 근거하여 명제에 의해 전달되는 관점이 개별적이고 우연적이며 따라서 가능한 대화적 선택항의 범위 중 하나라는 것을 의미한다. 이러한 의미에서, 그들은 (회고적이 아니라) 예상적으로 대화주의적이며, 진행 중인 대화에서 대안적인 견해를 가질 수 있는 사람들을 위한 공간을 만들어 낸다.

3.7.2 객체화: 거리

객체화의 두 번째 하위 범주는 프레임 구성자가 사용한 의미를 통해 객체화된 자료에서 저자의 목소리의 명시적 거리두기가 있는 형식화들을 말한다. 이런 분명한 이유로 우리는 이 하위 범주에 '거리두기'라는 라벨을 부여하기로 한다. 그것은 보고하기 동사, *to claim*과 '주의 환기용' 인용 부호의 특정한 사용에 의해 가장 일반적으로 실현된다. 여기서 프레임 구성자의 의미가 (예를 들어, *report, believe, according to*) 명제와 관련하여 저자의 목소리가 어디에 있는지에 대해 특정하지 않으며, 그리하여 공동-텍스트를 저자의 텍스트가 앞으로 전개될 위치와 관련하여 조율/비조율로 표시되거나 또는 중립/무관심의 영역으로 여지를 두는 **인정하기 객체화**와 대조된다. Caldas-Coulthard는 저자가 *claim*을 사용함으로써 '보고되는 것에 대한 책임으로부터 자신을 분리한다'고 관찰했다(Caldas-Coulthard 1994: 295). 우리는 이것을 약간 다른 용어로 표현할 것이다. 왜냐하면 인정의 평가값들 또한 잠재적으로 이러한 수사적 효과를 가지고 있기 때문이다. 오히려, 그 *claim*은 인용된 외부의 목소리와 별개로 명시적으로 내부의 저자의 목소리를 표시하는 역할을 한다. 우리는 **거리두기**의 평가값의 이러한 기능성과 위의 3.5절에서 간략히 살펴본 발췌문을 통해 거리의 평가값이 인정의 평가값과 대화주의적으로 어떻게 다른지 입증할 것이다. 우리는 참조의 편의를 위해 여기서 **인정**과 **거리**의 사례를 모두 반복해서 보여준다.

[3.16] Tickner **said** [*acknowledge*] regardless of the result, the royal commission was a waste of money and he would proceed with a separate inquiry into the issue headed by Justice Jane Matthews. His attack came as the Aboriginal women involved in the case **demanded** [*acknowledge*] a female minister examine the religious beliefs they **claim** [*distance*] are inherent in their fight against a bridge to the island near Goolwa in South Australia. [Bank of English - *OzNews* sub-corpus]

[3.16] Tickner는 결과와 상관없이 왕실 위원회는 돈 낭비이며 Jane Matthews 판사가 이끄는 이 문제에 대해 별도의 조사를 진행할 것이라고 말했다. 그의 공격은 이 사건에 연루된 원주민 여성들이 여성 장관에게 South Australia의 Goolwa 근처의 섬으로 가는 다리에 대한 그들의 싸움에 종교적 믿음이 깊이 관련되어 있다고 주장하면서 이를 검토할 것을 요구하면서 일어났다. [Bank of English - *OzNews* sub-corpus]

여기서 저자가 **인정**보다는 **거리**를 선택하는 데 있어 무엇이 문제가 되는지 보여주기 위해, 우리는 그 평가값들이 뒤바뀐 단락을 다시 써 보겠다:

[3.16] (rewritten) Tickner **has claimed** [*distance*] that regardless of the result, the royal commission was a waste of money and he would proceed with a separate inquiry into the issue headed by Justice Jane Matthews. His attack came as the Aboriginal women involved in the case **demanded** [*acknowledge*] a female minister examine the religious beliefs which they **say** [*acknowledge*] are inherent in their fight against a bridge to the island near Goolwa in South Australia. [Cobuild Bank of English - *Australian News* sub-corpus]

[3.16] (재작성) Tickner는 결과와 상관없이 왕실 위원회는 돈 낭비였으며 Jane Matthews 판사가 이끄는 이 문제에 대해 별도의 조사를 진행할 것이라고 주장했다. 그의 공격은 이 사건에 연루된 원주민 여성들이 여성 장관에게 South Australia의 Goolwa 근처 섬으로 가는 다리에 대한 그들의 투쟁에 종교적 믿음이 깊이 관련되어 있다고 말하면서 이를 검토할 것을 요구하면서 일어났다. [Cobuild Bank of English - *Australian News* sub-corpus]

원문에서 필자는 Tickner(당시 호주 노동당 정부의 원주민 문제 담당 연방 장관)의 보고된 주장에 대해 중립적이지만, 원주민 여성의 주장에서 한발 물러선다. 이는 여성들의 명제가 의심스럽거나 신뢰할 수 없는 것으로 노골적으로 제시되는 것이 아니라, 필자가 명제의 신뢰성에 대해 책임을 지지 않고 있음을 명시적으로 시사하는 것이다. 저자의 목소리가 원주민 여성의 입장에 서 있는 위치와 관련하여 중립적이거나 명시되지 않았지만, 장관의 제안과 명백하게 관련이 없는 재작성된 버전에서 상황은 정확히 역전되었다.

거리두기 형식화들은 **인정**과 동일한 근거로 대화주의적으로 확장된다. 그것은 이 명제를 개별적이고 우연적인 주관성, 즉 어떤 외부 출처에 명시적으로 근거를 두고 있다. 그것은 저자의 목소리를 명제에 대한 책임을 지는 것을 명시적으로 거부하는 것으로 제시하면서 대화주의적 대안을 위한 공간을 최대화한다는 점에서 **인정**보다 좀 더 나아간다.

3.7.3 객체화, 조율, 그리고 필자-독자 관계

이러한 **객체화**의 대화주의적 기능성에는 단순히 화자/필자의 입장에서 대화주의적으로 확장된 입장을 나타내는 것 이상의 의미가 분명히 있다. 맥락 안에서 이러한 의미의 수사적 효과를 포괄적으로 분석하기 위해서는 단순히 **인정하기** 또는 **거리두기**로 분류하는 그 이상을 해야 한다. 학술적 담화에서의 인용, 참조 및 상호텍스트성에 대한 매우 광범위한 문헌에서 이러한 탐구의 영역을 다루고 있다. 우리는 여기에서 우리의 핵심 관심사와 가장 직접적으로 관련된 두 가지의 핵심 질문, 즉 조율과 친밀성에 한정할 것이다.

일부 텍스트는 화자/필자가 객체화된 자료에 포함된 어떤 평가값의 위치에 관여하지 않고 냉담한 태도를 유지하는 것이 가능하다고 가정하는 체제에서 작동한다. 그러한 체제는 '식자층' 또는 '중앙 일간지' 뉴스 매체의 '하드 뉴스' 보도에서 작동하며, 위 [3.15] 발췌문에서 설명되었다. 이러한 텍스트는 적어도 보다 명시적으로 평가적인 텍스트와 비교할 때, 독자에게 상대적으로 '비인격화'되거나 '편파적이지 않은' 측면을 제시한다. 보고된 자료에서 전개되는 위치에 아무것도 관여하지 않는 것으로 (그 위치를 전개시키거나 약화시키는 역할을 하지는 않는) 필자를 해석하는 정도까지, 이러한 **인정**은 필자가 조율 또는 비조율의 어떤 관계로부터도 냉담한 태도를 유지할 수 있게 한다. 그들은 필자를 단순히 다른 사람들의 의견을 전달하는 일종의 '정보적 공정 거래자'로 제시하며, 따라서 독자는 의견이 보고되고 있는 인용된 출처와 맺을 수 있는 친밀성의 관계에 관여하지 않는다. 물론, 그러한 텍스트들은 필자가 개체화된 평가값의 위치를 지지하거나 반대한다는 것을 간접적으로 나타낼 수 있는 많은 방식이 있다. 이 경우, (평가값의 위치에 지지 또는 반대하는) 크거나 작은 정도의 조율이 나타날 것이고, 텍스트는 독자를 특별한 평가값의 위치에 다소 솔직하게 조율하는 것으로 해석될 수 있다.

그러나 이러한 조율-중립적 객체화는 경우의 수가 적다. 특별히 미디어 논평, 정치 연설 또는 학술 논문과 같은 논쟁적인 텍스트에서 **객체화**는 일반적으로 조율과 친밀성의 문제에 훨씬 더 명확하게 관련되어 있다. 이러한 텍스트에서 화자/필자는 객체화된 자료 자체 또는 출처의 일부 기록된 태도 평가적 평가를 통해 객체화된 자료에 대해 자신들이 어떤 입장을 취하고 있는지 분명하게 밝힐 수 있다. 예를 들면 다음과 같다.

> There were no slip-ups in the powerful speech - finally silencing the critics who **falsely** claim Bush is no more than a Texas cattle-rancher. [Bank of English]
> 그 강력한 연설에는 실수가 없었다 - Bush는 Texas의 소 목장주인에 불과하다고 거짓으로 주장하는 비평가들을 결국 침묵시켰다. [Bank of English]

> The Archbishop of Canterbury **rightly** describes the mass killing of children as 'the most evil kind of action we can imagine'. [*The New Statesman*, editorial, 13/09/04: 6]
> Canterbury의 대주교는 어린이들의 대량 학살을 '우리가 상상할 수 있는 가장 사악한 종류의 행동'이라고 정당하게 묘사한다. [*The New Statesman*, editorial, 13/09/04: 6]

> Banerji, of course, was not among those recession deniers. Rather, he has **compellingly** argued that those so-called New Economists were a major contributor to the excesses of the bubble, as detailed here last week. [www.thestreet.com, accessed 07/31/02]
> 물론, Banerji는 경기 침체를 부정하는 사람들 중 한 명이 아니었다. 오히려, 그는 지난주 여기서 자세히 설명한 바와 같이 소위 신-경제학자들이 거품의 과도함에 주요한 원인이라고 강력하게 주장해 왔다. [www.thestreet.com, accessed 07/31/02]

그러한 경우에 태도평가적 평가의 단성적 목소리(예를 들어 Bush에 대한 비평가들의 주장이 '거짓'이라는 단언들)는 화자/필자를 주어진 평가값의 위치와 범주적으로 조율된 것으로 제시하기 위해 **객체화**의 다성적 목소리를 지나치게 과장시키고, 이에 따라 독자를 이러한 관점으로 조율시키려고 노력한다.

또한 그 텍스트에서 나타나는 조율 전략에 객체화된 자료들이 관련될 수 있도록, 보다 간접적인 다른 방법론들도 사용할 수 있다. 이는 독자가 객체화된 자료를 매우 신뢰할 수 있고 보증할 수 있는 것으로 간주하거나, 그 반대로 의심스럽고 신뢰할 수 없는 것으로 간주하도록 은밀하게 배치하는 매커니즘이다. 높은 신뢰도는 해당 분야에서 높은 지위를 가진 출처를 사용함으로써 암시될 수 있다. (예를 들어, *Mr. Mandela said the Group of Eight nations have a duty to help battle the scourge of AIDS*) 또는 Hood 2004에서 나타난 것처럼, 객체화된 자료를 지지하는 다양한 출처들을 조립함으로써 확인되어 왔다. 예를 들면 다음과 같다.

[3.17] **Most linguists believe that** linguistic structure is most productively studied in its own terms, with its communicative use(s) considered separately. [Online linguistics lecture - LING 001: Introduction to Linguistics, Department of Linguistics, University of Pennsylvania: http://www.ling.upenn.edu/courses/Fall_1998/ling001/ com_phil.html]
[3.17] 많은 언어학자들은 언어 구조는, 그 자체로, 의사소통적 용도를 별도로 고려할 때 가장 생산적으로 연구될 수 있다고 생각한다. [온라인 언어학 강의 LING 001: Department of Linguistics, University of Pennsylvania:http://www.ling.upenn.edu/courses/Fall_1998/ling001/ com_phil.html]

낮은 신뢰도에 대한 평가는 낮은 사회적 지위를 가지고 있거나 소수집단에 속하는 것으로 보이는 출처의 사용을 통해 환기될 수 있다. 예를 들면 다음과 같다.

[3.18] NATURE WILL SORT OUT THE PROBLEMS - WON'T IT?
[3.18] 자연이 문제를 해결해 줄 것이다 - 그렇지 않은가?

Only a few scientists believe it will. [Bank of English - British ephemera subcorpus]
몇몇의 과학자들만이 그것이 그렇게 될 것이라고 믿는다. [Bank of English - British ephemera subcorpus]

이러한 경우 명제를 진전시키는 것으로 제시되는 것은 화자/필자보다도 어떤 외부의 출처이지만, 화자/필자가 평가값의 위치에 관련되어 있다는 의미가 강하므로, 이에 따라 독자가 조율되는 평가값의 위치가 명확해진다.

물론, 이러한 논쟁적인 텍스트에서 화자/필자가 핵심적인 평가값의 위치를 진전시키기 위해 객체화된 자료를 통해서 드러내는 경우는 거의 없다. 필자/화자는 그들 자신을 핵심 쟁점에 대해 입장을 밝히는 범주적인 용어로 드러내며, 일반적으로 그들의 주장을 뒷받침하기 위해서만 외부의 출처를 가져온다. 이 경우, (텍스트를 수사적 전체로 볼 때) 대안적인 대화적 위치들을 허용하는 **객체화**의 잠재성은 화자/필자 자신의 단언이 담긴 단성적 목소리에 의해 무시될 것이다.

여기까지 요약된 (다성적 목소리 자원에 초점을 맞춘) **개입평가**의 시스템은 그림 3.2에 설명되어 있다.

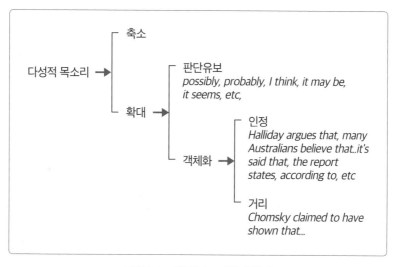

그림 3.2. 개입평가 - 대화적 확장

3.8 대화적 축소의 언어자원들 – 개요: 반대와 지지

우리는 이제 우리가 방금까지 고려했던 **판단유보**와 **객체화**의 평가값들과는 반대로, 대화적 공간을 여는 것이 아니라 축소시키는 역할을 하는 의미들로 넘어가고자 한다. 이들은 심지어 다른 목소리들과, 다른 평가값 위치의 텍스트의 대화주의적 배경을 해석하는 동안에도, 그 이후의 어떠한 의사소통적 상호작용의 어떤 대화적 대안들을 제외하거나 적어도 향후 전개되는 대화에서 이러한 대안의 범위를 제한하는 방향으로 향하고 있다는 것을 의미한다. 이러한 축소적 의미는 두 가지의 대범주로 나타난다. 첫 번째는 '반대'라고 정의하며, 이는 대화적 대안이 직접 거부되거나 대체되거나 적용되지 않음을 나타내는 의미이다. 두 번째는 '지지'라고 정의하는데, 저자의 일부 삽입, 강조 또는 간섭을 통해 대화적 대안에 맞서고, 도전하고, 대화적 대안이 압도당하거나, 또는 배제된다는 의미이다. 우리는 이러한 선택항들을 차례대로 살펴보겠다.

반대는 직접 거부, 대체 또는 지속 불가능한 것으로 만들기 위해 일부의 앞선 발화 또는 일부의 대안적 위치가 환기되는 형식화들을 포함한다. 대안적 위치가 인식되었지만, 그 위치를 거부하거나 부정하기 위해 이를 적용하지 않기로 하는 것은 분명히 최대한 축소적이다. 이것은 부정과 양보/역-기대의 영역이다. 이 **반대**의 범주 안에는 두 개의 하위 유형이 있다.

3.9 반대: 거부(부정)

이러한 대화주의적 관점에서, 부정은 대안적인 긍정적 위치를 대화에 도입하고, 그리고 이를 인정하여 결과적으로 그것을 거절하기 위한 자원이다. 따라서 이러한 대화주의적 용어에서 부정은 긍정의 단순한 논리적 반대가 아니다. 왜냐하면, 부정은 필연적으로 그 안에 긍정을 동반하지만, 긍정은 이와 달리 부정을 동반하는 것이 전형적이지는 않다.[48] 이러한 부정의 측면은 상식적인 이해와 상충될 수 있지만, 그 문헌에서 꽤 널리 언급되어 있다. 그 예로 Tottie 1982, Leech 1983: 101, Pagano 1994 또는 Fairclough 1992: 101 등을 보라.[49] 영국 심장 재단이 잡지에 게재한 광고의 다음과 같은 발췌문을 그 예로 살펴보자.

[3.19] We all like something to grab hold of. But sometimes you can have too much of a good thing. And a man whose table diet consists of double cheeseburgers and chips can end up looking like a tub of lard. There's nothing wrong with meat, bread and potatoes. But how about some lean meat, wholemeal bread and jacket potatoes?

[3.19] 우리 모두는 무언가를 움켜쥐고 싶어한다. 하지만 때로는 좋은 것을 너무 많이 가질 수도 있다. 그리고 더블 치즈버거와 감자튀김으로 구성된 식탁 식단을 가진 사람은 결국 뚱뚱보처럼 보일 수 있다. 고기, 빵, 감자에는 아무 문제가 없다. 하지만 살코기, 통밀빵, 통감자는 어떤가?

---

48) 긍정이 부정을 환기할 수 있는 몇 가지 맥락이 있다. 예를 들어, Canada Toronto의 산책로 옆 가지런히 널찍한 잔디밭의 가장자리에 있는 표지판에는 '잔디밭 위를 걸어주세요'라는 문구가 적혀 있었다. 의무나 자격의 특정 단언들은 또한 부정적인 것을 환기시키는 긍정적인 것을 포함할 수 있다. 따라서 '4A 반은 조용히 일해야 한다'라는 것은 누군가가, 어딘가에서 4A 반이 조용히 일하지 않았다고 제시해 왔음을 시사하는 것일 수 있다. 이것은 특히 반-사실법의 경우에 해당된다. 예를 들어, '당신은 당신의 어머니를 도와 식료품을 준비했어야 했다'이다.

49) Leech는 이를 지적하며 말하길, '사실, [협력 원리]는 [화자]가 문맥상 누군가에(아마도 수신자) 의해 제기되었거나 판단유보된 어떠한 명제들을 거부하길 원할 때 부정적인 문장들이 정확하게 사용되는 경향이 있다고 예측할 것이다.'

여기서 *There is nothing wrong with meat, bread and potatoes*라는 **거부**는 '고기, 빵, 감자에 문제가 있다'는 주장/믿음을 환기시키고, 그에 대응하는 것으로 표현한다는 점에서 대화적이다.

3.9.1 거부, 조율 그리고 필자-독자 관계들

거부는 조율과 추정적 독자의 위치시키기와 관련된 가변적인 메커니즘이다. 우리는 여기에서 지면상의 이유로 이러한 가변성의 두 가지 사례들만 살펴볼 것이다. 우리가 살펴볼 유형의 매스커뮤니케이션 텍스트 중 일부의 경우, 필자가 제3자와의 비-조율을 나타내기 때문에 거부는 현재의 필자-독자 관계에서 벗어나 외부로 향하게 된다. 다음 발췌문을 예로 들어보자.

[3.20] Sir, Your report ('Anthrax vaccine refused by half Gulf personnel', February 12), recorded comments by Paul Keetch MP who claimed that the Ministry of Defence was 'sowing confusion' among troops by making this programme voluntary and that by doing so it was abdicating leadership. May I repeat my assurances that this is **not the case**. Anthrax represents a real threat to our armed forces and we seek to protect our troops through detection systems, individual physical protection and medical countermeasures (immunisation and antibiotics). But the best single protection against anthrax is immunisation.

[3.20] 귀하의 보고서(2월 12일 '걸프 요원의 절반이 탄저균 백신 거부')에는 국방부가 이 프로그램을 자발적으로 만들어 군대 사이에 '혼란을 일으키고 있'고, 그렇게 함으로써 국방부는 지도력을 포기하는 것이라고 주장한 Paul Keetch 의원의 논평이 기록되어 있습니다. 이것이 사실이 아니라는 것을 다시 한번 확인시켜 드리고 싶습니다. 탄저균은 우리 군대에 대한 실질적인 위협이며 우리는 탐지 시스템, 개인의 물리적 보호 및 의학적 대응책(면역 및 항생제)을 통해 우리 군대를 보호하고자 합니다. 그러나 탄저균에 대한 최고의 유일한 보호책은 예방접종입니다.

While we strongly advise personnel to accept the vaccine for their own protection, the programme is a voluntary one. That is entirely consistent with long-standing medical practice in the UK to offer immunisations only on the basis of voluntary informed consent. … [*The Times*, letters to the editor, 21/02/03, from Lewis Moonie, MP, Parliamentary Under-secretary of State for Defence and Minister for Veterans Affairs]

우리는 직원들에게 그들 자신의 보호를 위해 백신을 받아들일 것을 강력히 권고하지만, 이 프로그램은 자발적인 것입니다. 그것은 오직 자발적 사전 동의에 근거하여 예방접종을 제공하는 영국의 오랜 의료 관행과 전적으로 일치합니다. … [*The Times*, 편집자에게 보내는 편지,

2003년 2월 21일, Lewis Moonie 하원의원, 국방부 국방차관 겸 보훈부 장관이]

여기서 필자는 분명히 'Paul Keetch 하원 의원'의 견해와 비조율함을 나타내며, 그렇게 함으로써 독자를 Keetch의 견해에 반대하는 입장으로 조율시킨다. 이러한 거부가 Keetch의 '거짓된' 정보에 잠정적으로 속기 쉬운 추정적 독자들을 만들어 낸다. 이것은 **거부** 그 자체에 의해서가 아니라, 필자가 거부를 지지의 방식으로 뒤따르는 것에 많은 논쟁적 자료를 제공한다는 사실에 의해 전달되며, 따라서 추정적 독자는 여전히 확신이 필요하거나 적어도 주제에 대한 더 많은 정보가 필요한 것으로 해석된다.

또 다른 경우에, **거부**가 추정적 수신자, 특히 화자/필자가 적어도 그/그녀의 많은 청중 중 일부가 그 대상이 될 것이라고 가정하는 믿음에 반대하는 것이다. 이것은 위 [3.19]와 다음 사례에서도 나타났다.

[3.21] The gas we use today, natural gas, contains more than 90 per cent methane, and was known long before the discovery of coal gas. Natural gas burns with twice the heat of coal gas, is **not** poisonous and has **no** odour. [Bank of English - US academic sub-corpus]
[3.21] 오늘날 우리가 사용하는 가스인 천연가스는 90% 이상의 메탄을 함유하고 있으며, 석탄 가스가 발견되기 훨씬 전에 알려졌다. 천연가스는 석탄 가스의 두 배의 열로 연소하며, 독성이 없으며 냄새도 없다. [Bank of English - US academic sub-corpus]

Tottie 1987과 Pagano 1994에서 이러한 유형의 **거부**와 관련하여 '암시적 부정'이라는 용어가 사용되고 있으며, Pagano(1994: 254)는 그들이 이러한 의도된 청중들에게 '존재적 패러다임'을 투사하기 위해 행동하고 있다고 주장한다. [3.21]에 의해 예시된 것과 같은 **거부**는 발신자가 수신자보다 일부 영역에서 더 큰 전문성을 가지고 있으며, 그 근거로 수신자의 일부 오해나 잘못된 생각을 바로잡기 위해 행동한다는 것을 나타낸다(예를 들어, 천연가스는 유독할 것임). 따라서 그들은 대립적이기보다는 교정적이며, 발신자가 수신자의 지식 수준에 민감하게 주의를 기울이고 그에 따라 의사소통을 조정하려고 노력하고 있다는 것을 보여준다. 따라서 독자가 이러한 특별한 지식 부족을 그들에게 투사하는 것에 저항하지 않는 한, 그리고 그들이 진보된 특정 관점을 거부할 이유가 없는 한, 거부는 친밀성을 강화시킬 것이다.

3.10 반대: 의외

반대의 두 번째 하위 유형에는 현재 명제를 대체하거나 대신하여, 그에 따라 그 위치에서 예상되었던 명제에 '의외(countering)'를 나타내는 형식이 포함된다. 예를 들면, 다음과 같다.

[3.22] **Even though** we are getting divorced, Bruce and I are still best friends,
[3.22] 비록 우리는 이혼을 하게 되었지만 Bruce와 나는 여전히 절친한 친구이다.

Bruce와 필자가 여전히 절친한 친구(*are still best friends*)라는 명제는 그들이 이혼한다는 명제와 반대되는 관계에 있다. Bruce와 필자가 여전히 절친한 친구라는 것은 그들의 이혼으로 인해 발생하는 '일반적인' 기대, 즉 그들이 우호적인 사이가 아닐 것이라는 기대를 깨뜨리는 것으로 제시된다.

Tottie(1987)는 이러한 형식을 부정의 한 유형으로 분류하는 반면, 이러한 형식은 종종 '역접'이라는 라벨이 부여된다. 그것들은 대립적 위치를 환기시킨다는 점에서 거부와 마찬가지로 대화주의적이며, 그 위치는 유지되지 않는다고 말할 수 있다. 이들은 종종 거부와 함께 작동하며, 거부되는 명제는 바로 앞 명제 또는 바로 뒤 명제에서 발생한다고 가정되는 기대와 직접적으로 모순된다. 예를 들면, 다음과 같다.

[3.23] Even though he had taken all his medication, his leg didn't look any better. [Bank of English - US academic sub corpus]
[3.23] 그는 약을 다 먹었음에도 불구하고, 그의 다리는 나아 보이지 않았다. [Bank of English - US academic sub corpus]

의외는 일반적으로 *although, however, yet, but*과 같은 접속사와 연결사를 통해 전달된다. 그것은 또한 소수의 논평 부가어/부사류를 통해 실현될 수도 있다. 예를 들어 보자:

[3.24] Only ten tonnes or so have been sold. Most of the stockpile is 'scrap', and since almost everybody bans ivory imports there is no longer a legal market. **Surprisingly**, there seems to have been little smuggling through Hong Kong. [Cobuild Bank of English - *Economist* sub-corpus]

[3.24] 10톤 정도밖에 팔리지 않았다. 비축량의 대부분은 '쓰레기'이며, 거의 모든 사람들이 상아 수입을 금지하기 때문에 더 이상 합법적인 시장은 없다. 놀랍게도 홍콩을 통한 밀수는 거의 없었던 것으로 보인다. [Cobuild Bank of English - *Economist* sub-corpus]

*even, only, just, still*과 같은 **부가어**들은 그 의미에 대해 역-기대적인 측면도 가지고 있다. 따라서,

They <u>even</u> organised a car for you at the airport.
그들은 당신을 위해 공항에 차를 준비하기까지 했다.

위의 예문은 일반적으로 예상되는 것보다 더 많은 서비스가 여기에서 제공되고 있음을 나타낸다.

3.10.1 의외, 조율, 그리고 필자독자 관계들

이러한 **의외**는 수신자에게 특별한 신념이나 기대를 투영하거나, Pagano의 용어(Pagano 1994)를 따르면, 특별한 가치론적 패러다임을 약간 수정한다는 점에서 위의 [3.21]과 같은 **거부**와 유사하다. 따라서 위의 [3.23]에서 텍스트는 모든 약물 치료는 일반적으로 치유를 보장하기 위한 것이라는 기대를 청중이 갖게 될 것으로 해석한다. 종종, 그러한 **의외**는 필자가 이 가치론적 패러다임을 독자와 공유하는 것으로 해석한다는 점에서 비조율보다는 조율되어 있다. 필자는 독자가 생각하는 것만큼 이 '예외적인' 경우에 놀랐을 것으로 제시된다. 물론 친밀성은 당연한 것으로 여겨질 수 있는 가치론적 패러다임에 동의하지 않는 실제 수신자에게는 위험할 것이다. 따라서 이혼하는 부부가 좋은 관계를 유지하는 것을 완전히 자연스럽게 여기는 독자는 [3.22]에 의해 배제될 것이다. 왜냐하면 그들이 반대하는 관점이 당연하게 여겨지기 때문이다.

여기까지 개략적으로 설명한 개입평가 시스템은 그림 3.3에 나와 있다.

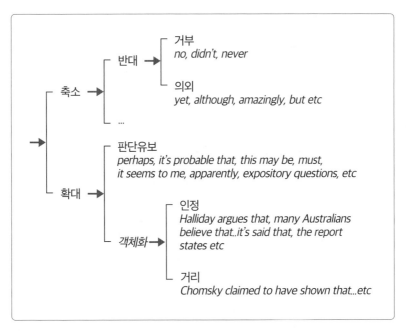

그림 3.3 개입평가 – 축소: 반대

3.11 지지: 동조, 공표 그리고 보증

우리는 반대 위치를 직접적으로 거부하거나 기각하기보다는 진행 중인 대화에서 대화주의적 대안의 범위를 제한하는 행동을 하는 형식을 '지지'라는 제목으로 함께 묶는다. 우리는 이제 세 가지 하위 유형의 **지지**를 차례대로 살펴볼 것이다.

3.12 지지: 동조

여기서 '동조'의 범주는 말하는 사람이 예상되는 대화 상대와 동의하거나 동일한 지식을 가지고 있음을 명시적으로 알리는 형식을 나타낸다. 일반적으로 이 대화 상대는 텍스트의 추정 수신자이다. 이러한 **동조**의 관계는 *of course, naturally, not surprisingly, admittedly* 그리고 *certainly*와 같은 발언을 통해 전달된다. 예를 들어 Abu Dhabi 텔레비전이 요르단의 군주인 Abdullah 왕과 가진 인터뷰에서 발췌한 다음 기록을 보도록 하자.

> [3.25] **Abu Dhabi TV**: Why do these groups resort to violence Your Majesty, despite the contradiction between violence and Islam?
> [3.25] Abu Dhabi TV: 폐하, 왜 이 단체들은 폭력과 이슬람 사이의 모순에도 불구하고 폭력에 의지할까요?
>
> **HM King Abdullah**: <u>Naturally,</u> we understand the state of anger and frustration from which Arabs and Muslims suffer as a result of their feelings of the absence of justice, or of injustice being levied against them. [www.jordanembassyus.org/hmka01212003.htm, accessed 18/03/04]
> HM King Abdullah: 당연히 우리는 아랍인과 무슬림이 정의가 없거나 불의가 자행되고 있다는 그런 느낌으로 인해 겪는 분노와 좌절감을 이해합니다. [www.jordanembassyus.org/hmka01212003.htm 2004년 3월 18일 검색]

여기서 화자가 *naturally*라는 발언을 사용하는 것은 텍스트에 대해 청중이 아랍인과 무슬림의 분노와 좌절을 이해할 수 있다는 관점을 화자와 공유한다는 의미이다.

마찬가지로 다음에서,

> [3.26] When, belatedly, their selectors chose Paul Adams, who would assuredly have won them the second Test in Johannesburg, their attack became 'very good' in the opinion of Trevor Bailey, who has seen a few in his time. Bailey, **of course**, was that rarity, a cricketer who at his best was worldclass with both bat and ball. [Bank of English - OzNews subcorpus],
> [3.26] 뒤늦게 대표팀이 Johannesbur에서 열린 두 번째 시험 경기에서 우승할 것이 확실시되는 Paul Adams를 선발하자, 당시 그들의 공격을 몇 번을 지켜본 Trevor Baile의 표현을 빌리자면 그 공격이 '매우 훌륭하다'고 평가했다. 물론 Bailey는 배트와 공 모두에서 세계 최고 수준에 이르는 매우 드문 크리켓 선수였다. [Bank of English - OzNews 하위 코퍼스],

이 필자가 *of course*를 사용한 것은, 필자가 이 텍스트를 읽는 청중들이 유명한 영국 크리켓 선수

인 Trevor Bailey에 대한 필자의 긍정적인 평을 자기와 공유하고 있다는 것을 나타낸다.[50]

이러한 **동조**의 관계는 특정 유형의 수사적 또는 '유도' 질문을 통해 실현될 수도 있다. 이 질문을 통해 필자/화자는 특별한 질문에 대한 답변이 너무 '명백'하므로 답변을 제공할 필요가 없다고 가정하는 것으로 제시된다. (위의 3.6.2절에서 논의된 유형의 '설명적' 질문과 대조적이다. 이 질문은 수신자 쪽에서 주어진 대답을 가정하지 않고 따라서 축소적이기보다는 대화적으로 확대적이다.) 따라서 발신자와 수신자는 완전히 조율하는 것으로 제시되고 현재의 명제는 너무 '상식적'이어서 동의가 당연하게 받아들여질 수 있다. 예를 들어 *New Statesman* 잡지 2002년 3월 25일자 표지의 다음 유도 질문을 고려해보자. 전면 컬러 사진에는 어리고 친근하며 행복한 이라크 어린이들이 클로즈업되어 있다. 카메라를 향해 꽃다발을 흔들며 환한 미소를 짓고 있는 아이들은 보는 이들과 직접 소통한다. 사진 위에 겹쳐진 제목의 텍스트는 다음과 같다.

Iraq: Should we go to war against these children?
이라크: 우리가 이 아이들과 전쟁을 해야 하는가?

여기서 이 질문은 독자를 '피할 수 없는' 대답으로 이끈다. 이 텍스트는 독자가 필연적으로 '아니, 물론 우리는 이 아이들과 전쟁을 해서는 안 된다.'라고 불가피하게 답변할 것이라고 가정한다.

따라서 이러한 다양한 동조 형식은 화자/필자를 일반적으로 텍스트의 청중과 '대화 중'으로 제시한다는 점에서 대화주의적이다. 그러한 형식은 공유된 가치나 믿음을 현재의 의사소통 맥락에서 보편적으로 또는 적어도 매우 광범위하게 표현한다는 점에서 축소적이다. 따라서 그들은 현재 진행 중인 대화로부터 일반적으로 동의되거나 알려진 것과는 상충하는 것으로 대안을 전개하려고 위치시킨다는 점에서 어떤 대화주의적 대안들도 배제하는 효과를 갖는다. 그에 따라, 그들은 텍스트가 여러 개의 목소리(저자의 목소리와 그것이 일치된다고 주장하는 목소리)를 포함하지만 반대하는 목소리들과 위치들이 배제된다는 점에서 다성적 목소리라는 배경을 구성하게 된다.

---

50) 우리는 *of course*의 일부 사례가 텍스트 조직적 기능을 더 많이 수행한다는 점에서 수사학적으로 덜 강조된다는 점에 주목한다. 특별한 기술, 설명 또는 주장을 전개하기 위해, 저자는 예를 들어, 관련 분야에서 작동하는 기성 '지식'의 일부이기 때문에 의도된 독자가 거의 확실히 알 수 있는 정보를 진술할 필요가 있다. 이러한 유형의 *of course*는 '이미 알고 있는 사실이지만, 내 요점을 명확히 하기 위해 언급할 필요가 있다'는 취지의 의미를 전달하며 거의 사과와 같은 역할을 한다.

3.12.1 필자-독자 관계의 몇 가지 복잡성 – 동조와 의외 사이의 상호작용

동조 평가값의 기능성은 종종 **의외**의 전조로 발생한다는 사실 때문에 복잡해진다. 이와 같은 배열은 다음의 예시를 통해 알 수 있다.

[3.27] [Robert Maxwell was] the eternal outsider, a man who had fought Establishment prejudice and pettifogging bureaucracy to get where he was. **Sure** [*concur*], he broke rules. **Yes** [*concur*], he ducked and dived. **Admittedly** [*concur*], he was badly behaved. **But** [*counter*] look at what he achieved. From nothing, he had become a multinational businessman with an empire stretching across the world, the confidant of statesmen and just as famous himself. [Bank of English - UKMags sub-corpus]

[3.27] Robert Maxwell은 영원한 아웃사이더였고, 그의 자리에 도달하기 위해 기득권의 편견과 사소한 관료주의와 싸운 사람이었다. 물론[동조] 그는 규칙을 어겼다. 그렇다.[동조] 그는 몸을 움츠리고 뛰어들었다. 분명히[*의외*] 그의 행동은 나빴다. 하지만[*의외*] 그가 성취한 것을 보라. 그는, 무(無)에서 전 세계로 뻗어나가는 제국을 가진 다국적 사업가가 되었고, 정치인들의 신봉자가 되었으며 그 자신이 유명인사가 되었다. [Bank of English - UKMags 하위 말뭉치]

여기에서 저자의 목소리는 처음에 명제를 해석한 독자와 동의하는 것으로 나타나지만, 한 걸음 물러나면서, 말하자면 최초의 명제에서 발생하는 자연스러운 가정에 대한 거부를 나타내는 두 개의 상호연결적 수사적 말두기들(수사쌍)이 나타난다. 예를 들어, 위 예문의 경우, 저자의 목소리는 Robert Maxwell에 대해 특별히 강한 부정적 감정이 타당하다는 것을 인정한 이후에, 이러한 부정적 감정으로도 Maxwell에 대한 압도적인 긍정적인 관심을 막기는 어렵다고 일축한다. 따라서 필자는 공유적 가치를 지닌 반(反)-Maxwell 커뮤니티를 인정하고, 심지어 그것이 어느 정도 타당성이 있다는 것을 인정하고 나서야 그 커뮤니티에 대한 비조율을 표시하고 그와 반대되는 친(親)-Maxwell 관점의 멤버십을 나타내고 있다. 본 문헌에서는 그러한 쌍들을 '양보'로 특징짓는다. 이는 논의의 근거를 초기에는 포기하고(초기의 동조하기 양보), 후속되는 **의외** 말두기에서 그 근거를 다시 가져오는 전략을 가리킨다. 이러한 맥락에서 동조는 종종 화자/필자의 측면에서는 꺼리거나 마지못해 하거나 또는 제한적이라는 느낌을 갖게 되며, 이는 위에서 고려된 **동조** 말두기(예를 들면 *naturally*나 *of course*가 사용된)가 주저하거나 거리두기의 의미가 없다는 점에서 대조적이다. 더 자세한 분석에서는 동조를 인정하기(예: 현재 우리가 고려 중인, 예를 들면 *Admittedly* … *but*; *I accept that* … *however* … 의 유형)와 **동조**

를 긍정하기(이전 절에서 논의되었던 *naturally, obviously, of course* 등)로 구별하는 것이 유용할 수 있다.

　우리는 또한 **동조**를 인정하는 것이 꺼림의 정도가 더 높거나 낮음을 나타낼 수도 있다는 것을 주목해야 한다.

> [more reluctant] **Admittedly** he was badly behaved, but look at what he has achieved.
> [더 꺼리는] **틀림없이** 그는 나쁜 행동을 했지만, 그가 성취한 것을 보라.
>
> [less reluctant] **Certainly** he was badly behaved but look at what he has achieved.
> [덜 꺼리는] **확실히** 그는 나쁜 행동을 했지만, 그가 성취한 것을 보라.

　덜 꺼리는 형식의 경우, 인정된 명제에 대해 화자가 상대적으로 높은 정도의 관여가 있음을 나타내는 표시가 있다. 우리는 또한 *certainly*와 같은 용어들이 이러한 **인정 + 의외**의 쌍에서만 인정적 요소로 기능한다는 점을 주목해야 한다. *certainly*에는 두 가지 용도가 있다는 것을 주의해야 할 필요가 있는데, 지금 논의한 양보적 의미, 그리고 일부 대화 상대와의 합의가 이루어지지 않은 대안적 의미이다. 다음의 두 번째 예시에서 발언은 단지 높은 확률적 평가를 통해, 화자/필자의 측면에서 명제에 대한 높은 관여로 해석되고 있으며, 따라서 *판단유보*의 예시로 분류된다. 이러한 용법은 다음의 예에서 나타난다.

> In my view, whether or not Mr. French broke the law in publicly corroborating evidence of which he had no personal knowledge, he has **certainly** disgraced the Attorney General's office in lending credence to the assertions of the Swift Boat veterans for Truth. [http://talkleft.com/new_archives/007655.html]
> 내 생각에는, French 씨가 개인적으로 알지 못하는 증거를 공개적으로 확증하는 과정에서 법을 어겼는지의 여부와 관계없이, 그는 진실을 위한 Swift Boat 참전용사들의 주장에 신빙성을 부여함으로써 법무장관의 명예를 확실히 실추시켰다. [http://talkleft.com/new_archives/007655.html]

　이러한 **인정 + 의외**의 쌍에 의해, 필자는 주요 논쟁적 입장에 어느 정도 저항할 것으로 예상되는 추정적 독자를 구성하게 된다. 따라서 위의 [3.27]에서 우리는 독자가 Robert Maxwell에 대한 저자의 절대적인 긍정적 견해에 대해 저항할 수도 있을 것이라고 예상할 수 있다. 이러한 쌍들은 필자가 독자를 설득하기 위해 노력할 때 일어난다. 양보의 첫 단계에서, 필자는 독자가 갖고 있는 반대적 관점이 이해 가능하고 합리적인 근거가 있음을 주관적으로 인용함으로써 그것이 타당하다는 것을 입증하여 준다. 따라서 여기에서 친밀성의 지점이 확보된다. 이는 저자의 목소리가 추정적 독자와 다른 인정된 명제로부터 일반적이고 기대되는 함축적 의미가 발생하지 않는 경우에만 유지된다. 따라서 이러한 쌍은 적어도 초기에는 필자가 독자의 입장에 대해 의견 불일치를 예상하는 맥락에서 친밀성을 얻기 위한 제스처로 볼 수 있다.

3.13 지지: 보증

'보증'이라는 용어는 저자의 목소리에 의해 외부 출처에서 나온 명제가 정확하고 타당하며 부인할 수 없거나 최대한 보증가능한 것으로 해석되는 형식을 말한다. 이 해석은 화자/필자가 이러한 보증성을 전제로 할 수 있는 근거를 제공하면서 특정 기호 현상의 행위를 묘사하는 동사적 과정들(또는 그들의 명사화된 대응어)을 사용함으로써 간접적으로 완성된다. 관련 동사로는 *show, prove, demonstrate, find*와 *point out*이 있으며, 기존 문헌에서는 '사실성(factivity)'의 개념으로 논의되어 왔다(Kiparksy & Kiparsky 1977를 참조하라). 예를 들면, 다음과 같다.

[3.28] Five of the studies examine the effects of economic dependence on economic inequality. All five **show that** dependence is associated with greater inequality. More specifically, five studies **demonstrate that** investment dependence - investment by foreign firms in a society's domestic economy - increases economic inequality. [Bank of English - US academic sub-corpus]

[3.28] 그 연구들 중 5개는 경제적 의존성이 경제적 불평등에 미치는 영향에 대해 조사하고 있다. 5개의 연구 모두 의존성이 더 큰 불평등과 관련이 있다는 것을 보여준다. 더 구체적으로, 이 연구들은 투자 의존성, 즉 한 사회의 국내 경제에 대한 외국 기업의 투자가 경제적 불평등을 증가시킨다는 것을 증명하고 있다. [Bank of English - US academic sub-corpus]

[3.29] Complaints about the treatment of the 'Al Qaida' detainees should subside now that Downing Street has released details from a report which **shows that** the British prisoners have 'no substantial complaints' about their conditions.

[3.29] Downing Street가 영국 죄수들은 그들의 상태에 대해 '실질적인 불만'이 없다는 것을 보여주는 보고서의 세부 사항을 공개했기 때문에 'Al Qaida' 억류자들의 그러한 처우들에 대한 불만은 이제 가라앉아야 한다.

이 형식의 대화법은 적어도 회고적 측면에서 매우 명백하게 나타난다. 이전 화자의 발화를 참조하거나 보증할 때, 저자의 목소리는 그 화자와 조율의 대화적 관계에 들어가게 된다. 그러나, 우리가 예상되는 대화주의적 측면을 고려할 때, 상황은 그리 간단하지 않을 것이다. 이러한 대화주의적 축소의 **보증들**은 보고된 발화의 문법(SFL에서 '투사'라고 하는 것)을 통해, 명제를 개별적인, 따라서 우발적 주관성에 근거를 둔다는 점에서 대화주의적 확대의 **객체화**(3.7절 참조)와 유사하다고 볼 수 있다. 그러나 **객체화**는 보고된 발화의 문법을 이용하여 명제를 내부적 저자의 목소리와 명확하게 분리하지만, **보증**은, 적어도 일시적으로 그러한 저자와의 분리가 일어나지는 않는다. 여기서 내부적 목소리는 그 명제에 대한 책임을 떠맡거나, 적어도 인용된 출처와 그에 대한 책임을 공유한다. 따라서 논점이 되는 이 주관성은 외부 출처와 내부 저자의 목소리라는 이중적인 것이다. 그리고 결정적으로 내부 저자의 목소리가 수사적인 어려운 책임을 지게 되는데, 이를테면, 명제를 '증명된', '제시된', '입증된' 등으로 해석하기 위해 의미 결정에 개입하는 것을 말한다.

그러므로, **보증**은 그 명제를 개별적인 주관성, 그리고 주로 저자의 목소리의 주관성과 연관시킨다. 그리고 개별적인 주관성은 항상 다른 주관성과 긴장 관계 혹은 대안 관계에 있기 때문에, **보증**은 명제에 대한 잠재적인 대안적 관점의 다성적 목소리 배경을 해석하는 역할을 한다. 그러나 동시에, **보증**은 명제에 대한 화자/필자의 판단을 통해 진행 중인 대화에서 그러한 대안을 배제하는 기능도 한다. 이러한 이유로, 우리가 이미 지적했듯이, 그들은 **대화주의적으로 축소적**이며, 이러한 축소성을 통해 그들은 이 시점에서 텍스트에 의해 전개되고 있는 평가값의 위치에 정확하게 독자를 조율시킨다.

3.14 지지: 공표

공표의 범주는 저자의 강조나 명시적인 저자의 개입, 또는 삽입과 관련된 형식을 아우른다. 예를 들어: *I contend* …, *The facts of the matter are that* …, *The truth of the matter is that* …, *We can only conclude that* …, *You must agree that* …, 혹은 다음과 같은 *really, indeed* 등 절 범위의 강화어들, 그리고 발화에서 적절히 놓인 스트레스 (예를 들어 *The level of tolerance* **IS** *the result of government intervention*) 등이 있다.

공표는 미국 대통령 John F. Kennedy의 우주비행사를 달에 착륙시키려는 정부의 계획을 발표하는 연설에서 가져온 다음의 발췌문에서 나타난다.

> [3.30] Now it is time to take longer strides - time for a great new American enterprise - time for this nation to take a clearly leading role in space achievement, which in many ways may hold the key to our future on earth. I believe we possess all the resources and talents necessary. **But the facts of the matter are that** we have never made the national decisions or marshaled the national resources required for such leadership.
>
> [3.30] 이제 더 긴 걸음을 내디뎌야 할 때입니다. 미국의 새로운 사업을 위한 시간, 즉 이 나라가 여러 면에서 지구의 미래에 열쇠가 될 수 있는 우주 탐사에서 분명한 주도적 역할을 할 때입니다. 나는 우리가 필요한 모든 자원과 재능을 가지고 있다고 믿습니다. 그러나 문제의 진실은 우리가 그러한 리더십에 필요한 국가적인 결정을 하거나 국가적인 자원을 결집시킨 적이 없다는 것입니다.

여기에서 *the facts of the matter are that*이라는 형식은 텍스트에 저자의 목소리가 명백히 개입하고 있음을 구성한다. 즉, 명제의 평가값 또는 보증성을 단언하거나 주장하기 위해 저자의 존재를 삽입하는 것이다. 이러한 저자의 목소리는 미국이 *그러한 리더십에 필요한 국가적인 결정을 하거나 국가적인 자원을 결집시킨 적이 없다*는 명제를 '보증'하려는 이러한 노력을 통해 주관적인 역할을 더욱 두드러지게 한다. 그러한 주장이나 강조는 저자의 목소리가 스스로를 주장하는 어떤 저항이나 의심 또는 도전의 반대 압력의 존재를 의미한다. 이 주장은 지향하는 반대 관점이 있을 때만 주장할 필요가 있는 것이다. 따라서 이러한 형식은 현재 의사소통 맥락의 다성적 목소리의 다양성을 인정하지만, 그 다양성에 반대하는 저자의 목소리를 설정하여 특별한 대화주의적 대안에 도전하거나 그에 회피하는 것으로 제시한다. 따라서 이러한 반대 위치를 전개시키려는 사람에 대한 대인적 비용은 증가하고 이어지는 대화적 상호작용에서 이 대안을 위한 대화적 공간은 감소한다.

　추가적인 예로, *Guardian* 신문의 특집 편집자가 영국의 중국계 커뮤니티의 www.dimsum.co.uk 웹 사이트의 독자들에게 보낸 편지에서 가져온 다음 연속된 글을 살펴보자. 이 편지는 *Guardian* 지에 실린 영국 내 중국인 커뮤니티 회원들의 영화 *Crouching Tiger, Hidden Dragon* 리뷰에 대한 분노에 대한 대답이었다. 그 공동체의 구성원들은 그 리뷰가 인종차별적이고 반중국적인 고정관념을 영구화한다고 느꼈다. 여기서 쟁점이 되고 있는 **공표**는 굵은 글씨로 표시되어 있다:

[3.31] Dear (angry) readers,
[3.31] 친애하는 (분노한) 독자 여러분,

I apologise for not replying to all of you personally, but since most of you have made similar points about Charlotte Raven's column, I hope you don't mind if I address them together.
여러분 모두에게 개인적으로 답장하지 못한 것에 대해 사과하지만, 여러분 대부분이 Charlotte Raven의 칼럼에 대해 비슷한 지적을 했기 때문에, 제가 함께 말씀드려도 개의치 않기를 바랍니다.

Broadly most of you have written or mailed me to say that you thought Charlotte's column about Crouching Tiger Hidden Dragon was racist because it invoked the old stereotype of the Chinese being inscrutable. Some of you made more specific points about Charlotte's lack of appreciation for Chinese cinema, and someone went as far as to suggest that by using the phrase 'it seemed to contain multitudes' to describe the performance of the cast, Charlotte was alluding to Western images of 'Chinese masses'.
대체로 여러분 대부분은 Crouching Tiger Hidden Dragon에 대한 Charlotte의 칼럼이 중국인들은 불가해하다는 오래된 고정관념을 불러일으켰기 때문에 인종차별적이라고 생각했다고 저에게 편지를 쓰거나 메일을 보내왔습니다. 여러분 중 일부는 중국 영화에 대한 Charlotte의 인식 부족에 대해 더 구체적인 지적을 했고, 어떤 사람은 출연자들의 연기를 설명하기 위해 '그것은 군중을 포함하는 것처럼 보였다'라는 문구를 사용함으로써 Charlotte이 '중국 군중'에 대한 서구의 이미지를 넌지시 암시하고 있다고까지 제안했습니다.

In e-mail correspondence and conversations with some of you I have defended

Charlotte's column quite robustly.

이메일 서신과 여러분 중 일부와의 대화에서 저는 Charlotte의 칼럼을 상당히 강력하게 옹호했습니다.

It is absolutely clear to me that what Charlotte was arguing was that Crouching Tiger was a bad film to which liberal audiences imputed a significance shaped by their own prejudices about Chinese cinema and the Chinese in general.

Charlotte이 주장하고자 했던 것은 Crouching Tiger가 중국 영화와 일반적인 중국인에 대한 그들 자신의 편견에 의해 형성된 중요성을 자유주의적 관객들에게 전가시킨 나쁜 영화라는 것이 저에게는 분명했습니다.

여기서 우리는 필자가 현재 명제에 대한 최대 관여를 나타내기 위해 그 텍스트에 자신을 명시적으로 삽입하는 것을 볼 수 있다. 더 결정적으로, 텍스트의 목소리는 의사소통의 공백 속에서 그 명제에 대한 개인적인 관여가 증가했음을 나타내지 않는다. 오히려 그것은 *Guardian*의 평론가('Charlotte')가 검토하면서 주장했던 것과 반대되는 일부 대화적 대안에 대해 개인적인 관여가 증가했음을 나타낸다.

추가 설명을 위해 다음 두 가지 발췌문을 살펴보자:

[3.32] Andrew B. Lewis of Burlington, Vermont, wrote, 'There was a lot of talk during Daniel Schorr's spot on "Weekend Edition" about George Bush's not having a coherent postwar policy for Iraq. **I contend that** Bush and King Fahd do, indeed, have a policy that entails the destruction of the Kurds and the Shiites.' [Bank of English]

[3.32] Vermont Burlington의 Andrew B. Lewis는 'Daniel Schorr의 "Weekend Edition"에서 George Bush가 Iraq에 대한 일관성 있는 전후 정책을 가지고 있지 않다는 것에 대해 많은 이야기가 있었다. 나는 Bush와 King Fahd가 실제로 Kurds와 Shiites의 파괴를 포함하는 정책을 가지고 있다고 주장한다.'라고 썼다. [Bank of English]

[3.33] ··· many birdkeepers who have been robbed complain of lack of police interest. The police respond by countering that they have more pressing priorities with which to contend. This may be true, but **I contend that** a telephone call to a person who has been robbed takes only a couple of minutes and shows that someone cares. [Bank of English]

[3.33] ··· 강도를 당한 많은 조류 사육사들은 경찰의 관심 부족을 호소한다. 경찰은 그들이 다투어야 할 더 시급한 우선순위가 있다고 맞받아친다. 이것은 사실일 수도 있지만, 나는 강도를

당한 사람과의 전화 통화는 불과 몇 분밖에 걸리지 않으며 누군가가 신경을 쓰고 있다는 사실을 보여준다고 생각한다. [Bank of English]

다시 한번 이러한 저자의 개입은 반대 위치에 맞서고 물리치는 쪽으로 향한다.

그런 다음, 우리는 저자의 삽입 및 강조를 포함하는 **공표** 형식들의 사례로써 일부 가정되거나 직접 참조된 의외 위치를 확인하게 된다. 이러한 형식은 현재의 의사소통 환경에서 이 의외라는 관점의 존재를 인정한다는 점에서 대화주의적이며, 이 특별한 대화주의적 대안에 도전하거나 맞서거나 저항한다는 점에서 축소적이다. 대립적인 평가값의 위치에 대해 이러한 방식으로 지시를 받는 것은 **반대**의 두 하위 시스템인 **거부**와 **의외**와 어느 정도 관련이 있다.

3.14.1 공표, 조율 그리고 필자-독자 관계

공표의 사용과 관련된 필자-독자 관계에 대한 결과는 텍스트가 수신자(예: [3.31])에 의해 직접적으로 또는 간접적으로 보류된 것으로 표시되거나 또는 보류될 가능성이 있는 대안적 제3자의 평가값 위치에 대한 도전인지 여부에 따라 달라질 것이다. 이 후자의 상황은 위의 [3.33]에서 적용되었으며, 이는 (British) National Council For Aviculture 저널의 'club news' 섹션에서 인용되며, 따라서 조류 사육사를 대상으로 한다. 여기에서 대상이 되는 청자를 대표하여 필자의 화살은 경찰을 향하고 있으며, 이러한 청자 중 대부분은 분명히 그들이 부상으로 받은 새들을 도난당했을 때 경찰이 적절한 조치를 취하지 않았다고 불평하는 내용을 저널에 썼다.

([3.31]에서와 같이) 수신자가 이러한 **공표**와 만날 때, 저자의 목소리는 그 해석된 수신자와 대립되는 것으로 명백하게 나타나므로 친밀성에 대한 명백한 위협이 생긴다. 이러한 대립이 실제로 일어나는 경우, 화자/필자는 이러한 명백한 비조율에 직면하더라도 친밀성을 얻을 수 있는 추가적인 근거가 제공되는 대화주의적 자원을 종종 사용할 것이다.

추정적 수신자를 대신하여 제3자(예: [3.33]과 같은 경찰)가 이러한 **공표**와 만날 때는, 반대 상황이 적용된다. 여기서 그 텍스트는 화자/필자로 제시된 것이 가치론적으로 소외된 제3자에 반대하여 수신자와 함께 서 있다는 점에서 분명히 친밀성을 형성한다. 이 전략(발신자가 어떤 대화 상대에 대항해 수신자와 함께함)은 정치적 수사학과 저널리즘 논평에서 자주 이용된다.

3.14.2 공표 – 어휘문법적 실현

앞서 논의한 바와 같이, **공표**는 수사학적으로, 담화 의미론에서 동기화된 범주이며 어휘문법적으로 다양하게 실현된다. 그럼에도 불구하고, **공표**를 일반적인 문법을 사용해서 설명하는 것도 가능하다. 사실, 우리는 이러한 선택항의 범위가 1장에서 개략적으로 설명했고(1.2.2절과 1.2.4절 참조) **대화주의적 확대성**에 대한 논의에서 다시 고려한 양상 값의 실현에 사용할 수 있는 선택항의 범위와 어떤 면에서 유사하다는 것을 발견했다(위 3.6 부분 참조). 영어에는 양상 평가가 해석될 수 있는 두 가지 변형 축이 있다는 것을 기억하라: 바로 주관적 대 객관적 그리고 외재적 대 내재적[51]이다. 이러한 주관적-객관적 구분은 평가를 수행하는 화자/필자의 주관적 역할이 명시적으로 공개되는지(예: _I believe that he's lying_; _He may be lying_ = '주관적') 아니면 어떤 식으로든 모호하거나, 배경화되었거나 또는 비인칭화되었는지(예: _It's probable he's lying_; _Probably he's lying_ = '객관적')에 달려 있다. 이러한 외재적-내재적 구분은 양상 평가가 주절을 통해 인코딩됨으로써 중요성을 부여받는지(예: _I believe that_; _It's probable that_ … = '외재적') 또는 절의 한 요소(예: _He's probably lying_; _He may be lying_ = '내재적')에 의한 것인지에 따라 달라진다.

이와 동일한 선택성과 비례성은 **공표**가 실현된 많은 예들에서 관찰될 수 있다. 예를 들어, 표 3.2를 보라.

표 3.2 공표의 실현 선택항

	주관적(화자/필자의 주관성에 명시적으로 근거를 둔)	객관적(모호하거나 비인칭화된 주관성)
외재적(주절/상위 절을 통한 강조)	I contend it's the worst address by a British Prime Minister. 나는 그것이 영국 총리에 의한 최악의 연설이라고 주장한다.	The facts of the matter are that it was the worst address … . 여기서 문제가 되는 분명한 사실은 그것이 … 최악의 연설이었다는 것이다.
내재적(하위-절의 요소를 통한 강조)	It WAS the worst address … 그것은 … 최악의 연설이었다.	Really, it's the worst address … 정말로, 그것은 … 최악의 연설이었다.

앞선 논의에서 우리는 이 두 가지 선택항을 예로 들었다: 객관적 외재적(_the facts of the matter are_ …)과 주관적 외재적(_I contend that_ …)이다. 객관적 내재적 선택항은 다음과 같다:

---

51) [역자주] 양상 평가가 절 내부에 실현되며 내재적, 절 외부에 실현되면 외재적이다.

[3.34] Contrary to what one might expect, unhappy couples reported many occasions of feeling happy when together. The beeper found them enjoying themselves watching their child's baseball game, having a barbecue with neighbors, even going out to a movie alone with each other. ⋯ What **really** differentiates cool from warm couples is greater frequency of negative experiences, rather than fewer positive experiences when together. The distressed couples in our study reported twice as many times together that both were in negative moods. [Bank of English]

[3.34] 사람들의 예상과 달리, 불행한 커플들은 함께 있을 때 행복감을 느끼는 경우가 많다고 보고되었다. 그 보고서에서 그들은 아이의 야구 경기를 보고, 이웃들과 바비큐를 하고, 심지어는 단둘이 영화를 보러 가는 것까지 즐기고 있다고 보고하고 있다. ⋯ 불행한 커플과 행복한 커플을 정말로 구별하는 것은, 함께 있을 때 긍정적인 경험이 적은 것보다 부정적인 경험의 빈도가 더 높다는 것이다. 우리 연구에서 고통받는 커플들은 둘 다 함께 부정적인 기분에 빠졌다고 보고하는 경우가 두 배나 많았다. [Bank of English]

여기서 *really*는 사이가 좋지 않은 부부는 행복한 상호작용을 거의 경험하지 못한 사람이라는 상식적인 가정에 반대하는 저자의 목소리로 사용된다.

주관적 내재적 선택항은 정형 조동사를 추가로 강조하는 형식을 통해 실현된다 - 예: *I DID turn out the lights before I left.* 이것은 분명히 문어보다는 구어의 특질이다. 그럼에도 불구하고, 강조를 나타내기 위한 서식 설정(예를 들어 모두 대문자로)이 사용되는 문어에서 우리는 동일한 선택항을 볼 수 있다. 이것은 타블로이드 신문 헤드라인 필자들이 선호하는 장치이다.

이 분류법에 따라 분류된 **공표** 내 다양한 선택항의 예는 표 3.3에 나타나 있다.

표 3.3 공표 실현의 분류

	주관적(화자/필자의 주관성에 명시적으로 근거를 둔)	객관적 (모호하거나 비인칭화된 주관성)
외재적 (주절/상위 절을 통한 강조)	It is absolutely clear to me that what Charlotte was arguing was that Crouching Tiger was a bad film to which liberal audiences imputed a significance shaped by their own prejudices Charlotte이 주장하고자 했던 것은 Crouching Tiger가 중국 영화와 일반적인 중국인에 대한 그들 자신의 편견에 의해 형성된 중요성을 자유주의적 관객들에게 전가시킨 나쁜 영화라는 것이 저에게는 분명했습니다.	the facts of the matter are that we have never made the national decisions or marshaled the national resources required for such leadership 여기서 문제가 되는 분명한 사실은 우리가 결코 국가적인 결정을 내리거나 그러한 지도력에 필요한 국가 자원들을 통합해본 적이 없다는 것이다.
	we have to remember that bobbies move around - and slowly. And when they're busy with one person, they're not available to others 우리가 기억해야 할 것은 경찰들은 천천히 순찰한다는 것이다. 그리고 그들이 누군가와 바쁠 땐, 그들은 다른 사람들과 상대할 수 없다.	
	I contend that Bush and King Fahd do, indeed, have a policy 나는 Bush와 King Fahd가 실제로 어떤 정책을 가지고 있다고 주장한다.	
	I contend that a telephone call to a person who has been robbed takes only a couple of minutes and shows that someone cares 나는 강도를 당한 사람과의 전화 통화는 불과 몇 분밖에 걸리지 않으며 누군가가 신경을 쓰고 있다는 사실을 보여준다고 생각한다.	
내재적 (하위-절의 요소를 통한 강조)	Bobbies on the beat is NOT the real answer 순찰이 진정한 답은 아니다.	Conservatives do not really want states to spend more, in order to compensate for reduced federal spending 보수주의자들은 감소된 연방 지출을 보상하기 위해 주 정부가 더 많은 지출을 하는 것을 정말로 원하지 않는다.
	A terrifying new probe yesterday revealed Saddam Hussein WAS secretly preparing for chemical, biological and even nuclear war 어제의 무시무시한 새로운 조사는 Saddam Hussein이 비밀리에 화학적, 생물학적 그리고 심지어 핵전쟁을 준비하고 있었다는 것을 밝혀냈다.	What really differentiates cool from warm couples is greater frequency of negative experiences 불행한 커플을 행복한 커플과 정말로 구별하는 것은, 함께 있을 때 긍정적인 경험이 적은 것보다 부정적인 경험의 빈도가 더 높다는 것이다.

3.14.3 공표와 높은 확률의 평가

이러한 **공표하기**의 의미의 기능성에는 간략한 언급이 필요한 한 가지 추가적인 측면이 있다. 이러한 유형의 형식을 강조하는 완곡어 및 메타-담화 문헌(예를 들어, Hyland 2000 참조)의 경우 때때로 '부스터' 또는 '업-토너'와 같은 제목 아래서 높은 확률의 평가(예: *He <u>must</u> be lying; I'm <u>convinced</u> he's lying*)와 함께 묶일 수 있다. 이러한 분류는 높은 확률에 대한 평가와 우리가 **공표**로 분류하는 저자의 삽입이 모두 화자/필자의 명제에 대한 높은 관여 또는 친소를 나타내며 두 유형의 발언 모두 이러한 방식으로 '부스트'를 수행한다는 점에서 분명히 근거가 있다. 그럼에도 불구하고, 이러한 의사소통적 유사성과 함께, 중요한 차이점도 있다. 화자/필자의 높은 관여에도 불구하고, 높은 확률의 평가는 여전히 대화주의적으로 확대적이며, **판단유보**의 사례로 분류된다. 따라서 *he <u>must</u> be lying*은 화자가 어떤 추론 과정을 통해 도출한 명제로 해석하고, 따라서 반박 가능한 것으로 제시된 명제는 새롭게 반증이 가능해야 한다. 그런 이유로, *He must be lying, don't you think?*에 대해 수사적으로 부적당한 것은 없다. *I'm convinced he's lying*과 같이 명시적으로 주관적인 양상 평가들을 포함하는 형식에서, 화자/필자 자신의 인지적 과정에서 명제의 명시적인 근거는 화자/필자가 이 특별한 관점에 강하게 전념한다는 신호를 보내는 동안에도 잠재적인 대안적 관점의 범위 중 하나의 관점으로만 명제를 제시한다. Halliday는 실제로 확실성에 대한 의문이나 논쟁이 있을 때만 우리가 '확실함'을 명시적으로 선언한다는 것을 관찰하면서 이와 유사한 의견을 제시했다(Halliday 1994:362). 따라서, 확률의 평가로서, 그러한 양상들은 대화주의적으로 확대적이다 - 그들은 여전히 대화주의적 대안의 가능성을 '판단유보'한다. 대조적으로, 공표는 이러한 방식으로 대안적 입장을 '판단유보' 하는 것이 아니라, 우리가 증명했듯이, 대안적 관점에 도전하고 무시하는 방향으로 향한다. 그러므로 그것들은 대화주의적으로 확대적이기보다는 축소적이다. 이 분석의 결과로 우리는 '부스터'의 두 가지 하위 유형을 구별할 수 있다. 즉, 대화주의적으로 확대적인 유형(예: *I am convinced that …*)과 축소적 유형(예: *I contend that …*)이다.

개입평가 시스템의 개요는 그림 3.4에 명시된 시스템 네트워크에 의해 제공된다.

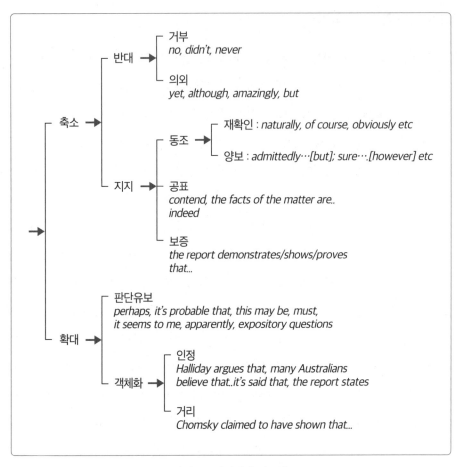

그림 3.4 개입평가 시스템

3.15 개입평가, 상호텍스트성 그리고 보고된 발화의 문법

우리는 이 프레임워크 아래에서 보고된 발화(체계적 언어학에서 '투사'라고 하는 것)가 시스템 전반에 다양하게 걸쳐 있다는 것을 간략히 언급하고자 한다. 이것은 다음과 같은 구조를 가지고 있다.

주절 + 투사된 절

이것은 다양하게 실현될 수 있는데, **'객체화: 거리'**의 예는 다음과 같다.

They are claiming he can't tell the wood from the trees.
그들은 그가 목재와 나무를 구별할 수 없다고 주장하고 있다.

'객체화: 인정'의 예는 다음과 같다.

They have stated that he can't tell the wood from the trees
그들은 그가 목재와 나무를 구별할 수 없다고 진술했습니다.

그리고 **'지지: 보증'**의 예는 다음과 같다.

They demonstrated that he can't tell the wood from the trees.
그들은 그가 목재와 나무를 구별할 수 없다는 것을 보여주었습니다.

이는, 대화주의적 관점에 따른 것으로, 그 명제의 주요 출처가 누가/무엇인지에 대한 문제인가는 부차적이며, 텍스트를 해석하는 청중의 예상 반응과 응답에 대해 더 중요한 것은 어떻게 저자의 목소리가 위치되고 있는가 하는 것이다. 따라서, 이러한 예측을 지향하는 것은 대화주의적 **축소/확대**의 의미론이며, 명제의 출처가 텍스트의 외부인지 내부인지보다 우선한다. 출처찾기를 선호하는 프레임워크(예: Sinclair의 'attribution'과 'averal'의 개념 Sinclair 1986)는 일부 이전 발언에서 명제의 출처를 역방향으로 되돌아본다는 점에서 회고적 방향을 갖는다. 우리의 프레임워크는 텍스트가 자체적으로 청중을 형성하고 이 청중과 다양한 방식으로 관계를 맺음으로써 스스로를 표현하는 그들의 방식에 관심이 있다는 점에서 기대적이거나 예상적인 방향을 가지고 있다.

물론 Sinclair의 'attribution'과 'averal'의 개념(그가 이 용어들을 정의한 대로)에 의해 포착된 구별은 수사학적으로 매우 중요하다. 명제의 출처로 제시되는 사람이 누구인지, 화자/필자가 명제에 대한 책임을 외부 출처로 옮기려고 했는지 여부를 확인하는 것은 우리가 수행하는 텍스트 분석의 종류에서 거의 항상 중요하다. White(1998, 2004b)는 이 구별을 다루기 위해 '외부-목소리내기(extra-vocalisation)'와 '내부-목소리내기(intra-vocalisation)'라는 용어를 사용했다.

3.16 강도평가: 개요

이제 우리는 이 장에서 다루는 의미의 두 번째 주요 하위 시스템인 상향-등급화 및 하향-등급화와 관련된 시스템으로 눈을 돌리기로 하자.

2장에서 간단히 언급했듯이, 모든 태도평가적 의미의 정의적 특성은 등급가능성이다. 이는 **감정평가**, **행위평가** 그리고 **정황평가**의 평가값의 일반적인 특성인데, 긍정 또는 부정의 정도를 더 크거나 더 적게 해석한다는 것이다. 예를 들어 표 3.4를 참조하라.

표 3.4 태도평가적 의미의 등급가능성

낮은 정도 ←			→ 높은 정도
행위평가	competent player 경쟁력 있는 선수	good player 좋은 선수		brilliant player 뛰어난 선수
	reasonably good player 제법 좋은 선수	quite good player 꽤 좋은 선수	very good player 매우 좋은 선수	extremely good player 몹시 좋은 선수
감정평가	contentedly 만족스럽게	happily 행복하게	joyously 기쁘게	ecstatically 황홀하게
	slightly upset 약간 화가 난	somewhat upset 다소 화가 난	very upset 매우 화가 난	extremely upset 몹시 화가 난
정황평가	a bit untidy 좀 어수선한	somewhat untidy 다소 어수선한	very untidy 매우 어수선한	completely untidy 완전히 어수선한
	attractive 매력있는	beautiful 아름다운		exquisite 아주 아름다운

등급가능성[52]은 또한 일반적으로 **개입평가** 시스템의 특징이다. 여기서 척도화되는 의미는 하위 시스템마다 다르지만, 더 넓게는 발화 내에서 **개입평가** 평가값이 화자/필자의 강도 또는 관여의 정도에 따라 척도화된다는 것을 뜻한다. 표 3.5의 예들을 참조해 보자.

---

52) [역자주] 등급가능성은 척도(scale)와 등급(grade)의 가능성을 아우르는 개념으로 쓰임

표 3.5 개입평가 평가값의 등급가능성

더 낮은			더 높은
판단유보	I suspect she betrayed us 그녀가 우리를 배신한 것으로 의심된다 possibly she betrayed us 그녀가 우리를 배신 했을 수도 있다. she just possibly betrayed us 그녀는 우리를 배신했을 가능성이 있다	I believe she betrayed us 그녀가 우리를 배신했다고 믿는다 probably she betrayed us 아마도 그녀는 우리를 배신했을 것이다 she possibly betrayed us 그녀는 아마 우리를 배신했을 것이다	I am convinced she betrayed us 나는 그녀가 우리를 배신했다고 확신한다 definitely she betrayed us 확실히 그녀는 우리를 배신했다 she very possibly betrayed us 그녀는 우리를 배신했을 가능성이 크다
객체화	She suggested that I had cheated 그녀는 내가 사기를 쳤다고 암시했다	She stated that I had cheated 그녀는 내가 사기를 쳤다고 진술했다	She insisted that I had cheated 그녀는 내가 사기를 쳤다고 주장했다
공표	I'd say he's the man for the job 그가 그 일에 적임자라고 말하고 싶다	I contend he's the man for the job 나는 그가 그 일의 적임자라고 말한다	I insist that he's the man for the job 나는 그가 그 일에 적임자라고 주장한다
동조	admittedly he's technically proficient 인정하건대 그는 기술적으로 능숙하다 (but he doesn't play with feeling) (하지만 그는 느낌으로 하지 않는다)		certainly he's technically proficient 확실히 그는 기술적으로 능숙하다 (but … .) (그러나….)
반대	I didn't hurt him 나는 그를 해치지 않았다		I never hurt him 나는 결코 그를 해치지 않았다

따라서 **강도평가**의 의미는 평가어 시스템의 핵심이다. **태도평가**와 **개입평가**는 등급화되는 의미의 성격에 따라 달라지는 **강도평가**의 영역이라고 할 수 있다. 이 절에서는 **강도평가**가 실현되는 어휘문법적 자원들의 개요와 이러한 상향-등급화/하향-등급화로 측정되는 여러 가지 주요 대화주의적 효과에 대한 논의를 제공하고자 한다.

3.16.1 세기와 초점

강도평가는 척도가능성의 두 가지 축에 걸쳐 작동한다. 하나는 강도나 분량에 따르는 등급화이다. 다른 하나는 원형성과 범주 경계가 그려지는 정확성에 따르는 등급화이다. 강도/분량에 따른 강도평가는 본질적으로 척도 평가를 포함하는 범주에 대한 자연스러운 작동 영역을 가지고 있다. 예를 들어 방금 예시한 태도평가적 평가(긍정성/부정성의 연속성에 따라 등급이 매겨짐)뿐만 아니라 크기, 열의, 규모, 근접성 등의 평가도 있다. '세기(force)'라는 용어는 이러한 유형의 강도평가를 나타낸다. 아래 3.18절에서 3.20절까지 **세기**의 의미를 자세히 살펴보도록 하자.

원형성에 따른 **강도평가**는 그 현상이 의미 범주의 일부 가정된 핵심 또는 모범적 사례와 일치하는 정도에 따라 등급이 매겨진다. *true, real, genuine* (즉, *He's a true friend*)와 같은 발언을 통해 그 현상은 원형적으로 평가되고, *kind of, of sorts, effective, bordering on* 및 접미사 *ish* (즉, *It was an apology of sorts, we'll be there at five o-clock-ish*)와 같은 발언을 통해 그 현상은 범주의 바깥쪽 가장자리에 놓여 있는 것으로 평가된다. '**초점**'이라는 용어는 이러한 유형의 강도평가를 언급하며 다음 절에서 이 자원의 의미적 그리고 대화주의적 기능성을 살펴볼 것이다.

3.17 강도평가: 초점

원형성(초점)에 따른 **강도평가**는 경험적 관점에서 볼 때 척도화[53]할 수 없는 범주에 가장 일반적으로 적용된다. 이들은 충분조건과 필요조건의 조합에 의해 범주 구성원이 다소 정확하게 결정되는 듯한, 경험적 분류법에서 작동하는 명확히 경계가 지정된 양자택일의 범주이다. 이 경우 **강도평가**는 확장 가능한 원형성의 연속성에 참여하는 방식으로 이러한 범주를 재구성하기 위해 작동한다. 예를 들면, 다음과 같다.

> They don't play **real** jazz.
> 그들은 진정한 재즈를 연주하지 않는다.

---

53) [역자주] 그러므로 강도평가:초점(force)은 등급화(gradable) 되고, 강도평가:세기(force)는 척도화(scalable) 된다. 등급화는 한국어교육능력시험(TOPIK)처럼 등급이 나누어지는 명목형 데이터이고, 척도화는 숫자나 빈도처럼 순서가 메겨지는 연속형 데이터이다.

They play jazz, **sort of.**
그들은 일종의 재즈를 연주한다.

경험적 관점에서 볼 때, 재즈 음악은 다양한 속성으로 정의되는 음악 유형의 분류 내에서 구별되는 범주이다. (예를 들어 일반적으로 적용되는 정의에 따르면 즉흥 연주 및 특정 '스윙' 리듬이 포함됨.) 그러나 위의 경우에는 어떤 유형의 음악 공연은 재즈 범주의 원형으로 평가되고 다른 유형은 단지 주변적 예에 불과하다는 대인적 의미론에 따라 재구성된다. '재즈 음악' 범주의 멤버십은 더 이상 양자택일의 명제가 아니라 정도의 문제이다. 이렇게 작동하는 **강도평가**를 '초점'이라고 한다.

'**초점**'의 경우에는 상향–등급화 또는 '경화(硬化, sharpen)'시켜서 원형성이 표시되도록 하거나(예: *a real father, a true friend*), 하향–등급화 또는 '연화(軟化, soften)'시켜서 범주에서 주변적 멤버십만 갖는 것으로 사례를 특정화할 수 있다(예: *they sort of play jazz, they are kind of crazy, it was an apology of sorts*). 평가값을 **연화하기**는 '헤지(hedges)'(Lakoff 1973 참조) 및 '모호한 언어'(Channel 1994 참조)와 같은 제목 아래 문헌에서 검토되었으며 평가값의 경화하기는 강화어, 부스터 그리고 증폭어라는 제목 아래에서 고려되었다. (예를 들어, Labov 1984 및 Hyland 2000 참조).

그러나 원형성에 따른 **강도평가**는 이러한 '경험적' 범주에 국한되지 않는다. 본질적으로 일부 척도적 범주(일반적으로 강도에 따라 등급이 매겨짐)는 원형성에 따라 등급이 매겨질 수도 있다. 예를 들어, 우리는 *a **very** red carpet* [강화] 그리고 *a piece of **genuinely** red carpet* [원형성]을 모두 접하게 된다. 마찬가지로 강화(*lightly upset, very upset*)를 고려할 뿐만 아니라 원형성(*I'm feeling kind of upset / I'm feeling upset, sort of*)을 고려할 때 *upset*과 같은 태도적, 따라서 자연스럽게 확장 가능한 용어도 강도 평가할 수 있다. 이 마지막 예에서 *kind of / sort of*는 화자의 느낌이 *upset-ness*의 경계선에 있는 것으로 해석하고 그 범주에 단지 주변/비-원형적인 멤버십만 있는 것으로 해석한다.

지금까지 설명한 **강도평가** 네트워크는 그림 3.5에 설명되어 있다.

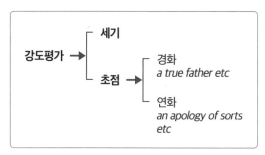

그림 3.5 강도평가의 일차적인 개요

3.17.1 초점과 태도평가 - 경험적 범주들

초점에 따라 강도평가된 용어들이 태도평가적 용어가 아닌 경우(예: *jazz music, husband, father*) 원형성의 연속성에 태도평가성이 부여되는 경향이 강하다. **경화하기**의 예는 종종 긍정적인 태도평가적 평가(예: *a real husband, a true husband*)를 강하게 명백히 신호하는 반면, 경계로 알려진 예는 부정적인 평가(예: *jazz of sorts, it provides a sanctuary of a kind*)를 명백하게 신호하고 있다. 여기에서 불러일으키는 **태도평가**의 성격은 강도평가된 범주의 특정 의미론에 의해 결정되며, 예를 들어, 텍스트의 다른 곳에 기록된 태도평가적 평가값에 의해 이미 성립된 태도평가적 운율과 같은 공동-텍스트의 영향을 받을 수도 있다.

3.17.2 초점, 기록된 태도평가와 필자-독자 관계

원형성에 따라 강도평가된 용어가 이미 명백한 태도평가적일 때(예: *a real brat, a real wonder, kind of upset, kind of crazy, bordering on the unreasonable, kind of marvellous*) 수사적 효과는 그 값이 **경화하기**인지 **연화하기**인지에 따라 달라진다. 경화하기(*a real brat, a genuine hero*)에서 그 효과는 전개되는 평가값의 위치(부정적이든 긍정적이든)에 대해 저자의 목소리가 최대한 부여되는 것을 나타내며, 따라서 독자를 전개되는 그 평가값의 위치에 강하게 조율시킨다.

연화된 용어가 부정적인 것일 때, 그 효과는 그 평가값의 위치에서 화자/필자의 관여가 감소하는 것을 나타나며, 따라서 반대 의견을 가진 사람들과 친밀성을 유지하기 위한 유화적인 제스처가 제공된다. 우리는 이 장의 도입부에 있는 *bordering on the unreasonable*에 대한 논의에서 이와 같은 **연화하기**의 예를 살펴보았다.

연화된 용어가 긍정적인 것일 때 효과는 그렇게 직접적이지 않다. 예를 들어 영화 *Adaptation*에서 배우 Meryl Streep의 연기에 대한 뉴욕 영화 아카데미 리뷰의 다음 발췌문을 고려해 보라. 이 영화에서, Streep은 여전히 살아있는 뉴욕의 유명인사이자 작가인 Susan Orlean을 연기한다. 이 영화는 Orlean의 성격이 실제 삶을 묘사하기 위한 것이 아니라 공상적으로 허구라는 것을 매우 분명하게 보여준다는 점에서 주목할 만하다. 우리가 현재 논의 중인 것과 특별히 관련되어 있는 부분은 이와 같은 '허구적' 성격 묘사에서 Orlean이 '난초에 사로잡혀, 마약을 흡입하는, 맥베스적인 간통녀'로 매우 부정적인 용어로 묘사되고 있는 부분이다. (긍정적인 태도평가적 용어의 연화하기는 밑줄로 되어 있다.)

[3.35] Maybe the language isn't precise, but her [Streep's] faux Susan Orlean is flawless - a smartly assayed embodiment of yearning (intellectual, artistic, spiritual) that's very funny and even **kind of sexy**. And what's the real-life Orlean's review? 'It's the funniest concept you can imagine: Meryl Streep, greatest actress in the world, is me,' says the author. 'It's **kind of marvelous.** [www.ew.com/r0/ew/ - accessed 29/08/03]

[3.35] 정확하지 않은 언어일수도 있지만, 그녀의 [Streep의] 가짜 Susan Orlean은 흠잡을 데가 없다. - 그것은 (지적이고 예술적이고 영적인) 갈망을 영리하게 분석하여 매우 재미있고 심지어 섹시한 편이기까지 하다. 그리고 실제 Orlean의 리뷰는 어떤가? '이것은 당신이 상상할 수 있는 가장 재미있는 개념이다: 세계에서 가장 위대한 여배우인 Meryl Streep이 바로 접니다'라고 작가는 말한다. '그것은 놀랄 만하다'. [www.ew.com/r0/ew/ - accessed 29/08/03]

첫 번째 연화하기(*kind of sexy*)는 필자가 역-기대적인 *even* (*even kind of sexy*)을 통해 그러한 부정적으로 평가된 캐릭터가 '섹시한'으로 묘사될 수 있다는 것에 놀라는 추정적 독자를 구성할 때 발생한다. 연화하기의 정확한 의사소통적 효과는 명확하게 표현하기 어렵다. 이 전략은 필자가 '마약을 흡입하는, 맥베스적인 간통녀'에 대한 그러한 긍정이 바람직하지 않을 것이라는 사람들과 친밀성을 유지하기 위해 긍정적으로 평가되는 '섹시한'에 대해서 유보하는 전략인 것 같다. 두 번째 연화하기(*kind of marvellous*)는 실제 작가 Susan Orlean의 말을 인용한 것이다. 이 또한 정확한 의사소통적 효과는 명확히 파악하기 어렵지만 우리에게는 이것이 Orlean의 겸손의 표시로 작용하는 것으로 보인다. 아마도 '세계에서 가장 위대한 여배우'로 묘사되는 것에 너무 많이 기뻐하는 것은, 흡족해 하거나 잘난 체하는 것처럼 보일 수 있으며, 따라서 이 기쁨의 표현은 약화된다(*marvellous*가 아닌 *kind of marvellous*). 일반적으로 긍정적인 평가가 필자-독자 친밀성에 잠재적으로 문제가 되는 것으로 해석될 때 긍정적인 평가값의 연화하기가 발생한다.

3.18 강도평가: 세기 – 강화와 양화

이제 우리는 **강도평가**의 두 번째 중요한 하위 범주인 **세기**에 대해 알아볼 것이다.

앞에서 언급한 바와 같이, **세기**는 강도의 정도와 분량에 관한 평가를 포함한다. 강도의 정도에 대한 평가는 질(예: *slightly foolish*, *extremely foolish*; *it stopped somewhat abruptly*, *it stopped very abruptly*),

과정(예: *This slightly hindered us, This greatly hindered us*) 또는 가능성, 빈도, 의향과 의무에 대한 동사적 양태(예를 들어, *it's just possible that, it's very possible that*)에 대해 작용할 수 있다. 우리는 질과 과정을 이렇게 등급화하기 위해 '강화'라는 용어를 사용한다.

분량의 평가는 질과 과정보다는 개체에 적용된다. 우리는 그러한 평가를 '양화(量化)'라고 부른다. 이는 숫자의 부정확한 측정(예: a *few* miles, *many* miles)과 크기, 무게, 분포 또는 원근과 같은 특질에 따른 개체의 존재 또는 질량의 부정확한 측정(예: *small* amount, *large* amount; *nearby* mountain, *distant* mountain)을 제공한다.

세기의 자원을 위한 1차 네트워크는 그림 3.6에서 제공된다.

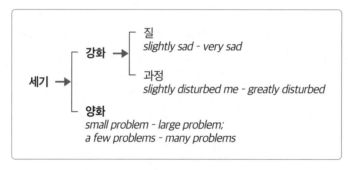

그림 3.6 세기: 강화 – 질과 과정

3.19 세기: 강화

3.19.1 강화의 모드 – 분리하기

질과 과정의 강도를 평가하는 것을 '강화'라고 한다. **강화**는 크게 '분리하기(isolating)'와 '융합하기(infusing)'라는 두 가지 어휘문법적 계층으로 나뉜다. 그 차이는 다음의 두 가지, 첫 번째는 상향-등급화/하향-등급화가 분리된 개별 항목에 의해 실현되고, 그 개별 항목은 단독으로 또는 주로 강도 수준을 설정하는 기능을 수행하는지에 달려있고, 두 번째는 상향-등급화/하향-등급화의 의미가 다른 의미론적 기능을 제공하는 의미와 융합되는지에 달려있다. 분리하기는 다음의 예시에서 나타난다.

질의 상향/하향-등급화

[*형용사의 전-수식*]

a bit miserable, somewhat miserable, relatively miserable, fairly miserable, rather miserable, very miserable, extremely miserable, utterly miserable

약간 비참한, 다소 비참한, 상대적으로 비참한, 상당히 비참한, 꽤 비참한, 매우 비참한, 극도로 비참한, 완전히 비참한

[*부사의 전-수식*]

slightly abruptly, somewhat abruptly, fairly abruptly, quite abruptly, rather abruptly, very abruptly

약간 갑자기, 다소 갑자기, 꽤 갑자기, 꽤나 갑자기, 무척 갑자기, 매우 갑자기

동사적 과정의 상향/하향 등급화

[*부사로 수식된 동사군*]

this upset me slightly, this upset me a bit, this upset me somewhat, this upset me greatly

이것은 나를 약간 화나게 했다, 이것은 나를 조금 화나게 했다, 이것은 나를 다소 화나게 했다, 이것은 나를 크게 화나게 했다

양태의 상향/하향-등급화

just possible, somewhat possible, quite possible, very possible

딱 가능하다, 어느 정도 가능하다, 꽤 가능하다, 매우 가능하다,

reasonably often, quite often, very often, extremely often

적당히 자주, 꽤 자주, 매우 자주, 극도로 자주

강화에 대한 지역적 또는 상대적 등급화는 비교급과 최상급을 통해 실현된다. 예를 들면 다음과 같다.

less miserable, least miserable, more miserable, most miserable

덜 비참한, 가장 덜 비참한, 더 비참한, 가장 비참한

more probable, most probable

더 가능성이 있는, 가장 가능성이 있는

happier, happiest

더 행복한, 가장 행복한

3.19.2 최대화

강화 등급의 맨 위쪽에는 '최대화'(예: Quirk, Greenbaum, Leech & Svartivik 1985)라고 불리는 평가값이 위치하며, 이는 상향-등급화가 가능한 가장 높은 강도로 해석하는 발언이다. 강도 스펙트럼의 이러한 최대화하기의 끝에는 선택항들의 확산이 있다. 예를 들면 다음과 같다.

utterly miserable, totally miserable, thoroughly miserable, absolutely miserable, completely miserable; perfectly happy
말 그대로 비참한, 총체적으로 비참한, 철저히 비참한, 절대적으로 비참한, 완전히 비참한; 완벽하게 행복한

이러한 최대화는 또한 빈도의 양상 평가에서 가장 높은 평가값, 즉 *always*를 포함한다. 이 평가값은 종종 '문자 그대로의' 항상성 또는 중단되지 않은 반복의 의미보다는 명제에 대한 강력한 필자/화자의 관여를 전달하기 위해 과장되어 작동한다. 예를 들면 다음과 같다.

When I'm on a diet I'm always thinking about food; This gate in constant use.
다이어트를 할 때 나는 항상 음식에 대해 생각한다; 이 문은 늘 사용 중입니다.

3.19.3 어휘화

이러한 유형의 강화어(예: *slightly, very, rather*)는 일반적으로 폐집합이며 지시적 의미가 없다는 이유로 '문법적' 항목으로 분류된다. 그러나 강화는 또한 '문법적'인 아닌 '어휘적'으로 분리된 수식어에 의해 수행되기도 한다[54]. 이들은 한편으로 비유적인 발언들이거나,

ice cold,
얼음처럼 차가운

crystal clear
수정처럼 투명한

---

54) [역자주] 마치 동음이의어의 어느 한 가지 의미로 해석된다.

<u>dirt</u> poor
<u>찢어지게</u> 가난한

태도평가적 뉘앙스를 전달한다.

<u>reasonably</u> happy,
적당히 행복한,

<u>amazingly</u> happy, <u>deliriously</u> happy, <u>perfectly</u> happy
놀라울 정도로 행복한, 정신없이 행복한, 완벽하게 행복한

<u>dreadfully</u> cold,
끔찍할 정도로 추운,

<u>ridiculously</u> easy
터무니없이 쉬운,

그러나 우리는 그러한 형식이 Sinclair가 '탈어휘화(delexicalisation)'라고 부르는 것을 포함한다는 것에 주목할 필요가 있다. 그것들은 너무 고정적이고 형식화된 연어이므로 강화된 전-수식적 형용어가 더 이상 완전한 의미론적 원래의 의미를 전달하지 않는다. Sinclair가 관찰한 바에 의하면, 다음과 같다.

The meaning of words chosen together is different from their independent meanings. They are at least partly delexicalized. This is the necessary correlate of co-selection. If you know that selections are not independent, and that one selection depends on another, then there must be a result and effect on the meaning which in each individual choice is a delexicalization of one kind or another. It will not have its independent meaning in full if it is only part of a choice involving one or more words. [Sinclair 1994: 23]
함께 선택된 단어의 의미는 그들의 독립적인 의미와 다르다. 그들은 적어도 부분적으로 어휘가 탈어휘화되었다. 이것은 공동 선택의 필수적인 상관관계이다. 만약 우리가 선택이 독립적이지 않고 한 선택이 다른 선택에 의존한다는 것을 알고 있다면, 각각의 개별 선택이 어떤 종류의 탈어휘화인지의 의미에 대한 결과와 효과가 있어야 한다. 그것이 하나 이상의 단어를 포함하는 선

택의 일부에 불과하다면 그것의 독립적인 의미를 완전히 가질 수 없을 것이다. [Sinclair 1994: 23]

따라서 실제로는 *ice cold Coke*가 사실상 절대 *ice cold*가 아니라는 사실은 의미론적으로 틀린 말이 아니다. 마찬가지로, 어떤 사람을 *deliriously happy*로 특징짓는 것은 그 사람을 *delirious*(부정적 **기량**의 **행위평가**)하다고 특징짓는 것이 아니며, 그 사람을 *extremely happy*로 특징짓는 것과 단지 미묘하게 다를 뿐이다.

3.19.4 강화의 모드들 – 융합

앞에서 언급한 바와 같이, **융합된** 강화에서는 상향-등급화 또는 하향-등급화의 의미를 전달하는 별도의 어휘 형식이 없다. 오히려 등급은 단일 용어의 의미의 한 측면으로만 전달된다[55]. 예를 들면, 다음과 같다.

질

contented, happy, joyous
만족하는, 행복한, 즐거운

(she performed) competently, skilfully, brilliantly
(그녀는 수행했다) 제법, 능숙하게, 훌륭하게

warm, hot, scalding
따뜻한, 뜨거운, 타는 듯한

과정

this disquieted me, this startled me, this frightened me, this terrified me
이것은 나를 불안하게 했다, 이것은 나를 놀라게 했다, 이것은 나를 두렵게 했다, 이것은 나를 공포에 질리게 했다

the water trickled out of the tap, flowed out of the tap, poured out of the tap, flooded out of the tap
수도꼭지에서 물이 졸졸 흘렀다, 수도꼭지에서 흘러넘쳤다, 수도꼭지에서 쏟아졌다, 수도꼭

---

55) [역자주] 마치 다의어의 한 측면과 같다.

지에서 물이 쏟아져 나왔다

the price inched up, the price rose, the price shot up
가격이 눈꼽만큼 올랐다, 가격이 올랐다, 가격이 급등했다

she ambled, she walked, she strode
그녀는 어슬렁거렸다, 그녀는 걸었다, 그녀는 성큼성큼 걸었다

I glanced over the manuscript, I looked over the manuscript, I scrutinised the manuscript
나는 원고를 훑어보았다, 나는 원고를 살펴보았다, 나는 원고를 자세히 살펴보았다

The clouds drifted across the sky. The clouds raced across the sky.
구름이 하늘을 떠다녔다. 구름이 하늘을 가로질러 날았다.

양태
possible, probable, certain
가능한, 아마도, 확실히

rarely, occasionally, sometimes, often, always
드물게, 간간히, 때때로, 자주, 항상

여기서 강화의 정도는 의미론적으로 관련된 용어들의 연쇄에서 해당 연쇄의 다른 멤버와 강화의 정도가 대조되는 개별 용어로 전달된다.

3.19.5 강화의 모드들 – 반복

강화는 반복을 통해서도 실현될 수 있다 - 아래와 같이 동일한 어휘 항목을 반복하거나,

It's hot hot hot.
덥고 덥고 덥다.

We laughed and laughed and laughed.
우리는 웃고 웃고 웃었다.

또는 의미적으로 밀접한 관련이 있는 용어들의 목록을 조합함으로써 실현할 수 있다. 예를 들면

다음과 같다.

> In fact it was probably the most immature, irresponsible, disgraceful and misleading address ever given by a British Prime Minister.
> 사실 그것은 아마도 영국 총리가 한 연설 중 가장 미숙하고, 무책임하며, 수치스럽고, 오해의 소지가 있는 연설이었을 것이다.

3.19.6 강화와 동사적 과정들 – 몇 가지의 추가 문제들

위에서 우리는 *slightly* 그리고 *greatly*와 같은 '문법적' 강화어를 사용하여 동사적 과정들의 상향/하향-등급화를 증명해 보았다(예: *This slightly troubles me / This greatly troubles me*). 그러나 과정에 적용되는 **강화**는 이 초기 개요가 시사하는 것보다 문법적으로 다소 복잡하다. 질(형용사와 부사에 의해 실현되는)은 문법적 강화어(예를 들어 *slightly, rather, very*)를 통해 매우 일반적으로 등급화 가능하지만, 과정들에서는 그렇지 않다. 상대적으로 작은 하위 집합만이 그러한 '문법적' 수단을 통해 확장할 수 있다. 문법적으로 등급화 가능한 이 그룹은 (앞의 예에서 입증된 바와 같이) 감정평가 동사들과 여러 다른 의미론적 하위 집합들을 포함한다(Matthiessen 1995, 4.8.2.5절). 예를 들면 다음과 같다.

> [태도평가적 평가를 전달하는 과정들]
> You slightly misled me. You completely misled me.
> 당신은 나를 약간 오해했어요. 당신은 나를 완전히 오해했어요.
>
> We have been somewhat betrayed by the government. We have been utterly betrayed by the government.
> 우리는 정부에 의해 약간 배신당했다. 우리는 정부에 의해 완전히 배신당했다.
>
> This slightly improves its appearance. This greatly improves its appearance.
> 이것은 그것의 외관을 약간 개선한다. 이것은 그것의 외관을 크게 개선한다.
>
> [변화의 과정들]
> They have slightly reduced the deficit. They have greatly reduced the deficit.
> 그들은 적자를 약간 줄였다. 그들은 적자를 크게 줄였다.

[*의욕의 과정들*]

This hindered us slightly. This greatly hindered our progress.
이것은 우리를 약간 방해했다. 이것은 우리의 발전을 크게 방해했다.

She helped us slightly. She helped us a great deal.
그녀는 우리를 약간 도와주었다. 그녀는 우리를 크게 도와주었다.

많은 다른 유형의 과정들은 이러한 방법으로 척도화할 수 없다. 따라서, 몇 가지 예시만으로는 일반적으로 이동 동사가 묘사하는 동작의 강도를 이러한 문법 부사를 통해 조절하는 것은 불가능하다. 영어에서는 다음이 허용되지 않는다.

*The water slightly flowed. *The water greatly flowed.
*물이 약간 흘렀다. *물이 많이 흘렀다.

또한 그것은 대부분의 지각 동사의 강도를 상향-등급화/하향-등급화하기 위한 '문법적' 수단을 제공하지 않는다. 따라서, 아래의 예문들은 실현되지 않는다.

*He slightly watched the passing parade. *He greatly watched the passing parade.
*그는 지나가는 퍼레이드를 약간 지켜보았다. *그는 지나가는 퍼레이드를 크게 지켜보았다.

오히려, Hood 2004에서 보여주듯이, 영어는 어휘적 수단, 특히 열의[56]의 개념을 참조하여 척도화되는 어휘적 부사들을 통해 그러한 과정의 상향/하향 조정을 제공한다. 이 상향/하향-등급화의 정확한 의미는 동사의 구체적인 의미에 따라 달라질 것이다. 우리는 아래의 '활력'과 관련하여 이러한 어휘적 강화의 범위를 설명한다:

---

56) 우리는 이러한 통찰력, 특히 '열의(vigour)'의 정도를 통한 강화의 개념에 대해 Sue Hood에게 감사한다. 자세한 내용은 Hood(2004)를 참조하라.

The water flowed slowly. The water flowed swiftly

물이 천천히 흘러갔다. 물이 빠르게 흘러갔다

She brushed it gently. She brushed it vigorously.

그녀는 부드럽게 그것을 닦았다. 그녀는 힘차게 그것을 닦았다.

She held it loosely. She held it firmly

그녀는 그것을 느슨하게 잡았다. 그녀는 그것을 꽉 잡았다

The light shone dimly across the valley. The light shone brightly across the valley.

불빛이 계곡을 희미하게 비추었다. 불빛이 계곡을 환하게 비추었다.

She slept lightly. She slept deeply/soundly

그녀는 얕게 잠을 잤다. 그녀는 깊이/푹 잠을 잤다

She watched desultorily. She watched intently.

그녀는 대충 지켜보았다. 그녀는 열심히 지켜보았다.

He casually observed those around him. He closely observed those around him.

그는 주위 사람들을 무심코 관찰했다. 그는 주위 사람들을 유심히 관찰했다.

여기서 상향 또는 하향 등급화되는 '열의'는 속도(slowly/swiftly), 물리적 힘(gently/vigorously, loosely/firmly), 조도(dimly/brightly), 의식(lightly/deeply) 또는 집중(desultorily/intently; casually/closely) 등에 따라 다양하게 달라질 수 있다.

이러한 강도의 정도에 대한 어휘화된 실현은 그러한 평가값이 '열의(vigour)'의 정도에 대한 주관적 평가와 그러한 과정이 발생한 외부 세계의 어떠한 조건 즉, 방식에 대한 묘사를 결합한다는 점에서 대인적 의미와 경험적 의미 사이의 경계인 문법의 한 지점으로 우리를 데려간다. 전통적으로 체계기능언어학에서 이러한 부사는 '방식의 배경상황'으로 분류되고 경험적 의미로 취급된다(Halliday 1994: 150-151 참조). 우리는 과정으로부터 알 수 있는 '고유의 방식'이 없기 때문에, 방식이 물질적 세계의 한 측면이 아니라는 것을 근거로 하여 방식의 배경상황/부사류를 다른 배경상황적 의미(예: 시간, 위치, 원인)로부터 분리해야 한다고 주장해 온 Stillar를 따르기로 한다. 따라서 방식의 배경상황은 항상 화자/필자의 주관성과 관련이 있으며, 화자가 특별한 방식의 부사를 선택하는 것은 그들 자신의 태도와 관점의 흔적을 남긴다는 것이다(Stillar 1998: 37).

물론 '열의'의 정도에 대한 등급화는 이러한 유형의 '분리하기' 형식에만 국한되는 것은 아니다. 위의 동사적 과정의 융합된 **강화**를 예로 들며, 우리는 **열의**의 정도와 관련하여 마찬가지로 강화가 나타나는 몇 가지 사례를 제공했다. 다음을 보자.

The clouds <u>drifted</u> across the sky (*이동과 관련된 하향-등급화된 '열의'*)
그 구름은 하늘을 가로질러 떠다녔다

이 문장은 다음과 유사하다.

The clouds <u>moved slowly</u> across the sky
그 구름은 하늘을 가로질러 천천히 움직였다

반면 다음을 보자.

The clouds <u>raced</u> across the sky (*이동과 관련된 상향-등급화된 '열의'*)
그 구름은 하늘을 가로질러 질주했다

이 문장은 다음과 유사하다.

The clouds <u>moved rapidly</u> across the sky.
그 구름은 하늘을 가로질러 빠르게 움직였다.

다음의 예도 이와 마찬가지이다.

I <u>glanced</u> over the work (*지각의 하향-등급화된 '열의'*)
나는 그 일을 대충 훑어보았다

이 문장은 다음과 유사하다.

I casually looked over the work
나는 그 일을 무심하게 훑어보았다

반면 다음의 예를 보자.

I scrutinised the work (*지각의 상향-등급화된 '열의'*)
나는 그 일을 자세히 조사했다

이 문장은 다음과 유사하다.

I looked closely at the work.
나는 그 일을 자세히 보았다.

3.19.7 과정의 강화 – 은유

비유적 의미(은유와 직유)는 종종 과정의 강화에 사용되기도 한다. 이는 융합하기와 분리하기의 두 경우 모두에서 발생하는데, 분리하기의 경우 예를 들면 다음과 같다.

He came out like a jack in a box (*높은 정도의 열의*)
그는 마술상자-속의-jack처럼 나왔다

그리고 융합하기의 경우 예를 들면 다음과 같다.

Prices have sky-rocketed (*높은 정도의 열의*)
가격이 천정부지로 치솟았다

The water <u>dribbled</u> from the tap (*낮은 정도의 열의*)

수도꼭지에서 물이 똑똑 떨어졌다

이러한 은유는 일반적으로 탈-어휘화[57]와 관련이 있다. 은유에 관한 이 문헌에서 사용된 용어에서 그들은 정도의 차이는 있지만 '죽은', '휴면의', '비활성적인' 또는 '관습화된' 표현이다.

3.19.8 강화의 문법 – 요약

지금까지 이야기를 종합해 보면, 강화의 의미론은 다음과 같다

- **강화**(상향-등급화/하향-등급화)는 질들(*slightly greedy, very greedy*) 또는 동사적 과정들(*reduced it slightly, reduced it greatly*)에 적용된다;

- **강화**는 독립적인 어휘소(*slightly, very, greatly*), 의미론적 융합(*happy ^ ecstatic; trickled ^ poured*) 또는 반복(*laughed and laughed and laughed*)을 통해 실현된다;

- 이 실현은 비유적이거나(*crystal clear, came out <u>like a jack in box</u>, prices <u>sky-rocketed</u>*) 비유적이지 않다(*<u>very</u> clear, <u>greatly</u> reduced, moved <u>rapidly</u>*).

- 독립적인 **강화**의 경우, 이 실현은 문법적(*<u>very</u> easy, <u>greatly</u> reduced*) 또는 어휘적(*<u>amazingly</u> easy, crystal clear, moved <u>rapidly</u>*)이다.

- 질의 어휘적 **강화**는 일반적으로 태도평가적이지만, 예를 들어 *amazingly, dreadfully, ridiculously*와 같이, 적어도 일부 비유적 발언은 덜 그렇다. 예를 들면, *ice cold*이다.

- 과정의 어휘적 **강화**는 일반적으로 태도평가적이 아니다. 예를 들면, *moved <u>swiftly</u>, stared <u>intently</u>*이다. 이에 대한 몇 가지 예외가 있다. 예를 들면, *prices fell <u>dramatically</u>*이다.

질을 등급화하기 위해 작동하는 이러한 특질들의 조합은 표 3.6에, 과정을 등급화하기 위한 것은 다음 표 3.7에 설명되어 있다.

---

57) [역자주] 개별 어휘로 분리된다.

표 3.6 질 강화를 위한 특질 조합들 [질들]

반복	융합	분리		
		문법적	어휘적	
			비유적이지 않은	비유적인
a deplorable, disgraceful, despicable act 개탄스럽고 수치스럽고 비열한 행위	*contended ^ happy ^ joyous* 만족하다 ^ 행복하다 ^ 즐겁다	*slightly greedy ^ relatively greedy ^ very greedy* 약간 탐욕스럽다 ^ 상대적으로 탐욕스럽다 ^ 매우 탐욕스럽다	dreadfully poor (태도평가적) 끔찍하게 가난한	dirt poor (태도평가적); ice cold (비-태도평가적) 찢어지게 가난한; 얼음처럼 차가운

표 3.7 과정 강화를 위한 특질 조합들 [과정들]

반복	융합		분리		
	비유적이지 않은	비유적인	문법적	어휘적	
				비유적이지 않은	비유적인
we laughed and laughed and laughed 우리는 웃고 웃고 또 웃었다	*likes ^ loves ^ adores; trickles ^ flows, gushes* 좋아하다 ^ 사랑하다 ^ 흠모하다; 똑똑 떨어지다 ^ 흐르다, 쏟아져 나오다	*prices inched up ^ prices sky-rocketed* 물가가 눈꼽만큼 오르다 ^ 물가가 천정부지로 오르다	*slightly reduce ^ greatly reduce* 조금 줄이다 ^ 많이 줄이다	move slowly ^ move rapidly (비-태도평가적); fell dramatically (태도평가적) 천천히 움직이다 ^ 빠르게 움직이다; 극적으로 떨어지다	came out like a jack in a box (비-태도평가적); wander about like Brown's cows (태도평가적) 마술상자-속의-jack처럼 나왔다; Brown의 젖소처럼 돌아다니다

3.20 세기: 양화

양화(量化)에는 분량(예: 크기, 무게, 강도, 수)과 규모, 즉 시간과 공간의 규모(얼마나 넓게 분포되어 있는지, 얼마나 오래 지속되는지)와 시간과 공간의 원근(얼마나 가까운지, 얼마나 최근인지)에 대한 등급화가 포함된다.

이 하위 시스템의 의미론은 양화된 개체가 구체적(예: *large shark, many sharks, nearby sharks*)이거나 추상적(예: *a large problem, many problems; a few anxieties, a slight fear; a great success, her many betrayals*)

일 수 있다는 사실에 의해 더 복잡해진다. 종종 이러한 추상적 개체들은 태도평가적 의미를 전달할 것이다. 예를 들면, 다음과 같다.

(감정평가) I have <u>many</u> worries about your performance. / A <u>huge</u> sense of relief overwhelmed me. / I have a <u>tiny little</u> concern as regards her design sense
나는 당신의 공연에 대해 많은 걱정이 있다 / 큰 안도감이 나를 압도했다 / 나는 그녀의 디자인 센스가 조금 걱정된다

(행위평가) There is <u>vast</u> corruption in this government. / His one <u>small</u> moral weakness is towards … / He's got a <u>great</u> talent for playing the guitar / I do seem to have a <u>small</u> talent for explaining things to people of all ages
이 정부에는 엄청난 부패가 있다 / 그의 작은 도덕적 약점은 …에 있다 / 그는 기타 연주에 큰 재능이 있다 / 나는 모든 연령대의 사람들에게 무언가를 설명하는 데 약간의 재능이 있는 것 같다

(정황평가) The <u>many</u> beauties of the Nile valley. / There is a <u>slight</u> problem with your essay / There are a <u>few</u> problems with your essay.
나일강 계곡의 많은 아름다움들 / 당신의 에세이에 약간의 문제가 있다. / 당신의 에세이에 몇 가지 문제가 있다.

물론 이러한 추상화는 개체의 평가값으로 해석된다. 그러나 다른 경우라면 질이나 과정으로 해석될 수도 있다. 예를 들면 다음과 같다.

a slight concern [양화된 개체] <u>versus</u> *slightly concerned* [강화된 질/과정]
약간의 걱정 vs 약간 걱정하는

a huge success [양화된 개체] <u>versus</u> *very successful* [강화된 질]
큰 성공 vs 매우 성공적인

her many betrayals [양화된 개체] <u>versus</u> *frequently betrayed* [높은 빈도의 값을 가진 과정]
그녀의 잦은 배신 vs 자주 배신을 당하는

Halliday에 따르면, 이러한 형식은 하나의 범주(질 또는 과정)가 마치 다른 범주(사물/개체)인 것처럼 제시된다는 점에서 '문법적 은유'로 분류된다. (자세한 논의는 1장 1.2.2절을 참조하라.) 따라서 이러한 형식

은 의미의 한 계층(질 또는 과정으로서의 범주의 의미론적 지위)이 다른 의미 계층(명사로서의 범주의 어휘문법적 지위) 위에 놓이는 의미론적으로 복잡한 범주를 해석하고 있다.

이것이 의미하는 바는 *a huge disappointment/a slight concern*와 같은 형식이 어휘문법론('개체'의 크기에 대한 계산)의 관점에서 볼 때 **양화(量化)**이지만, 여기에서 형성된 담화의미론적 의미의 관점에서는 강화라는 것이다. 우리는 어휘문법론을 선호하여 (강화보다는) **양화(量化)**의 강도평가의 사례로 분석을 한다. 그 이유는 어떤 행동에 대한 평가 사이에는 미묘한 의미 차이가 있기 때문이다. 예를 들어 *hugely disappointing*(강화)보다는 *a huge disappointment*(양화(量化))가 그러하다. 그러나 이러한 유형의 **양화(量化)**가 가진 특별한 '문법적으로 은유적인' 성격을 인식하는 것이 여전히 필요하다. 일부 분석에서는 그들을 **양화(量化)**를 통한 **강화** 또는 **양화(量化)**로서의 **강화**의 사례로 식별하는 것이 유용할 수 있다.

3.20.1 양화의 모드: 수, 질량, 규모

양화(量化)는 숫자의 불명확한 계산(예: *a few, many*), 질량 또는 존재의 불명확한 계산(예: *small, large; thin, thick; light, heavy; dim, bright*) 그리고 원근(예: *near, far; recent, ancient*) 또는 분포(예: *long-lasting, short-term; wide-spread, sparse*)와 관련하여 시간과 공간이 측정되는 시간과 공간의 규모에 대한 불명확한 계산과 관련하여 강도평가한다. 양화(量化)를 위한 시스템 네트워크는 그림 3.7에 나와 있다.

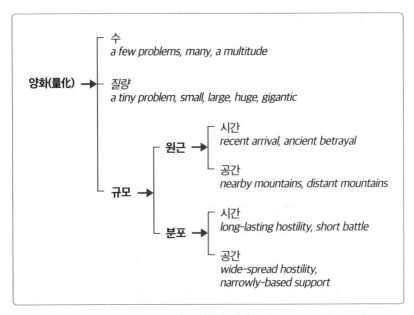

그림 3.7 세기: 양화

3.20.2 양화: 분리와 융합

양화(量化)는 일반적으로 *many, large, heavy, near, recent, long-lasting*과 같은 강도평가된 개체의 수식어로 역할을 하는 분리된 용어를 통해 이루어진다. 그럼에도 불구하고, 수량 추정이 수식어가 아니라 명사 머리어 자체에 의해 수행된다는 점에서 **강화**에서 관찰된 융합하기 형식과 유사한 발언들이 있다. 예를 들면 다음과 같다.

[수]

Canon unveils **a throng of** digital imaging products (versus many digital imaging products)
캐논은 다수의 디지털 이미징 제품을 공개했다 (vs. 많은 디지털 이미징 제품)

The trickle of enquiries rapidly became **a stream** (versus 'a few enquiries soon became many enquiries')
쏟아지는 질문들은 빠르게 하나의 흐름이 되었다 (vs. '몇 가지 문의는 곧 많은 문의가 되었다')

[*질량 크기*]

he's a **mountain** of a man (versus 'he's a large man.')
그는 산 같은 사람이다. (vs. '그는 큰 사람이다.')

she's a **slip** of a girl (versus 'she's a small girl')
그녀는 종잇장 같은 소녀이다 (vs. '그녀는 작은 소녀다')

[규모]

I see a **paucity** of talent in this country
나는 이 나라에 인재의 결핍을 느낀다

There was a **profusion** of pink at the Alexandra Blossom Festival
알렉산드라 꽃 축제에는 분홍색이 가득했다.

3.20.3 양화: 은유

방금 나열된 예들이 보여주듯이, 이러한 융합은 종종 은유를 포함하는데, 이는 다시 한번 더 많든 적든 간에 탈어휘화된다(예: *a trickle of enquiries, a mountain of a man*). 그러나 은유는 또한 분리된 발언에서도 발견된다. 예를 들면 다음과 같다.

Very shortly we were struggling through **mountainous seas**
곧 우리는 산 같은 바다를 헤치고 나아가고 있었다

양화(量化)를 위해 작동하는 이러한 특질들의 조합은 표 3.8에 명시되어 있다.

표 3.8 양화를 위한 특질 조합들

분리된		융합된	
비유적이지 않은	비유적인	비유적이지 않은	비유적인
small ^ large ^ huge, a few ^ many 작은 ^ 큰 ^ 거대한, 약간 ^ 많은	mountainous seas 산 같은 바다	a crowd of party-goers, a profusion of pink 파티에 참석한 무리, 가득한 핑크색	mountain of a man, a trickle/stream of enquiries 산 같은 남자, 질문의 쏟아짐/흐름(빗발치는 질문들/흘러나오는 질문들)

3.21 세기(강화와 양화), 태도평가와 필자-독자 관계

이미 첫 장(1장 1.2.5절 참조)에서 간략하게 설명한 바와 같이, **세기**(**강화**와 및 **양화** 모두)는 텍스트 전반에 걸쳐 평가적 운율들이 설정될 때 해당 태도평가의 '볼륨'을 증가시키거나 감소시키면서 태도평가와 상호작용한다. 조율 및 친밀성과 관련된 효과가 있다. 태도평가의 상향-등급화는 종종 화자/필자가 진행하는 평가값의 위치에 최대한 전념하는 것으로 해석하여 독자를 그 평가값의 위치에 강하게 조율시키는 역할을 한다. 따라서, 예를 들어, 다음 발췌문에서, *unwise*의 상향-등급화는 필자가 입법부를 부정적으로 간주하는 공유된 가치를 가지는 커뮤니티에 최대한 헌신하는 것으로 해석한다:

[3.36] The legislature's **extremely** <u>unwise decision</u> to remove the cap on tuition increases at Ohio's colleges was accompanied by an even more reckless act. [www.cleveland.com/livelines/index.ssf?/livelines/more/060801.html]

[3.36] 오하이오 대학의 등록금 인상 상한선을 없애기로 한 입법부의 극도로 현명하지 못한 결정은 훨씬 더 무모한 행동을 동반했다.

하향-등급화는 종종 화자/필자가 참조되는 평가값의 위치와 부분적 또는 약화된 관계만을 갖는 것으로 해석하는 역효과가 자주 발생한다.

세기는 종종 중요한 태도평가적인 역할을 하는데 이는 명시적으로는 태도평가적이지 않은 의미들이 평가적으로 부과되는 것을 신호하는 역할을 하게 된다. 따라서 **세기**는 (기록과 반대로) 태도평가적 토큰이 해석되는 메커니즘 중 하나이다. 이 기능성은 이전에 몇 군데서 간략하게 언급되었다. 따라서 2장에서 우리는 다음 예시에서 나타나는 *smashed*로 전달된 융합된 강화를 살펴본 바 있다.

We took the traditional lands and **smashed** the traditional way of life.

우리는 전통적인 땅을 차지하고 전통적인 삶의 방식을 무너뜨렸다.

여기에서 *smashed*에 의해 전달되는 융합된 강화는 독자/청자에게 윤리적 이슈가 현재의 논점이라는 것을 알리는 역할을 한다. 그리고 위의 3.7.3절에서 언급한 바와 같이, 일부 명제의 객체화된 출처(예를 들면 *most linguists believe that …*)의 상향-등급화된 양화를 통해 간접적으로 그 명제를 매우 타당한 것으로 해석하는 것이 가능하다. (이 효과에 대한 자세한 내용과 논의는 Hood 2004 참조.)

강도평가를 위한 전체 시스템 네트워크는 그림 3.8에 제시되어 있다.

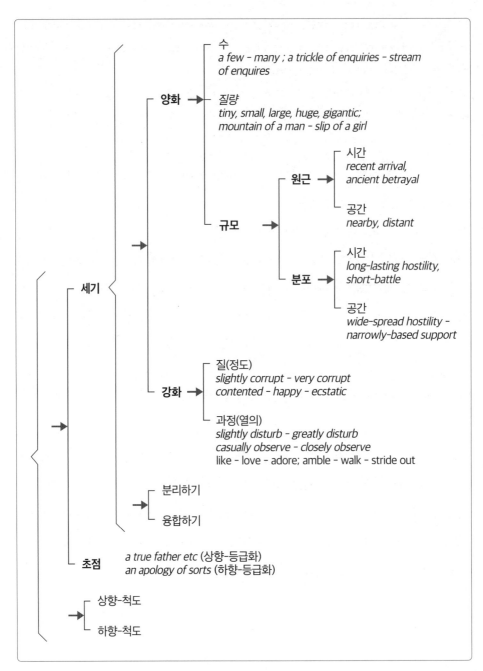

수
a few - many ; a trickle of enquiries - stream of enquires

양화

질량
tiny, small, large, huge, gigantic; mountain of a man - slip of a girl

시간
recent arrival, ancient betrayal

원근

공간
nearby, distant

규모

시간
long-lasting hostility, short-battle

분포

공간
wide-spread hostility - narrowly-based support

세기

질(정도)
slightly corrupt - very corrupt contented - happy - ecstatic

강화

과정(열의)
slightly disturb - greatly disturb casually observe - closely observe like - love - adore; amble - walk - stride out

분리하기

융합하기

초점

a true father etc (상향-등급화)
an apology of sorts (하향-등급화)

상향-척도

하향-척도

그림 3.8. 강도평가의 시스템 네트워크: 세기와 초점

체계기능언어학의 평가어, 평가하기

3.22 상호주관적 위치시키기 분석

이것으로 우리는 **개입평가**와 **강도평가**의 자원에 대한 개요를 마무리하겠다. 이 마지막 절에서는 전개되는 텍스트에 걸쳐 평가 방향이 구축될 때 이러한 의미들이 서로 간에 그리고 태도평가의 평가값과 어떻게 상호작용하는지 살펴볼 것이다. 비록 우리가 이 목적을 위해 사용하는 텍스트는 짧지만(이러한 다섯 개의 유사한 토막글로 구성된 신문 칼럼의 독립적인 토막글), 그럼에도 불구하고 **개입평가, 강도평가, 태도평가**가 맥락에서 상호작용할 때 관찰될 수 있는 일부의 키(key) 효과를 보여준다. 이 텍스트는 두 개의 인기 있는 영국 텔레비전 경찰 드라마인 Inspector Morse와 The Sweeney에 관한 것인데, 둘 다 배우 John Thaw가 주연을 맡았다. Inspector Morse는 1990년대에, The Sweeney는 1970년대에 상영되었다. 후자는 경찰 형사들의 실수와 그들이 종종 범죄자들을 체포하기 위해 노력한다는 사실 때문에, 시청자들에게 사랑을 받았던 캐릭터들(Thaw와 Denis Waterman이 연기한)을 아주 잘 묘사한 것으로 유명했다. 그 영화는 또한 영국의 경찰관들이 용의자들을 저지, 수색, 구금 및 체포하는 관행 법규에 대한 1984년 주요 개혁인 '경찰 및 범죄 증거법'에 대해서도 언급한다.

I KNOW *Inspector Morse* was supposed to be the pinnacle of the late John Thaw's career, but to my mind he never did anything better than Detective Inspector Jack Regan in The Sweeney. I still occasionally watch reruns on satellite TV. Even now, 25 years on, they remain wonderful - not least in their depiction of a proper police force in the days before the twin blights of the Police and Criminal Evidence Act and political correctness. [From a weekly column by Simon Heffer, *Daily Mail* - 23/02/02]

나는 고인이 된 John Thaw의 경력에 *Inspector Morse*가 정점이 되어야 한다는 것을 알고 있지만, 내 생각에 그는 *The Sweeney*에서 Jack Regan 형사의 역할보다 더 잘한 적이 없다. 나는 아직도 가끔 위성 TV에서 재방송을 본다. 25년이 지난 지금도 그들은 여전히 훌륭하다. 특히 경찰 및 범죄 증거법과 정치적 정당성이라는 이중고가 생기기 전의 경찰력을 적절하게 묘사했다는 점에서 특히 그렇다. [From a weekly column by Simon Heffer, *Daily Mail* - 23/02/02]

이러한 분석에서 우리는 핵심 명제가 단성적으로 또는 다성적으로 형식화되는지, 그리고 명제가 단성적으로 형식화된다면, 그것이 '당연하다고 여겨지는 것'인지 또는 '문제가 되는 것으로 취급되는지'에 관심이 있다. 다성적으로 형식화된 경우, 우리는 저자의 입장이 대화주의적으로 축소적인지 확대적인지에 광범위한 관심을 가지며, 그 다음에는 **개입평가**의 하위 유형, 해석된 어떤 조율의 성격 및 예상되는 반응에 더 면밀한 관심이 있다. **강도평가**와 관련해서는 그들이 어떤 의미에 적용되고, 그 평가값의 위치에 관여의 증가 또는 감소를 나타내는 역할을 하는지에 관심이 있다.

다음에서는 이러한 문제를 처리하는 명제 분석에 의한 명제를 제공할 것이다.

I know [축소: 동조] Inspector Morse was supposed [확대: 거리] to be the pinnacle [태도평가: 강화된 +정황평가] of the late John Thaw's career …

나는 고인이 된 John Thaw의 경력에 Inspector Morse가 정점이 되어야 한다는 것을 알고 있다…

was supposed to be에 의해, 필자는 (Inspector Morse가 John Thaw 경력의 정점이었다는) 명제를 불특정하지만, 아마도 꽤 광범위한 기반을 둔 외부 출처에 객체화시키는 동시에 그 명제와 **거리두기**를 한다. (여기서의 대조는 Inspector Morse is supposed to be the pinnacle [거리]와 Inspector Morse is seen as the pinnacle [인정] 사이에 있다.) I know에 의해, 그는 Inspector Morse에 대한 긍정적인 평가가 아니라, 이러한 견해를 가진 많은 사람들('가정'을 하는 사람들)이 있음을 알고, 이를 독자와 공유한다고 자신을 소개한다. 앞에서 언급한 바와 같이, 이러한 유형의 **동조**는 종종 **의외**의 전조이며, 이 경우 그들은 필자를 대조적인 평가값 위치에 대한 지점을 부득이 인정하는 것으로 제시한다. 이 경우는, 특히 I know가 supposed의 **거리두기** 효과와 연결하여 작용하기 때문에 양보적으로 읽힐 가능성이 높다. 대화주의적으로 확대적인 의미와 축소적인 의미의 조합에 의해, 필자는 John Thaw 경찰 드라마 중 어느 것이 최고인지에 대한 의견이 분분한 텍스트에 대한 다성적 목소리의 배경을 해석하고, 적어도 그의 독자 중 일부는 Inspector Morse를 Thaw의 최고 작품으로 꼽을 것으로 예상하면서도 그 자신은 이 견해에 동의하지 않음을 암시한다. 따라서 그는 이 문제에 대해 자신과 적어도 그의 해석된 청중 중 일부 사이의 비조율를 예상한다.

but [축소:의외] to my mind [확대: 판단유보] he never [축소:거부 / 강화하기: 상향된 부정] did anything better [태도평가 +정황평가 / 강화하기: 상향된 = 'the best'] than Detective Inspector Jack Regan in The Sweeney

그러나 내 생각에 그는 The Sweeney에서 Jack Regan 형사의 역할보다 더 잘한 적이 없다

접속사 *but*은 예상되는 **의외**를 제공함으로써, *Inspector Morse*보다 *The Sweeney*에 대한 필자 자신의 선호가 다소 예상에 어긋난다는 것을 암시하고 있다. 따라서 그는 자신의 취향이 '비정상적'이라는 것을 인정하면서 *Inspector Morse*를 선호하는 사람들을 위한 대화 공간을 만든다. 물론 **거부**(*never*)에 의해, 그는 실제로 Thaw가 *The Sweeny*에서보다 더 잘했다고 믿는 사람들과 자신의 비조율을 명시적으로 선언한다. 우리는 이 특별한 평가값의 위치에 대한 그의 조율의 경도를 나타내기 위해 사용한 강화적인 (*he didn't do*와 대조되는) *he never did*에 주목해야 한다. 결정적으로, 적어도 그의 예상된 청중 중 일부와의 이러한 비조율의 강화된 선언은 대화주의적으로 확대적인 *to my mind*에 의해 프레임이 짜여진다. 따라서 그는 이것이 Thaw의 다양한 작품에 대한 가능한 견해 중 하나에 불과하다는 것을 인정하고, 동시에 그가 언급하고 있는 것들이 자신의 견해를 공유하지 않을 수도 있다는 예상을 나타냄으로써, 그가 텍스트를 배치하는 현재의 대화에서 그러한 대화주의적 대안을 위한 공간을 마련할 수도 있다는 것을 의미한다.

> I still [축소: *의외*] occasionally [강화하기: *하향-조정된 빈도*] watch reruns on satellite TV.
> 나는 아직도 가끔 위성 TV에서 재방송을 본다.

여기에서 사용된 *still*은 필자가 그런 재방송을 가끔 보는 것을 어떤 식으로든 역-기대로 해석하고 있다. - 그것은 유명한 칼럼니스트 Simon Heffer와 같은 한 개인이 그들의 연령대를 고려하거나, 현재 '위성' 텔레비전에서만 볼 수 있다는 점을 감안할 때 그러한 프로그램을 시청하지 않을 것이라는 역-기대이다. 그 문장은 텍스트의 중심 평가적 문제와 관련하여 부수적인 것일 뿐이다. 그럼에도 불구하고, 그것은 자연스럽게 해석되고, 특히 오래된 텔레비전 프로그램의 시청과 필자의 시청 습관에 대한 특별한 기대를 시청자들에게 투영시키는 역할을 한다. 이와 관련하여 '정상적인' 행동이 무엇인지에 대해 일종의 가정을 공유하는 것으로 필자와 독자를 구성하고 있다.

> Even now, [축소: *의외*] 25 years on, they remain wonderful [태도평가 +정황평가]
> 심지어 지금도, 25년이 지났지만, 그들은 여전히 훌륭하다.

여기서 필자는 텔레비전 프로그램의 가치가 나이가 들면서 감소한다고 가정되는 미적 평가의 패러다임을 참조하고 청중에게 투영한다. *even*은 *The Sweeney's*의 '훌륭함'을 이 '규칙'에 대한 예상치 못한 의외로 제시해 필자의 평가에 대한 긍정성을 강화하고 있다. 동시에 Heffer는 자신의 높은 평이 다소 부적절하다는 점을 인정하고, 그다지 긍정적이지 않은 사람들과도 라포를 맺을 수 있는 여지를 열어두고 있다.

> not least in their depiction of a proper [강도 평가/초점: (경화(硬化)), 태도 평가의 토큰: +평범성] police force in the days before the twin blights [태도 평가 정황 평가(가치짓기 = 불건전)] of the Police and Criminal Evidence Act and political correctness. [이 필자에게, 태도 평가: -적절성]
> 특히 경찰 및 범죄 증거법과 정치적 올바름의 이중고 이전의 적절한 경찰력과 정치적 올바름에 대한 적절한 묘사에서 그렇다.

여기서 중요한 명제들은 이전에 영국이 '적절한' 경찰력을 가지고 있었지만, 더 이상 그렇지 않으며, 이것은 경찰 및 범죄 증거법과 정치적 올바름이 영국의 법 집행에 '암운을 가져왔기 때문'이라는 것이다. 이러한 방식으로 치안이 엉망이 되었다는 명제는 단성적 목소리로 나타나며, *the twin blights of*의 명사화를 통해 '당연한 것으로 여겨질 수 있는 것'으로 형식화된다. 이처럼 당연한 것으로 여겨짐은 치안 정책에 대한 매우 부정적인 관점을 텍스트의 의도 대상인 독자에게 문제가 없고 자명한 것으로 제시하는 역할을 하며 그리하여 필자와 의도된 독자 모두가 이 특별한 태도평가적 커뮤니티에 범주적인 멤버십을 갖는 것으로 해석하게 된다. 필자는 단성적 목소리를 통해 경찰 관행에 대한 이러한 변화에 대해 다른 견해를 가진 사람들(아마도 이를 구현하고 유지한 사람들)의 평가값의 위치를 어떤 식으로든 인식하거나 관여할 필요가 없다고 해석한다. 결과적으로, 그러한 반대 의견을 고수할 수 있는 사람들은 필자와의 가능한 친밀성에서 배제된다. 왜냐하면 그들은 필자와 매우 명백하게 대립할 뿐만 아니라, 그들의 관점은 그들을 텍스트가 스스로 구성하는 담화적 커뮤니티 밖에 두는 것이기 때문이다.

이 분석은 표 3.9에서 상향-등급화 **강도평가를 작은 대문자**로 표시하고 태도평가적 기록을 상자글로 표시함으로써 도식적으로 설명하고 있다. (이러한 기록들은 종종 강도평가와 관련된다.) 이 표는 필요에 따라 단락을 지그재그로 가로지르며 번호(왼쪽에서 오른쪽이 아님)를 따라 아래로 읽어야 한다.

표 3.9 Heffer 텍스트의 개입평가어 분석

다성적 목소리		단성적 목소리
확대	축소	
	(1) I know [동조] (1) 나도 안다	
(2) Inspector Morse <u>was supposed</u> [거리] to be the PINNACLE of the late John Thaw's career (2) Inspector Morse는 고인이 된 John Thaw의 경력의 정점이 될 것으로 예상되었다		
	(3) but [의외] (3) 그러나	
(4) <u>to my mind</u> [판단유보] (4) 내 생각에		
	(5) he NEVER [거부] did anything BETTER than Detective Inspector Jack Regan in The Sweeney (5) 그는 Sweeney에서 Jack Regan 형사보다 더 잘한 적이 없다	
	(6) I <u>still</u> [의외] occasionally watch reruns on satellite TV … (6) 나는 여전히 때때로 위성 TV로 재방송을 본다	
	(7) <u>Even now</u> [의외], 25 YEARS ON, they remain WONDERFUL <u>not least</u> [거부] in their depiction of (7) 심지어 지금도, 25년이 지났지만 그들은 특히 그들의 표현에 있어서는 여전히 훌륭하다	
		(8) a proper police force in the days before the twin BLIGHTS of the Police and Criminal Evidence Act and political correctness (8) 경찰 및 범죄 증거법과 정치적 올바름의 이중고와 이전의 적절한 경찰력과 정치적 올바름

따라서 이 짧은 텍스트는 조율/비조율의 두 가지 다소 다른 구성의 예를 보여준다. 첫 번째 구성은 필자와 청자 사이의 이분법적 배열로, 필자는 최고의 John Thaw 경찰 시리즈에 대해서 적어도 일부 독자들과 갈등을 빚을 가능성이 있다고 주장하면서 동시에 이러한 의견 차이에 직면하여 친밀성이 유지될 수 있는 근거를 제공한다. 두 번째 조율 구성은 삼분법적 배열이다. 필자와 독자는 소수자들에 맞서는 이러한 '정치적으로 올바른' 변화, 그것을 구현한 사람들의 '다름', 그리고/또는 이제 그들에게 유리하게 말할 수 있는 사람들에 대한 부정성에 함께 서 있는 것으로 제시된다. 첫 번째 사례에서 비조율 관계는 **거리**, **의외**, 그리고 **거부**의 평가값을 통해 해석되는 반면, 이러한 비조율 관계에 직면하여 친밀성의 근거는 **동조**와 **판단유보**의 사례를 통해 제공된다. 두 번째 사례에서, 필자와 독자 사이의 전반적인 조율은 경찰 및 범죄 증거법과 '정치적 올바름'을 향해 필자가 갖고 있는 부정성의 단성적 목소리, 당연한 것으로 여겨짐을 통해서 해석된다.

이러한 유형의 분석은 평가어 의미들이 분리된 평가값으로 작용하지 않고 통합된 의미 복합체의 요소로 작용하며 여기서 최종적인 수사적 효과는 어떤 조합과 순서에 의해 인위적으로 선택되었다는 것을 명확히 보여준다.

4

평가하기 키:
입장 취하기

4.1 도입

이전 장들에서 우리의 목적은 영어 내에서 평가하기 및 상호주관적 위치시키기의 자원에 대한 일반적인 설명을 제공하는 것이었다. 이번 장에서는 이러한 글로벌한 관점을 보다 지역적인 관점으로 전환한다. 우리의 관심은 텍스트 내에서 특정 유형의 평가하기와 입장이 선호되거나 전경화되는 반면, 다른 유형은 제한된 설정에서만 드물게 나타나거나, 또는 전혀 출현하지 않는 평가적 자원의 사용 패턴에 있다. 우리는 그러한 사용 패턴이 관련 텍스트 그룹 전체에서 반복 출현한다는 것을 시사하는 선행 조사 결과에 대해 보고하고, 평가적 위치시키기의 특정한 관습화된 '스타일(styles)' 또는 '체제(regimes)'가 작동한다고 가정한다. 우리는 이러한 '스타일'이나 '체제'가 특별한 수사적 효과와 관련될 수 있고, 특별한 저자의 정체성이나 가변적 개성을 구성한다고 결론짓는다. 우리는 주류 '중앙 일간지' 신문의 예시를 사용하여 일부 담화 영역에서 특별한 텍스트를 구성하는 규칙은 필자가 사용하는 평가적 스타일을 조절하여 강하게 작동한다는 것을 증명할 것이다.

본격적으로 논의를 시작하기 전에, 그러한 '스타일'이나 '체제'의 상태를 언어적 현상으로 간략하게 명확히 할 필요가 있다. 이 점에서 우리는 언어를 체계기능이론 내에서 발전된 사회-기호학적 시스템으로 보는 관점에 의존한다. 1장에서 우리는 체계기능언어학 프레임워크의 간략한 개요를 제공했다. 여기서는 이 평가하기 스타일의 개념과 관련된 측면에 더 구체적으로 초점을 맞출 것이다.

체계기능언어학은 언어를 의미-생성 가능성이나 선택항(의미-생성 잠재성)의 공통 기반 시스템으로 간주하며, 이러한 가능성은 개별 텍스트에 의해 현실화되거나 사례화된다. (Martin 1992b 또는 Halliday & Matthiessen 1999의 예를 참조하라) 개별 텍스트는 언어가 사용할 수 있는 선택항의 하위 집합만 활용하므로, 텍스트는 그러한 의미-생성 가능성 중 어떤 것을 취하는지에 따라 달라진다. 이러한 가변성은 텍스트가 사용되는 사회적 맥락의 주요 측면, 즉 커뮤니케이션에 참여하는 사람들의 사회적 역할과 관계, 커뮤니케이션 과정으로서의 텍스트의 성격, 그리고 참조하거나 규정하는 인간의 활동 또는 경험의 영역에 의해 조건화된다. 사회적 맥락의 이러한 측면에 대한 특별한 설정들은 텍스트에 의해 결정될 가능성이 높은 언어적 선택항을 결정한다. 사회적 맥락의 이러한 측면의 구성은 반복되는 경향이 있으며, 이에 따라 특별한 사회적 환경을 반영하기 때문에 텍스트가 결정하는 언어적 선택항의 구성도 반복되는 경향이 있다. 따라서 예를 들어 의사가 환자에게 사용하는 언어에서 관찰된 스타일의 유사성은 그러한 상담에서 작동하는 권력 관계의 일관성,

질병/의학적 치료의 주제 및 의사소통의 구어적, 즉흥적, 대면적 성격과 관련될 수 있다. 이렇게 맥락적으로 조건화된 언어 선택항의 구성을 '사용역'이라고 한다. 따라서 사용역은 의미-생성의 하위 잠재성으로 생각될 수 있다. 즉, 화자가 사용할 수 있는 의미-생성 선택항의 특별한 설정으로, 어떤 선택항은 결정될 가능성이 높고 다른 선택항은 결정될 가능성이 낮으며, 일부 선택항은 반복적으로 출현하는 반면 다른 선택항들은 그 사용이 극히 제한적이거나 전혀 사용되지 않을 것으로 생각될 수 있다.

따라서 체계기능언어학의 접근법은 언어를 의미-생성 잠재성의 관점과 개별 텍스트에서 그러한 잠재성의 사례화의 관점에서 언어 현상을 다양하게 바라보게 한다. 그것은 Halliday & Matthiessen(1999)에서 '사례화의 연속체'라고 부르는 것을 파악할 수 있도록 한다. 이 연속체의 한쪽 끝에는 의미-생성 잠재성의 일반화된 시스템으로 보는 언어가 있고, 다른 한쪽 끝에는 개별 텍스트에서 의미-생성 잠재성의 사례화로 보는 언어가 있다. 이 두 극단 사이에는 동일한 텍스트 유형 또는 사용역의 텍스트에서 관찰할 수 있는 일반화된 잠재성(하위 잠재성)의 상황-기반 설정을 관찰하는 유리한 관점이 있다. 따라서 표 4.1에서 보는 바와 같이 우리는 시스템/사례화 연속체를 따라 여러 지점에서 분석적 관점을 위치시킬 수 있다.

표 4.1 사례화의 연속체 – 시스템에서 읽기까지

1. 시스템 (언어에 의해 제공되는 글로벌 의미를 만드는 잠재성)

2. 사용역 (맥락적 변이형 또는 글로벌 의미-생성 잠재성의 하위 선택 – 특별한 의미-생성 선택항의 공기 또는 선택항의 공존 가능성에 대한 보다 완전히 제도화된 재구성을 포함함)

3. 텍스트 유형 (선택항 출현 확률의 유사한 구성을 가진 텍스트 그룹 – 덜 완전하게 제도화된 가능성의 구성을 포함함)

4. 사례 (개별 텍스트들 – 일반적으로 주어진 사용역의 하위 잠재성의 설정과 일치하는, 글로벌 의미 생성 잠재성의 실현)

5. 읽기 (청자/독자의 주관적으로 결정된 읽기 위치에 따른 텍스트에서의 의미의 이해)

Martin & Rose(2003)에 따르면, 우리는 텍스트 사례화를 사례화의 종점으로 보지 않는다. 텍스트는 그것이 받아들여지는 의미의 측면에서 종종 매우 제한적인 경우가 많지만, 그럼에도 불구하고 의미가 실제로 출현하는 것은 주어진 맥락에서 독자/청자의 해석을 통해서만 가능하다. 그리고 이러한 최종적 '읽기'는 물론 독자/청자의 텍스트에 대한 가정, 지식 및 평가값 시스템과 그들이 그 텍스트를 만드는 데 사용한 것에 따라 달라질 수 있다. ('읽기'에 대한 다양한 방향에 대한 자세한 설명은 2장 2.6절을 참조하라) 따라서 텍스트는 주어진 읽기에 의해서만 사례화되는 특별한 가능성을 갖는 (어떤 것들은 다른 것들보다 훨씬 선호되고, 따라서 더 가능성이 있을지라도) 가능한 의미들의 집합을 제공하는 것으로 볼 수 있다. 하나의 텍스트에 대해 다양한 사례화와 그에 따른 해석이 있을 수 있다.

이 장에서 우리가 고려하는 평가하기 언어의 스타일은 이 프레임워크를 참조하여 이해할 수 있으며, 지금까지 우리가 개략적으로 설명한 평가어 자원은 일반화된 시스템 잠재성 수준에서 작동하고, 현재 우리가 관심을 갖고 있는 평가하기 스타일은 사용역과 텍스트 유형 수준에서 자주 작동된다. 우리는 표 4.2에 잠재성/사례화의 연속체를 평가하기에 적용하는 과정을 개략적으로 설명할 것이다.

표 4.2 사례화의 연속체 - 평가하기

1. 평가어 (시스템) - 긍정적/부정적 관점 활성화하기, 세기/초점 등급화하기, 상호주관적 입장 교섭하기 등 평가적 의미를 만들기 위한 언어의 전체적 잠재성

2. 키 (사용역) - 잠재성을 만드는 전체적인 평가적 의미의 상황적 변이형들 또는 하위-선택들 - 일반적으로 특별한 평가적 의미 형성 선택항들의 출현 또는 선택항들의 공기 현상에 대한 확률들의 재구성

3. 입장 (텍스트-유형) - 텍스트 내에서 평가적 선택항들의 하위-선택들; 특별한 수사적 목적들과 저자의 가변적 개성과 관련된 주어진 '키' 내에서 평가적 선택항들의 사용 패턴들

4. 평가하기 (사례) - 텍스트의 평가적 선택항의 사례화

5. 반응 (읽기) - 청자/독자의 주관적으로 결정된 읽기 위치에 따라 텍스트의 평가적 의미들의 채택; 텍스트와의 상호 작용의 결과로 독자에 의해 활성화된 태도평가적 위치들

여기서 독자들은 우리가 시스템과 사례화/읽기의 극단 사이에 있는 두 가지를 분석하는 것의 장점, 즉 '키'와 '입장'을 분리하는 것을 제안하고 있음을 알게 될 것이다. 이를 통해 우리는 지금까지 평가적 스타일이라고 정의한 의사소통적/수사적 효과를 보는 두 가지 방법을 식별한다. '스타일'의 개념은 항상 일반화의 정도를 포함한다. 어떤 경우에는, 그 일반화는 상대적으로 많은 수의 텍스트를 구성하는 발언에 걸쳐 있을 수 있으며, 그 목소리는 제도적 환경에서 매우 일반적으로 반복된다. 우리는 이러한 종류의 평가적 선택항의 일반화를 '키(key)'라고 부른다. 키에서, 우리는 또한 상대적으로 적은 수의 텍스트에 대한 일반화를 기반으로 한 목소리 간의 더 섬세한 구별에도 관심이 있다. 이러한 하위-키들을 '입장(stance)'이라고 한다.

평가하기 '키(key)'의 개념을 살펴보는 것으로 시작하도록 하겠다. 우리는 먼저 저널리스트 담화의 맥락에서 논의를 진행한 다음 중학교 수준의 역사 교과서와 학생 글쓰기에서 평가하기 언어의 사용 패턴을 참조하여 간략하게 논의를 진행할 것이다. 우리는 영어로 된 뉴스와 시사 저널리스트, 이른바 '식자층' 또는 '중앙 일간지' 인쇄 매체(예: *The New York Times, The Times, The Guardian, The Sydney Morning Herald*, Reuters 통신과 Associated Press 통신과 같은 국제 유선 서비스, British Broadcasting Corporation의 온라인 출력물) 내에서 작동하는 세 가지 평가하기 키들이 있다고 제안한다. 이러한 키들을 '기자 목소리(reporter voice)', '기고자 목소리(correspondent voice)', '해설자 목소리(commentator voice)'라고 부른다. 그런 다음 우리는 Coffin의 연구에 따라서 중학교 역사에서 평가하기 의미의 유사한 구성의 작동을 살필 것이다. 마지막으로, 우리는 '입장'에 대한 질문으로 돌아가서 여러 논평 기사에서 관찰할 수 있는 평가하기 언어자원의 사용 패턴을 탐구한다.

신문에 게재되는 일반적인 맥락에서 인쇄 매체 뉴스 보도 텍스트를 관찰할 때, 우리는 일부 분류법이 이미 저널리스트들 사이에서 작동하고 있는 저널리스트 스타일 또는 양식이 있다는 것을 발견하게 된다. 이러한 구분은 '뉴스', '분석', '오피니언' 및 '논평'과 같은 라벨들로 표시되며, 이 라벨들은 개별 뉴스 항목 또는 신문 내 분할된 개별 섹션에 부착된다. '뉴스'로 지정된 섹션이 '논평/오피니언'으로 지정된 섹션보다 선행하는 것이 관례지만, 그 구분이 항상 절대적으로 유지되는 것은 아니다. '분석' 라벨이 붙은 텍스트는 '뉴스' 섹션과 '논평/오피니언' 섹션 모두에서 나타나는 경향이 있다.

Iedema, Fez, White의 선행 연구(Iedema 외 1994, White 1997, White 1998을 보라)와 우리의 진행 중인 연구에서 이러한 저널리스트 라벨이 언어적 특질과 일치하지는 않지만, 그럼에도 불구하고 사용에 있어서 평가어의 언어자원을 만드는 저널리스트 텍스트의 규칙성과 비공식적인 방식으로 라벨을 연관시키는 것이 가능하다는 것을 보여주었다. 저널리스트 글쓰기에서 '뉴스', '분석' 및 '논평/오피니언'이라는 저널리스트 범주와 느슨하게 연결될 수 있는 평가하기 키들을 식별할 수 있다. 이러한 키

---

58) [역자주] 기자, 기고자, 해설자의 통합 개념.

들에는 위에서 언급한 '기자 목소리', '기고자 목소리', '해설자 목소리'라는 라벨들이 지정되어 있다.

저널리스트 평가하기 스타일들의 이러한 분류법을 개략적으로 설명할 때, 우리는 위에서 언급한 Iedema 외 1994, White 1998의 선행 연구뿐만 아니라 저널리스트 텍스트의 소규모 말뭉치에 대한 우리의 정밀한 텍스트 분석에도 의존을 한다. 그 말뭉치는 다음과 같은 항목으로 구성된다:

1. 경찰 순찰 보도(사건과 사고)
   • 뉴스 페이지 10개 항목(통신사, BBC 온라인 및 중앙 일간지)
2. 범죄와 법원 보도
   • 뉴스 페이지 10개 항목(통신사, BBC 온라인 및 중앙 일간지)
3. 전쟁 보도
   • 뉴스 페이지 10개 항목(통신사, BBC 온라인 및 중앙 일간지)
4. 정치 보도
   • 뉴스 페이지 30개 항목; '분석' 섹션 또는 '정치부 편집 위원', '기고자' 또는 이와 유사한 기사 작성자의 이름을 지정하는 신문의 한 줄이 포함된 10개 항목(통신사, BBC 온라인 및 중앙 일간지)
   • 논평/오피니언/사설 페이지 15개 항목(중앙 일간지)

그 분석에서 **태도평가, 개입평가, 강도평가**의 평가값의 모든 사례들이 기록되었으며, 각각 식별된 평가값은 해당 하위-유형과 출처(저자 또는 일부 외부 인용 출처)에 대해 태그가 지정되어 있다.

이 분석을 통해 두 가지 유형의 패턴이 발견되었다. 먼저, 평가하기 의미의 하위 집합의 유무와 관련된 매우 규칙적인 패턴들이 있다. 이것은 위에서 '키'라고 언급했다. 키를 통해 말뭉치 안에 텍스트들을 명확히 그룹화할 수 있다. 이러한 규칙성은 비매개적으로(저자-출처 그대로) 기록된 **행위평가**의 유무와 비매개적으로 기록된 **행위평가**가 나타난 텍스트에서 **진실성**과 **적절성**의 **행위평가** 하위범주의 유무를 포함한다. 구체적으로, 그 말뭉치의 텍스트는 다음과 같은 그룹화로 구분된다. (1) 비매개적으로 기록된 **행위평가**가 없는 경우, (2) 비매개적으로 기록된 **사회적 존경**(평범성, 기량, 신뢰성)이 있지만 **사회적 인정**(진실성, 적절성)이 없는 경우, 그리고 (3) 비매개적으로 **사회적 존경**과 **사회적 인정**이 모두 있는 경우이다. 우리 말뭉치 데이터의 경우 키 유형에 따라 이러한 패턴화와 관련된 확률은 1 또는 0에 가까웠다. 따라서 우리의 텍스트 중 36개가 비매개적으로 기록된 **행위평가**의 사례가 없었고, 나머지 6개에는 한두 개의 사례만 있었다는 것이 발견되었다. 마찬가지로, 비매개적으로 기록된 **사회적 존경**을 규칙적으로 사용하면서도 비매개적으로 기록된 **사회적 인정**의 사례가 없는 11개의 텍스트가 있었고, 유사하게 **사회적 존경**을 지향하면서도 비매개적으로 기록된 **사회적 인정**의 사례가 한 번만 있는 추가적인 텍스트 3개가 있었다. 추가적으로, 이러한 패턴과 관련된 두 가지 우연성이 있었다. 의무에 대한 비매개적(저자-출처 그대로) 평가(예: *they should/must; it's necessary that*)와 저자 자신의 감정평가적인 반응들에 대한 보고는 비매개적으로 기록된 **사회적 인정**의 사례를 포함하는 텍스트에서만 나타났다. 따라서, 우리의 말뭉치에서, 비매개적으로 기록된 **사회적 인정**의 없음은 의무에 대한 비매개적인 평가나 저자 자신의 감정평가적인 반응에 대한 보고의 사례가 없다는 것을 예측하는 결정적인 변수이다.

두 번째 유형의 패턴[59]은 키들 사이의 범주적 차이가 아니라 키 유형에 따라 주어진 평가하기 의미가 덜 자주 또는 더 자주 출현하는 확률의 척도와 관련이 있다. 여기서 빈도는 주어진 키의 텍스트에서 그 의미의 사례가 나타나는지 여부와 주어진 텍스트에서 해당 의미의 사례의 수에 대한 문제이다. 이 두 번째 유형의 패턴화는 **정황평가**와 **강도평가**의 태도평가적 하위 유형과 **개입평가**의 평가값을 포함한다. 지면상의 이유로 우리는 주로 이 두 번째 유형의 패턴화의 예로서 **정황평가**를 포함하는 패턴에 초점을 맞출 것이며, **강도평가**와 **개입평가**의 패턴과 관련해서는 우리가 발견한 내용에 대한 간략한 요약만 제시할 것이다.

4.2.1 저널리스트 키들 – 태도평가에 관한 패턴화

우리 말뭉치 전체에 걸쳐 기록된 (명시적) **행위평가**의 출현에 대한 분석은 다음과 같이 대분류된다.

1. (그룹화 1) 저자-출처 그대로의(비매개적) 기록된 **행위평가**의 사례가 없는 텍스트 - 그러한 행위평가는 일부 외부 인용 출처에서 온 것이다. (말뭉치의 36개 텍스트, 모든 '뉴스 페이지' 항목).

2. (그룹화 2) 저자-출처 그대로의 기록된 **행위평가**가 어느 정도 규칙적으로 출현하는 텍스트 (33개 텍스트).

다음 발췌문은 이러한 두 그룹의 예를 보여준다. (기록된 **행위평가**의 사례들은 밑줄을 그어 굵게

---

59) [역자주] 입장(stance)

표시하였다.)

[4.1] - *grouping 1 (no explicit, authorially-sourced judgement)*
[4.1] - 그룹화 1(명시적인 저자-출처 그대로의 행위평가가 없는)

The families of British detainees at Guantanamo Bay are to take their fight for the men's release to the US with the help of the foremost American civil liberties group, they announced yesterday.

Guantanamo 수용소에 수용된 영국인 억류자 가족들은 미국 시민 자유 단체의 도움을 받아 미국으로의 석방을 위한 투쟁을 벌일 것이라고 어제 발표했다.

Politicians, campaigners and lawyers joined relatives of the prisoners to launch the Guantanamo Human Rights Commission at the House of Commons.

정치인, 운동가, 변호사들은 수감자들의 친척들과 함께 하원에서 Guantanamo 인권위원회를 발족시켰다.

Nine Britons and three British residents are among the 660 men who have been held at the American naval base in Cuba for more than two years without charge or access to lawyers. Another 11 Europeans, several from France, Sweden and Germany, are also detained at Camp Delta.

기소되거나 변호사의 동반 없이 쿠바에 있는 미 해군 기지에 억류되어 있는 660명의 남자들 중에 9명의 영국인과 3명의 영국 거주자들이 포함되어 있다. 또한, 프랑스, 스웨덴, 독일 출신의 유럽인 11명도 캠프 델타에 구금되어 있다.

'We have to speak not only to the courts of law but to the court of public opinion,' Nadine Strossen, the president of the ACLU, said. She said there was growing concern over the Bush administration's actions in the 'war on terror'. …

ACLU의 Nadine Strossen 회장은 '우리는 실제 법정에서뿐만 아니라 여론이라는 법정에서도 이야기해야 한다'고 말했다. 그녀는 '테러와의 전쟁'에서 부시 행정부의 행동에 대한 우려가 커지고 있다고 말했다. …

'It is plain and clear that the treatment of these 660 being held without charge, without access to a lawyer, without access to a court, **violates the most fundamental of human rights**,' said Philippe Sands QC, professor of law at University College, London. [*Guardian*, 21/01/04: 4]

런던 University College의 법학 교수인 Philippe Sands QC는 '이들 660명을 기소 없이, 변

호사의 동반 없이, 법원의 결정 없이 구금하는 것은 기본적인 인권을 침해하고 있음이 명백하다'고 말했다. [*Guardian*, 21/01/04: 4]

[4.2] - *grouping 2 (explicit authorial judgement)*
[4.2] - *그룹화 2(명시적인 저자의 행위평가)*

Two years ago today, Feroz Abbasi, a British citizen arrested in Afghanistan, was one of the first detainees to be transferred hooded, shackled and manacled by the US military to Camp X-Ray in Guantanamo Bay. His mother, Zumrati, who lives in Croydon, was informed about five days later - by the media. It took a further six days for a British government official to contact her. Significantly, she was assured that her son did not need a lawyer. Two years on, the British government has **betrayed the most fundamental responsibility** that any government assumes - the duty to protect the rule of law. **This abnegation of the essence of democratic government** goes much further than **a failure to protect the nine British citizens** who are incarcerated in this **legal black hole**. It is nothing less than a **collusion** in an **international experiment in inhumanity**, which is being repeated and expanded around the world. [*Guardian*, 10/01/04: leader pages - 24]

2년 전 오늘, 아프가니스탄에서 체포된 영국 국적의 Feroz Abbasi는 미군에 의해 두건을 쓰고 족쇄에 묶인 채 Guantanamo 만에 있는 Camp X-Ray로 이송된 최초의 수감자 중 한 명이었다. Croydon에 사는 그의 어머니 Zumrati는 약 5일 후에 언론을 통해 이 사실을 알게 되었다. 영국 정부 관계자가 그녀에게 연락하는 데는 6일이 더 걸렸다. 중요한 것은, 그녀는 아들에게 변호사가 필요없다는 것을 확신했다는 것이다. 2년이 지난 지금, 영국 정부는 어느 정부든지 보장하는 가장 근본적인 책임인 법치를 보호할 의무를 저버렸다. 민주 정부의 본질에 대한 이러한 포기는 이 법적 블랙홀에 수감되어 있는 9명의 영국 시민들을 보호하지 못한 것보다 훨씬 더 심각하다. 그것은 전 세계적으로 반복되고 확대되고 있는 비인간성에 대한 국제적 실험의 담합에 지나지 않는다. [*Guardian*, 10/01/04: leader pages - 24]

첫 번째 범주(그룹화 1)에서 출현하는 **행위평가**의 평가값은 항상 객체화를 통해 매개된다. (저널리스트 저자는 결코 직접적인 출처가 아니다.) 이는 [4.1] 발췌문의 마지막 단락에서 입증된다. 여기에서 억류자들에 대한 처우는 *violates the most fundamental of human rights*라는 평가적 명제가 *Philippe Sands QC*(University College, London 법학 교수)에 의해 객체화된다.

이와 대조적으로, 범주 2 텍스트는 비매개적(저자-출처 그대로) 행위평가를 규칙적으로 사용한다. 다시 말해 객체화되지 않은 맥락에서는 이 명제에 대한 책임성이 분명하게 저널리스트 저자에게 귀속된다. 이것은 위의 [4.2] 발췌문에서, 즉 정부가 국민을 *failed to protect*했고(부정적 **행위평가**: 기량의 사례), 정부가 *betrayed the most fundamental responsibility*했고, *in inhumanity*(부정적인 **행위평가**: 적절성의 사례)와 결탁했다는 행위평가를 전달하는 사람이 저자라는 것을 입증하고 있다.

행위평가의 토큰(간접적인 원래의도들)은 이 패턴에 관련되지 않으며, 두 텍스트 그룹 모두에서 자유롭게 출현한다. 따라서 저널리스트 저자는 발췌문 [4.1]에서 적절한 읽기 위치가 주어지면 미국 당국의 부정적 **적절성** 평가를 촉발할 수 있는 명확한 잠재성을 가진 묘사를 제공한다. 그/그녀는 9명의 영국인과 3명의 영국 거주자가 기소되거나 변호사의 접견 없이 구금되어 있다는 '사실상의' 정보를 제공한다. 그들의 구금 기간을 예상과 달리 *more than two years*로 규정하는 것이 특징적이다. [4.2]의 첫 번째 단락에는 많은 유사한 행위평가의 토큰들이 있는데, 예를 들어, 저널리스트 저자는 구금된 Feroz Abbasi 씨가 *hooded, shackled and manacled*된 채로 끌려가는 것을 묘사하기 위한 '사실들'을 조합하고 있다.

지금까지 우리의 연구는 비매개적 명시적인 **행위평가**(그룹화 1)에 대한 절대적 금지가 다른 분야보다 특정 저널리스트 영역에서 더 자주 작동한다는 것을 보여준다. 예를 들어, 그것은 일반적으로 경찰 순찰 보도와 법원 보도에서 작동하지만, 정치 보도의 맥락에서는 훨씬 덜 작동하는 것으로 나타났다. 따라서 우리 말뭉치에서 경찰 순찰 보도 10개 중 9개는 비매개적 명시적인 **행위평가** 사례가 없는 반면, 정치 보도 30개 중 12개만이 이러한 패턴을 따랐다. 우리는 이 평가적 키에 대해 '기자 목소리'라는 용어를 사용한다(Iedema 외 1994, White 1998에 따름). 이 라벨의 선택은 이 목소리와 '일반적 기자'의 저널리스트적 역할 - 가장 일반적으로 '하드 뉴스' 보도와 관련된 저널리스트적 기능 - 사이의 강한 연관성으로 동기화되어 있다

비매개적 **행위평가**가 규칙적으로 출현하는 두 번째 범주(그룹화 2)는 '필자 목소리'라고 불리며, 이 명칭은 '하드 뉴스' 보도의 보다 공식적인 '보도'와 미디어 '분석', '해설', '인간적 관심'과 관련된 다소 덜 공식적이고 개인화된 '쓰기' 사이의 일반적인 구별을 위해 라벨링하였다. 기자와 저자의 목소리 사이의 이 첫 번째 양방향의 구별은 그림 4.1에 도식적으로 나타나 있다.

→ 기자 목소리 (확률 0에 근접) 비매개적으로 기록된 **행위평가**가 없음
(기록된 **행위평가**가 있는 경우 외부 출처에 대한 객체화를 통해 매개화됨)
→ 필자 목소리 규칙적이고 비매개적으로 기록된 **행위평가**

그림 4.1 기자와 필자 목소리: 기록된 저자의 행위평가의 패턴들

'필자 목소리' 텍스트 내의 추가적인 구별은 발생되는 **행위평가** 평가값의 유형에 더 세심하게 주의할 때 관찰할 수 있다. 우리는 다음과 같은 차이를 알 수 있다:

1. **행위평가**의 어떤 평가값에 대해서도 제약이 없는 텍스트 - 평가값(**사회적 존경** 또는 **사회적 인정**)이 무엇이든지 간에 비매개적 맥락에서 출현할 수 있다(저자들은 모든 범주의 **행위평가** 선택항으로 자유롭게 평가할 수 있다); 그리고
2. **사회적 존경**의 **행위평가** 평가값이 비매개적 맥락에서 출현하지만, **사회적 인정**의 어떤 **행위평가** 평가값이라도 객체화된 맥락에서만 출현하는 텍스트(저자들은 **평범성, 기량** 및/또는 **신뢰성**에 대한 행위평가를 전달하지만 **진실성** 또는 **적절성**에 대한 행위평가는 전달하지 않음).

첫 번째 범주에서 태도평가적 평가값의 전체 언어 자원들은 명백한 공동-텍스트적 요구사항 없이 사용된다. 사실, 여기서만 우리는 저자가 자신을 대신하여 언어의 완전한 태도평가적 잠재성을 사용하는 저널리스트 텍스트를 관찰할 수 있다. 우리는 중앙 일간지 미디어 내에서[60] 이러한 평가 스타일이 일반적으로 논평, 오피니언 및 사설의 맥락에서만 발견된다는 명백한 이유로 이 그룹에 '해설자 목소리'라는 라벨을 부여하기로 한다. 위에서 논의한 발췌문 [4.2]는 이 '해설자 목소리' 범주의 예가 된다. 이 범주는 주로 **사회적 인정**의 평가와 관련이 있을 뿐만 아니라 사회적 존경의 평가에 대해서도 일부 언급을 하는 것이 일반적이다. 예를 들면, 다음과 같다.

Two years on, it is clear that the British government has **betrayed the most fundamental responsibility** [*-ve social sanction: impropriety*] that any government assumes - the duty to protect the rule of law. **This abnegation of the essence of democratic government**

60) 뉴스 보도에서 명시적인 저자의 **행위평가**가 규칙적으로 출현하는 타블로이드 미디어에서는 다른 매체와는 다른 여러 가지 텍스트 복합적인 관습들이 나타난다.

[-ve social sanction: impropriety] goes much further than **a failure to protect the nine British citizens** [-ve social esteem: incapacity] who are incarcerated in this legal black hole. It is nothing less than a **collusion** in an **international experiment in inhumanity** [+ve social sanction: impropriety] which is being repeated and expanded around the world.

2년이 지난 지금, 영국 정부는 어느 정부든지 보장하는 가장 근본적인 책임인 법치를 보호할 의무를 저버렸다[-사회적 인정: 부적절성]. 민주 정부의 본질에 대한 이러한 포기는[-사회적 인정: 부적절성] 이 법적 블랙홀에 수감되어 있는 9명의 영국 시민들을 보호하지 못한 것[-사회적 존경: 무-기량]보다 훨씬 더 심각하다. 그것은 전 세계적으로 반복되고 확대되고 있는 비인간성에 대한 국제적 실험의[+사회적 인정: 부적절성] 담합에 지나지 않는다.

두 번째 범주에 해당하는 텍스트(비매개적 **사회적 존경**이지만 비매개적 **사회적 인정**은 없거나 최소)는 담당 필자 및 기고자의 뉴스 페이지 분석과 비밀기자회견의 맥락에서 가장 일반적으로 출현하며 이 평가적 키는 결과적으로 '기고자 목소리'라고 라벨링되었다. 그것은 또한 매우 자주 뉴스 페이지 정치 보도의 '목소리'가 된다. 이러한 텍스트는 저널리스트 저자가 행위평가를 한다는 점에서 해설자 목소리 텍스트와 같지만, 저자가 **행위평가적** 평가값의 더 작은 레퍼토리로 제한한다는 점에서 그것들과 다르다. 다른 한편으로, 이것은 그러한 평가가 출현하는 경우 외부 출처에 객체화된 자료에서만 출현한다는 점에서, 기록된 **사회적 인정**과 관련하여 기자 목소리 텍스트와 유사하다.

이 '기고자 목소리' 키는 다음의 텍스트 분석을 통해 입증된다. 이는 2004년 초 당시 새로 임명된 영국 보수당 당수 Michael Howard의 '개인적 신념 성명' 발표와 관련하여 뉴스 페이지에 실린 정치 분석 기사에 관한 것이다. 보수당 대표의 성명인 '나는 남성과 여성이 모두 그들 가족의 건강과 부, 행복을 바라는 것은 당연하다고 믿는다(I believe it is natural for men and women to want health, wealth and happiness for their families)'는 일련의 선언 형식으로 구성되어 있다. 우리는 저자가 쓴 **행위평가**의 사례를 식별하지만, 이러한 사례들은 **행위평가**가 작용하는 더 일반적인 태도평가적 배경의 일부이기 때문에 저자의 **정황평가** 사례들도 살펴볼 것이다. 이와 같은 더 확장된 예시들은 **사회적 인정**보다는 **사회적 존경**에 대한 지향성이 본문 전반에 걸쳐 유지된다는 것을 보여주기 위해 아래에 포함되어 있다. 지면상의 이유로 전체 텍스트를 제공하지는 않지만 평가적 스타일 분석에 중요한 내용이 생략되지 않도록 주의를 기울였다.

[4.3] - *correspondent voice (analysis of correspondent voice text)*
[4.3] - *기고자 목소리 (기고자 목소리 텍스트의 분석)*

텍스트-분석 주석에 대한 키

… 원본 텍스트 중 일부가 생략되었음을 나타냄
밑줄 = 외부 출처로 객체화된 자료, 따라서 저자가 책임을 지지 않는 자료(저자의 목소리 분석에 포함되지 않음)
볼드 + 임펙트[61] = 저자의 (객체화되지 않은)기록된 **행위평가**
프랭클린 고딕체[62] 작은 대문자 = **정황평가**

MOST voters, if quizzed about Michael Howard, would list his role in the poll tax, getting **kebabbed**[1] by Jeremy Paxman on Newsnight,
대부분의 유권자들은 Michael Howard에 대해 질문을 받으면 인두세에서의 그의 역할을 나열할 것이고, 그들은 Newsnight의 Jeremy Paxman에게 난도질 당할 것이다.

and Ann Widdecombe's DEVASTATING[2] putdown that he had 'something of the night' about him.
그리고 Ann Widdecombe의 그에게는 '오늘 밤의 무언가'가 있다는 통렬한 혹평

But today we are treated to a new and SURPRISING[3] twist on the Howard image. In a 'personal credo', the Tory leader borrows the rhetorical style of John F Kennedy or Martin Luther King to set out a philosophy he says will underpin the next manifesto.
하지만 오늘날 우리는 Howard의 이미지에 새롭고 놀라운 반전을 접하게 되었다. '개인적인 신념'에서 보수당 지도자는 John F Kennedy나 Martin Luther King의 수사학적 스타일을 차용하여 다음 선언문을 뒷받침할 철학을 제시한다.

[1]kebbaded(난도질을 당했다)
-*행위평가: 기량 (사회자에 의해 'get kebbaded(난도질당했다)'는 것은 미디어를 다루는 데 있어 숙련도가 부족함을 보여주는 것이므로 부정적 기량임)*

[2]devastating putdown(통렬한 혹평) +*정황평가 ('putdown(혹평)'의) +행위평가: 기량('devastatingly put-down(통렬하게 혹평하기)'은 수사적 스킬의 예시)의 토큰으로 작용함:*

[3]surprising(놀라운) *정황평가(그러나 여기에서 'surprising(놀라운)'이 긍정적 의미를 전달하는 경우에만 - 그렇지 않은 경우 비일상적 및/또는 비인칭 감정평가어)*

---

61) [역자주] word에 있는 서체 중 하나.
62) [역자주] word에 있는 서체 중 하나.

Meanwhile, he uses his first keynote interview since becoming leader to talk about going to Beatles concerts (he saw them before they were **FAMOUS**[4] enough to top the bill) his early love of Elvis, and the **untimely**[5] death of his immigrant father from cancer. Mr Howard also tells how he challenged segregation in America's Deep South in the Sixties by choosing to sit beside a black person in a Greyhound bus. He invited his fellow passenger for a cup of coffee at a rest stop but was told it was impossible because blacks could not go into whites-only cafs. …

한편, 지도자가 되고 나서 그는 첫 번째 기조 인터뷰를 통해 비틀즈 콘서트에 간 것(그는 비틀즈가 너무 유명해져서 최고가 되기 전에 그들을 만나 보았다.), 엘비스에 대한 그의 어린시절의 동경, 그리고 암으로 이른 나이에 돌아가신 이민자였던 아버지에 대해 이야기를 했다. 또한 60년대 미국의 최남부지역에서 그레이하운드 버스를 타고 흑인 옆에 앉음으로써 인종차별에 어떻게 도전했는지를 이야기한다. 그는 휴게소에서 동료 승객과 커피를 마시려 했지만 흑인들은 백인 전용 카페에 들어갈 수 없기 때문에 불가능하다는 말을 들었다. …

Mr Howard is a more **passionate**[6] and **INTERESTING**[7] political personality than the product of Thatcherism he is often portrayed as.

Howard 씨는 종종 그가 묘사하는 대처주의의 산물보다 더 열정적이고 흥미로운 정치적 인물이다.

There is nothing **REMARKABLE**[8] about a politician trying to improve their public image by talking about their beliefs, tastes in films or youthful exploits.

정치인들이 자신들의 신념, 영화 취향 또는 젊은 시절의 활약상에 대해 이야기함으로써 대중에 대한 자신의 이미지를 개선시키려고 하는 것에는 주목할 만한 것이 없다.

Tony Blair **cornered the market**[9] in personality politics a decade ago, and his older **rival has a lot of catching up to do**.[10]

Tony Blair는 10년 전 인기 정치로 시장을 장악했고, 그의 나이 많은 라이벌은 따라잡기 위해 고군분투하고 있다.

But what is really **REMARKABLE**[11] about Mr Howard's move is the timing.

그러나 Howard의 행보에서 정말 주목할 만한 것은 타이밍이다.

[4]famous(유명해져서)
+행위평가: 평범성
[5]untimely(어린 시절에) -행위평가: 평범성(Howard로부터 객체화된 자료에는 물론 독자가 Howard를 긍정적으로 바라보는 위치를 갖게 하는 잠재성이 있는 +행위평가의 수많은 명백한 토큰이 포함되어 있다.

[6]passionate(열정적이고)
+행위평가: 신뢰성
[7]interesting(흥미로운)
+행위평가: 기량

[8]정황평가

[9]+행위평가: 기량

[10]-행위평가: 기량

[11]remarkable(주목할 만한)
+정황평가

January 2004 bears all the portents of being a MILESTONE[12] political month, with the Hutton inquiry report into the death of David Kelly and the rebellion over university fees coming in the space of four weeks.

[12]milestone(이정표) +정황평가: *사회적 가치짓기*

2004년 1월은 David Kelly의 사망에 대한 Hutton의 조사 보고서 이후 4주 간격으로 대학 등록금에 대한 반발이 나타나는 등 정치적인 이정표의 달이 될 많은 전조들이 나타났다.

The conventional wisdom of Tory MPs is that Mr Howard need only bare his claws in the Commons, unleash **his acid debating skills**[13] against the Prime Minister and the Tories cannot help but soar in the polls.

[13]acid skills(신랄한 기술)+ *행위평가: 기량*

Tory당 의원들의 일반적인 통념은 Howard가 하원에서 발톱을 드러내며 총리에 대하여 신랄한 토론 기술을 발휘하는 것만으로도 여론 조사에서 Tory당이 치솟을 수밖에 없다는 것이다.

The Evening Standard (London) 02/01/04

이러한 저널리스트 키의 세 가지 요소의 분류법은 그림 4.2의 도표에 나타나 있다.

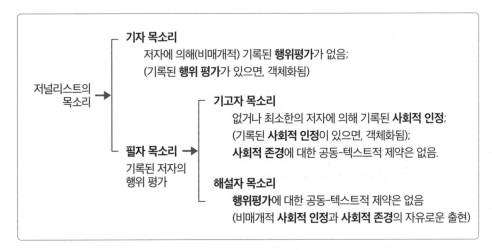

그림 4.2 저널리스트 키의 상세한 시스템

따라서 이 패턴화는 저널리스트 담화 내에서 평가적 의미-생성을 위한 언어의 글로벌 잠재력에 대한 세 가지 다른 구성/재구성 즉, 세 가지의 하위 잠재성이 있음을 시사한다. 해설자 목소리는 필자가 전체 범위의 **행위평가** 평가값을 이용할 수 있는 평가적 배열에 따라 작동하는 반면, 기고자 목소리와 기자 목소리 둘 모두는 접근 가능한 선택항이 더 적어지는 쪽으로 재구성된다. 기고자 목소리에서 저널리스트 저자는 비매개된 명시적인 **사회적 인정**에 대한 접근권이 없거나 매우 제한적이지만, 반면 기자 목소리에서는 모든 유형의 비매개된 명시적인 **행위평가**에 대한 접근이 축소된다. 이러한 관점에서, 기자 목소리와 해설자 목소리는 태도평가적 제한의 사례로서 함께 그룹화된다. 우리의 연구는 이러한 재구성이 이런 유형의 '중앙 일간지' 저널리스트 담화에 걸쳐 매우 규칙적이라는 것을 제안하고 있으며 말뭉치에서 다음과 같은 분류법을 제공했다:

- (기자 목소리) 36개의 텍스트에는 중간에 비매개적으로 기록된 **행위평가** 사례가 없는 반면, 나머지 6개 텍스트에는 한두 개의 사례만 있었다. 이 텍스트들은 모두 '뉴스'로 지정된 섹션에 위치했다.

- (기고자 목소리) 11개의 텍스트에는 저자-출처 그대로의 기록된 **사회적 존경**의 사례가 포함되어 있지만, 기록된 저자의 **사회적 인정**의 사례는 없었다. 추가적으로 5개의 본문에는 기록된 저자의 **사회적 존경**의 사례가 있었고, 기록된 저자의 **사회적 인정**의 사례는 한두 개에 불과했다. 이 텍스트들은 뉴스 또는 논평/오피니언으로 지정된 섹션에 다양하게 위치했다.

- (해설자 목소리) 17개의 텍스트에서는 규칙적으로 기록된 저자의 **사회적 인정**을 사용하였고 이들 모두에는 기록된 저자의 **사회적 존경**이 포함되어 있다. 이 모든 텍스트는 논평/오피니언 섹션에 있거나 '논평' 혹은 '분석'이라고 명시적으로 라벨이 붙어 있었다.

다른 태도평가적 하위 시스템(정황평가와 감정평가)과 관련된 패턴화는 다른 순서를 보였다. 저자-출처 그대로의 **정황평가**와 **감정평가**는 모두 기자 목소리의 기록된 **행위평가**와 기고자 목소리의 기록된 **행위평가: 사회적 인정**에 적용된 것과 같은 정도의 축소를 받지 않았다. 두 하위 유형 모두 세 가지 키에 걸쳐서 출현했다. 아마도 가장 중요한 것은, 비매개된 **감정평가**와 **정황평가** 모두 기자 목소리 텍스트에서 일정한 규칙성으로 출현한다는 것이다. 이러한 출현 패턴은 다음과 같은 '하드 뉴스' 사고 보도의 분석을 통해 입증된다. 이 텍스트에서, 기록된 **행위평가**의 모든 사례들은 외부 출처에 대한 객체화를 통해 매개되는 반면, 저자-출처 그대로의(비매개된) **정황평가**와 **감정평가**는 몇 개의 사례만 있다.

[4.4]: *Reporter voice Italian ski-lift disaster report, appreciation and affect analysis*
[4.4]: *이탈리아 스키-리프트 사고 보도의 기자 목소리, 정황평가와 감정평가 분석*

주석에 관한 키

- 매개적(객체화된) 자료는 <u>밑줄</u>
- 기록된 정황평가는 작은 대문자 (<u>밑줄 친 작은 대문자</u>는 객체화된 정황평가를 의미함)
- 기록된 감정평가는 *이탤릭체* (<u>*밑줄 친 이탤릭체*</u>는 외부적 출처에 의해 보고된 감정 평가적 반응을 나타냄)
- 기록된 행위평가는 **볼드 + 임펙트체**(<u>**밑줄 친 볼드 + 임펙트체**</u>는 객체화된 행위평가를 의미함)

Italian PM: Plane Was FAR TOO LOW[1]
이탈리아의 총리: 비행기는 너무 낮았다

CAVALESE, Italy (AP) – The U.S. Marine jet that severed a ski lift cable, plunging 20 people to their deaths, **violated Italian air safety regulations**[2] with its "earth-shaving flight" across a snowy hillside, the prime minister of this *angry*[3] nation said Wednesday.
CAVALESE, 이탈리아 (AP) – 스키 리프트 케이블을 끊어 20명을 사망에 이르게 한 미 해병대 제트기가 눈 덮인 언덕을 '땅을 깎는 비행'으로 이탈리아 항공 안전 규정을 위반했다고 그 분노한 국가의 총리가 수요일에 말했다.

The defense minister said <u>the American pilot should be prosecuted</u>, several KEY[4] lawmakers said <u>U.S. bases in Italy should be closed</u>, and Italian and American investigators started looking into the accident near Trento, about 90 miles east of Milan.
국방부 장관은 미국 조종사를 기소해야 한다고 말했고, 몇몇 주요 의원들은 이탈리아에 있는 미군 기지들을 폐쇄해야 한다고 말했고, 이탈리아와 미국 수사관들은 Milan에서 동쪽으로 약 90마일 떨어진 Trento 근처에서 사고를 조사하기 시작했다.

[저자의 평가하기는 볼드체로 표시함]
[1]객체화된 -정황평가: 가치짓기(해로움): 상황을 부정적으로 해석함으로 - 행위평가의 토큰으로 작용함(조종사의 과실 또는 무능에 대한 평가를 촉발하기)

[2]객체화된 -행위평가: 적절성

[3]**감정평가적 대응에 대한 저자의 보고**

[4]**저자의 +정황평가: 가치짓기(사회적 의의)**

'This is not about a low-level flight, but a **terrible act**,[5] a nearly earth-shaving flight, **beyond any limit allowed by the rules and laws**,'[6] Premier Romano Prodi told reporters.

Romano Prodi 총리는 기자들에게 "이것은 낮은 수준의 비행에 관한 것이 아니라 규칙과 법이 허용하는 어떤 한계를 넘어서는 끔찍한 행위, 땅을 깎는 비행"이라고 말했다.

Witnesses said the Marine EA-6B Prowler swooped through the valley just above the treetops on Tuesday. Its tail severed two, fist-sized, steel cables, sending a gondola full of European skiers and the operator to their deaths.

목격자들은 해병대 EA-6B Prowler가 화요일 나무 꼭대기 바로 위의 계곡을 급습했다고 말했다. 그것의 꼬리는 두 개의 주먹만한 강철 케이블을 끊었고, 유럽의 스키인들과 기계 운전 기사로 가득 찬 곤돌라를 죽음으로 몰았다.

Startled by an unusually loud boom, 66-year-old Carla Naia looked up and saw the jet 'coming at me at an incredible speed.'

평소와는 다른 큰 굉음에 놀란 66세의 Carla Naia는 고개를 들어 그 제트기가 '믿을 수 없는 속도로 나에게 다가오는 것'을 보았다.

'I've seen lots of planes and I've often cursed them,' the Cavalese resident said. 'But this one seemed **completely out of control**,[7] far lower and faster than the others.'

'저는 많은 비행기를 보았고 종종 그들을 욕했습니다.'라고 Cavalese의 주민이 말했다. '하지만 이것은 다른 것들보다 훨씬 낮고 빠르게 완전히 통제할 수 없는 것처럼 보였습니다.'

Residents of this valley have long complained about low-flying jets out of Aviano Air Base at the foot of the Italian Alps.

이 계곡의 주민들은 오랫동안 이탈리아 알프스 기슭에 있는 Aviano 공군기지에서 나오는 저공비행 제트기에 대해 불평해왔다.

[5]객체화된 -행위평가: 적절성(문법적 은유의 결과로 '행위'는 문법적으로는 '사물'이지만, 의미적으로는 '과정' 특히 인간의 행위를 말한다. 결과적으로 'terrible act(끔찍한 행위)'는 행위평가와 정황평가의 구분이 모호할 수 있다.)

[6]객체화된 -행위평가: 적절성

[7]객체화된 -행위평가: 기량

'We are fed up,'[8] said Mauro Gilmozi, the mayor of this PICTURESQUE[9] town of 3,600.
'우리는 진저리가 난다'며 3,600명이 사는 그림 같은 이 마을의 시장인 Mauro Gilmozi가 말했다.

"This **'Top Gun stuff'**[10] has got to stop."
"이런 '탑건 짓거리'는 멈춰야 합니다."
…

Anger[11] continued to build in Italy, an IMPORTANT[12] U.S. ally and home to seven MAJOR[13] U.S. military installations. U.S. flights over Italy have increased dramatically since the international intervention in Bosnia, one of Aviano's most IMPORTANT[14] jobs. ….
미국의 중요한 동맹국이자 7개의 주요 미군 시설의 본거지인 이탈리아에서 분노가 계속 쌓였다. Aviano의 가장 중요한 임무 중 하나인 보스니아에 대한 국제적인 개입 이후 이탈리아 상공에서의 미군 항공편이 극적으로 증가했다. ….

Foreign Minister Lamberto Dini *deplored*[15] the accident but said that it would not 'distort our alliances and our collective security structures.' Defense Minister Beniamino Andreatta took a HARSHER[16] line, demanding that the pilot be prosecuted. …
Lamberto Dini 외무장관은 이번 사고를 개탄하면서도 '우리의 동맹과 집단 안보 구조를 왜곡하지는 않을 것'이라고 말했다. Beniamino Andreatta 국방부 장관은 조종사를 기소할 것을 요구하며 더 강경한 입장을 취했다. …

(Associated Press 4/2/98)

[8]외부 출처에 의한 감정평가적 반응의 보고
[9]저자의 +정황평가: 질

[10]객체화된 -행위평가: 신뢰성(열광적, 불장난, 마초, 대안적으로 -적절성 - 범죄적인 부주의함 - '짓거리(stuff)'의 참조가 해결되는 방법에 따라 행위평가와 정황평가 사이가 모호해질 수 있다.)

[11]관찰된 감정평가적 반응에 대한 저자의 보고
[12, 13, 14]저자의 +정황평가: 가치짓기(사회적 중요성)

[15]외부 출처에 의한 감정평가적 반응의 보고

[16] 저자의 -정황평가: 질

그러나 우리의 데이터는 **정황평가**의 평가값이 기자 목소리에서보다 필자 목소리에서 더 자주 출현한다는 것을 시사하며, 우리가 위에서 설명한 바와 같이 출현 패턴의 어떠한 연속적 차이가 있다는 것을 보여준다. 구체적으로, 우리는 말뭉치에 다음과 같은 저자-출처의 **정황평가**의 출현 비율을 기록했다:

- 기자 목소리: 42개의 텍스트 중 35개로 500단어당 0.9에서 6.3 사이의 비율로 사례들을 포함하고 있다.

- 필자 목소리: 모든 텍스트에는 500단어당 1.6에서 11.3 사이의 비율로 사례들이 포함되어 있다.

저자가 그/그녀 자신의 감정적 반응을 묘사하고 있는지, 아니면 묘사되고 있는 사건에 대한 참여자의 감정적 반응을 보고하려고 하는 것인지의 여부에 주목하기 전까지는 **감정평가** 평가값의 사용에서 키 사이의 유의미한 차이의 패턴은 관찰되지 않았다(위의 [4.4]에 나타난 *Anger continued to build in Italy*의 경우처럼). (여기서 우리는 필자가 묘사된 사건의 일부 참여자에게 감정평가적인 반응을 투사하는 것(예를 들어 *this angry nation*)과 그들 자신의 감정을 보고하는 외부 출처(예를 들어 '*We are fed up,*' said Mauro Gilmozi.)를 구별한다는 점에 유의하라. 첫 번째 사례는 감정평가가 비매개적이고, 두 번째 사례에서는 매개적이다.) 필자들이 자신의 감정평가적인 반응을 보고하는 유일한 사례는 해설자 목소리, 즉 명시적으로 저자-출처의 **사회적 인정**을 포함하는 텍스트에서 출현했다. 예를 들면 다음과 같다.

It was, then, with **fury** that I returned home on Saturday to find my own country rumbling with the mumbles of the peaceniks.
그리고 나서 토요일에 집으로 돌아와 발견한 것은 분노로 가득 찬 평화주의자들의 불평으로 내 조국이 시끌벅적한 것이었다.

우리의 모든 기자와 기고자 목소리의 텍스트에서 그러한 의미들의 완전한 부재는 이러한 유형의 **감정평가**가 이 두 목소리에서 축소되는 의미 잠재성의 관습적인 재구성이 있음을 강하게 시사한다. 저자의 **감정평가**의 축소는 저자-출처의 **행위평가**의 축소와 함께 진행된다. 그러나 우리는 또한 이러한 유형의 저자의 **감정평가**는 우리 말뭉치에서 해설자 목소리 하위-그룹화의 특별한 규칙적인 특질이 아니라는 점에 주목한다. 그것은 해설자 목소리 텍스트 17개 중 4개에서만 출현하여, 낮은 빈도로만 발생했다.

태도평가와 관련된 세 가지 목소리의 개요는 그림 4.3에 나와 있다.

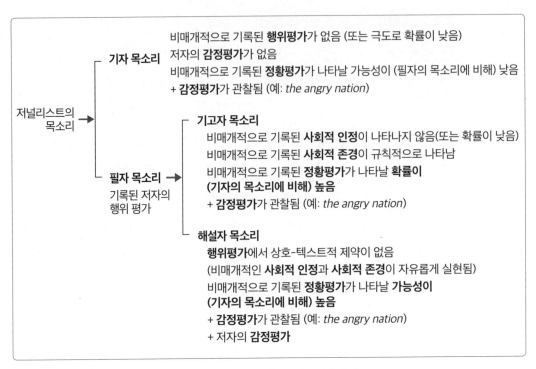

그림 4.3 저널리스트 키들 - 태도평가적 개요

우리의 데이터에서 비매개적인 **사회적 인정**과 저자의 **감정평가**에 동반하는 평가적 의미가 한 가지 더 있다. 즉, 의무에 대한 비매개적인 평가의 사례로 예를 들면 *It's necessary that …; the government must act to ensure*과 같다. 여기서 대인적으로 논점이 되는 것을 다루기 위해 우리는 언어의 정보적 기능과 행위적 기능 사이의 구별에 주의할 필요가 있다. SFL 내에서 절은 정보의 제 공 및 요청(진술 및 질문), 그리고 재화-&-서비스(명령 및 제의)의 제공 및 요청과 관련이 있는지 여부에 따라 분류된다. 정보 교환과 관련된 절을 '명제'라고 하며, 재화-&-서비스의 교환과 관련된 절을 '제 안'이라고 한다. (Halliday 1994: 71 참조) 명제는 성공적인 활용을 위해 언어적으로 해석된 의미의 교환만을 필요로 한다는 점에서 언어 영역에 전적으로 기반을 두고 있다. 대조적으로, 제안의 범위 는 종종 비언어적 행동을 목적으로 한다는 점에서 언어적 범위를 넘어선다. 그러므로 명령을 채택 함으로써 우리는 우리가 다루는 사람들의 행동을 통제하고 그들이 어떤 재화나 서비스를 제공하도 록 추구한다. 이러한 의미에서 제안은 이를 받은 사람들에게 특별한 행위를 유도하는 방향으로 향 한다는 점에서 '행위적'이다.

우리가 고려하고 있는 이러한 유형의 미디어 텍스트는 명백한 명령이나 제의를 포함하는 경우가 매우 드물다. 우리의 소규모 말뭉치에는 *let us not forget that*과 같은 메타담화적(metadiscursive) 지시명령을 제외하고는 아무것도 없었다. 그러나 미디어 텍스트에는 때때로 명령과 밀접한 관련이 있는 절 유형, 의무의 양상 표현들 및 관련 구조를 포함하는 절 유형이 포함되기도 한다. 예를 들면, 다음과 같다.

> What can an ordinary person do about a world turned on its head, where governments that claim to be democratic engage in repression, coercion and even torture on an international scale? **Everyone needs to protest - peacefully, but as loudly and as persistently as they are able**. Every act counts.
>
> 민주주의를 자처하는 정부들이 억압, 강요, 심지어 국제적인 규모의 고문에 참여하는 세상에 대해 평범한 사람이 무엇을 할 수 있을까? 모든 사람들은 평화적으로, 그러나 그들이 할 수 있는 한 크고 지속적으로 저항할 필요가 있다. 모든 행동이 중요하다.

이러한 형식들은 문법적 구조 측면에서 진술이지만, 발화 기능 측면에서 그것들은 명령의 간접적인 실현이다 - 그것들은 수신자 또는 제3자의 어떤 행동이나 반응에 대한 요구의 유형을 구성한다. 따라서 이들은 '정보적'이 아닌 '행위적'으로 분류될 수 있으며, 일반적인 제목인 '지시적' 아래에 직접적인 명령으로 분류될 수 있다. (의무의 양상 표현에 대한 자세한 논의는 3장 3.6.3절을 참조하고, 명령과의 관계는 Halliday 1994, 10장의 서법의 대인적 은유에 관한 절을 참조하라.)

우리의 데이터에서, 저자들은 **사회적 인정**의 **행위평가**를 내리는 텍스트에서만 (외부 출처에 의한 지시하기를 보고하는 것과 반대로) 그러한 지시하기를 제안한다. 저자의 지시하기는 해설자 목소리 텍스트에서만 출현한다. 기자 목소리 텍스트와 해설자 목소리 텍스트에서 지시하기가 출현하면, 외부 출처로 객체화된 자료에 포함된다. 우리는 다음 두 발췌문을 통해 이러한 출현/공기의 차이 패턴을 입증할 수 있다. 첫 번째는 위에서 분석한 기자 목소리 사고 보고서(여기서 모든 지시는 객체화를 통해 매개됨)이고, 두 번째는 다수의 비매개적 지시가 발생하는 해설자 목소리 텍스트이다. 지시하기는 굵은 글씨로 표시되어 있으며 저자-출처의 **사회적 인정**은 밑줄 친 작은 대문자로 표시된다. 외부 출처로 객체화된 자료는 대괄호 안에 포함되어 있다.

[4.5] - *reporter voice*
[4.5] - *기자 목소리*

Italian PM: [Plane Was Far Too Low]
이탈리아의 총리: [비행기는 너무 낮았다]

CAVALESE, Italy (AP) - The US Marine jet that severed a ski lift cable, plunging 20 people to their deaths, [violated Italian air safety regulations with its 'earth-shaving flight' across a snowy hillside], the prime minister of this angry nation said Wednesday.
CAVALESE, 이탈리아 (AP) - 스키 리프트 케이블을 끊어 20명을 사망에 이르게 한 미 해병대 제트기가 눈 덮인 언덕을 '땅을 깎는 비행'으로 이탈리아 항공 안전 규정을 위반했다고 그 분노한 국가의 총리가 수요일에 말했다.

The defense minister **said [the American pilot should be prosecuted]**, several key lawmakers **said [US bases in Italy should be closed]**, and Italian and American investigators started looking into the accident near Trento, about 90 miles east of Milan.
그 국방부 장관은 미국 조종사를 기소해야 한다고 말했고, 몇몇 주요 의원들은 이탈리아에 있는 미군 기지를 폐쇄해야 한다고 말했으며, 이탈리아와 미국 수사관들은 Milan에서 동쪽으로 약 90마일 떨어진 Trento 근처에서 사고를 조사하기 시작했다.

…

Foreign Minister Lamberto Dini deplored the accident but said that [it would not 'distort our alliances and our collective security structures.'] Defense Minister Beniamino Andreatta took a harsher line, **demanding that [the pilot be prosecuted.]**
Lamberto Dini 외무장관은 이번 사고를 개탄하면서도 '우리의 동맹과 집단 안보 구조를 왜곡하지는 않을 것'이라고 말했다. Beniamino Andreatta 국방부 장관은 조종사를 기소할 것을 요구하며 더 강경한 입장을 취했다.

[4.6] - *commentator voice*
[4.6] - *해설자 목소리*

A recent ruling by Federal District Judge Stanley Sporkin against the State Department sheds light on OFFENSIVE, racially BIASED visa policies used in the American consulate in São Paulo, Brazil, and other consular offices around the world. Instead of defending these policies, **the State Department should be working to eliminate them**.
최근 Stanley Sporkin 연방지방법원 판사가 국무부를 상대로 낸 판결은 브라질 상파울루 주재 미국 영사관을 비롯한 전 세계 영사관에서 사용되는 공격적이고 인종적으로 편향된 비자 정책을 조명하고 있다. 국무부는 이러한 정책들을 옹호하는 대신에 그것들을 제거하기 위해 노력해야 한다.

The case involved a Foreign Service officer, Robert Olsen, who was dismissed because he refused to follow 'profiles' used in the São Paulo office in rejecting non-immigrant visa applications. When there is evidence of a fraud ring operating among specific groups, a profile or checklist of characteristics can help alert consular officers to SHADY applicants. But it is another thing entirely to enforce a standing policy that denies tourist and business visas to people based on their race, ethnic background or style of dress.

이 사건은 상파울루 사무소에서 비이민 비자 신청을 기각할 때 사용되는 '프로필'을 따르기를 거부하여 해고된 외교관 Robert Olsen과 관련이 있다. 특정 그룹 사이에 사기 조직이 활동하고 있다는 증거가 있는 경우, 특정 인물들의 프로필 또는 체크리스트는 영사관 직원에게 수상한 신청자를 경고하는 데 도움이 될 수 있다. 그러나 인종, 민족적 배경 또는 복장 스타일에 따라 관광 비자와 사업 비자를 거부하는 상시 정책을 시행하는 것은 완전히 다른 문제이다.

…

The Government argues that these generalized stereotypes are used to increase scrutiny, and do not necessarily lead to the denial of a visa. But even that difference places a heavy, UNJUST burden on some applicants that other applicants of non-suspect races do not face. Judge Sporkin ruled that [these profiles were illegal under Federal immigration law, and that the termination of Mr. Olsen for refusing to use these profiles was improper]. The case has been remanded to the Foreign Service Grievance Board, **which should reinstate Mr. Olsen to his job. Consulates need discretion in determining who gets a visa, but those decisions should be based on objective and fair criteria**. The need for busy Foreign Service officers to rely on shorthand lists is understandable, but does not justify the REPREHENSIBLE use of factors like ethnic background. Foreigners have no legal recourse if they are UNFAIRLY denied a visa, but it OFFENDS THE SPIRIT OF FAIRNESS to carry out a DISCRIMINATORY policy in consular offices that Americans would not tolerate at home.

정부는 이러한 일반화된 고정관념이 정밀한 조사를 강화하는 데 사용되며, 반드시 비자 거부로 이어지는 것은 아니라고 주장한다. 그러나 그러한 차이조차도 일부 신청자들에게는 혐의가 없는 인종의 다른 신청자들은 직면하지 않는 무겁고 부당한 부담을 준다. Sporkin 판사는 이 프로필들은 연방 이민법에 따라 불법이며, 이 프로필들의 사용을 거부한 Olsen 씨의 해고는 부적절하다고 판결했다. 이 사건은 외무부 고충처리위원회로 이송되었으며, 이 위원회는 Olsen 씨를 원직에 복직시켜야 한다. 영사관은 비자 발급 대상자를 결정할 때 재량권이 필요하지만, 그러한 결정은 객관적이고 공정한 기준에 근거해야 한다. 바쁜 외교관들이 속기 목록에 의존해야 할 필요성은 이해할 수 있지만, 인종적 배경 등의 요인들과 같은 비난할 만한 요인을 사용하는 것이 정당화될 수는 없다. 외국인들은 비자가 부당하게 거부당할 경우 법적 수단이 없지만, 미국인들이 본국에서 용납하지 않는 차별 정책을 영사관에서 수행하는 것은 공정성의 정신에 어긋난다.

따라서 중앙 일간지 저널리스트 담화 내에서는, 저자의 지시하기를 포함하는 텍스트도 저자의 **사회적 인정**을 포함할 가능성이 높으며, 저자의 **사회적 인정**을 포함하지 않는 텍스트도 저자의 지시하기를 포함하지 않을 가능성이 높은, 출현/공기 확률의 재설정이 이루어진다. 이러한 연관성의 패턴은 아마도 수사적 목적의 차이를 참조하여 부분적으로 설명할 수 있다. 많은 해설자 목소리 텍스트는 권고적 설명의 형태를 취한다. 그것들은 독자들에게 어떤 조치를 취해야 할 필요성을 설득하는 것을 목적으로 하고 있으며, 그에 따라 최소한 저자의 지시하기를 어느 정도 사용하고 있다. (위의 [4.6] 발췌문은 이러한 유형의 예를 보여준다.) 이와 대조적으로, 기자 목소리 텍스트들과 많은 기고자 텍스트들은 논쟁하거나 설득하는 것이 아니라 보도하거나 묘사하기 위한 역할을 수행한다. 따라서, 그것들은 저자의 지시하기가 필요하지 않다. 그러나 이것은 부분적인 설명에 불과하다. 기고자 목소리 텍스트들은 항상 사건들을 묘사하는 것이 아니며, 이것은 이러한 사건들도 평가한다는 점을 고려할 때 놀라운 일은 아니다. 예를 들어, 위의 [4.3] 발췌문에서, 우리는 Tory당 지도자의 개인적 성명서의 공개에 대해 보고하고 또한 그 발표가 자기 당의 운명의 부활을 가리키고 있다는 주장을 모두 제공하는 기고자 목소리 텍스트를 볼 수 있다. 따라서, (특정 행동이 취해질 것을 요구하는) 권고적 논쟁이 기고자 목소리 스타일로 수행되어서는 안 될 즉각적이고 명백한 이유는 없다. (**사회적 인정**과는 반대로) **사회적 존경**을 지향하는 텍스트들이 또한 저자의 지시하기를 포함하지 말아야 할 명확한 이유도 없다.

이러한 공기 패턴에 대한 대안적 설명은 (의무의 양상 표현으로서의) 지시하기와 **사회적 인정**의 평가값 사이의 근본적인 의미적 관련성에서 찾을 수 있으며, 이는 우리가 2장 2.3절에서 설명한 관련성이다. 여기서 개략적으로 설명한 바와 같이, **사회적 인정**의 평가값, 특히 **적절성**의 평가값은 의무의 근본적인 양상적 평가값의 어휘화와 관련되어 있다. *The government must act in this way*와 *It is right/proper/fair that the government act in this way* 사이에는 문법적 은유와 어휘화를 통한 명백한 관련성이 있다. 따라서 의무의 양상 표현들(지시하기)은 '인정' 행동에 대한 행위의 **적절**

성과 **진실성**의 태도평가적 평가값과 같은 것이다(Martin 2000b를 보라). 중앙 일간지 저널리스트 담화 내에서, 태도평가적 평가를 통해서든, 지시하기(의무의 양상 표현들)를 통해서든 이러한 '인정하기'의 기능은 저널리스트의 한 가지 역할인 해설자 역할에 국한된 것으로 보인다. 기고자 목소리의 필자는 논쟁하고 평가할 수 있지만, 그들은 일반적으로 '인정하기'의 두 가지 모드를 하지 않는다.

그림 4.4는 이 '인정하기' 기능을 참조하여 작동하는 저널리스트 목소리들 사이의 관계를 나타낸다.

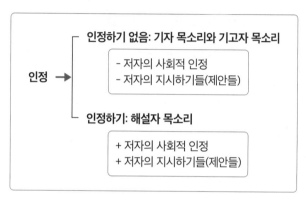

그림 4.4 저널리스트의 목소리와 저자의 인정

4.2.2 저널리스트 키 – 연속적 구별들

따라서, 저자의 기록된 **행위평가**와 의무 평가의 패턴화는 언어의 글로벌 평가적 의미를 만드는 방법에 대한 잠재성을 재설정하며, 우리들의 데이터에서는 높은 확률로 작동한다. 또한 위에서 언급한 바와 같이, '기자', '기고자', '해설자'라는 세 가지 저널리스트 역할과 관련이 있지만, 명확하게 제한된 구별이 아닌 연속체적 경향으로 작용하는 패턴들도 있다. **정황평가**의 평가값과 관련된 그러한 패턴화 중 하나는 이전의 논의에서 예시되었다.

우리의 분석에 따르면 **강도평가**와 **개입평가**의 하위 유형을 포함하는 몇 가지 유사한 연속적이고 확률적인 패턴들이 확인되었다. 지면 관계상 아래에 개략적으로만 이것들을 언급하기로 한다. (저널리스트의 목소리에 대한 자세한 설명은 White 1998을 참조하라.)

- '문법적', '독립' **강화어**(예: *somewhat, slightly, quite, rather, very, fairly, extremely* 그리고 *greatly*)는 해당 기고자 목소리와 해설자 목소리 텍스트에서보다 기자 목소리 텍스트에서의 비객체화된 맥락에서 덜 빈번하게 나타났다.

- 과정들의 '융합' 강화어(예: *the ski lift **plunged**, the Marine EA-6B Prowler **swooped**, prices **sky-rocketed***)는 필자 목소리 텍스트보다 기자 목소리 텍스트에서 더 빈번하게 나타났다.

- **객체화**(일반적으로 **인정**, 그러나 **거리**도 포함)는 세 가지 목소리(다른 목소리와 담화를 매개하는 저널리스트의 기능과 관련하여)에 걸쳐 규칙적으로 출현하지만 기자 목소리에서 가장 빈번했고, 해설자 목소리에서는 가장 드물었다.

- **판단유보**의 평가값(예: *may, perhaps, it seems, arguably, evidently*)은 필자의 목소리보다 기자의 목소리에서 훨씬 더 낮은 빈도로 출현한다(비객체화된 맥락에서).

- **거부**(비객체화된 맥락에서): 필자의 목소리(예: 해설자 목소리 비율이 500단어당 4.5~9.8개의 사례)에서보다 기자의 목소리(42개의 기자 목소리 텍스트 중 14개에만 사례가 포함되어 있으며, 500단어당 0.6~1.2개의 사례 비율)에서 덜 빈번하게 나타났다.

- 그 의미가 절 사이의 논리적 연결(예: *however, although, yet, but*, 등의 접속사에 의해)로 실현되었을 때, **의외**의 평가값과 관련하여 유의미한 패턴이 발견되지 않았다. 우리가 *only, still, just, even*과 같은 역-기대적 소사(小辭)들을 고려할 때 중요한 패턴이 나타났다. 사례는 기자 목소리 텍스트 중 3개에서만 발견되었으며 낮은 비율로 출현했다(500단어당 0.9개 이하). 대조적으로, 그것들은 기고자 목소리 텍스트의 거의 절반과 해설자 목소리 텍스트의 두 개를 제외한 모두에서 출현했다. 필자 목소리 텍스트에서 500단어당 비율은 기자 목소리 텍스트보다 훨씬 높았다.

- 기자의 목소리 텍스트의 비객체화된 맥락에서 **공표**의 사례는 출현하지 않았다(예: *the truth of the matter, I contend* … 등). 여기에는 두 필자의 목소리와 분명한 대조를 보였는데 **공표** 평가값이 해당 목소리 텍스트보다 해설자에서 훨씬 더 자주 출현했다. 우리는 또한 그 기자-목소리 그룹에서 **동조** 평가값의 사례(*of course, naturally, predictably*)는 찾지 못했는데, 이러한 평가값들은 두 목소리에 걸쳐 대략 동일한 비율로 출현하는 그 필자 목소리 텍스트와 다시 한 번 명확한 대조를 보였다.

- **보증**의 평가값('*they demonstrated that* …' 등)은 세 가지 목소리에 걸쳐 출현한다.

이 분석을 통해 우리는 저널리스트 담화의 평가적 스타일 또는 키를 구성하는 언어적 규칙성과 경향의 특이성을 어느 정도 설명할 수 있다. 우리는 그 목소리들이 시스템의 의미를 만드는 잠재력의 특별한 재구성을 포함한다는 것을 발견했다. 이러한 재구성을 통해 다양한 유형의 **태도평가어, 강도평가어**와 **개입평가어** 출현에 대해 명확하게 다른 확률을 설정한다. 이러한 서로 다른 구성을 서로 다른 저자의 존재와 서로 다른 잠재적 수사 효과와 연관시키는 것이 가능하다. 예를 들어 기자의 목소리는 저자의 주관적 역할이 배경으로 멀어지는 전략적인 비개인화 방식으로 볼 수 있다. 우리는 이 방식이 저자의 **행위평가**와 의무의 평가를 사실상 금지하는 한편, 이것은 융합을 통한 **강화**를 강력하게 지지하고, 기록된 저자의 **정황평가**의 사례를 허용한다. 또한 제3자의 **감정평가적**인 반응을 보고하거나, 절과 절 사이의 관계로 해석되는 역-기대에 대한 평가, 외부 출처의 관점에 대한 **거리두기**와 **보증**을 허용한다. 또 기자 목소리는 **행위평가**의 토큰을 빈번하게 사용하는 것으로 나타난다. 따라서 이것은 사회적으로 인정받고 존경받는 의미의 회피를 통해 자신을 '사실적'이고 '중립적'으로 표현함으로써 이상적으로 작동하는 한편, 동시에 **개입평가, 강도평가** 그리고 다른 유형의 **태도평가**와 **행위평가** 토큰의 평가값의 선택적 사용을 통해 독자를 위치시키기 한다. 이 이상성(理想性)의 효과에 대한 증거는 '질(quality)'의 저널리즘이 '객관적'이고 평가적으로 공정하다는 상식적인 견해가 지속되고 있는 데서 찾을 수 있다. 기고자 목소리와 해설자 목소리의 구별은 필자가 도덕적 판단을 내리는 것을 포함한 평가적 의미들의 모든 범위를 사용하도록 허용되는 담화적 역할과, 또한 여전히 명시적으로 평가적일 수 있도록 허용되지만 태도평가적으로 크게 제한된 담화적 역할을 구별함으로써, 주류 미디어 조직 내에서 자연스럽게 힘의 위계를 맞추는 역할을 하고 있다.

4.3 중학교 역사 교과의 평가하기 키와 담화들

이제 제도와 담화 영역을 가로지르는 키의 작동 방식을 논하기 위해 역사 교과의 평가적 키에 대해 간단히 고찰해 보겠다. 여기에서는 Caroline Coffin의 연구에 의거하여 그 결과를 보고할 것이다. - Coffin 1997, 2000, 2002 참조. 그녀의 호주 중등학교 역사 교실(학생들의 글쓰기와 교과서)의 언어에 관한 연구에서, Coffin은 평가어 값의 사용과 관련하여 몇 가지 구별되는 (전형적인) 패턴이 있다는 것을 발견하고, 그녀가 조사한 고등학교 졸업 자격(HSC) 학생 텍스트는 이러한 패턴을 바탕으로 묶여진다고 결론지었다(Coffin 2002:513-518). 이러한 패턴에 기초하여 그녀는 저널리스트 담화의 시스템과 상당히 밀접하게 연관되는 중등학교 역사 교과에서 작동하는 키 시스템이 있다고 결론지었다. 이러한 패턴화는 비매개적으로 기록된 **행위평가**와 비매개적으로 기록된 **정황평가**의 평가값의 출현과 빈도가 포함되어 있으며, 특히 **정황평가**의 하위 범주인 **사회적 가치**는 중요성, 현저성, 유효성 등의 평가가 이루어지는(예를 들어 *key, major, important*) 평가값을 포함하고 있다. 역사 교과에서

Coffin의 키의 분류는 그림 4.5에 나와 있다.

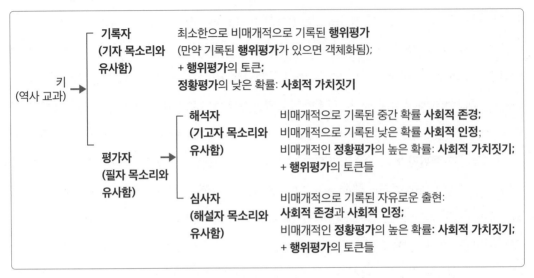

그림 4.5 역사 교과의 키들 - 네트워크를 재론함

　　Coffin에 의하면, 기록자 키(명백한 저자의 태도가 아닌 토큰을 통한 **행위평가**)는 텍스트의 **행위평가** 토큰이 그러한 사건에 대해 독자를 태도평가적이고 이상적(理想的)으로 위치시키기 위해 은밀하게 작동하더라도, 필자는 과거 사건에 대해 논쟁적이지 않고 '사실적'인 설명을 제공하는 것으로 작용한다. 따라서 이 키는 필자가 작가의 세계관과 일치한다고 가정한다. 대조적으로, 두 평가자 키(해석자와 심사자)에서 필자는 '훨씬 더 넓은 시야의 세계관을 가지고 있어' 사람과 현상을 판단하고 평가하는 측면에서 훨씬 더 간섭적이다(Coffin 2002: 518).

　　Coffin은 그녀의 말뭉치의 교과서 예들에서 일반적으로 텍스트의 각각의 단계는 각각의 다른 키와 연관되어 있다는 것을 발견했다. 따라서 역사적인 일화의 도입 단계는('배경'과 '사건의 기록' 단계) 기록자 키로 작성되는 경우가 많았으며, 이는 마지막 수사학적으로 중요한 '추론' 단계에서 출현하는 평가자 키들 중 하나(일반적으로 심사자)로 변경된다고 하였다(Coffin 1997: 207).

　　Coffin은 또한 HSC 수험생들이 받은 등급과 그들이 평가를 위해 제출한 에세이에 사용된 키 사이에 밀접한 상관관계가 있다는 것을 알아냈다. 기록자 키로만 작성된 텍스트(평가자 키로 전환되지 않음)는 일반적으로 '표준 평균 범위' 등급을 받은 반면, '표준 우수 범위' 등급을 받은 에세이는 평가자 키를 사용하는 경우가 많았다(Coffin 2002: 515-516).

　　Coffin의 연구는 전통적이고 정규화된 패턴에 따라 언어의 평가적 의미 형성 잠재력을 재구성하는 것이 일반화된 현상이며, 이것은 담화 영역 전반에 걸쳐 광범위하게 관찰될 수 있다는 것을 보여주고 있다. 또한, 서로 다른 제도적 영역의 평가적 키를 연결하는 공통점은 있을 수 있지만, 키의 평가적 개요는 사회적 맥락과 해당 맥락의 특정적 대인적 관심사에 따라 달라질 것으로 예상된다는 것을 보여준다.

평가적 키에 대한 추가적인 논의에 대해서는 특히 텍스트 내의 키 변경과 관련하여 Rothery와 Stenglin의 연구 및 서사적 장르에 대한 Macken-Horarik의 연구(Rothery & Stenglin 2000, Macken-Horarik 2003)를 참조하라.

4.4 입장 [63]

앞에서 설명한 바와 같이(1장 1.2.6절과 4.1절 참조), 사례화는 날씨(텍스트)와 기후(문화의 일반적인 기호)를 매개하는 척도가 된다. 이 절에서는 키에서 입장으로 척도를 하향조절하고 해설자 목소리 내에서 취할 수 있는 다양한 평가적 위치를 살펴볼 것이다. 우리는 이 키에 포함될 수 있는 모든 가능성을 나열하려는 것은 아니다. 왜냐하면 현재 우리는 이 키와 관련된 입장의 범위가 무엇인지 거의 알지 못하기 때문이다. 우리의 의도는 평가적 의미의 다른 구성을 설명하는 것이며, 여기에서 각 구성은 행동의 사회적 인정을 다루는 보완적인 방식으로 관련되어 있다.

우리가 고려할 처음의 두 가지 텍스트는 잡지 *Granta: the magazine of new writing*에서 '우리가 미국에 대해서 생각하는 것: 24명 필자의 에피소드 및 오피니언'이라는 제목에서 가져온 것이다. 첫 번째는 Harold Pinter의 글로, 아래에 제시되어 있다. 우리는 대부분의 논의를 9/11 사건에 대한 미국의 반응을 다루는 텍스트의 두 부분으로 한정하고자 한다.

---

63) [역자주] '입장은 구체적인 텍스트에서 특별한 수사적 목적이나 의사소통적 목적을 위해서 사용되는 평가하기 유형들의 조합 패턴'으로 정리될 수 있다. 이것이 특정인의 개인어로 굳어지면 '개인 평가어'가 된다.

[4.7] *Harold Pinter* - Britain[64]

[4.7] *Harold Pniter* - 영국

On September 10, 2001 I received an honorary degree at the University of Florence. I made a speech in which I referred to the term 'humanitarian intervention' - the term used by NATO to justify its bombing of Serbia in 1999.

2001년 9월 10일 나는 피렌체 대학교에서 명예 학위를 받았다. 여기에서 나는 1999년 NATO 가 Serbia에 대한 폭격을 정당화하기 위해 사용한 '인도주의적 개입'이라는 용어를 언급한 연설 을 했다.

I said the following: On May 7, 1999 NATO aircraft bombed the marketplace of the southern city of Nis, killing thirty-three civilians and injuring many more. It was, according to NATO, a 'mistake'.

나는 다음과 같이 말했다: 1999년 5월 7일 NATO 항공기가 남부 도시 Nis의 한 시장을 폭격하 여 33명의 민간인이 사망하고 많은 사람들이 부상을 입었다. NATO에 따르면 그것은 '실수'였다.

The bombing of Nis was no 'mistake'. General Wesley K. Clark declared, as the NATO bombing began: 'We are going to systematically and progressively attack, disrupt, degrade, devastate and ultimately - unless president Milosovic complies with the demands of the international community - destroy these forces and their facilities and support.' Milosovic's forces, as we know, included television stations, schools, hospitals, theatres, old people's homes - and the marketplace in Nis. It was in fact a fundamental feature of NATO policy to terrorize the civilian population.

Nis시에 대한 폭격은 '실수'가 아니었다. NATO의 폭격이 시작되고, Wesley K. Clark는 다음 과 같이 선언했다. '우리는 체계적이고 점진적으로 공격하고, 붕괴시키고, 분열 및 파괴할 것이 며, Milosovic 대통령이 국제 사회의 요구를 따르지 않는 한, 그들의 군대와 각종 시설과 지원을 파괴할 것이다.' 우리가 아는 것처럼, Nis에서 Milosovic의 영향력은 TV 방송국, 학교, 병원, 극 장, 양로원, 그리고 시장을 포함하고 있었다. 사실 그것은 민간인들을 위협하는 NATO 정책의 근본적인 특징이었다.

The bombing of Nis, far from being a 'mistake', was in fact an act of murder. It stemmed from a 'war' which was in itself illegal, a bandit act, in defiance of the United Nations, even contravening NATO's own charter. But the actions taken, we are told, were taken in the pursuance of a policy of 'humanitarian intervention' and the civilian deaths

---

64) [역자주] '비난하기(damning)' 입장의 예

were described as 'collateral damage'.

Nis시에 대한 폭격은 '실수'는커녕 사실상 살인행위였다. 그것은 불법적인 '전쟁'에서 비롯된 것이며, 도적 행위였고, UN을 무시하고 심지어 NATO 자체의 헌장에도 위반되는 것이었다. 그러나 우리는 이와 같은 행위가 '인도주의적 개입' 정책에 따라 취해진 것이라고 들었고, 민간인 사망은 '부수적인 피해'로 묘사되었다.

'Humanitarian intervention' is a comparatively new concept. But President George W. Bush is also following the great American presidential tradition by referring to 'freedom-loving people'. (I must say I would be fascinated to meet a 'freedom-hating people'.) President Bush possesses quite a few 'freedom- loving people' himself - not only in his own Texas prisons but throughout the whole of the United States, in what can accurately be described as a vast gulag - two million prisoners in fact - a remarkable proportion of them black. Rape of young prisoners, both male and female, is commonplace. So is the use of weapons of torture as defined by Amnesty International - stun guns, stun belts, restraint chairs. Prison is a great industry in the United States - just behind pornography when it comes to profits.

'인도주의적 개입'은 비교적 새로운 개념이다. 그러나 George W. Bush 대통령도 '자유를 사랑하는 사람들'을 언급하며 위대한 미국 대통령의 전통을 따르고 있다. (나는 진짜로 '자유를 싫어하는 사람들'이 있다면 만나고 싶다.) Bush 대통령은 자신의 텍사스 교도소뿐만 아니라 미국 전역에 걸쳐 '자유를 사랑하는 사람들'을 꽤 많이 보유하고 있다. 정확하게 말하면, 거대한 강제 노동 수용소라고 할 수 있는 곳으로, 실제로는 200만 명의 수감자 중 흑인의 비율은 매우 놀라울 정도이다. 어린 수감자들에 대한 강간은 남녀를 가리지 않고 흔하게 일어나며 또한 전기 충격기, 전기 충격 벨트, 구속 의자 등 국제앰네스티가 정의한 고문 무기도 자주 사용된다. 교도소는 미국에서 엄청난 사업이며 포르노 사업 다음으로 수익성이 좋은 사업이다.

There have been many considerable sections of mankind for whom the mere articulation of the word 'freedom' has resulted in torture and death. I'm referring to the hundreds upon hundreds of thousands of people throughout Guatemala, El Salvador, Turkey, Israel, Haiti, Brazil, Greece, Uruguay, East Timor, Nicaragua, South Korea, Argentina, Chile and the Philippines and Indonesia, for example, killed in all cases by forces inspired and subsidized by the United States. Why did they die? They died because to one degree or another they dared to question the status quo, the endless plateau of poverty, disease, degradation and oppression which is their birthright. On behalf of the dead, we must regard the breathtaking discrepancy between US government language and US government action with the absolute contempt it deserves.

'자유'라는 단어를 입에 올리는 것만으로도 고통과 죽음에 이른 상당히 많은 일부의 사람들이 있었다. 나는 과테말라, 엘살바도르, 튀르키예, 이스라엘, 아이티, 브라질, 그리스, 우루과이, 동티모르, 니카라과, 한국, 아르헨티나, 칠레, 그리고 필리핀과 인도네시아에 있었던 수십만 명의 사람들, 예를 들어 미국의 영향과 지원을 받는 군대에 의해 사망한 모든 경우의 사람들을 언급하는 것이다. 그들은 왜 죽었을까? 그들은 그들의 생득권인 빈곤, 질병, 타락, 억압에 대한 끊임없는 안정과 현상 유지에 감히 어느 정도의 의문을 제기했기 때문에 죽었다. 죽은 자를 대신하여 우리는 미국 정부의 말과 행동 사이의 숨막히는 불일치를 마땅히 절대적으로 경멸해야 한다.

The United States has in fact - since the end of the Second World War - pursued a brilliant, even witty, strategy. It has exercised a sustained, systematic, remorseless and quite clinical manipulation of power worldwide, while masquerading as a force for universal good. But at least now - it can be said - the US has come out of its closet. The smile is still there of course (all US presidents have always had wonderful smiles) but the posture is infinitely more naked and more blatant than it has ever been. The Bush administration, as we all know, has rejected the Kyoto agreement, has refused to sign an agreement which would regulate the trade of small arms, has distanced itself from the Anti-Ballistic Missile Treaty, the Comprehensive-Nuclear-Test-Ban Treaty and the Biological Weapons Convention. In relation to the latter the US made it quite clear that it would agree to the banning of biological weapons as long as there was no inspection of any biological weapons factory on American soil. The US has also refused to ratify the proposed International Criminal Court of Justice. It is bringing into operation the American Service Members Protection Act which will permit authorization of military force to free any American soldier taken into International Criminal Court custody. In other words they really will 'Send in the Marines.

사실 미국은 제2차 세계대전이 끝난 이후 기발하고 때로는 재치 있는 전략을 추구해왔다. 그들은 보편적인 선을 위한 힘으로 가장하면서 지속적이고 체계적이며 무자비한, 매우 임상적인 권력의 조작을 전 세계적으로 행사해왔다. 하지만 적어도 이제 미국은 벽장에서 나왔다고 말할 수 있다. 물론 여전히 미소는 그곳에 있지만(모든 미국 대통령들은 항상 멋진 미소를 가지고 있었다), 그 자세는 어느 때보다 훨씬 더 적나라하고 노골적이다. 우리 모두가 알다시피 Bush 행정부는 교토 협정을 거부했고, 소형무기 거래를 규제하는 협정에 서명하는 것을 거부했으며, 탄도탄 요격 미사일 조약, 포괄적 핵실험 금지 조약, 생물무기 금지 협약과 거리를 두었다. 후자와 관련하여 미국은 미국 땅에 생물무기 공장에 대한 검사가 없는 한 생물무기 금지에 동의할 것임을 상당히 분명히 해 왔다. 미국은 또한 제의된 국제 형사 재판소의 비준을 거부했다. 그것은 국제형사재판소에 구금된 모든 미군을 석방시키기 위해 군대의 승인을 허용하는 미국 군인 보호법(American Service Members Protection Act)을 시행한다는 것이며 이는 다시 말해서 그들이 정말로 '해병대를 보낼 것'이라는 뜻이다.

> Arrogant, indifferent, contemptuous of International Law, both dismissive and manipulative of the United Nations: this is now the most dangerous power the world has ever known - the authentic 'rogue state', but a 'rogue state' of colossal military and economic might. And Europe especially the United Kingdom - is both compliant and complicit, or as Cassius in Julius Caesar put it: we 'peep about to find ourselves dishonourable graves'.
>
> 오만하고, 무관심하며, 국제법을 경멸하고, 유엔을 무시하고 교묘하게 조종하는 이 세력은 이제 세계 역사상 가장 위험한 세력, 즉 진정한 '불량 국가'이면서도 막강한 군사력과 경제력을 가진 '불량 국가'가 되었다. 그리고 유럽, 특히 영국은 Julius Caesar의 Cassius가 말한 것처럼 '불명예스러운 무덤을 들여다보고 있다'고 할 정도로 순응과 공모를 반복하고 있다.

There is, however, as we have seen, a profound revulsion and disgust with the manifestations of US power and global capitalism which is growing throughout the world and becoming a formidable force in its own right. I believe a central inspiration for this force has been the actions and indeed the philosophical stance of the Zapistas in Mexico. The Zapistas say (as I understand it): 'Do not try to define us. We define ourselves. We will not be what you want us to be. We will not accept the destiny you have chosen for us. We will not accept your terms. We will not abide by your rules. The only way you can eliminate us is to destroy us and you cannot destroy us. We are free.'

그러나 앞서 살펴본 바와 같이 전 세계적으로 성장하며 그 자체로 강력한 힘이 되어가고 있는 미국의 권력과 글로벌 자본주의에 대한 깊은 혐오와 거부가 존재한다. 나는 이 힘의 중심적인 영감이 Mexico의 Zapistas의 행동과 철학적 입장이었다고 생각한다. 내가 알기로 Zapistas들은 이렇게 말한다: '우리를 정의하려고 하지 마라. 우리는 스스로를 정의한다. 우리는 당신이 원하는 대로 되지 않을 것이다. 우리는 당신이 우리를 위해 선택한 운명을 받아들이지 않을 것이다. 우리는 당신의 조건을 받아들이지 않을 것이다. 우리는 당신의 규칙을 따르지 않을 것이다. 당신이 우리를 제거할 수 있는 유일한 방법은 우리를 파괴하는 것뿐이며 당신은 우리를 파괴할 수 없다. 우리는 자유다.'

> These remarks seem to me even more valid than when I made them on September 10. The 'rogue state' has without thought, without pause for reflection, without a

> moment of doubt, let alone shame - confirmed that it is a fully-fledged, award-winning, gold-plated monster. It has effectively declared war on the world. It knows only one language - bombs and death. 'And still they smiled and still the horror grew.' *[Granta 77: 66-9]*
>
> 이 발언은 내가 9월 10일에 했던 발언보다 훨씬 더 타당해 보인다. '불량 국가'는 부끄러움은커녕 일말의 의심도 없이, 반성의 시간도 없이, 아무런 생각도 없이 다 자라고 우수하고 금으로 도금된 괴물임을 확인했다. 사실상 전 세계에 선전포고를 한 셈이다. 이 괴물은 폭탄과 죽음이라는 단 하나의 언어만 알고 있다. '그런데도 그들은 미소를 지었고 여전히 공포는 커졌다.' *[Granta 77: 66-9]*

우리가 살펴보고 있는 이 두 절에서 Pinter의 입장은 **감정평가**와 **정황평가**보다 **행위평가**를 앞세우고, 태도평가를 강하게 증폭시키며, 자신의 위치를 주기적으로 지지하고 있다. 수사학적으로 말하자면 9/11에 대한 반응을 포함하여 미국의 외교 정책에 대한 전면적인 공격이다. **행위평가**에 관해서는 주로 부정적이며, **사회적 인정**에 초점을 맞추고 있다:

사회적 존경 - poverty, disease, dared to question, brilliant, witty, sustained, systematic, quite clinical, colossal military and economic might, compliant, without a moment of doubt
빈곤, 질병, 감히 의문을 제기하고, 영리하고, 재치 있고, 지속적이고, 체계적이며, 상당히 임상적이고, 거대한 군사력과 경제력을 갖추고 있으며, 순응하며, 한순간도 의심하지 않고

사회적 인정 - humanitarian, freedom-loving, freedom-hating, freedom-loving, accurately, rape, torture, freedom, torture, degradation, oppression contempt, remorseless, manipulation, masquerading, a force for universal good, more naked, more blatant, arrogant, indifferent, contemptuous, dismissive, manipulative, most dangerous power, authentic 'rogue state', 'rogue state', complicit, shame, monster
인도주의, 자유를 사랑하는, 자유를 증오하는, 자유를 사랑하는, 정확하게, 강간, 고문, 자유, 고문, 타락, 억압 경멸, 무자비한, 조작, 가식, 보편적인 선을 위한 힘, 더 적나라한, 더 노골적인, 오만한, 무관심한, 경멸하는, 무시하는, 조작적인, 가장 위험한 권력, 진정한 '불량 국가', '불량 국가', 공모, 수치심, 괴물

이러한 비난은 **행위평가**의 토큰으로 읽힐 수도 있는 **정황평가**의 여러 사례에 의해 강화된다:

정황평가 [행위평가의 토큰] - great American presidential tradition ('of great Presidents'), vast gulag, great industry, breathtaking discrepancy, dishonourable graves, horror
위대한 미국 대통령 전통 ('위대한 대통령들의'), 거대한 수용소, 위대한 산업, 숨 막히는 불일치, 불명예스러운 무덤, 공포

이러한 비판과 비난의 상당 부분은 **강도평가: 양**(밑줄)과 **강도평가: 강도**(상자글) 둘 모두에 관련하여 강하게 증폭된다:

quite a few 'freedom-loving people', <u>the whole of</u> the United States, a <u>vast</u> gulag, <u>two million</u> prisoners, <u>a remarkable proportion</u> of them black, <u>many considerable</u> sections of mankind, the <u>hundreds upon hundreds of thousands</u> of people, in <u>all</u> cases, <u>to one degree or another</u>, the <u>endless</u> plateau of poverty, the <u>breathtaking</u> discrepancy, the [absolute] contempt; [quite] clinical, <u>all</u> US presidents, [infinitely] more naked, [quite] clear, <u>no</u> inspection, <u>any</u> American soldier; [most] dangerous, <u>colossal</u> military and economic might
꽤 많은 '자유를 사랑하는 사람들', 미국 전체, 거대한 수용소, 200만 명의 죄수들, 그들 가운데 놀라운 비율의 흑인, 인류의 많은 상당 부분, 수십만 명의 사람들, 모든 경우에, 어느 정도, 끝없는 빈곤의 고원, 숨 막히는 불일치, 절대적인 경멸; 상당히 임상적인, 모든 미국 대통령들, 무한히 더 적나라한, 꽤 명확한, 검열이 없음, 어떤 미국 군인도; 가장 위험하고, 거대한 군사력과 경제적 힘

이것은 미국에 의해 약화된 국가의 목록을 훨씬 더 길게 구축하기 위해 수사적 삼중항, 사중항 그리고 반복적인 병렬 배열을 사용함으로써 강도평가가 더욱 강화된다:

- stun guns, stun belts, restraint chairs
  전기 충격기, 전기 충격 벨트, 구속 의자

- has rejected …, has refused to sign …, has distanced itself
  …을 거부하다, …을 서명하기 거부하다, …에 거리를 두다

- the Anti-Ballistic Missile Treaty, the Comprehensive-Nuclear-Test-Ban Treaty and the Biological Weapons Convention
  탄도미사일금지조약, 포괄적 핵실험 금지 조약, 생물무기금지협약

- arrogant, indifferent, contemptuous of International Law

  오만하고, 무관심하고, 국제법을 우습게 알다

- a fully-fledged, award-winning, gold-plated

  다 자란, 우수한, 금으로 도금된

- poverty, disease, degradation and oppression

  빈곤, 질병, 타락 및 억압

- a sustained, systematic, remorseless and quite clinical

  지속적이고, 체계적이고, 무자비하고 매우 임상적인

- without thought, without pause for reflection, without a moment of doubt, let alone shame

  생각없이, 반성없이, 의심의 여지 없이, 부끄러움은 말할 것도 없고

- throughout Guatemala, El Salvador, Turkey, Israel, Haiti, Brazil, Greece, Uruguay, East Timor, Nicaragua, South Korea, Argentina, Chile and the Philippines and Indonesia

  과테말라, 엘살바도르, 튀르키예, 이스라엘, 아이티, 브라질, 그리스, 우루과이, 동티모르, 니카라과, 한국, 아르헨티나, 칠레, 필리핀, 인도네시아 전역에 걸쳐 있는

대부분의 경우 Pinter의 주요 비난은 자신의 위치를 지지하고(공표, 보증, 동조라는 대화주의적 축소적 평가값을 사용함) 독자들을 자신의 관점에 조율하게 만든다. 아래에서 강조된 바와 같이(축소는 상자글에, 확장은 밑줄), 이는 주로 미국 교도소를 스탈린주의자 수용소로 묘사하고 국제 규정 및 기관에 관한 한 미국의 '단독 행동' 정책을 긍정하기 위해 사용된다.

'Humanitarian intervention' is a comparatively new concept. But President George W. Bush is also following the great American presidential tradition by referring to 'freedom-loving people'. (I must say I would be fascinated to meet a 'freedom-hating people'). President Bush possesses quite a few 'freedom-loving people' himself not only in his own Texas prisons but throughout the whole of the United States, in what can accurately be described as a vast gulag - two million prisoners in fact - a remarkable proportion of them black. Rape of young prisoners, both male and female, is commonplace. So is the use of weapons of torture as defined by Amnesty International -

stun guns, stun belts, restraint chairs. Prison is a great industry in the United States - just behind pornography when it comes to profits.

'인도주의적 개입'은 비교적 새로운 개념이다. 그러나 George W. Bush 대통령도 '자유를 사랑하는 사람들'을 언급하며 위대한 미국 대통령의 전통을 따르고 있다. (나는 진짜로 '자유를 싫어하는 사람들'이 있다면 만나고 싶다) Bush 대통령은 자신의 텍사스 교도소뿐만 아니라 미국 전역에 걸쳐 '자유를 사랑하는 사람들'을 꽤 많이 보유하고 있다. 정확하게 말하면, 거대한 강제 노동 수용소라고 할 수 있는 곳으로, 실제로는 200만 명의 수감자 중 흑인의 비율은 매우 놀라울 정도이다. 어린 수감자들에 대한 강간은 남녀를 가리지 않고 흔하게 일어나며 또한 전기 충격기, 전기 충격 벨트, 구속 의자 등 국제앰네스티가 정의한 고문 무기도 자주 사용된다. 교도소는 미국에서 엄청난 사업이며 포르노 사업 다음으로 수익성이 좋은 사업이다.

There have been many considerable sections of mankind for whom the mere articulation of the word 'freedom' has resulted in torture and death. …

'자유'라는 단어를 발음하는 것만으로도 고통과 죽음에 이른 상당히 많은 일부의 사람들이 있었다. …

On behalf of the dead, we must regard the breathtaking discrepancy between US government language and US government action with the absolute contempt it deserves.

죽은 자를 대신하여 우리는 미국 정부의 말과 행동 사이의 숨막히는 불일치를 마땅히 절대적으로 경멸해야 한다.

The United States has in fact …pursued a brilliant, even witty, strategy. It has exercised a sustained, systematic, remorseless and quite clinical manipulation of power worldwide, while masquerading as a force for universal good. But at least now - it can be said - the US has come out of its closet. The smile is still there of course (all US presidents have always had wonderful smiles) but the posture is infinitely more naked and more blatant than it has ever been. The Bush administration, as we all know, has rejected the Kyoto agreement, has refused to sign an agreement which would regulate the trade of small arms, has distanced itself from the Anti-Ballistic Missile Treaty, the Comprehensive-Nuclear-Test-Ban Treaty and the Biological Weapons Convention. In relation to the latter the US made it quite clear that it would agree to the banning of biological weapons as long as there was no inspection of any biological weapons factory on American soil. The US has also refused to ratify the proposed International Criminal Court of Justice. It is bringing into operation the American Service Members Protection Act which will permit authorization of military force to free any American soldier taken into International

Criminal Court custody. In other words they really will 'Send in the Marines'.

　사실 미국은 … 기발하고 때로는 재치 있는 전략을 추구해왔다. 그들은 보편적인 선을 위한 힘으로 가장하면서 지속적이고 체계적이며 무자비한, 매우 임상적인 권력의 조작을 전 세계적으로 행사해왔다. 하지만 적어도 이제 미국은 벽장에서 나왔다고 말할 수 있다. 물론 여전히 미소는 그곳에 있지만(모든 미국 대통령들은 항상 멋진 미소를 가지고 있었다), 그 자세는 어느 때보다 훨씬 더 적나라하고 노골적이다. 우리 모두가 알다시피 Bush 행정부는 교토 협정을 거부했고, 소형무기 거래를 규제하는 협정에 서명하는 것을 거부했으며, 탄도탄 요격 미사일 조약, 포괄적 핵실험 금지 조약, 생물무기 금지 협약과 거리를 두었다. 후자와 관련하여 미국은 미국 땅에 생물무기 공장에 대한 검사가 없는 한 생물무기 금지에 동의할 것임을 상당히 분명히 해 왔다. 미국은 또한 제의된 국제 형사 재판소의 비준을 거부했다. 그것은 국제형사재판소에 구금된 모든 미군을 석방시키기 위해 군대의 승인을 허용하는 미국 군인 보호법(American Service Members Protection Act)을 시행한다는 것이며 이는 다시 말해서 그들이 정말로 '해병대를 보낼 것'이라는 뜻이다.

　…

These remarks seem to me even more valid than when I made them on September 10. The 'rogue state' has - without thought, without pause for reflection, without a moment of doubt, let alone shame - confirmed that it is a fully-fledged, award-winning, gold-plated monster. It has effectively declared war on the world. It knows only one language - bombs and death. 'And still they smiled and still the horror grew.' [Granta 77: 66-9]

　이 발언은 내가 9월 10일에 했던 발언보다 훨씬 더 타당해 보인다. '불량 국가'는 부끄러움은커녕 일말의 의심도 없이, 반성의 시간도 없이, 아무런 생각도 없이 다 자라고 우수하고 금도금된 괴물임을 확인했다. 사실상 전 세계에 선전포고를 한 셈이다. 이 괴물은 폭탄과 죽음이라는 단 하나의 언어만 알고 있다. '그런데도 그들은 미소를 지었고 여전히 공포는 커졌다.' [Granta 77: 66-9]

　Pinter의 담화가 확장되는 것은 단지 마지막 문단에서뿐이다. 그는 그의 지지를 전보다 *even more vaild*하다고 정황평가한다. 그러나 이를 다른 사람들 사이에서 그 자신의 관점으로 개별화한다(*seems to me*). 그리고 그는 전 세계에 대한 미국의 전쟁 선언을 확정적인 것으로 강도평가 하는데, 이는 완전하게 정확한 것은 아니지만, 일어나고 있는 일에 대한 합리적인 묘사(*effectively*)이다. 수상 연설에서 힘과 힘의 대결을 펼친 Pinter는 독자들에게 자신의 문학적 혈통을 상기시키며 회고적으로 시작한다. (*'And still they smiled, and still the horror grew.'*) 그는 이미 사로잡은 청중들에게 연설하는 것에서, 그의 견해를 불합리하게 극단적이라고 무시할지도 모르는, 더 넓은 독자층을 위한 글쓰기로 넘어간다. 그러나 대체로 여기서 실현된 입장을 **비난하기**(damning)라고 우리는 말할 수 있을 것이다. 이는 '적을 몰살시키는'[65] 방식의 평가하기 자원의 강력한 공격이다. 친밀성에 관하여, 이러한 입장은 전향한 사람들에게 동참을 유도하고, 어떤 문제를 주목시키고, 강력한 공격자에 대항하기 위해 설계된 것으로 보인다.

Pinter의 입장은 *Granta* 간행물에 수록된 다른 영국 작가 Doris Lessing의 태도와 유용하게 대조될 수 있다. 다시 한번, 우리는 9/11에 대한 미국의 대응 문제와 직접적으로 관련된 텍스트의 상자 안에 있는 부분을 주요하게 다루어 보겠다.

[4.8] *Doris Lessing* - Britain[66]
[4.8] *Doris Lessing* - 영국

Busily promoting my book *African Laughter* I flitted about (as authors do) on the East Coast, doing phone-ins and interviews, and had to conclude that Americans see Africa as something like Long Island, with a single government, situated vaguely south ('The Indian Ocean? What's that?'). In New York I had the heaviest, most ignorant audience of my life, very discouraging, but the day after in Washington 300 of the brightest best-informed people I can remember. To talk about 'America' as if it were a homogenous unity isn't useful, but I hazard the following generalizations.

나는 내 책 African Laughter을 열심히 홍보하면서 (저자들이 하듯이) 동부 해안을 돌며 전화 통화와 인터뷰를 했다. 그리고 미국인들이 아프리카를 하나의 정부가 있는 롱아일랜드와 비슷하며, 막연히 남쪽 어딘가에 위치한다고('인도양? 그게 뭐죠?') 인식한다는 결론을 내렸다. 뉴욕에서는 내 생애 가장 뚱뚱하고 무식한 청중들이 있어 매우 낙담했지만, 다음 날 워싱턴에서는 내 기억에는 가장 똑똑하고 정보에 밝은 300명의 사람들과 이야기를 나눌 수 있었다. '미국'을 일관성 있는 하나의 단일체로 생각하는 것은 유용하지 않지만, 위험을 무릅쓰고 나는 다음과 같은 일반화를 시도해 보았다.

America, it seems to me, has as little resistance to an idea or a mass emotion as isolated communities have to measles and whooping cough. From outside, it is as if you are watching one violent storm after another sweep across a landscape of extremes. Their Cold War was colder than anywhere else in the West, with the

---

65) [역자주] (take-no-prisoners)
66) [역자주] '변명하기(excusing)' 입장의 예

intemperate execution of the Rosenbergs, and grotesqueries of the McCarthy trials. In the Seventies, Black Power, militant feminism, the Weathermen – all flourished. On one of my visits, people could talk of nothing else. Two years later they probably still flourished, but no one mentioned them. 'You know us,' said a friend. 'We have short memories'.

나에게 미국은, 고립된 지역이 홍역과 백일해에 대한 저항력이 적은 것처럼, 생각이나 집단적인 감정에 대해서 저항력이 적은 것처럼 보인다. 바깥 세상에서는 극단적인 면이 있는 풍경을 휩쓸어가는 폭풍이 계속 일어나는 것과 같다. 그들의 냉전은 Rosenberg 부부의 무절제한 사형과 McCarthy 재판의 기괴함으로 인해 서구 어느 곳보다도 냉랭했다. 70년대에는 흑인 운동, 페미니즘 투쟁, 반전 운동 등으로 한창이었다. 언젠가 내가 방문했을 때, 사람들은 이것들 외엔 이야기하지 않았다. 그러나 2년 후 그것들은 아마 여전히 활발했을 테지만, 그것들에 대해 누구도 언급하지 않았다. '너도 알잖아' 한 친구가 말했다. '우리는 기억력이 짧아.'

Everything is taken to extremes. We all know this, but the fact is seldom taken into account when we try to understand what is going on. The famous Political Correctness, which began as a sensible examination of language for hidden bias, became hysterical and soon afflicted whole areas of education. Universities have been ruined by it. I was visiting a university town not far from New York when two male academics took me out into the garden, for fear of being overheard, and said they hated what they had to teach, but they had families, and would not get tenure if they didn't toe the line. A few years earlier, in Los Angeles, I found that my novel *The Good Terrorist* was being 'taught'. The teaching consisted of the students scrutinizing it for political incorrectness. This was thought to be a good approach to literature. Unfortunately, strong and inflexible ideas attract the stupid … what am I saying! Britain shows milder symptoms of the same disease, so it is instructive to see where such hysteria may lead if not checked.

모든 것이 극단적이었다. 우리는 이것을 모두 알고 있지만, 우리가 무슨 일이 일어나고 있는지 이해하려고 할 때 이 사실 여부는 고려 대상이 아니다. 그 유명한 정치적 올바름(Political Correctness) 운동은 숨겨진 편견이 없도록 말을 가려내는 양식 있는 언어 고찰로 시작되었지만, 곧 이것은 히스테리가 되어 이성을 잃고 교육 전반에 영향을 미치기 시작했다. 대학교들이 이것 때문에 망가졌다. 뉴욕에서 멀지 않은 한 대학 도시를 방문했을 때, 남성 학자 두 명이 누군가가 엿들을까 두려워 나를 정원으로 데려가서 말하길, 자신들이 가르쳐야 하는 것을 혐오하지만 가족이 있고, 학교의 정책에 따르지 않으면 정년이 보장되지 않는다고 말했다. 몇 년 전에 로스앤젤레스에서 나의 소설 *The Good Terrorist*가 '교육'되고 있다는 것을 알게 되었다. 그 수업은 학생들이 정치적으로 올바르지 않음을 세심히 찾아보는 것으로 이루어졌다. 이것은 문학에 대한 좋은 접근 방법으로 여겨졌다. 불행히도, 강하고 융통성 없는 생각들은 어리석은 사람들을 끌어들인다. … 내가 무슨 말을 하는 거지! 영국도 같은 병의 경미한 증상을 보이고 있기 때문에, 이러한 히스테리가 검열되지 않는다면 어디로 이어질 수 있는지 확인하는 것이 유익할 것이다.

The reaction to the events of 11 September – terrible as they were – seems excessive to outsiders, and we have to say this to our American friends, although they have become so touchy, and ready to break off relations with accusations of hard-heartedness. The United States is in the grip of a patriotic fever which reminds me of the Second World War. They seem to themselves as unique, alone, misunderstood, beleaguered, and they see any criticism as treachery.

9.11 테러 사건에 대한 반응은 아무리 끔찍한 사건이라 해도 외부인에게는 과한 것으로 보인다. 비록 우리는 우리의 미국 친구들이 너무 예민해져서 냉혹하다는 비난에 우리와 관계를 끊을 준비가 되어 있더라도, 그들에게 이 말을 해야 한다. 미국은 제2차 세계대전을 떠올리게 하는 애국심에 사로잡혀 있다. 그들은 그들 자신만이 유일하며, 고독하고, 오해를 받고, 궁지에 몰린 것으로 보며, 어떤 비판도 그들은 배신행위로 간주하고 있다.

The judgement 'they had it coming', so angrily resented, is perhaps misunderstood. What people felt was that Americans had at last learned that they are like everyone else, vulnerable to the snakes of Envy and Revenge, to bombs exploding on a street corner (as in Belfast), or in a hotel housing a government (as in Brighton). They say to themselves that they have been expelled from their Eden. How strange they should ever have thought they had a right to one. [Granta 77: 52-4]

'그들이 자초한 일이다'라는 분노에 찬 판단은 아마도 잘못 이해된 것일지도 모른다. 사람들이 느끼는 것은, 미국인들도 다른 사람들과 마찬가지로, 질투와 복수의 뱀에 취약하다는 것이다. 길거리 코너(Belfast에서와 같이)나 정부 기관이 있는 호텔(Brighton에서와 같이)에서 폭탄이 터질 수 있다는 것을 드디어 알게 되었다는 것이다. 그들은 자신들의 에덴동산에서 추방당했다고 스스로 말한다. 그들이 에덴에 대한 권리를 가지고 있어야만 했다고 생각하는 것은 얼마나 이상한가. [Granta 77: 52-4]

비록 행위평가적이지만, Lessing의 텍스트는 비난(사회적 인정)보다 비판(사회적 존경)을 강조한다. 거의 모든 그 **인정**은 그들의 **행위평가**가 아니라 미국인들에 의한 **행위평가**를 담고 있다.

사회적 존경 - has … little resistance to, intemperate, grotesqueries, have short memories, extremes, sensible, hysterical, stupid, shows milder symptoms of the same disease, such hysteria, excessive, so touchy, in the grip of a patriotic fever, unique, alone, misunderstood, beleaguered, vulnerable

매우 저항력이 적은, 무절제한, 기괴한, 기억력이 짧은, 극단적인, 양식 있는, 이성을 잃은, 어리석은, 동일한 질병에 대해 경미한 증상을 보이는, 그러한 히스테리, 과도한, 예민하게 반응하는, 애국심에 사로잡힌, 유일한, 고립된, 오해받은, 궁지에 몰린, 취약한

사회적 인정 - Political Correctness, bias, political incorrectness, hard-heartedness, treachery, resented, envy, right

정치적 올바름, 편견, 정치적으로 올바르지 않음, 냉혹함, 배신, 분노, 질투, 권리

이러한 면에서 Lessing의 목소리는 우리의 저널리스트 말뭉치에서 해설자 목소리 텍스트보다는 기고자 목소리 텍스트에 더 가깝다. 그러나, 이것은 우리의 저널리스트 말뭉치에서 해설자 목소리 텍스트에서만 출현하거나, 해설자 목소리와 더 밀접하게 관련 있는 몇 가지 특질을 포함하고 있다. 예를 들면, 다음과 같다.

저자의 감정평가 - *In New York I had the heaviest, most ignorant audience of my life, very **discouraging***
뉴욕에서는 내 생애 가장 뚱뚱하고 무식한 청중들이 있어 매우 낙담했다

동조/지지 - *Everything is taken to extremes. **We all know this,** but the fact is seldom taken into account when we try to understand what is going on.*
모든 것이 극단적이었다. 우리는 이것을 모두 알고 있지만, 우리가 무슨 일이 일어나고 있는지 이해하려고 할 때 그 사실 여부는 고려 대상이 아니다.

두 텍스트를 비교하면, 몇 가지 비교 가능한 증폭이 있다. (Pinter/Lessing: *whole/whole, all/all, any/any, no/no one, vast/mass, endless/one after another*). 그러나 Lessing의 **양화하기**는 더 적은 양을 다룬다. (*one, two, few*와 Pinter의 *quite a few, two million, a remarkable proportion, hundreds upon hundreds of thousands*를 비교). 또한, 그녀의 **세기**는 그렇게 강하지 않다. (*so touchy, so angrily, how strange*와 Pinter의 *absolute contempt, infinitely more naked, quite* *clear, most dangerous, colossal ... might*를 비교).

이 부드러운 톤은 담화를 축소하는 것보다는 확대하는 경향이 있는 **개입평가** 자원에 의해 강화된다. 축소하기인 *we all know this, but the fact*와 달리 우리는 '~로 여겨짐', '객체화' 그리고 '양태'를 포함한 다양한 범위의 확장이 있다: *it seems to me, from outside it is as if, probably, said, was thought to be* 등.

Lessing의 텍스트의 첫 번째 단락은 물론 이러한 다성적 목소리의 입장을 확립하고 있다(비록 미국에 대한 일반화는 유용하지 않고, 그녀는 어떻든 일부 위험한 일반화를 하고 있음에도 불구하고); 그녀는 나중에 정치적 올바름에 대한 토론의 마지막으로, 자신의 수사학의 궤적에 의문을 제기하기까지 한다(··· *what am I saying!*). 아래에 요약된 것처럼, 9/11에 대한 반응을 다루는 마지막 두 단락에서 목소리가 확산되고(확장은 상자 안에, 축소는 밑줄로), Lessing은 여기서 많은 다른 사람들을 대변한다.

America, it seems to me, has as little resistance to an idea or a mass emotion as isolated communities have to measles and whooping cough. From outside, it is as if you are watching one violent storm after another sweep across a landscape of extremes. Their Cold War was colder than anywhere else in the West, with the intemperate execution of the Rosenbergs, and grotesqueries of the McCarthy trials. In the Seventies, Black Power, militant feminism, the Weathermen - all flourished. On one of my visits, people could talk of nothing else. Two years later they probably still flourished, but no one mentioned them. 'You know us,' said a friend. 'We have short memories'. Everything is taken to extremes. We all know this, but the fact is seldom taken into account when we try to understand what is going on. The famous Political Correctness, which began as a sensible examination of language for hidden bias, became hysterical and soon afflicted whole areas of education. Universities have been ruined by it. I was visiting a university town not far from New York when two male academics took me out into the garden, for fear of being overheard, and said they hated what they had to teach, but they had families, and would not get tenure if they didn't toe the line. A few years earlier, in Los Angeles, I found that my novel *The Good Terrorist* was being 'taught'. The teaching consisted of the students scrutinizing it for political incorrectness. This was thought to be a good approach to literature. Unfortunately, strong and inflexible ideas attract the stupid ··· what am I saying! Britain shows milder symptoms of the same disease, so it is instructive to see where such hysteria may lead if not checked. The reaction to the events of 11

September - terrible as they were - seems excessive to outsiders, and we have to say this to our American friends, although they have become so touchy, and ready to break off relations with accusations of hard-heartedness. The United States is in the grip of a patriotic fever which reminds me of the Second World War. They seem to themselves as unique, alone, misunderstood, beleaguered, and they see any criticism as treachery.

나에게 미국은 고립된 지역이 홍역과 백일해에 대한 저항력이 적은 것처럼, 생각이나 집단적인 감정에 대해서 저항력이 적은 것처럼 보인다. 바깥 세상에서는 극단적인 면이 있는 풍경을 휩쓸어가는 폭풍이 계속 일어나는 것과 같다. 그들의 냉전은 Rosenberg 부부의 무절제한 사형과 McCarthy 재판의 기괴함으로 인해 서구 어느 곳보다도 냉랭했다. 70년대에는 흑인 운동, 페미니즘 투쟁, 반전 운동 등으로 한창이었다. 언젠가 내가 방문했을 때, 사람들은 이것들 외엔 이야기하지 않았다. 그러나 2년 후 그것들은 아마 여전히 활발했을 테지만, 그것들에 대해 누구도 언급하지 않았다. '너도 알잖아' 한 친구가 말했다. '우리는 기억력이 짧아.' 모든 것이 극단적이었다. 우리는 이것을 모두 알고 있지만, 우리가 무슨 일이 일어나고 있는지 이해하려고 할 때 이 사실 여부는 고려 대상이 아니다. 그 유명한 정치적 올바름(Political Correctness) 운동은 숨겨진 편견이 없도록 말을 가려내는 양식 있는 언어 고찰로 시작되었지만, 곧 이것은 히스테리가 되어 이성을 잃고 교육 전반에 영향을 미치기 시작했다. 대학교들이 이것 때문에 망가졌다. 뉴욕에서 멀지 않은 한 대학 도시를 방문했을 때, 남성 학자 두 명이 누군가가 엿들을까 두려워 나를 정원으로 데려가서 말하길, 자신들이 가르쳐야 하는 것을 혐오하지만 가족이 있고, 학교의 정책에 따르지 않으면 정년이 보장되지 않는다고 말했다. 몇 년 전에 로스앤젤레스에서 나의 소설 *The Good Terrorist*가 '교육'되고 있다는 것을 알게 되었다. 그 수업은 학생들이 정치적으로 올바르지 않음을 세심히 찾아보는 것으로 이루어졌다. 이것은 문학에 대한 좋은 접근 방법으로 여겨졌다. 불행히도, 강하고 융통성 없는 생각들은 어리석은 사람들을 끌어들인다. … 내가 무슨 말을 하는 거지! 영국도 같은 병의 경미한 증상을 보이고 있기 때문에, 이러한 히스테리가 검열되지 않는다면 어디로 이어질 수 있는지 확인하는 것이 유익할 것이다. 9.11 테러 사건에 대한 반응은 아무리 끔찍한 사건이라 해도 외부인에게는 과한 것으로 보인다. 비록 우리는 우리의 미국 친구들이 너무 예민해져서 냉혹하다는 비난에 우리와 관계를 끊을 준비가 되어 있더라도, 그들에게 이 말을 해야 한다. 미국은 제2차 세계대전을 떠올리게 하는 애국심에 사로잡혀 있다. 그들은 그들 자신만이 유일하며, 고독하고, 오해를 받고, 궁지에 몰린 것으로 보며, 어떤 비판도 그들은 배신행위로 간주하고 있다.

The judgement 'they had it coming', so angrily resented, is perhaps misunderstood. What people felt was that Americans had at last learned that they are like everyone else, vulnerable to the snakes of Envy and Revenge, to bombs exploding on a street corner (as in Belfast), or in a hotel housing a government (as in Brighton). They say to themselves that they have been expelled from their Eden. How strange they should ever have thought they had a right to one. [*Granta* 77: 52-4]

 '그들이 자초한 일이다'라는 분노에 찬 판단은 아마도 잘못 이해된 것일지도 모른다. 사람들이 느끼는 것은, 미국인들도 다른 사람들과 마찬가지로, 질투와 복수의 뱀에 취약하다는 것이다. 길거리 코너(Belfast에서와 같이)나 정부 기관이 있는 호텔(Brighton에서와 같이)에서 폭탄이 터질 수 있다는 것을 드디어 알게 되었다는 것이다. 그들은 자신들의 에덴동산에서 추방당했다고 스스로 말한다. 그들이 에덴에 대한 권리를 가지고 있어야만 했다고 생각하는 것은 얼마나 이상한가. [*Granta* 77: 52-4]

행위평가와 **강도평가**, **개입평가**의 이러한 구성은, 다시 말하면 Pinter는 집중공격을 하고, Lessing은 폄하한다는 것을 의미한다. 그녀의 행위평가는 미국이 이중적이고 사악하다는 것이 아니라 오히려 병들고 순진하다는 것이다. 어휘적 은유들을 배치하면서 그녀는 미국이 나쁜 날씨를 가지고(*one violent storm after another sweep across, colder*) 있어서 병에 걸린다고(*little resistance, measles, whooping cough, afflicted, milder symptoms, same disease, the grip of a patriotic fever*) 제안하고, 이것이 미국을 과도하게 반응하게 만드는 것이라고 암시한다. 이 외에도 미국인들은 자신들이 에덴에 살았고, 거기에 살 권리가 있으며, 질투와 복수의 뱀에 면역되어 있다고 믿을 만큼 순진했다. 종합하면 어휘적 은유들은 무-기량의 행위평가들을 촉발한다. 이러한 진단들이 과장되지는 않지만, 그것들은 기만과 부적절함에 대한 Pinter의 비난보다 부드러운 **행위평가**들이다. Lessing은 미국인들의 과잉병리학과 신이 선택한 사람들로서의 역할에 대한 순진한 믿음을 독자들이 이해하고 노력하도록 유도하고 있다.

 대체로 우리는 이 입장을 **변명하기**(excusing)라고 부를 수 있을 것이다. Lessing은 미국의 행동이 잘못되었다고 생각하는 사람들을 위해 미국의 행동에 대한 설명을 제공한다. 친밀성에 관한 한, 독자들은 미국의 극단주의가 촉발할 수 있는 반응에서 약간 물러서서 다른 관점에서 사물을 볼 수 있는 위치에 있다. 이것이 어떻게 독자들을 동정이나 혐오의 커뮤니티들에 조율하는지는 그녀가 통제하려고 하는 것이 아니다.

 그렇다면 '부끄러움은 고사하고 아무 생각 없이, 반성할 틈도 없이, 한순간의 의심도 없이' 행동하고, '모든 비판을 배신행위로 간주'하는 '괴물들'은 어떻게 될까? Pinter와 Lessing의 일반화에 대한 한 가지 예외는 William Raspberry일 것이다. 그의 기사는 2003년 초 *Guardian Weekly*에 '우리가 전쟁을 앞두고 드는 몇 가지 의문들'이라는 제목으로 실렸다.

A few questions as we march to war
우리가 전쟁을 앞두고 드는 몇 가지 의문들

Opinion - William Raspberry[67]
오피니언 - William Raspberry

The US military, Defence Secretary Donald Rumsfeld has assured us, is quite capable of waging the virtually foreordained war with Iraq *and* taking on North Korea.

Donald Rumsfeld 국방장관은 미군이 사실상 예고된 이라크와의 전쟁을 수행하고 북한을 상대할 능력이 충분히 있다고 우리에게 확신시켰다.

I wish someone could settle my own questions with such clarity and conviction. I've got a ton of them.

누군가가 그런 명확성과 확신으로 나 자신의 의문들을 해결해 주었으면 좋겠다. 나는 의문들을 많이 가지고 있다.

For instance: Has the decision to forgo unilateral military action against Iraq in favour of taking the matter of Iraq violations to the United Nations been cleverly subverted into some sort of Catch-22? Our government seems to be telling us that if Iraqi President Saddam Hussein denies having weapons of mass destruction, while we know he does have them, that falsehood becomes a material breach of its agreement and reason to take him out militarily. But if he admits having such weapons, he stands convicted out of his own mouth, and therefore we have no choice but to take him out.

예를 들면: 이라크에 대한 일방적인 군사 행동을 포기하고 이라크의 위반 문제를 유엔에 상정하기로 한 이 결정은 일종의 Catch-22로 교묘하게 뒤엎으려는 것인가? 우리 정부는 만약 Saddam Hussein 이라크 대통령이 대량살상무기를 보유하고 있고 그 보유 사실을 부인한다면 그 거짓은 실질적인 합의 위반이 되며 그를 군사적으로 제거해야 할 이유가 된다고 말하는 것 같다. 그러나 만약 그가 그러한 무기를 가지고 있다고 인정한다면 그는 스스로 유죄 판결을 받게 될 것이므로 우리는 그를 제거할 수밖에 없다.

('We know he's got those weapons of mass destruction,' satirist Mark Russell said. 'We've got the receipts!')

('우리는 그가 대량살상무기를 가지고 있다는 것을 알고 있다.'라고 풍자가 Mark Russell이 말했다. '우리는 영수증을 가지고 있다!')

---

67) [역자주] 의심하기(suspicion) 또는 회의적(sceptical) 입장의 예

Is America really serious that the war we propose is for the purpose of bringing democracy to the people of Iraq? Is it hopelessly cynical to imagine that democratization is a much lower priority than controlling the Iraqi oil reserves, asserting our authority in that part of the world and (perhaps) avenging our president's father? I mean, Saddam at least pretends to have a democracy. Our allies such as Saudi Arabia and Kuwait don't even go through the charade.

우리가 제안하는 전쟁이 이라크 국민들에게 민주주의를 가져오기 위한 목적이라는 점에서 미국은 정말로 진심인가? 민주화가 이라크 석유 매장량을 통제하고, 그 지역에서 우리의 권위를 주장하고, (아마도) 우리 대통령의 아버지에게 복수하는 것보다 훨씬 낮은 우선순위라고 상상하는 것이 절망적으로 냉소적인가? 내 말은, Saddam은 적어도 민주주의인 척한다. 사우디아라비아와 쿠웨이트 같은 우리 동맹국들은 심지어 그런 가식조차 하지 않는다.

And is it possible to call attention to our own duplicity or Saudi Arabia's lack of democracy without seeming to say that Saddam is innocent? He's not, of course. He's pretty much all the things the administration had said he is. But is he such an imminent threat to the United States as to justify unilateral military action against him? Is a war that is likely to cost thousands of innocent Iraqi lives the only way to remove whatever remains of Saddam's ability to wreak international havoc? Will our effort to take him out, even if successful, create more havoc than it prevents?

그리고 Saddam이 결백하다고 말하지 않으면서도 우리 자신의 이중성이나 사우디아라비아의 민주주의의 결핍에 대해 주의를 환기시킬 수 있을까? 물론 그렇지 않다. 그는 행정부가 말한 거의 모든 것을 하고 있다. 그러나 그에 대한 일방적인 군사행동을 정당화할 만큼 Saddam이 미국에 절박한 위협인가? 수천 명의 무고한 이라크인의 목숨을 앗아갈 전쟁이 국제적인 대혼란을 일으킬 수 있는 Saddam의 능력을 조금이라도 제거할 수 있는 유일한 방법인가? 그를 제거하려는 우리의 노력이 성공하더라도 예방하는 것보다 더 큰 혼란을 일으키게 될까?

If the proposed war is less about democracy and more about opposing international terrorism, why am I mistaken in the view that it could spawn more anti-American and anti-Israeli terrorism and increase the number of terrorists who see us as the international menace?

제안된 전쟁이 민주주의에 관한 것이 아니라 국제적인 테러리즘에 반대하는 것이라면, 더 많은 반-미 및 반-이스라엘 테러를 낳고 우리를 국제적 위협으로 보는 테러리스트의 수를 증가시킬 수 있다는 견해는 내가 오관한 것인가?

By the way, how much of the commitment to topple Saddam is calculated to meet

Israel's needs rather than our own? One must be careful not to buy into the line of those who oppose the war because they hate Israel. But if we are willing to launch a war at least partly for Israel's sake, shouldn't we have a little more clout over such matters as the Israeli settlements in the occupied territories?

그런데, Saddam을 무너뜨리겠다는 공약 중 얼마나 많은 것이 우리의 필요가 아닌 이스라엘의 필요를 충족시키기 위해 계산된 것인가? 이스라엘을 싫어하기 때문에 전쟁을 반대하는 사람들의 편에 들지 않도록 주의해야 한다. 하지만 우리가 적어도 부분적으로는 이스라엘을 위해 기꺼이 전쟁을 시작할 의향이 있다면, 점령지 내 이스라엘 정착촌과 같은 문제에 대해 조금 더 영향력을 행사해야 하지 않는가?

A key question is how those who make our policy see the role of the United States. Are we, in their minds, the only adults in a room full of squabbling children - the only ones with the clarity of vision and the military wherewithal to undertake the unpleasant task of belling the aggressive cats of the world, as we spread democracy's joyous gospel?

중요한 문제는 우리의 정책을 결정하는 사람들이 미국의 역할을 어떻게 생각하는가 하는 것이다. 그들의 마음속에 우리는 말다툼하는 아이들로 가득 찬 방에 있는 유일한 어른들, 즉 우리가 민주주의의 즐거운 복음을 전파하면서 세상의 사나운 고양이들에게 방울을 달아야 하는 불쾌한 임무를 수행할 수 있는 명확한 비전과 군사력을 가진 유일한 어른들인가?

Or do they see us, as I sometimes fear, as some sort of international Dirty Harry, packing lots of heat and requiring only the thinnest of pretexts (and with little patience for procedural and evidentiary niceties) to rid the world of scum?

아니면 내가 때때로 두려워하는 것처럼, 그들은 세상에서 쓰레기를 제거하기 위해 많은 열을 포장하고 가장 빈약한 핑계만 요구하는 (그리고 절차적이고 증거적인 요건에 대한 인내심이 거의 없는) 일종의 국제적인 Dirty Harry[68]로 우리를 보고 있는 것일까?

Finally, do they think that it's too late to work at peace, that it's wimpish to wonder why so much of the world dislikes us, that it's a form of appeasement to show the world our better nature? [*Guardian Weekly* January 2-8, 2003 p. 27]

마지막으로, 그들이 생각하기에 우리가 평화롭게 일하기에는 너무 늦었다고 생각하는가? 세계의 많은 사람들이 우리를 싫어하는지를 궁금해하는 것이 비겁한 일이라고 생각하는가? 그것이 우리의 더 나은 본성을 세상에 보여주기 위한 일종의 유화책이라고 생각하는 것일까? [*Guardian Weekly* January 2-8, 2003 p. 27]

---

68) [역자주] Dirty Harry는 미국의 영화 제목으로, 경찰 부패와 관료주의적인 비판적인 의식을 대변하는 캐릭터이다.

Pinter와 Lessing처럼 Raspberry의 입장은 행위평가적이지만 **적절성**과 함께 **신뢰성**과 **진실성**에 더 관심이 있다.

> **신뢰성** - conviction, serious, careful, aggressive, little patience, wimpish, appeasement
> 확신, 진지한, 신중한, 사나운, 약간의 인내심, 비겁한, 유화책
>
> **진실성** - clarity, falsehood, cynical, charade, duplicity, mistaken, commitment, clarity of vision, thinnest of pretexts
> 명확성, 거짓, 냉소적, 가식, 이중성, 오판하다, 공약, 명확한 비전, 가장 빈약한 핑계
>
> **적절성** - innocent, not (innocent), innocent, wreak international havoc, international terrorism, terrorism, terrorists, menace, international Dirty Harry, scum, better nature
> 순진한, (결백하)지 않은, 무고한, 국제적인 대혼란을 일으키다, 국제적인 테러리즘, 테러, 테러리스트, 위협, 국제적인 Dirty Harry, 쓰레기, 더 나은 본성

물론 가장 두드러진 특징은 12개[69] 이상의 의문절이 포함된 그의 텍스트의 서법이다. 이는 마치 배반에 대한 두려움으로 명시적, 대화적인 입장을 선호하는 평서절을 배제하는 것처럼, Raspberry의 명제에 대한 다양한 의견을 불러일으킨다. (Halliday 1994를 따라서, 서법(MOOD)을 실현시키는 **주어**, **정형어**, 그리고 **Wh** 기능어들은 아래에 밑줄이 그어져 있다.)

<u>Has the decision to forgo unilateral military action against Iraq in favour of taking the matter of Iraq violations to the United Nation been</u> cleverly subverted into some sort of Catch-22?
이라크에 대한 일방적인 군사 행동을 포기하고 이라크의 위반 문제를 유엔에 상정하기로 한 이 결정은 일종의 Catch-22로 교묘하게 뒤엎으려는 것일가?

<u>Is America</u> really serious that the war we propose is for the purpose of bringing democracy to the people of Iraq?
우리가 제안하는 전쟁이 이라크 국민들에게 민주주의를 가져오기 위한 목적이라는 점에서 미

---

69) 마지막 예는 실제로 세 가지 질문(너무 늦었는가?, 비겁한 일인가?, 유화책인가?)이며, 추가 질문(그들은 왜 우리를 싫어하는가?)을 투사한다. 그리고 그것은 메타-질문(우리의 정책을 만드는 사람들은 미국의 역할을 어떻게 보는가?)으로 시작된다. 따라서 의미론적으로 말해서 16개의 질문(13 + 2 + 1)을 인식할 수 있다.

국은 정말로 진심인가?

Is it hopelessly cynical to imagine that democratization is a much lower priority than controlling the Iraqi oil reserves, asserting our authority in that part of the world and (perhaps) avenging our president's father?
민주화가 이라크 석유 매장량을 통제하고, 그 지역에서 우리의 권위를 주장하고, (아마도) 우리 대통령의 아버지에게 복수하는 것보다 훨씬 낮은 우선순위라고 상상하는 것이 절망적으로 냉소적인가?

And is it possible to call attention to our own duplicity or Saudi Arabia's lack of democracy without seeming to say that Saddam is innocent?
그리고 Saddam이 결백하다고 말하지 않으면서도 우리 자신의 이중성이나 사우디아라비아의 민주주의 부족에 대해 주의를 환기시킬 수 있을까?

But is he such an imminent threat to the United States as to justify unilateral military action against him?
그러나 그에 대한 일방적인 군사행동을 정당화할 만큼 Saddam이 미국에 절박한 위협인가?

Is a war that is likely to cost thousands of innocent Iraqi lives the only way to remove whatever remains of Saddam's ability to wreak international havoc?
수천 명의 무고한 이라크인의 목숨을 앗아갈 전쟁이 국제적인 대혼란을 일으킬 수 있는 Saddam의 능력을 조금이라도 제거할 수 있는 유일한 방법인가?

Will our effort to take him out, even if successful, create more havoc than it prevents?
그를 제거하려는 우리의 노력이 성공하더라도 예방하는 것보다 더 큰 혼란을 일으키게 될까?

If the proposed war is less about democracy and more about opposing international terrorism, why am I mistaken in the view that it could spawn more anti-American and anti-Israeli terrorism and increase the number of terrorists who see us as the international menace?
제안된 전쟁이 민주주의에 관한 것이 아니라 국제적인 테러리즘에 반대하는 것이라면, 더 많은 반-미 및 반-이스라엘 테러를 낳고 우리를 국제적 위협으로 보는 테러리스트의 수를 증가시킬 수 있다는 견해는 내가 오판한 것인가?

By the way, how much of the commitment to topple Saddam is calculated to meet Israel's needs rather than our own?
그런데, Saddam을 무너뜨리겠다는 공약 중 얼마나 많은 것이 우리의 필요가 아닌 이스라엘의 필요를 충족시키기 위해 계산된 것인가?

But if we are willing to launch a war at least partly for Israel's sake, shouldn't we have a little more clout over such matters as the Israeli settlements in the occupied territories?
하지만 우리가 적어도 부분적으로는 이스라엘을 위해 기꺼이 전쟁을 시작할 의향이 있다면, 점령지 내 이스라엘 정착촌과 같은 문제에 대해 조금 더 영향력을 행사해야 하지 않는가?

Are we, in their minds, the only adults in a room full of squabbling children - the only ones with the clarity of vision and the military wherewithal to undertake the unpleasant task of belling the aggressive cats of the world, as we spread democracy's joyous gospel?
그들의 마음속에 우리는 말다툼하는 아이들로 가득 찬 방에 있는 유일한 어른들, 즉 우리가 민주주의의 즐거운 복음을 전파하면서 세상의 사나운 고양이들에게 방울을 달아야 하는 불쾌한 임무를 수행할 수 있는 명확한 비전과 군사력을 가진 유일한 어른들인가?

Or do they see us, as I sometimes fear, as some sort of international Dirty Harry, packing lots of heat and requiring only the thinnest of pretexts (and with little patience for procedural and evidentiary niceties) to rid the world of scum?
아니면 내가 때때로 두려워하는 것처럼, 그들은 세상에서 쓰레기를 제거하기 위해 많은 열을 포장하고 가장 빈약한 핑계만 요구하는 (그리고 절차적이고 증거적인 요건에 대한 인내심이 거의 없는) 일종의 국제적인 Dirty Harry로 우리를 보고 있는 것인가?

Finally, do they think that it's too late to work at peace, that it's wimpish to wonder why so much of the world dislikes us, that it's a form of appeasement to show the world our better nature?
마지막으로, 그들이 생각하기에 우리가 평화롭게 일하기에는 너무 늦었다고 생각하는가? 세계의 많은 사람들이 우리를 싫어하는지를 궁금해하는 것이 비겁한 일이라고 생각하는가? 그것이 우리의 더 나은 본성을 세상에 보여주기 위한 일종의 유화책이라고 생각하는 것인가?

우리는 Raspberry의 많은 의문절들이 사실은 유도 질문들이기 때문에 '분명히 다양한 의견들을 불러일으킨다'고 말한다. 그의 부정 의문절은 긍정적인 반응을 불러일으킨다(부정 의문절은 확대적이기 보다는 대화적으로 축소적이다).

But if we are willing to launch a war at least partly for Israel's sake, shouldn't we have a little more clout over such matters as the Israeli settlements in the occupied territories? [-

Of course we should.]
하지만 우리가 적어도 부분적으로는 이스라엘을 위해 기꺼이 전쟁을 시작할 의향이 있다면, 점령지 내 이스라엘 정착촌과 같은 문제에 대해 조금 더 영향력을 행사해야 하지 않는가? [- 물론 그래야 한다.]

그리고 그의 등급이 매겨진 wh 의문절은 적어도 Saddam을 뒤엎으려는 공약 중 일부가 이스라엘에 도움이 된다는 것을 전제로 한다:

By the way, <u>how much of the commitment to topple Saddam is</u> calculated to meet Israel's needs rather than our own? [- Some/a fair bit/quite a lot.]
그런데, Saddam을 무너뜨리겠다는 공약 중 얼마나 많은 것이 우리의 필요가 아닌 이스라엘의 필요를 충족시키기 위해 계산된 것인가? [- 약간/꽤/상당한.]

마찬가지로, 그의 의문절 중 몇 가지는 다른 것보다 한 종류의 응답을 선호하는 양상화(modalisation)와 관련되어 있다. 우리는 Raspberry가 선호하는 반응을 형성하는 것을 강조하기 위해 이것들을 아래의 비양상화된(unmodalised) 변이형으로 다시 작성하였다.

<u>Is America really serious</u> that the war we propose is for the purpose of bringing democracy to the people of Iraq?
우리가 제안하는 전쟁이 이라크 국민들에게 민주주의를 가져오기 위한 목적이라는 점에서 미국은 정말로 진심인가?

[*Is the war we propose* for the purpose of bringing democracy to the people of Iraq?]
[우리가 제안하는 전쟁은 이라크 국민에게 민주주의를 가져다주기 위한 것인가?]

<u>Is it hopelessly cynical to imagine that</u> democratization is a much lower priority than controlling the Iraqi oil reserves, asserting our authority in that part of the world and (perhaps) avenging our president's father?
민주화가 이라크 석유 매장량을 통제하고, 그 지역에서 우리의 권위를 주장하고, (아마도) 우리 대통령의 아버지에게 복수하는 것보다 훨씬 낮은 우선순위라고 상상하는 것이 절망적으로 냉소적인가?

[*Is democratization* a much lower priority than controlling the Iraqi oil reserves, asserting our authority in that part of the world and (perhaps) avenging our president's father?]

[민주화가 이라크 석유 매장량을 통제하고, 그 지역에서 우리의 권위를 주장하고, (아마도) 우리 대통령의 아버지에게 복수하는 것보다 우선 순위가 훨씬 낮은가?]

And is it possible to call attention to our own duplicity or Saudi Arabia's lack of democracy without seeming to say that Saddam is innocent?

그리고 Saddam이 결백하다고 말하지 않으면서도 우리 자신의 이중성이나 사우디아라비아의 민주주의의 결핍에 대해 주의를 환기시킬 수 있을까?

[*Can we* call attention to our own duplicity or Saudi Arabia's lack of democracy without seeming to say that Saddam is innocent?]

[Saddam이 결백하다고 말하는 것처럼 보이지 않으면서 우리 자신의 이중성이나 사우디아라비아의 민주주의의 결핍에 주의를 환기시킬 수 있는가?]

If the proposed war is less about democracy and more about opposing international terrorism, why am I mistaken in the view that it could spawn more anti-American and anti-Israeli terrorism and increase the number of terrorists who see us as the international menace?

제안된 전쟁이 민주주의에 관한 것이 아니라 국제적인 테러리즘에 반대하는 것이라면, 더 많은 반-미 및 반-이스라엘 테러를 낳고 우리를 국제적 위협으로 보는 테러리스트의 수를 증가시킬 수 있다는 견해는 내가 오판한 것인가?

[*Could the war* spawn more anti-American and anti-Israeli terrorism and increase the number of terrorists who see us as the international menace?]

[전쟁이 더 많은 반미·반이스라엘 테러를 낳고 우리를 국제적 위협으로 보는 테러리스트의 수를 늘릴 수 있는가?]

또한 특정 질문에 대답하는 방법에 대한 조언이 이어진다. Raspberry는 UN 무기 사찰에 대한 그의 Catch-22 분석에 대한 이유를 제시하고 이라크가 이 지역에서 미국의 특정 군주제 동맹국보다 민주적이지 않다고 지적한다.

Has the decision to forgo unilateral military action against Iraq in favour of taking the matter of Iraq violations to the United Nations been cleverly subverted into some sort of Catch-22? Our government seems to be telling us that if Iraqi President Saddam Hussein denies having weapons of mass destruction, while we know he does have them, that falsehood becomes a material breach of its agreement and reason to take him out militarily. But if he admits having such weapons, he stands convicted out of his own mouth, and therefore we have no choice but to take him out.

이라크에 대한 일방적인 군사 행동을 포기하고 이라크의 위반 문제를 유엔에 상정하기로 한 이 결정은 일종의 Catch-22로 교묘하게 뒤엎으려는 것인가? 우리 정부는 만약 Saddam Hussein 이라크 대통령이 대량살상무기를 보유하고 있고 그 보유 사실을 부인한다면 그 거짓은 실질적인 합의 위반이 되며 그를 군사적으로 제거해야 할 이유가 된다고 말하는 것 같다. 그러나 만약 그가 그러한 무기를 가지고 있다고 인정한다면 그는 스스로 유죄 판결을 받게 될 것이므로 우리는 그를 제거할 수밖에 없다.

Is America really serious that the war we propose is for the purpose of bringing democracy to the people of Iraq? Is it hopelessly cynical to imagine that democratization is a much lower priority than controlling the Iraqi oil reserves, asserting our authority in that part of the world and (perhaps) avenging our president's father? I mean, Saddam at least *pretends* to have a democracy. Our allies such as Saudi Arabia and Kuwait don't even go through the charade.

우리가 제안하는 전쟁이 이라크 국민들에게 민주주의를 가져오기 위한 목적이라는 점에서 미국은 정말로 진심인가? 민주화가 이라크 석유 매장량을 통제하고, 그 지역에서 우리의 권위를 주장하고, (아마도) 우리 대통령의 아버지에게 복수하는 것보다 훨씬 낮은 우선순위라고 상상하는 것이 절망적으로 냉소적인가? 내 말은, Saddam은 적어도 민주주의인 척한다. 사우디아라비아와 쿠웨이트 같은 우리 동맹국들은 심지어 그런 가식조차 하지 않는다.

그리고 두 가지 질문은 제거에 대한 이유들을 없애는 것에 의해서 보호된다. Raspberry는 자신이 Saddam의 결백에 항의하는 것이 아님을 지지하고, 자신이 반(反)이스라엘이라는 사실을 거부한다.

And is it possible to call attention to our own duplicity or Saudi Arabia's lack of democracy without seeming to say that Saddam is innocent? He's not, of course. He's pretty much all the things the administration had said he is.

그리고 Saddam이 결백하다고 말하지 않으면서도 우리 자신의 이중성이나 사우디아라비아의 민주주의 부족에 대해 주의를 환기시킬 수 있을까? 물론 그렇지 않다. 그는 행정부가 말한 거의 모든 것을 하고 있다.

By the way, <u>how much of the commitment to topple Saddam is</u> calculated to meet Israel's needs rather than our own? One must be careful not to buy into the line of those who oppose the war because they hate Israel.

그런데, Saddam을 무너뜨리겠다는 공약 중 얼마나 많은 것이 우리의 필요가 아닌 이스라엘의 필요를 충족시키기 위해 계산된 것인가? 이스라엘을 싫어하기 때문에 전쟁을 반대하는 사람들의 편에 들지 않도록 주의해야 한다.

미국에 대한 분명한 단성적 목소리의 맥락에서, Pinter와 Lessing이 단순히 질문을 던지는 것만으로도 도전적인 반응으로 간주되어야 한다. Raspberry는 Rumsfeld, 정부(행정부 및 정책입안자 포함), Saddam, 일반적인 미국인들, Mark Russell, 테러리스트 및 자신을 출처로 하는 다양한 참가자를 토론에 끌어들이고, 객체화를 강력하게 드러냄으로써 다성적 목소리의 관점을 더욱 촉진한다.

Defence Secretary Donald Rumsfeld has assured us,
Donald Rumsfeld 국방장관은 우리에게 확신시켰다,

I wish
나는 원한다

[the decision]
[결정]

Our government seems to be telling us
우리 정부는 우리에게 말하는 것 같다

Iraqi President Saddam Hussein denies
Saddam Hussein 이라크 대통령은 부인한다

we know
우리는 알고 있다

he admits
그가 인정하고 있다

We know
우리는 알고 있다

satirist Mark Russell said
풍자가 Mark Russell은 말했다.

to imagine
상상한다고

Saddam at least pretends
Saddam은 적어도 척한다.

seeming to say
말하는 것처럼 보인다

the administration had said
행정부는 말해 왔다

[the view]
[시각]

terrorists who see us as
우리를 ~로 보는 테러리스트

[a key question]
[주요 질문]

do they see us
그들은 우리를 보는가

I sometimes fear,
나는 때때로 두렵다

do they think
그들은 생각하는가

to wonder
궁금하다

하지만 이를 넘어서, Raspberry의 질문에 대한 우선적인 유도질문은 전쟁을 적대시하는 몇 가지 논의를 포함한 반대 목소리를 낼 수 있는 여지를 만들어 준다. 그들의 주장은 옷장 표현(closet exposition)[70]으로 여기에 제시되어 있으며, 그 전체적인 구조는 아래에 설명되어 있다. 그리고 논의의 논리적 구조를 실현시키는 다양한 접속사 자원(*for instance, and, but, if …, by the way, or, finally*)들이 진한 글씨로 강조되어 있다. 그리고 Raspberry 논평의 주기적 구조는 들여쓰기를 통해 그 윤곽이 드러나고, 이는 Raspberry의 'ton of them'을 부연하는 7개의 중요한 질문들의 말두기와 3가지 하위질문들에 의해 부연된 말두기의 순서대로 나타난다.

A few questions as we march to war
우리가 전쟁을 앞두고 드는 몇 가지 의문들

The US military, Defence Secretary Donald Rumsfeld has assured us, is quite capable of waging the virtually foreordained war with Iraq *and* taking on North Korea.
Donald Rumsfeld 국방장관은 미군이 사실상 예고된 이라크와의 전쟁을 수행하고 북한을 상대할 능력이 충분히 있다고 우리에게 확신시켰다.

I wish someone could settle my own questions with such clarity and conviction. I've got a ton of them.
누군가가 그런 명확성과 확신으로 나 자신의 의문들을 해결해 주었으면 한다. 나는 의문들을 많이 가지고 있다.

> [1] **For instance**: Has the decision to forgo unilateral military action against Iraq in favour of taking the matter of Iraq violations to the United Nations been cleverly subverted into some sort of Catch-22? Our government seems to be telling us that if Iraqi President Saddam Hussein denies having weapons of mass destruction, while we know he does have them, that falsehood becomes a material breach of its agreement and reason to take him out militarily. But if he admits having such weapons, he stands convicted out of his own mouth, and therefore we have no choice but to take him out.
> [1] 예를 들면: 이라크에 대한 일방적인 군사 행동을 포기하고 이라크의 위반 문제를 유엔에 상정하기로 한 이 결정은 일종의 Catch-22로 교묘하게 뒤엎으려는 것인가? 우리 정부는 만약 Saddam Hussein 이라크 대통령이 대량살상무기를 보유하고 있고 그 보유 사실

---

70) [역자주] 옷장 표현은 일반적으로 주장 또는 설명의 다양한 요소가 옷장 안에 있다가 밖으로 점차적으로 드러나는 특정 정보 제시 구조를 말한다.

을 부인한다면 그 거짓은 실질적인 합의 위반이 되며 그를 군사적으로 제거해야 할 이유가 된다고 말하는 것 같다. 그러나 만약 그가 그러한 무기를 가지고 있다고 인정한다면 그는 스스로 유죄 판결을 받게 될 것이므로 우리는 그를 제거할 수밖에 없다.

...

('We know he's got those weapons of mass destruction,' satirist Mark Russell said. 'We've got the receipts!')
('우리는 그가 대량살상무기를 가지고 있다는 것을 알고 있다.'라고 풍자가 Mark Russell이 말했다. '우리는 영수증을 가지고 있다!')

...

[2] Is America really serious that the war we propose is for the purpose of bringing democracy to the people of Iraq? Is it hopelessly cynical to imagine that democratization is a much lower priority than controlling the Iraqi oil reserves, asserting our authority in that part of the world and (perhaps) avenging our president's father? I mean, Saddam at least pretends to have a democracy. Our allies such as Saudi Arabia and Kuwait don't even go through the charade.
[2] 우리가 제안하는 전쟁이 이라크 국민들에게 민주주의를 가져오기 위한 목적이라는 점에서 미국은 정말로 진심인가? 민주화가 이라크 석유 매장량을 통제하고, 그 지역에서 우리의 권위를 주장하고, (아마도) 우리 대통령의 아버지에게 복수하는 것보다 훨씬 낮은 우선순위라고 상상하는 것이 절망적으로 냉소적인가? 내 말은, Saddam은 적어도 민주주의인 척한다. 사우디아라비아와 쿠웨이트 같은 우리 동맹국들은 심지어 그런 가식조차 하지 않는다.

[3] **And** is it possible to call attention to our own duplicity or Saudi Arabia's lack of democracy without seeming to say that Saddam is innocent? He's not, of course. He's pretty much all the things the administration had said he is.
[3] 그리고 Saddam이 결백하다고 말하지 않으면서도 우리 자신의 이중성이나 사우디아라비아의 민주주의의 결핍에 대해 주의를 환기시킬 수 있을까? 물론 그렇지 않다. 그는 행정부가 말한 거의 모든 것을 하고 있다.

[4] **But** is he such an imminent threat to the United States as to justify unilateral military action against him? Is a war that is likely to cost thousands of innocent Iraqi lives the only way to remove whatever remains of Saddam's ability to wreak international havoc? Will our effort to take him out, even if successful, create more havoc than it prevents?

[4] 그러나 그에 대한 일방적인 군사행동을 정당화할 만큼 Saddam이 미국에 절박한 위협인가? 수천 명의 무고한 이라크인의 목숨을 앗아갈 전쟁이 국제적인 대혼란을 일으킬 수 있는 Saddam의 능력을 조금이라도 제거할 수 있는 유일한 방법인가? 그를 제거하려는 우리의 노력이 성공하더라도 예방하는 것보다 더 큰 혼란을 일으키게 될까?

…

[5] If the proposed war is less about democracy and more about opposing international terrorism, why am I mistaken in the view that it could spawn more anti-American and anti-Israeli terrorism and increase the number of terrorists who see us as the international menace?

[5] 제안된 전쟁이 민주주의에 관한 것이 아니라 국제적인 테러리즘에 반대하는 것이라면, 더 많은 반-미 및 반-이스라엘 테러를 낳고 우리를 국제적 위협으로 보는 테러리스트의 수를 증가시킬 수 있다는 견해는 내가 오판한 것인가?

…

[6] **By the way**, how much of the commitment to topple Saddam is calculated to meet Israel's needs rather than our own? One must be careful not to buy into the line of those who oppose the war because they hate Israel. But if we are willing to launch a war at least partly for Israel's sake, shouldn't we have a little more clout over such matters as the Israeli settlements in the occupied territoriests.

[6] 그런데, Saddam을 무너뜨리겠다는 공약 중 얼마나 많은 것이 우리의 필요가 아닌 이스라엘의 필요를 충족시키기 위해 계산된 것인가? 이스라엘을 싫어하기 때문에 전쟁을 반대하는 사람들의 편에 들지 않도록 주의해야 한다. 하지만 우리가 적어도 부분적으로는 이스라엘을 위해 기꺼이 전쟁을 시작할 의향이 있다면, 점령지 내 이스라엘 정착촌과 같은 문제에 대해 조금 더 영향력을 행사해야 하지 않는가?

[7] A key question is how those who make our policy see the role of the United States.

[7] 중요한 문제는 우리의 정책을 결정하는 사람들이 미국의 역할을 어떻게 생각하는가 하는 것이다.

[7a] Are we, in their minds, the only adults in a room full of squabbling children - the only ones with the clarity of vision and the military wherewithal to undertake the unpleasant task of belling the aggressive cats of the world, as we spread democracy's joyous gospel?

[7a] 그들의 마음속에 우리는 말다툼하는 아이들로 가득 찬 방에 있는 유일한 어른들, 즉 우리가 민주주의의 즐거운 복음을 전파하면서 세상의 사나운 고양이들에게 방울을 달아야 하는 불쾌한 임무를 수행할 수 있는 명확한 비전과 군사력을 가진 유일한 어른들인가?

[7b] **Or** do they see us, as I sometimes fear, as some sort of international Dirty Harry, packing lots of heat and requiring only the thinnest of pretexts (and with little patience for procedural and evidentiary niceties) to rid the world of scum?

[7b] 아니면 내가 때때로 두려워하는 것처럼, 그들은 세상에서 쓰레기를 제거하기 위해 많은 열을 포장하고 가장 빈약한 핑계만 요구하는 (그리고 절차적이고 증거적인 요건에 대한 인내심이 거의 없는) 일종의 국제적인 Dirty Harry로 우리를 보고 있는 것일까?

[7c] **Finally,** do they think that it's too late to work at peace, that it's wimpish to wonder why so much of the world dislikes us, that it's a form of appeasement to show the world our better nature?

마지막으로, 그들이 생각하기에 평화롭게 일하기에는 너무 늦었다고 생각하는가? 세계의 많은 사람들이 우리를 싫어하는지를 궁금해하는 것이 비겁한 일이라고 생각하는가? 그것이 우리의 더 나은 본성을 세상에 보여주기 위한 일종의 유화책이라고 생각하는 것일까?

Raspberry의 의문절 서법을 없애고, 다소 단순화하면, 우리는 다음과 같이 (옷장 표현과) 반대되는 표현에 도달할 수 있다

we shouldn't go to war
우리는 전쟁을 해서는 안 된다.

because
왜냐하면

1　the weapons inspections are a Catch-22
1　무기 사찰은 Catch-22이다

2　the war's about oil, authority and revenge not democracy

2 전쟁은 민주주의가 아니라 석유, 권위, 복수에 관한 것이다

3 *and* Saddam's not innocent
3 그리고 Saddam은 결백하지 않다

4 *but* he's not enough of a threat to warrant death and risk international havoc
4 그러나 그는 죽음을 정당화하고 국제적 대혼란을 초래할 위험을 가져올 만한 위협적인 인물은 아니다.

5 (when) war could make terrorism worse
5 전쟁이 테러리즘을 더 악화시킬 수 (있을 때)

6 *by the way*, we need more control over Israel to act on their behalf
6 그런데 우리는 이스라엘을 대신하여 행동하려면 이스라엘에 대한 더 많은 통제가 필요하다

7 (critically)
7 (비판적으로)

    a we're not the only adults in the world
    a 세상에 우리만 어른인 것은 아니다

    b (nor) are we an international Dirty Harry
    b 또한 우리가 국제적 Dirty Harry인 것도 아니다

    c *finally* we can work at peace, determine why the world dislikes us, and show our better nature
    c 마지막으로 우리는 안심하고 일할 수 있고, 세상이 왜 우리를 싫어하는지 밝힐 수 있으며 우리의 더 나은 본성을 보여줄 수 있다

다른 세계에서, 이 주장은 훨씬 덜 대화적으로 표현될 수 있었다. 그러나 Raspberry에게 '사실상 예정된 이라크와의 전쟁'에 제동을 걸기 위해서는 과도한 애국자들과 함께 전쟁에 대해 불안해하는 미국인들을 위해 철저한 다성적 목소리의 텍스트가 필요했다. Pinter의 비난하는 어조가 Lessing의 변명하는 어조와 대조를 이루는 것처럼, 의심으로 가득 찬 이 입장을 **회의적(sceptical)**이라고 표현할 수 있다.

물론 이 세 가지 텍스트에 대해, 대인적 관계와 다기능성 모두에 대해, 여기서 다룬 것보다 훨씬

더 많은 이야기를 할 수 있다. 우리의 목표는 단순히 사례화 척도를 낮추고 하나의 키, 즉 해설자 목소리 내에서 하위 키의 개념을 우리가 유용하게 **입장**이라고 부를 수 있는 수준으로 상세하게 설명하는 것이었다. 우리는 비난, 변명 또는 회의적인 입장이라는 개념이 시간이 지나도 유효할지는 알 수 없다. 물론 이는 우리가 주목한 평가어 자원의 구성이 얼마나 반복되는지, 그리고 우리가 시간을 들여 탐색하지 않은 관련 행위평가적 구성과 어떻게 비교되는지에 따라 달라진다. 이 시점에서 사례화는 연속체이며, 이 연속체에 따라 키와 입장의 사이에 범주적으로 경계를 구분할 수 있는 방법은 없다는 점도 다시 한번 강조해야 한다. 다음 절에서는 척도를 좀 더 상세하게 알아보고 특정 개인을 확인(구별)할 수 있는 평가어의 증후에 대해 살펴보겠다.

4.5 개인 평가어(Signature)

이런 수준의 상세화의 예로 우리는 개인을 특징짓는 평가하기의 증후, 즉 평가어의 개인 특징[71]에 관심이 있다. 예를 들어, 매일 라디오 프로그램과 함께 주말 일간지 *Sydney Morning Herald*의 '뉴스 리뷰' 섹션에 매주 칼럼을 기고하는 시드니의 언론인 Mike Carleton을 살펴보자. 시드니의 우파 토크쇼 진행자들과 비교하면 Carleton은 비교적 진보적인 편이며, 'LBJ와 함께 가는' 호주의 현대 정치판에서는 중도 좌파로 받아들여질 수도 있다. Carleton은 여러 이슈에 대해 거침없이 솔직한 발언을 하며, 위의 Pinter의 글에서 소개한 비난적인 입장을 자주 취한다. 다음은 그가 리더십 대신 불안과 공포를 조장하는 Howard 정부에 대해 큰 소리로 비판적인 어조를 취하는 한 예이다(명백하게 기록된 **행위평가어**는 밑줄).[72]

Worse, this is a <u>mean</u> administration, a <u>miserly</u>, <u>mingy</u>, <u>minatory</u> bunch if ever there was one. It has a head but <u>no heart</u>, a brain but <u>no soul</u>. <u>Without generosity of spirit</u>, <u>devoid of compassion</u>, <u>absorbed in narrow self-interest</u>, the Howard Government has no concept of

---

71) Christian Matthiessen은 사례화와 함께 문화의 의미 저장소부터 다양한 하위 그룹, 개별 레퍼토리에 이르기까지 추가적인 척도가 필요할 수 있다고 제안했는데, 여기서 우리가 개인 평가어라고 부르는 것은 이러한 '집단에서 개인으로' 개별화 계층 구조의 일부가 될 수 있다.

72) [역자주] 아래 예문은 '경멸하기(rubbishing)' 입장의 예이다.

any over-arching duty to articulate the aspirations of the governed and to lead them, with some hope, to a happier and more complete nationhood. If the polls slump, how easy it is to play the Hansonite politics of greed and envy, to send in the bovver brigade: Herron to cosh the boongs, Tony Abbott to drop-kick the unemployed, Jocelyn Newman to savage these on social welfare.

더 나쁜 것은, 이 행정부가 비열하고, 비참하고, 비겁하고, 인색한 집단이라는 것이다. 머리는 있지만 심장은 없고, 두뇌는 있지만 영혼은 없다. Howard 정부는 관대함도 없고, 동정심도 없고, 편협한 이기심에 사로잡혀 있으며, 피지배자들의 열망을 대변하고 희망을 가지고 그들을 더 행복하고 완전한 국가로 이끌어야 할 중요한 의무에 대한 개념이 없다. 여론이 안 좋을 때, 탐욕과 시기의 Hansonite 정치, 즉 Herron은 부유층을, Tony Abbott은 실직자를, Jocelyn Newman은 사회 복지에 대해 무참히 공격하는 것이 얼마나 쉬운 일인가?

This is not government, it is mere management, a very different thing, and it is what will do for them in the end. A cold and bloodless lot, their veins run with piss and vinegar. [Carleton 2000: 38]

이것은 정부가 아니라 단순한 관리부이며, 이 둘은 매우 다른 것이고, 결국에는 그들에게만 도움이 될 것이다. 차갑고 피도 눈물도 없으며 그들의 정맥에는 오줌과 식초가 흐르고 있다. [Carleton 2000: 38]

Carleton의 비난적인 입장을 적어도 시드니 독자들이 알아볼 수 있게 만드는 핵심적인 특징은 바로 그 음량이다. 그것은 매우 클 수 있다. 이를 성취하기 위해 그는 구어체 어휘(*bovver brigade, cosh the boongs, piss*), 어휘적 은유(*drop-kick the unemployed, their veins run with piss and vinegar*), 수사적 삼중항(*without generosity of spirit, devoid of compassion, absorbed in narrow self-interest*), 두운법(*a mean administration, a miserly, mingy, minatory bunch*) 등 모든 범위의 증폭 자원을 활용한다. 더 독특한 것은 아마도 그가 어휘적 확산을 사용하여 평가하기의 질량을 늘리는 것이다(방금 언급한 *mean, miserly, mingy, minatory*와 마찬가지로). 가장 긴 예시는 1996년 Tasmania에서 발생한 Port Arthur 학살 사건(자동 무기를 사용한 괴한에 의해 수십 명이 살해된 사건) 이후 정치인들을 겨냥한 것으로, 시소러스의 도움을 받아 작성한 것으로 보인다(아니면 Carleton의 어휘가 우리보다 몇 배나 많다는 뜻일 수도 있다!):

For too long - far too long - capricious, cautious, chicken-livered, cowardly, craven, duck-brained, dim-witted, faint-hearted, gutless, gormless, ignorant, indecisive, irresolute, jelly-backed, limp-wristed, namby pamby, negligent, obdurate, opportunist, perfunctory, poltroonish, pusillanimous, shallow, shameless, spineless, squeamish, timid, weak-kneed, vacuous, backsliding, bending, bickering, cheating, compromising, cringing, deal-doing, dillydallying, dithering, equivocating, failing, faking, faltering, fiddling, fidgeting, grovelling, hesitating, kowtowing, lying, obfuscating, obstructing, oscillating, paltering, pandering, posturing, quitting, quivering, resiling, see-sawing, shilly- shallying, slithering, squabbling, swivelling, tergiversating, teetering, tottering, twisting, vacillating, wavering, weaseling, wobbling, yellowing politicians have buckled to the gun lobby. [*The Sydney Morning Herald*, Saturday May 4, 1996; News Review p. 36]

너무 오랫동안 - 너무 오래 - 변덕스럽고, 조심스럽고, 겁 많고, 비겁하고, 용감하고, 새대가리리에, 둔감하고, 마음이 약하고, 배짱이 없고, 아둔하고, 무지하고, 우유부단하고, 단호하지 못하고, 나약하고, 절뚝거리고, 너무 여리고, 태만하고, 불성실하고, 기회주의자에, 허풍쟁이에, 뻔뻔하고, 속없고, 천박하고, 염치없고, 비굴하고, 소심하고, 나약하고, 줏대가 없고, 후퇴하고, 굽신거리고, 말로 다투고, 기만하고, 타협하고, 움찔하고, 흥정하고, 꾸물대고, 우물주물하고, 애매모호하고, 실패하고, 속이고, 흔들리고, 주춤거리고, 안절부절못하고, 주저하고, 머뭇거리고, 머리를 조아리고, 거짓말하고, 혼란스럽게 하고, 방해하고, 갈팡질팡하고, 얼버무리고, 아첨하고, 가식적이고, 그만두고, 덜덜거리고, 말 바꾸고, 시소처럼 하고, 미적거리고, 미끄러지고, 다투고, 빙빙 돌고, 발뺌하고, 동요하고, 비틀거리고, 비틀리고, 망설이고, 나부끼고, 쭈물거리고, 요동하는, 겁쟁이 정치인들은 총기 로비에 굴복했다. [*The Sydney Morning Herald*, Saturday May 4, 1996; News Review p. 36]

또 다른 예로, Carleton은 부패한 상원의원을 여러 차례 내보내면서 이제 떠나야 할 때라는 메시지를 전달한다:

So take the hint, Senator Colston, it's time to go. Thank you and good night. Just get out. Resign. Depart. Leave. Disappear. Vanish. Rack off. Take the money and run. You are a disgrace to the Senate and an affront to the people. [*SMH* News Review 34 Saturday April 12 Mike Carleton Delusions of grand Mal 1999]

그러니 Colston 의원님, 힌트를 얻으세요. 이제 갈 시간입니다. 감사합니다, 안녕히 주무세요. 그냥 나가요. 떠나세요. 사임하세요. 나가요. 사라지세요. 꺼지세요. 가 버리세요. 돈을 받고 나가세요. 당신은 상원의원의 수치이자 국민에 대한 모욕입니다. [*SMH* News Review 34 Saturday April 12 Mike Carleton Delusions of grand Mal 1999]

Carleton의 목소리를 구별 짓는 것은 그가 누구보다도 더 크게 비난한다는 점으로, 그의 목소리는 광범위한 증폭 자원의 사용과 어휘의 확산(필요에 따라 구어체와 학습된 용어를 포함한)을 특징으로 한다. 이는 '거침없는' 입장으로, 분노에 불을 지피고 Carleton의 의견에 공감하는 한 듣는 사람의 주의를 끌고 상대를 굴복시키도록 계획되었다. 이는 Carleton이 제시하는 **행위평가**에 따라 구심 반응과 원심 반응을 모두 일으킬 수 있는 매력적인 개인 평가어이다. 물론 소리의 크기(Loudness)가 Carleton만의 고유한 특성은 아니다. Stevie Ray Vaughan의 팬들은 Amazon 웹 사이트의 열광적인 평가에서 그의 음악에 대한 감상을 강화하기 위해 이를 사용한다:

> **awesome! awesome! awesome! awesome!** it's **very** worth buying. oh did i say that it's **awesome!** thank you. stevie ray!
> 대박! 대박! 대박! 대박! 충분히 살 만해요. 내가 대박이라고 말했나! 고마워요. stevie ray!

> ⋯ and, as a bonus, a **very** psychedelic, destructive (literally!), cathartic and liberatory version of Jimi Hendrix's 'Third stone from the sun'.
> … 그리고 보너스로 Jimi Hendrix의 'Third stone from the sun'의 매우 몽환적이고 파괴적이며 (말 그대로!) 카타르시스와 해방감을 선사하는 버전도 있어요.

그러나 우리가 제안하는 것은 Carleton의 증폭 전략이 그의 불경건한 행위평가와 결합되어 독자층에게 그를 식별하고, 우리가 알고 있는 다른 칼럼니스트 및 유사한 인쇄 매체와 구별시킨다는 것이다. 그렇다고 해서 다른 곳의 글에서도 동일한 평가하기 증후가 나타날 수 없다는 뜻은 아니다. 그러나 평가자를 식별하려면 어떤 개인의 다양한 텍스트에서 반복적으로 나타나야 한다. 그리고 Carleton의 개인 평가어에 도전하려면 공유된 독자층이 소비하는 담화에서 반복적으로 등장하여 그의 정체성을 흐리게 해야 할 것이다. 이 정도의 상세함이라면 개인 평가어가 특정 담화 커뮤니티 내에서 작동해야 하는 개념이라는 점을 명확히 해야 한다. 이는 해당 커뮤니티 내에서 개인과 개인을 구별하는 평가어 자원의 증후에 이름을 붙이는데, 관련 가치를 조율하는 것이 커뮤니티이고 그것이 커뮤니티 내에서 이루어지기 때문이다. 여기서 중요한 것은 Carleton의 시드니 저널리스트로서의 정체성이다.

개인 평가어의 사례화 척도에서 입장으로 다시 거슬러 올라가면, 우리는 분노에 의해 주도되고 범법자를 강력하게 비난하기 위해 고안된 큰 소리로 비난하는 입장을 일반화할 수 있는데, 호주인들은 이 태도를 구어체로 '경멸하기(rubbishing)'라고 부를지도 모른다. 이러한 관점에서 Carleton의 개인 평가어에 대한 질문은 그의 경멸하기 스타일이 그를 식별하는 데 도움이 되는지 여부에 대한 질문이 된다. 궁극적으로, 이러한 종류의 질문에 대한 대답은 Biber와 그의 동료들의 연구에서 예시된 것과 같은 정량적 요인 분석에 의존되어 있다.

4.6 평가하기와 반응

개인 평가어 외에도 텍스트의 평가어에 의해 제공되는 평가하기가 있다. 앞의 2장과 3장 그리고 뒤의 5장에서 우리는 작업하고 있는 텍스트가 전개됨에 따라 중립적으로 보게 되는 읽기를 우리의 분석에 표시하려고 시도했다. 따라서 우리의 분석은 우리 자신의 주관성이 이것을 가능하게 하는 한 순응적 읽기를 반영한다. 우리의 분석은 필연적으로 평가적 관심의 대상이기 때문에, 아마도 그 것들을 평가어를 평가하는 것으로 생각하는 것이 적절할 것이다. 그리고 텍스트의 평가어가 가지는 잠재력으로 볼 때, 그러한 평가하기는 결코 최종 단계가 될 수 없다. 다른 방식으로 텍스트에 응답 하는 사람들이 항상 주변에 있을 것이다. 그리고 텍스트의 평가어가 기록된 것 이상으로 불러일으 키는 경우, 우리는 권장되지는 않더라도 다양한 범위의 읽기가 가능하다고 주장할 수 있다.

따라서 이 장의 마지막 단계로, 우리는 반응이라고 부를 사례화의 연속체에 대한 마지막 단계를 위한 공간을 만들 필요가 있다. 즉, 이러한 읽기는 누군가가 그 텍스트를 평가적 의미로 읽는 것으 로 특징지을 수 있다. 친밀성의 관점에서 보면, 이것은 그들이 감정과 교감하고 교섭 중인 커뮤니티 와 그 주변에서 그들 자신을 조율시키는 방식에 해당한다.

일반적으로, 우리는 '순응적', '저항적' 그리고 '전술적 읽기'를 인식할 수 있다(de Certeau 1984에 따라). 언급한 바와 같이, 순응적인 독자들은 텍스트에 의해 중립화된 읽기 위치를 수용한다. 예를 들어 순응적인 독자로서 우리는 Pinter의 미국에 대한 비난에 공감하고, Lessing의 과한 해석에 인정하며, Raspberry의 우려에 공감할 것이다. 반면에 저항적인 독자는 중립적인 읽기의 흐름에 반해서 읽는다. 'Sheriff Shrub[73]'과 그의 전쟁광들이 Pinter의 통렬한 비난에 분노하고, Lessing의 반대에

---

73) [역자주] 조지 부시 대통령을 지칭하는 말.

애국심이 고취되고, Raspberry의 소심함에 격분하는 것을 쉽게 상상할 수 있다(실제로 그들의 목소리는 Raspberry의 텍스트에서 그들이 어떻게 반응할 수 있는지에 대해 우리에게 공정한 증거를 줄 수 있을 만큼 충분히 강하다).

전술적 읽기는 텍스트가 제공하는 평가하기의 일부 측면을 취하고, 텍스트와의 교감을 전체적으로 수용하거나 거부하지 않는 흥미로운 방식으로 응답하는 읽기이다. 이것의 좋은 예 중 하나는 우리가 Pinter, Lessing, Raspberry의 텍스트를 언어적 예시로 사용하는 것이다. 우리의 목표는 텍스트를 사용하여 입장의 종류를 설명하고, 그들이 예시하는 개념에 대해 인정하는 학자들의 커뮤니티를 구성하는 것이었다. 이것은 Pinter, Lessing, Raspberry가 예견하지는 않았지만 그들의 담화 디자인에 적용되었다. 그러나 위에서 'Sheriff Shrub과 그의 전쟁광들'에 대한 우리의 언급은 Pinter의 텍스트의 순응적 읽기로 배치되었고, 이 장의 전술적 읽기를 자극하기 위한 설명으로 설계되었다. 아마도 그것은 정치적 기회주의에 따른 반미주의로 치부할 수 있다. 우리는 여기서 우리의 분석을 정리하면서 우리가 이런 종류의 전술적 읽기를 촉발하는 것을 어디까지 피했는지 궁금하다. 과연 우리는 사회 기호학자로서 실제로 불안정한 정치적 담화를 '냉정하게' 다룰 수 있을까? 사심이 없다는 것은 단지 학문적 사기일까?

돌이켜보면, 단지 분석을 위한 자료의 선택만으로도 태도평가를 불러일으키고, 분석이란 텍스트에 의해 중립화된 평가하기와 독자의 사회적 주관성과 관련하여 이해관계의 교섭이 될 수밖에 없기에 소위 말하는 객관성은 불가능하다는 것이 우리의 생각이다. 동시에, 우리는 모더니즘 작가로서 읽기 위치를 중립화하기 위해 노력한다. 분석을 위한 도구(공리주의적 순응)를 제공하고, 대화에 초대하며(반대가 아닌 협조적) 오해를 최소화하는(전술적 오독) 등의 노력을 한다. 이런 종류의 글은 일부 사람들에게는 논쟁거리가 아니며, 강요가 되지도 않는다. 하지만 그것이 바로 우리가 여기서 취하는 입장이다.

우리는 또한 감정의 교섭이 역동적인 과정이라는 것을 염두해 두어야 한다. 텍스트가 전개됨에 따라 독자들은 중첩된 커뮤니티 네트워크에 반응하여 조율하거나 저항하기도 한다. Pinter가 더 넓은 독자층에 호소하기 위해 그의 마지막 단락에서 어떻게 그의 비난적인 입장을 누그러뜨렸는지 기억해보라. 그리고 Raspberry는 부시가 복수를 추구하고 있다는 비난을 가정적으로 완화하면서 단 한 번의 질문에서 기어를 바꾸었다:

Is it hopelessly cynical to imagine that democratization is a much lower priority than controlling the Iraqi oil reserves, asserting our authority in that part of the world and (**perhaps**) avenging our president's father?

민주화가 이라크 석유 매장량을 통제하고, 그 지역에서 우리의 권위를 주장하고, (아마도) 우리 대통령의 아버지에게 복수하는 것보다 훨씬 낮은 우선순위라고 상상하는 것이 절망적으로 냉소적인가?

우리는 5장에서 이러한 종류의 담화발생론적 과정들을 더 주의 깊게 살펴볼 것이다.

4.7 마무리…

이 장에서 우리의 논의는 평가어 평가값들이 개별적이고 고립된 의미의 순간이 아니라 동시에 출현하는 의미의 더 광범위한 증후에 통합된 요소로서 텍스트에서 어떻게 작동하는지에 대한 이해를 향한 것이었다. 평가하기의 증후에 대한 이러한 분석은 더 크거나 더 적은 정도의 상세화로 수행될 수 있다. 평가적 '키'를 식별할 때, 우리는 주어진 담화 영역에서 관습화되고 따라서 다양한 텍스트에 걸쳐 어느 정도 규칙적으로 관찰될 수 있는 출현과 공기의 패턴에 주의한다. 중앙 일간지 저널리스트와 중학교 역사 교과서의 키를 탐구하면서, 우리는 그러한 환경에서 작동하는 평가적 의미의 특별한 구성이 특별한 수사적 목적과 어떻게 연결될 수 있는지 보았다. 따라서 기자의 목소리를 구성하는 언어의 글로벌한 의미 형성 잠재력의 재구성은 뉴스 보도가 '객관적', '중립적', '공평할' 수 있다는 저널리스트 기관의 이념적 주장의 근거를 제공한다. 기록자 키는 중학교 역사 교과서에서 유사한 기능을 가지고 있다. '입장'과 '개인 평가어'를 식별함에 있어 우리는 평가적 '키'를 구성하는 재구성의 보다 상세하고 국지적인 재구성에 주의를 기울인다. 입장은 주어진 담화 영역에서 텍스트 범위와 저자 범위, 그리고 아마도 다른 담화 영역에서도 반복될 것으로 예측하는 재구성인 반면, 개인 평가어는 개별 저자가 인식 가능한 개인 스타일을 이루는 의미를 만드는 잠재력의 개인적 재구성이다.

이 설명을 위해 우리가 의존하는 평가어 프레임워크는 대화 지향적이다. 그것은 저자들이 공유된 감정, 취향, 가치의 커뮤니티와 관련하여 자신을 어떻게 위치시키고, 이러한 태도평가적 커뮤니티의 구성원들의 반응에 어떻게 반응하고 예상하는지에 주의하면서 소위 '개인적인' 텍스트의 수신성을 진지하게 다룬다. 그리하여 키, 입장 및 개인 평가어에 대한 우리의 설명은 평가적 스타일이 바로 관계의 문제에 대한 것이며 이 관계는 저자가 텍스트의 다성적 목소리의 배경을 구성하는 목소리 및 관점을 만든다는 것이다. 이러한 방식으로, 앞의 장에서 설명한 자료들은 어휘문법과 담화 의미론을 통합시키는 친밀성 문법의 기초를 마련해 준다.

5

평가어의 실제 사례: 텍스트 분석[74]

5.1. 담화의 평가어

이 장에서는 우리는 평가 시스템을 사용하여 텍스트에서 평가하기에 대한 해석을 알려줄 수 있는 몇 가지 방법을 보여줄 것이다. 특별히 여기서 우리는 사회적 맥락 변인인 테너(tenor)와 관련하여 **태도평가**, **개입평가** 및 **강도평가**가 어떻게 상호작용하는지를 설명한다. 우리는 또한 담화 의미론에 대한 보다 포괄적인 접근법(Martin & Rose 2003에 설명된 것과 같은)과 접점을 찾기 위해 다른 모드(modes)들 사이의 평가어와 의미의 상호작용에 대해 언급할 것이다.

이를 달성하기 위해, 우리는 오직 두 개의 텍스트에 초점을 맞출 것이다. 물론 이는 담화에서 평가어의 텍스트성(texture)에 관해 우리가 예시할 수 있는 것에 제한을 둔 것이다. 하지만 이러한 제한은 텍스트가 전개될 때 평가하기의 구체화를 해석하는 데 필요한 상세함의 레벨에서 면밀한 판독을 수행할 수 있게 해준다. 두 분석 모두 평가어 자원의 사용 패턴에 주의를 기울이겠지만, 그 둘은 약간 다른 강조점을 가질 것이다. 첫 번째 분석[75]은 **태도평가**와 **개입평가/강도평가** 사이의 국지적 상호작용에 특히 주의를 기울인다. 이러한 상호작용을 통해 텍스트가 추정적 수신자의 모델을 구성하고 해당 수신자에 대해 저자를 어떻게 위치시키는지 그 방법에 대해서 3장에서 시작된 설명을 발전시키려는 것이 목적이다. 두 번째 분석[76]도 이러한 문제에 주의를 기울이지만, 특별한 수사적 결과에 영향을 미치기 위해 평가어 평가값이 순서화되고 상호작용하는 텍스트적 구성의, 보다 전역적인 패턴에 주목한다. 우리가 선택한 텍스트들은 이념적인 내용을 담고 있으며, 이 어려운 시기에 (테너와 관련된) 대인 정치의 다양한 차원에 대한 평가하기의 영향을 강조하고 있다.

이러한 텍스트들 중 첫 번째는 최근 정치적, 사회적으로 보수적인 논조를 채택하고 있는 영국의 중도 타블로이드 신문인 *Daily Express*의 논평 기사이다. 이 기사는 2001년 10월 미국 정부가 뉴욕시의 세계무역센터에 대한 테러 공격의 여파로 아프가니스탄을 침공할 준비를 하고 있을 때 발표되었다. 당시 영국에서는 그러한 행동에 대해 상당한 반대가 있었고, 저자인 Carol Sarler는 이 입장에 맞서기 위해 글을 썼다. 그녀는 전쟁을 지지하며 반대자들을 '심약한(faint hearted)'과 '어리석은(woolly)'으로 특징지었다.

두 번째 텍스트는 2001년 9월 21일 금요일, 즉 9/11 사건 발생 10일 후에 홍콩에서 출판되었

---

75) Daily Express의 논평 기사
76) HK Magazine의 사설

다. '애도하기'라는 제목의 이 기사는 외국인들(특히 영국인과 호주인)과 해외에서 일이나 공부를 마치고 돌아온 중국인들을 위한 주간 라이프스타일 잡지인 *HK Magazine*의 사설이다. 무료 배포본은 이 커뮤니티를 서비스하는 '인기 있는' 비디오 상점, 바, 커피숍 및 유사한 소매점에서 제공된다. *HK Magazine*의 사설은 홍콩 정부나 베이징 정부에 비판적인 목소리를 들을 수 있는 홍콩 인쇄 매체의 남아 있는 사이트 중 하나이다. 그러나 이 경우에 초점이 맞춰진 것은 9/11 사건의 지역적 반응이다.

앞에서 언급한 바와 같이, 이 장에서 우리의 목적은 평가어의 세 가지 하위 시스템이 텍스트의 전개에 걸쳐서 공통-패턴을 형성할 때 그 작동에 대해 보다 전역적인 관점을 취하는 것이다. 우리의 초점은 이러한 유형의 논쟁적이고 대중매체적인 텍스트의 평가적 수사학의 기초가 되는 특정한 수사적 효과에 있다. 우리는 필자가 다양한 유형의 태도평가로 텍스트의 경험적 내용을 전략적으로 관여함에 따라 필자와 독자 사이의 잠재적 조율 위치가 구성되는 과정으로서 이러한 텍스트의 대인적 기능성을 이해하는 데 관심이 있다. 따라서 텍스트로 묘사된 사회적 행위자들의 행동들과 경험들은 감정, 취향, 규범을 공유하는 근거가 된다. 우리는 여기에서 Maree Stenglin이 유대감 형성(Stenglin 2002, Martin & Stenglin 출판 중)이라고 부르는 것을 언급하고 있다. - 활동적인 태도의 부여, 사건과 사물(추상적이거나 구체적인 것)에 대한 태도의 공명, 공유된 반향을 중심으로 우리는 친족 관계, 교우 관계, 동료 관계 그리고 다른 많은 종류의 친화력과 소속감을 공유하는 공감으로 조율한다. 이를 통해 우리는 Bakhtin의 용어로 텍스트가 이념적이면서도 가치론적이라는 것을 나타낸다.[77] 그림 5.1에 묘사된 것처럼 이성은 감성과 역동적으로 결합한다. 이 용어들에서, 이념적으로 말하면, 텍스트는 합리성 - 즉 '진리'에 대한 탐구로 전개되고, 가치론적으로 말하면 그것은 수사학적으로 - 즉 커뮤니티로의 초대로 전개된다.

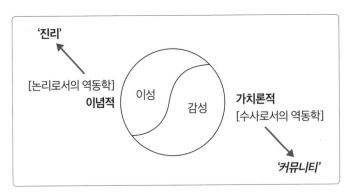

그림 5.1 유대감 형성 - 활동적인 가치값의 융합

---

77) 이것은 물론 Halliday의 관념적 의미와 대인적 의미의 상호보완성이다. Bakhtin의 용어는 관념적을 정치적(이념)으로 배경화시키고 상호작용(가치론)보다 평가하기를 전경화할 수 있는 이점이 있다.

5.2 전쟁 또는 평화: 슬픔과 증오의 수사학

앞에서 언급한 바와 같이, 우리의 첫 번째 텍스트는 2001년 9월 11일 뉴욕의 세계무역센터 타워가 파괴된 결과로 아프가니스탄과의 전쟁을 주장하는 논평 기사이다. 분석상의 이유로, 우리는 텍스트의 적절한 지점에 대괄호 안에 라벨로 표시된 경계를 배치하여 텍스트를 여러 부분으로 나누었다.

[*Section 1. Headline*]
[*섹션 1. 헤드라인*]
DAMN THE PEACENIKS FOR THEIR FAINT HEARTS
심약한 평화주의자들에게 저주를

By CAROL SARLER
CAROL SARLER 씀

[*Section 2. Personal narrative - a lost friend*]
[*섹션 2. 개인적인 이야기 - 잃어버린 친구*]

ONCE upon a time, she sang with Duke Ellington on stage at Carnegie Hall. Last Christmas, we had her all to ourselves. Betty Farmer, mother, friend and cabaret diva, squeezed around our turkey and trim way down in the American South, and her lustrous voice led 20 of us in our most splendid round of carols: the British ones, the American ones and those few that, laughing, we shared.

옛날 옛적에, 그녀는 Carnegie Hall 무대에서 Duke Ellington과 함께 노래를 불렀다. 지난 크리스마스에 우리는 그녀를 온전히 독차지했다. 어머니이자 친구이자 카바레 디바였던 Betty Farmer는 미국 남부에서 칠면조 요리 사이에서 자리를 잡고 즐기면서 그녀의 빛나는 목소리로 우리 20명을 가장 황홀한 캐롤의 세계로 이끌었다: 영국 캐롤, 미국 캐롤, 그리고 우리가 웃으며 함께 불렀던 몇 안 되는 캐롤까지.

At home in New York, to make meet the ends that music did not, she did some office temping. Which is how it came to be that, on September 11, she was in her third week of a job at the World Trade Center. North Tower. Floor 105.

뉴욕의 집에서, 음악으로는 어려웠던 생계를 유지하기 위해, 그녀는 사무실에서 임시 직원으로 일했다. 그래서 9월 11일, 그녀는 세계무역센터 북쪽 타워 105층에서 근무한 지 3주째가 되었다.

Her only child, her daughter Kat, ashen with shock, went to collect her mother's life's belongings. Together, back in Georgia, she and I sifted and sorted them. In between the earrings over here and the nightgowns over there, Kat's grief was endlessly and relentlessly intruded upon: the local paper wanted a snap; the medical examiner wanted a DNA sample; the authorities wanted details for the death certificate … all this, with no body to bury, not now, not ever.

그녀의 하나뿐인 아이인 딸 Kat은 충격으로 잿빛이 되어 어머니의 유품을 찾으러 갔다. 조지아로 돌아가서, 그녀와 나는 같이 그것들을 고르고 분류했다. 여기에는 귀걸이, 저기에는 잠옷. 그것들 사이에서 Kat의 슬픔은 끝없이, 그리고 집요하게 침범당했다. 지역 신문에서 사진을 찍어달라는 요청, 검시관이 DNA 샘플을 원하는 요청, 당국에서 사망 진단서에 필요한 세부 정보를 요구하는 등... 이 모든 것이 묻을 시신도 없이 벌어진 일이었다.

[*Section 3. Observing America's response*]
[*섹션 3. 미국의 반응 관찰하기*]

And all this, too, against the bigger backdrop of a fabulous, flawed, great, gutsy nation brought to its knees by pain and bewilderment.
그리고 이 모든 것은 고통과 당혹감으로 무릎을 꿇은 멋지고, 결점이 있고, 위대하고, 용감한 국가라는 더 큰 배경에서 이루어졌다.

I would like to record that the picture was one of solemn dignity but, in fact, it was not. How could it be?
나는 그 사진이 엄숙한 존엄성이 느껴지는 사진이라고 기록하고 싶지만, 사실은 그렇지 않았다. 어떻게 그럴 수 있을까?

Outrage literally mangled our poor language. Defence funding, I heard, has never been 'sufficiently adequate enough'; there are folks with 'terrorist backgrounds in their past'; we had reports from 'this hellacious scene', of the railways' 'increased ridership', and of these 'terroristic activities'. And full marks to the earnest chap who announced 'help for the nose-diving airline industry'.
분노는 말 그대로 우리의 빈약한 언어를 엉망으로 만들었다. 내가 듣기로는 국방 자금이 '충분하게 충분한' 적이 없었고, '과거에 테러리스트 전력이 있는' 사람들이 있으며, '이 지옥 같은 장면', 철도의 '승객 증가', 그리고 이러한 '테러 활동'에 대한 보고가 있었다고 한다. 그리고 '급감하는 항공산업에 대한 도움'을 발표한 진지한 친구에게 만점이 주어졌다.

Commerce barely paused for breath: within a week, advertisements were urging people to buy a new car as a patriotic duty - it helps the ailing economy, so head for your nearest Chrysler dealer and God Bless America. Flags flew (and still do) from every conceivable promontory and housewives' guru Martha Stewart had her own television special to show The American People how to hang and display the Stars and Stripes correctly.

상업적 거래는 간신히 숨고르기에 들어갔다. 그러나: 일주일도 되지 않아 광고들은 사람들에게 새 차를 살 것을 애국적인 의무로 권유했다. 즉, 그것은 경제를 돕는다고, 그래서 가장 가까운 크라이슬러 매장으로 향하고 하나님이 미국을 축복할 것이라는 것이다. 상상할 수 있는 모든 곳에서 국기가 휘날렸고, 주부들의 전문가인 Martha Stewart는 미국 국민에게 성조기를 올바르게 걸고 전시하는 방법을 보여주기 위해 TV 스페셜을 진행했다.

Newspaper reporters were instructed to carry tissues at all times, in case a weeping interviewee's performance be interrupted by 'embarrassment at nasal discharge'; sales figures showed that baby firemen's uniforms are to be this year's favourite Halloween costume and, last Friday, Fisher Price, to its eternal shame, launched its newest toy: to help the under-fives understand, and to offer them positive role models, they shall now have a doll dressed as a New York fireman and called ⋯ Billy Blazes.

신문 기자들은 울고 있는 인터뷰 대상자의 행동이 '콧물 때문에 당황해서' 중단될 경우를 대비해 항상 휴지를 휴대하라는 지시를 받았고, 판매 통계에 따르면 아기 소방관 유니폼이 올해 가장 인기 있는 핼러윈 의상이 될 것이며, 지난 금요일에는 Fisher Price가 부끄럽게도 5세 미만의 아이들의 이해를 돕고 긍정적인 역할 모델을 제공하기 위해 뉴욕 소방관 복장을 한 인형, 즉 Billy Blazes라는 장난감을 새로 출시했다.

Soon enough, ramifications spilled out all over: the United Nations is, in case you did not know, an 'anteye-American' organisation, so come trick or treat night, you should urge your children to collect for anything that isn't Unicef. Environmentalism took a huge and early hit - well, come on, Alaskan or Arab oil? No bloody contest, is it? And then there is sheer nastiness. I heard one talk-show host introduce his programme with the fervent plea that all slain Islamic terrorists should have their bodies scrubbed raw by Jews and Christians, then have their genitals cut off and fed to pigs, so that they become pork, and see how they like that, darned Moslems, heh-heh. On the whole, however, the Gung Hos are not in charge - indeed, what strikes you most is an unaccustomed humility. I lost count of the times good and decent people asked me: why do they hate us so? And, even: did we do something to deserve this? Like soothing battered kids in the schoolyard, I told them that, no, they did nothing, ever, bad enough to deserve this. Dust yourselves down, I said. Fight back, I said. Not because it's easy, not even because I am sure you will triumph. But simply because to do so will make you feel better. And that, you do deserve.

곧, 파장이 사방으로 쏟아졌다. 즉, 유엔은, 혹시 여러분이 모를까 봐 말하는데, '반(反)미국적인(anteye-American)' 조직이기 때문에, 핼러윈 밤이 오면 여러분은 당신의 아이들에게 유니세프가 아닌 것을 모으도록 해야 한다. 환경보호주의는 초기에 큰 타격을 입었다. 자, 생각해 봐라. 알래스카 석유인가? 아랍 석유인가? 경쟁도 안 되지 않는가? 그리고 그곳에 있는 것은 순수한 추악함이었다. 한 토크쇼 진행자가 자신의 프로그램을 소개하면서 사살된 모든 이슬람 테러리스트의 시신을 유대인과 기독교인이 나체인 상태로 문질러서 성기를 잘라 돼지에게 먹여 돼지고기가 되게 해야 한다는 열렬한 탄원을 하는 것을 들었다. 그러나 전반적으로 Gung Hos[78]에게 책임이 있는 것은 아니다. 실제로 가장 눈에 띄는 것은 익숙하지 않은 겸손이다. 선량하고 점잖은 사람들이 나에게 왜 우리를 그렇게 싫어하느냐고 묻는 횟수가 셀 수 없을 정도였다. 그리고 심지어 '우리가 이런 대접을 받을 만한 일을 했는가?'라는 질문도 들었다. 학교 운동장에서 구타당한 아이들을 달래듯, 나는 그들에게 이런 일을 당할 만큼 나쁜 짓을 한 적이 없다고 말했다. 먼지를 털어 버리라고, 나는 말했다. 반격하라고 했다. 그것이 쉽기 때문이 아니라, 심지어 당신이 승리할 것이라고 확신하기 때문도 아니다. 하지만 그렇게 하는 것만으로도 기분이 나아질 것이기 때문이다. 그리고 당신은 그럴 자격이 있다.

[*Section 4. The argument for war*]
[*섹션 4. 전쟁을 위한 논쟁*]

IT WAS, then, with fury, that I returned home on Saturday to find my own country rumbling with the mumbles of the peaceniks; the woolliest of liberals who shake their heads and say that war is not the answer; that there can be no winners but only the loss of innocents.

그러다 토요일에 집으로 돌아와 평화주의자들의 중얼거림으로 시끄러운 조국을 발견하고 분노를 느꼈다. 가장 어리석은 평화주의자들은 고개를 절레절레 흔들고 전쟁은 답이 아니라고 말했다. 승자는 없고 무고한 희생만 있을 뿐이라고 말했다.

Innocence, my friends, is a relative concept. The 6,000 in the World Trade Center were innocent. Afghan children are innocent. So are their displaced families and our aid,

---

78) [역자주] 지나치게 열정적이고 활력이 넘치는 사람들을 말한다.

naturally, must be theirs.

친구들이여, 무죄는 상대적인 개념이다. 세계무역센터에 있던 6,000명은 무죄였다. 아프가니스탄 어린이들도 무죄다. 그들의 실향민 가족도 마찬가지이며 우리의 원조는 당연히 그들의 것이어야 한다.

But, among and around them, move the millions who are not quite guilty of murder yet are absolutely guilty of complicity; the 'innocents' about whom our peaceniks are so squeamish and I am not.

그러나 그들 사이와 주변에는 살인죄는 아니지만, 공모죄로 절대적으로 유죄인 수백만 명의 사람들, 우리의 평화주의자들이 그토록 비꼬는 '무고한 사람들'을 움직여야 한다.

While the politically correct have stood passively by, it is these millions who have fed, nurtured and permitted fundamentalism to get us where it has today.

정치적으로 올바른 사람들이 소극적으로 방관하고 있는 동안, 근본주의가 오늘날의 위치에 오를 수 있도록 먹이를 주고, 키우고, 허용한 것은 바로 이 수백만 명의 사람들이다.

Those who burned Mr Rushdie's books set the scene for those who dynamited the Afghan Buddhas; those who wave their vitriolic arms through the streets of Pakistan pave the way for those who wave their guns in the name of Taliban; those who scream for jihad inspire those who yearn to sacrifice their lives upon planes impaled within skyscrapers.

Rushdie의 책을 불태운 사람들은 아프가니스탄의 불상을 불태운 사람들의 배경이 되었고, 파키스탄 거리를 신랄하게 활보하는 사람들은 탈레반의 이름으로 총을 흔드는 사람들에게 길을 열어주었으며, 지하드를 외치는 사람들은 고층 빌딩에 박힌 비행기에서 목숨을 바치려는 사람들에게 영감을 주었다.

And if a bunch of these rabid souls get to hook up with their 70 virgins a few years ahead of plan, I would call it mildly unfortunate, but I would shed no tears.

그리고 이 광적인 영혼들이 운명보다 몇 년 앞서 70명의 처녀들과 만나게 된다면, 나는 약간 불운하다고 하겠지만 눈물을 흘리지는 않을 것이다.

[*Section 5. Lost friends recalled*]
[*섹션 5. 잃어버린 친구 소환하기*]

Such of those as I have left I shall keep for Kat, for Betty's memory, and for the thousands of others who will not be singing anywhere, not on the next holiday for infidels that we call Christmas.

Kat을 위해, Betty의 기억을 위해, 그리고 이교도들이 다음 공휴일이라고 부르는 우리의 크리스마스에도 어딘가에서 노래하지 않을, 희생된 다른 사람들을 위해 내게 남긴 그런 것들을 간직하고 있겠다.

[*Daily Express*, features pages, October 10, 2001]

[*Daily Express*, 특집 페이지, 2001년 10월 10일]

5.2.1 일반적인 조직과 의사소통적 목적

이 텍스트는 특정 유형의 저널리스트 논평의 전형적인 예이다. - 그것은 의사소통 목적과 관련하여 다소 이해하기 어렵거나 적어도 어느 정도 다양하다. 헤드라인과 결론 부분은 우리가 위에서 요약한 가장 중요한 목적인 미국의 아프가니스탄 침공에 반대하는 사람들을 비판하고, 그것을 반대하는 주장을 전개할 것을 제안한다. 헤드라인 직후의 오프닝 섹션은 작가가 '9·11 테러로 잃은 친구'들을 기억하고 슬퍼하는 개인적인 서사와 작은 전기의 형태를 띤다. 이것과 그 앞의 헤드라인 사이에는 명백한 연관성이 없다. (우리는 이 유형의 신문사 뉴스룸에서 헤드라인은 기자가 기사를 완성한 후에 부편집자가 추가하는 것이 관례라는 점에 주목해야한다.) 다음 섹션은 '미국인들이 재난에 대해 어떻게 반응했는지'에 대한 일련의 관찰의 형태를 취한다. 비록 그녀가 평범한 미국인들을 칭찬하고 '반격(fight back)'하려는 그들의 욕망의 정당함을 선언하면서 섹션을 마무리하지만, 대부분의 부분에서 저자는 그러한 반응들에 대해 비판적인 견해를 가지고 있다. 이 텍스트는 저자가 잃어버린 친구에 대한 슬픔이라는 주제로 돌아가는 짧은 마무리 또는 결말로 끝난다.

앞서 언급했듯이, 우리가 가설(또는 가설들)이 명확하게 제시되고 이를 뒷받침하는 증거와 논거가 체계적으로 사전에 제시된 공식적으로 수행되는 논증을 기대한다면 이러한 요소들은 다양하고 다소 일관성이 없어 보일 수도 있다. 예를 들어, 미국이 아프가니스탄을 공격하는 것이 옳은 이유는 '[미국인들의] 기분이 나아질 것이기 때문'이며, 아프가니스탄의 많은(대부분?) 사람들이 이슬람 극단주의에 동조하기 때문에 평범한 아프가니스탄 사람들을 죽이는 것에 대해 아무런 양심의 가책이 없어야 한다는 주장과 같이, 텍스트에서 실제 논리를 추출하면 아마도 믿을 수 없을 정도로 허술해 보일 수 있다. 이와 같은 텍스트는 논증적 입장을 명시적으로 전개하는 것만큼이나 개인적 기억, 관찰 및 스토리텔링에 관한 것이다. 이러한 텍스트의 수사적 기능을 설명하고 정당화하기 위해서는 일반적으로 이러한 다양한 요소를 관통하고 일관성을 부여하는 평가적 위치시키기의 논조에 주의를 기울일 필요가 있다.

5.2.2 가치론 – 텍스트의 평가값 지향성

평가하기의 관점에서 볼 때, 이 텍스트는 다음과 같은 사회적 그룹 및 평가적 지향과 관련된 몇 가지 태도평가적 조율의 지점을 중심으로 구성된다:

~에 대한 공감과 도덕적 분노 >> *Americans who are grieving over the loss of loved ones in the 9/11 attack*(9/11 테러로 사랑하는 사람을 잃고 슬퍼하는 미국인들) [섹션 2 & 5]

동정/겸손 >> *Americans who have been so disturbed by the events of 9/11 that they now mangle the English language*(9/11 사건으로 인해 너무 혼란스러워져서 이제는 영어를 엉망으로 만드는 미국인들) [섹션 3]

비난 >> *Americans who have been exploiting 9/11 when developing advertising campaigns and new product lines*(광고 캠페인과 새로운 제품 라인을 개발할 때 9/11을 악용해 온 미국인들) [섹션 3]

걱정/동정 >> *Americans who feel emotionally battered by 9/11*(9/11로 감정적으로 타격을 받은 미국인들) [섹션 3]

승인 >> *Americans who want revenge for 9/11*(9/11에 대한 복수를 원하는 미국인들) [섹션 3]

경멸/분노 >> *those in the UK speaking out against an attack on Afghanistan*(아프가니스탄에 대한 공격에 반대하는 영국인들) [섹션 1 (헤드라인) & 4]

증오 >> *the millions of Muslims around the world and in Afghanistan who are supportive of acts of terror*(테러 행위를 지지하는 전 세계 및 아프가니스탄의 수백만 명의 이슬람교도) [섹션 4 & 5]

다음 논의에서 볼 수 있듯이, 이 텍스트의 궁극적인 수사적 잠재력은 텍스트가 전개됨에 따라 이러한 다양한 평가값으로의 지향이 상호연결되고 연관되도록 하는 방식에서 비롯된다. 이러한 상호연결과 상호작용을 통해 텍스트는 Macken-Horarik이 명명했던 '고차적 의미 복합체(high order meaning complexes)' 또는 '메타 관계(metarelations)'를 구성하며 이를 통해 독자는 특별한 태도를 채택할 수 있는 위치에 있게 된다. (Macken-Horarik 2003: 286).

5.2.3 헤드라인 – '평화주의자'를 저주하기

여기서 그 헤드라인은 아프가니스탄에 대한 공격 제안에 반대 목소리를 높여온 영국인들에 대해 반감의 입장을 명백히 선언하고 있다.

> Damn the peaceniks for their faint hearts
> 심약한 평화주의자들에게 저주를

구어적 *damn*은 저자 목소리의 일부에 강한 부정적 감정을 전달하며, 이에 따라 저자가 전쟁에 찬성하는 입장에 대한 높은 수준의 헌신을 나타낸다. 전쟁에 반대하는 사람들이 비겁하게 행동하고 있다는 명제는 제목의 단성적 목소리와 *their faint hearts*라는 명사구의 전제적 성격을 통해 문제가 없고 '당연한 것'으로 여겨질 수 있도록 해석된다. 따라서 처음부터 이 텍스트에 쓰여진 독자는 평화를 위해 캠페인을 벌이는 사람들에 대해 부정적인 시각을 가진 사람이다. 필자와 독자는 '평화주의자'의 반감적인 '타자성(他者性)'에 맞서 함께 서 있는 것으로 해석된다.

5.2.4 '잃어버린 친구들'을 위해 슬퍼하기

이 텍스트의 본문은 저자의 미국인 친구 Betty의 삶과 죽음에 대해 이야기하는 짧은 서사로 시작된다. 편의상의 이유로 다시 여기에 반복하겠다.

ONCE upon a time, she sang with Duke Ellington on stage at Carnegie Hall. Last Christmas, we had her all to ourselves. Betty Farmer, mother, friend and cabaret diva, squeezed around our turkey and trim way down in the American South, and her lustrous voice led 20 of us in our most splendid round of carols: the British ones, the American ones and those few that, laughing, we shared.

옛날 옛적에, 그녀는 Carnegie Hall 무대에서 Duke Ellington과 함께 노래를 불렀다. 지난 크리스마스에 우리는 그녀를 온전히 독차지했다. 어머니이자 친구이자 카바레 디바였던 Betty Farmer는 미국 남부에서 칠면조 요리 사이에서 자리를 잡고 즐기면서 그녀의 빛나는 목소리로 우리 20명을 가장 황홀한 캐롤의 세계로 이끌었다: 영국 캐롤, 미국 캐롤, 그리고 우리가 웃으며 함께 불렀던 몇 안 되는 캐롤까지.

At home in New York, to make meet the ends that music did not, she did some office temping. Which is how it came to be that, on September 11, she was in her third week of a job at the World Trade Center. North Tower. Floor 105.

뉴욕의 집에서, 음악으로는 어려웠던 생계를 유지하기 위해, 그녀는 사무실에서 임시 직원으로 일했다. 그래서 9월 11일, 그녀는 세계무역센터 북쪽 타워 105층에서 근무한 지 3주째가 되었다.

Her only child, her daughter Kat, ashen with shock, went to collect her mother's life's belongings. Together, back in Georgia, she and I sifted and sorted them. In between the earrings over here and the nightgowns over there, Kat's grief was endlessly and relentlessly intruded upon: the local paper wanted a snap; the medical examiner wanted a DNA sample; the authorities wanted details for the death certificate … all this, with no body to bury, not now, not ever.

그녀의 하나뿐인 아이인 딸 Kat은 충격으로 잿빛이 되어 어머니의 유품을 찾으러 갔다. 조지아로 돌아가서, 그녀와 나는 같이 그것들을 선별하고 분류했다. 여기에는 귀걸이, 저기에는 잠옷. 그것들 사이에서 Kat의 슬픔은 끝없이, 그리고 집요하게 침범당했다. 지역 신문에서 사진을 찍어달라는 요청, 검시관이 DNA 샘플을 원하는 요청, 당국에서 사망 진단서에 필요한 세부 정보를 요구하는 등... 이 모든 것이 묻을 시신도 없이 벌어진 일이었다.

이 섹션을 읽을 때, 우리는 우리 문화의 '이야기' 또는 '서사' 장르와 관련된 전통적인 해석 체제를 참조해야 한다. 이는 명백한 *Once upon a time*뿐만 아니라 *she sang with Duke Ellington*에서 *she*의 후방 조응, *Betty Farmer, mother, friend and cabaret diva*의 3구 후수식, *Which is how it came to be that*의 고정된 성구어와 같은 공식적인 장치의 사용에서 알 수 있다. Macken-Horarik이 증명했듯이, 다양한 유형의 서사에서 작동하는 해석 체계에는 독자가 중심 인물의 눈을 통해 서사화된 세계를 경험하고 그에 공감하도록 유도하는 태도평가적 평가값이 전략적인 순서로 조합되어 있다(Macken-Horarik 2003). 여기에 사용된 짧은 서사의 경우, 태도평가적 의미는 미국인과 함께, 그리고 미국인을 위해 9/11 테러에 대해 애도하고 살아남은 자들의 고통에 대해 도덕적으로 분노하는 공유적 가치의 커뮤니티로 독자를 조율하도록 구성되어 있다.

이 효과는 먼저 독자를 작가의 친구인 'Betty'를 존중하고 가장 따뜻하게 배려하는 커뮤니티에 조율시킴으로써 나타날 수 있다. 이는 주로 기록된 것들보다는 태도평가적 토큰[79]들을 통해 주로 이루어진다. 예를 들면, 다음과 같다.

> ONCE upon a time, she sang with Duke Ellington on stage at Carnegie Hall [*긍정적 행위평가의 사실적 토큰: 기량, 그리하여 Betty에 대한 '우리'의 존경*]
> 옛날 옛적에, 그녀는 Carnegie Hall 무대에서 Duke Ellington과 함께 노래를 불렀다.
>
> At home in New York, to make meet the ends that music did not, she did some office temping [*Betty의 긍정적 신뢰성의 토큰*]
> 뉴욕의 집에서, 음악으로는 어려웠던 생계를 유지하기 위해, 그녀는 사무실에서 임시 직원으로 일했다.
>
> we had her all to ourselves ['*우리*'*가 Betty에게 가졌던 강한 긍정적인 감정의 간접적인 표시*]
> 우리는 그녀를 온전히 독차지했다.
>
> squeezed around our turkey and trim way down in the American South [*Betty와 관련된 긍정적인 감정평가의 토큰: 행복*]
> 미국 남부에서 칠면조 요리 사이에서 자리를 잡고 즐기면서

태도평가가 환기되지 않고 직접 기록되는 경우, 그것은 Betty에 대한 직접적이고 긍정적인 **감정평가**나 Betty의 **행위평가**가 아니라 일반적으로 긍정적인 **정황평가**의 평가값이 된다. 예를 들면, 다음과 같다.

> and her **lustrous** voice
> 그리고 그녀의 빛나는 목소리
>
> led 20 of us in our most **splendid** round of carols
> 우리 20명을 가장 황홀한 캐롤의 세계로 이끌었다

그 다음에는 긍정에서 부정으로 갑작스러운 전환이 이어진다. 그 전환은 다음과 같이 나타난다.

---

79) [역자주] 환기나 추론됨

Which is how it came to be that, on September 11, she was in her third week of a job at the World Trade Center. North Tower. Floor 105.

그래서 9월 11일, 그녀는 세계무역센터 북쪽 타워. 105층에서 근무한 지 3주째가 되었다.

9월 11일에 발생한 사건에 대해 독자가 알고 있다는 조건 아래에서, 이렇게 명백하게 태도평가적으로 중립적인 사실을 진술하는 것은 공포와 두려움의 반응을 불러일으키는 분명한 힘을 가지고 있으며, 아마도 직접적으로 언급하지 않고 암시만 하더라도 더욱 강하게 느껴질 것이다.

바로 이어지는 짧은 섹션의 지배적인 태도평가적 모티브는 딸에게 끼치는 부정적인 영향이며, 이번에는 일반적으로 기록을 통해 전달된다. 예를 들면, 다음과 같다.

ashen with shock; Kat's grief

충격으로 잿빛이 된; Kat의 슬픔

분명히, 이 기록은 'Kat'이 부당한 대우를 받았다는 생각을 불러일으키고 그에 따라, 도덕적 분노의 느낌을 촉발시킬 수 있는 잠재력을 가진 소재들이 곳곳에 숨어 있다. 예를 들면, 다음과 같다.

Kat's grief was endlessly and relentlessly **intruded upon**: the local paper wanted a snap; the medical examiner wanted a DNA sample; the authorities wanted details for the death certificate

Kat의 슬픔은 끝없이, 그리고 집요하게 침범당했다. 지역 신문에서 사진을 찍어달라는 요청, 검시관이 DNA 샘플을 원하는 요청, 당국에서 사망 진단서에 필요한 세부 정보를 요구하는 등

가장 눈에 띄는 점은 이 섹션이 슬픔과 절망이라는 부정적인 느낌을 직접적으로 표현하기보다는 환기시키는 묘사로 끝을 맺는다는 점이다.

… all this, with no body to bury, not now, not ever

... 이 모든 것이 묻을 시신도 없이 벌어진 일이었다.

그 효과는 독자가 '묻을 시신이 없다'는 것과 그러한 감정의 경험 사이에 설득력 있게 '자연스러운' 연관성이 있는 느낌의 커뮤니티에 조율하는 것으로 해석하는 것이다.

따라서 이 섹션은 독자로 하여금 'Betty'를 예시로 삼는 미국인에 대한 긍정성의 커뮤니티와 'Kat'의 고통을 예시로 삼는 상실에 대한 공감적 부정성의 커뮤니티 모두에 조율시키기 위해 작동한다. 이러한 서사적 모드를 선택함으로써 필자는 자신의 개인적인 경험이라는 '사실'에서 자연스럽고 필연적으로 비롯된 특별한 평가값 지향을 제시할 수 있다. 겉으로 보기에 이러한 경험은 아프가니스탄 공격에 찬성하는 주장의 배경이라는 글의 요점과 아무런 관련이 없다. 물론 관련성이 있는 것은 이 군사 행동을 지지하는 동기가 '하나뿐인' 자녀가, 존경스럽고 사랑스러운 부모를 잃었다는 분노에 있다는 태도평가적인 것이다.

일반적으로 이 오프닝 섹션은 이 텍스트의 대상이 되는 영국 독자층과 미국 국민 사이에 관심과 공감대를 형성하기 위해 작용된다. 이를 염두에 두었을 때, 다음과 같은 서사적 세부 사항에 주목할 수 있다,

[she] led 20 of us in our most splendid round of carols: the British ones, the American ones and those few that, laughing, we shared.
그녀는 빛나는 목소리로 우리 20명을 가장 황홀한 캐롤의 세계로 이끌었다: 영국 캐롤, 미국 캐롤, 그리고 우리가 웃으며 함께 불렀던 몇 안 되는 캐롤까지.

영국인과 미국인이 사소한 문화적 차이를 뛰어넘는 공통의 유산을 축하하기 위해 즐겁게 함께 모이는 모습을 통해 이러한 커뮤니티가 구체적으로 구현된다.

5.2.5 '미국'과 조율하기 – 멋지고, 결점이 있고, 용감한

다음 섹션에서 필자는 미국이 세계무역센터 테러에 대해 보다 광범위하고 일반적으로 어떻게 대응했는지에 대해 설명한다. 평가하기의 관점에서 볼 때 이 섹션은 긍정성과 부정성을 혼합하는 방식과 그 부정성을 처리하는 방식 때문에 흥미롭다. 우리는 이 섹션의 **매크로-테마**(Macro-Theme) 역할을 하는 문장에서 긍정성과 부정성의 혼합을 관찰할 수 있다,

And all this, too, against the bigger backdrop of a fabulous, flawed, great, gutsy nation brought to its knees by pain and bewilderment.

그리고 이 모든 것은 고통과 당혹감으로 무릎을 꿇은 멋지고, 결점이 있고, 위대하고, 용감한 국가라는 더 큰 배경에서 이루어졌다.

여기에도 헤드라인에서 볼 수 있는 동일한 단성적 목소리의 당연히 여겨짐이 작동한다. 즉, 이 텍스트가 대상으로 삼고자 하는 청중에게 문제가 없고, 논쟁의 여지가 없는 위치라면 '멋지고', '결점이 있고', '용감한' 미국이라는 의인화된 개체가(brought to its knees) 있다는 명제도 역시 문제가 되지 않는 것으로 해석된다.

이 섹션의 첫 번째 국면은 세계무역센터 테러 이후 미국인들의 언어적 과오에 관한 것이다. 이 부분의 수사는 다소 복잡하게 얽혀 있으며, 긍정적인 평가하기와 부정적인 평가하기가 모두 전개되고 있다. 먼저 미국인들이 '엄숙하고 품위 있게' 행동하지 않았다는 비판이 있다(I would like to record that the picture was one of solemn dignity but, in fact, it was not.). 그러나 필자가 평가적으로 역추적함에 따라 부정성은 즉시 완화되고 심지어 취소되기도 한다. (… but, in fact, it was not. How could it be?) 여기서는 이러한 요구 사항의 불합리함을 자명하게 제시하기 위해 **동조하기**(concurring)의 유도 질문이 사용된다.

5.2.6 언어적 무–기량화

그런 다음 저자는 미국 국민들이 얼마나 화가 나고 혼란스러워했는지에 대한 증거로 (영국) '독자들'에게 일련의 사실적인 토큰을 제공한다.

Outrage literally mangled our poor language. Defence funding, I heard, has never been 'sufficiently adequate enough'; there are folks with 'terrorist backgrounds in their past'; we had reports from 'this hellacious scene', of the railways' 'increased ridership', and of these 'terroristic activities'.

분노는 말 그대로 우리의 빈약한 언어를 엉망으로 만들었다. 내가 듣기로는 국방 자금이 '충분하게 충분한' 적이 없었고, '과거에 테러리스트 전력이 있는' 사람들이 있으며, '이 지옥 같은 장면', 철도의 '승객 증가', 그리고 이러한 '테러 활동'에 대한 보고가 있었다고 한다.

And full marks to the earnest chap who announced 'help for the nose-diving airline industry'.

그리고 '급감하는 항공산업에 대한 도움'을 발표한 진지한 친구에게 만점이 주어졌다.

따라서 이 자료는 표면적으로 영국 독자인 '우리'가 현재 정서적 혼란에 빠진 미국인들에게 공감해야 하는 이유에 대한 추가적인 근거로 제시된다. 이는 앞의 서사 섹션과 '확인(confirmation)'이라는 메타-관계(meta-relationship)에 들어가게 된다. (태도평가적 메타-관계 유형에 대한 자세한 설명을 보려면 Macken-Horarik 2003: 306-307을 참조하라.) 그러나 물론 영국 독자에게는 미국과 미국인에 대한 오래되고 뿌리 깊은 견해, 즉 미국 문화를 영국 '원본'보다 덜 정교하고 덜 발전되거나 덜 세련되었다고 보고 미국 문화를 경시하는 견해가 환기될 수 있는 또 다른 태도평가적 조율 지점이 있다.[80] 따라서 이러한 태도평가적 호소는 식민지 사촌에 대한 영국의 우월감에 호소하는 것이며, 이전 장에서 논의한 Lessing의 겸손한 자세를 떠올리게 한다. 따라서 이 섹션은 공감(평등한 사람들 사이의 정서적 유대감)이 동정(공감과 유사하지만 일반적으로 사회적 불평등을 수반하는)으로 변환된다는 점에서 이전에 발생한 것과 '변형(transformation)'의 관계에 있다.

말하자면, 이러한 부정성이 상당히 완화될 수 있도록 신중히 처리되고 있음을 알 수 있다. 환기되는 그 핵심 평가값은 문화적 무능함 또는 정교함의 부족, 따라서 부정적 **행위평가: 기량**에 대한 평가이다. 그러나 그녀의 명시적인 평가적 언어(그녀의 **태도평가**의 기록)에서 저자는 인간 행위자에 대한 직접적인 비판을 피하기 위해 주의를 기울인다. 오히려 명시적 태도평가의 레벨에서 이것은 **행위평가**의 문제가 아니라 **정황평가**의 문제로 해석된다. 따라서 그것은 *one of solemn dignity*이 될 수 없는 *picture*이며, 그것은 *mangled*로 묘사되어 우리의 동정심(*our poor language*)을 자아내는 문화적 인공물, 즉 *language*이다. 이 망가짐 속에서도 인간 행위자는 존재하지 않는다. 이 피해의 가해자는 '분노'이다.

And full marks to the earnest chap who announced 'help for the nose-diving airline industry'
그리고 '급감하는 항공산업에 대한 도움'을 발표한 진지한 친구에게 만점이 주어졌다.

---

80) Jim은 캐나다인(호주에 거주)이고 Peter는 호주인(당시 영국에 거주)이므로 이러한 영국인의 태도에 대해 너무 단정적으로 말하기는 다소 꺼려진다는 점을 지적해야 할 것 같다. 영국인이 미국 문화에 대해 적어도 미미한 겸손을 유지하고 있으며 이 텍스트에 이러한 태도가 반영되어 있다는 것은 (영국에서 태어나 영국에 살고 있는) Susan Hunston이 Peter에게 제안한 것이다. 9/11 테러에 대한 미국의 반응에 대한 Lessing의 진단(4장)은 이 제안을 뒷받침하는 것 같다.

부정성이 명시적이 되는 것은 단지 이 국면의 마지막 문장일 뿐이며, 여기에서도 아이러니를 사용하면 명백한 문자 그대로의 의미가 부정적이 아닌 긍정적(예: *full marks, earnest*)이 될 수 있다.

태도평가적 조율과 친밀성의 교섭이라는 측면에서 이 섹션은 다소 복합적이다. 이것은 엄숙한 존엄성의 사진이 아니라는 부정적인 명제가 여러 차례 언급되고 있다. 예를 들면, 다음과 같다.

> I would like to record that the picture was one of solemn dignity **but** [의외], **in fact** [의외 + 공표], it was **not** [거부]. **How could it be**? [동조로 작용하는 유도 질문 – 답이 너무 분명해서 선언할 필요가 없음을 나타낸다]
> 나는 그 사진이 엄숙한 위엄이 느껴지는 사진이라고 기록하고 싶지만, 사실은, 그렇지 않았다. 어떻게 그럴 수 있을까?

앞서 언급했듯이 저자는 미국의 반응에 대해 다소 부정적인 견해를 제시하고 있다. 이 대화론은 이러한 부정성을 문제가 있고 현재의 의사소통 맥락에서 논쟁의 여지가 있는 것으로 제시하는 역할을 하는데, 이는 필자 자신이 처음에 주장했음에도 불구하고 필자 자신이 거부하는 견해이기 때문이다. 따라서 독자가 조율된 연대감은 다양한 관점, 특히 미국인을 이런 식으로 비판하지 않는 관점에 관대한 연대감임이 매우 분명하다.

평가적 명제 *outrage mangled our poor language*와 관련하여, 우리는 이 명제가 단성적 목소리로 단언되고 있음에도 불구하고 저자가 정당화의 방법으로 몇 가지 증거를 즉각적으로 제공함으로써 텍스트의 추정적 독자들에게 그 명제가 어떻게든 논쟁의 여지가 있거나 참신하거나 '논점이 되는' 것으로 해석하고 있음을 알 수 있다. 이러한 정당성은 **부정적 행위평가: 무-기량**의 토큰으로 작용하는 '사실적' 묘사의 형태를 취한다. 예를 들어, *we had reports from 'this hellacious scene', of the railways 'increased ridership'*이다.

태도평가적으로 그리고 대화이론적으로 이 국면은 혼합되어 있다. 태도평가적으로 이 독자들은 동정과 겸손의 느낌을 모두 공유하도록 초대된다. 대화이론적으로, 일부 명제들은 청중에게 문제가 없는 것으로 간주되는 반면(예를 들어, 미국은 멋지고, 용감한 국가이며, 우리의 언어가 엉망이 되었다는 것), 다른 명제들은 적어도 초기에는 다소 더 논쟁적이고 공유될 가능성이 낮은 것으로 간주된다. (예를 들어, 그 사진이 엄숙한 존엄성 중 하나가 아니었다는 것).

5.2.7 저속한 상업주의

다음 국면에서, 저자는 '미국 사회의 특정 측면'에 대해 비교적 직설적으로 부정적 특성을 제공한다.

Commerce barely paused for breath: within a week, advertisements were urging people to buy a new car as a patriotic duty - it helps the ailing economy, so head for your nearest Chrysler dealer and God Bless America. Flags flew (and still do) from every conceivable promontory and housewives guru Martha Stewart had her own television special to show The American People how to hang and display the Stars and Stripes correctly..

상업적 거래는 간신히 숨고르기에 들어갔다. : 일주일도 되지 않아 광고들은 사람들에게 새 차를 살 것을 애국적인 의무로 권유했다. 즉, 그것은 경제를 돕는다고, 그래서 가장 가까운 크라이슬러 매장으로 향하고 하나님이 미국을 축복할 것이라는 것이다. 상상할 수 있는 모든 곳에서 국기가 휘날렸고, 주부들의 전문가인 Martha Stewart는 미국 국민에게 성조기를 올바르게 걸고 전시하는 방법을 보여주기 위해 TV 스페셜을 진행했다.

Newspaper reporters were instructed to carry tissues at all times, in case a weeping interviewee's performance be interrupted by 'embarrassment at nasal discharge'; sales figures showed that baby firemen's uniforms are to be this years favourite Halloween costume and, last Friday, Fisher Price, to its eternal shame, launched its newest toy: to help the under-fives understand, and to offer them positive role models, they shall now have a doll dressed as a New York fireman and called ··· Billy Blazes.

신문 기자들은 울고 있는 인터뷰 대상자의 행동이 '콧물 때문에 당황해서' 중단될 경우를 대비해 항상 휴지를 휴대하라는 지시를 받았고, 판매 통계에 따르면 아기 소방관 유니폼이 올해 가장 인기 있는 핼러윈 의상이 될 것이며, 지난 금요일에는 Fisher Price가 부끄럽게도 5세 미만의 아이들의 이해를 돕고 긍정적인 역할 모델을 제공하기 위해 뉴욕 소방관 복장을 한 인형, 즉 Billy Blazes라는 장난감을 새로 출시했다.

Soon enough, ramifications spilled out all over: the United Nations is, in case you did not know, an 'anteye-American' organisation, so come trick or treat night, you should urge your children to collect for anything that isn't Unicef. Environmentalism took a huge and early hit - well, come on, Alaskan or Arab oil? No bloody contest, is it? And then there is sheer nastiness. I heard one talk-show host introduce his programme with the fervent plea that all slain Islamic terrorists should have their bodies scrubbed raw by Jews and Christians, then have their genitals cut off and fed to pigs, so that they become pork, and see how they like that, darned Moslems, heh-heh.

곧, 파장이 사방으로 쏟아졌다. 즉, 유엔은, 혹시 여러분이 모를까 봐 말하는데, '반(反)미국적인(anteye-American)' 조직이기 때문에, 핼러윈 밤이 오면 당신의 아이들에게 유니세프가 아닌 것을 모으도록 해야 한다. 환경보호주의는 초기에 큰 타격을 입었다. 자, 생각해 봐라. 알래스카 석유인가? 아랍 석유인가? 경쟁도 안 되지 않는가? 그리고 그곳에 있는 것은 순수한 추악함이었다. 한 토크쇼 진행자가 자신의 프로그램을 소개하면서 사살된 모든 이슬람 테러리스트의 시신을 유대인과 기독교인이 나체인 상태로 문질러서 성기를 잘라 돼지에게 먹여 돼지고기가 되게 해야 한다는 열렬한 탄원을 하는 것을 들었다.

여기에는 부정적인 **사회적 존경**에서 부정적인 **사회적 인정**, 특히 **부적절성**으로의 태도평가적 변화가 있다. 미국인들의 이해할 수 있고, 심지어 정당화될 수 있는 언어적 무-기량화에서 상업 문화의 훨씬 더 비난받을 만한 탐욕과 우파 라디오 논평가들의 편협함으로 변하였다. 주목할 만한 것은 이러한 변화가 어떤 명시적 평가적 기록으로 즉시 신호를 보내지 않는다는 것이다. 오히려, 한 문단 반 동안, 모든 평가적 작업은 원래의도와, 태도평가적 지향을 '촉발하거나', '제공하거나', '신호하는' 토큰들에 의해 수행되고 있다. (태도평가적 원래의도의 그 하위 분류법은 2장, 2.6절을 참조하라). 따라서 이러한 독자는 *commerce barely paused for breath* (부적절하게 서두른다는 이성을 환기시키는)와 같은 태도평가적 **유발시키기**(원래의도가 은유로 표현) 그리고 *within a week, advertisements were urging people to buy a new car as a patriotic duty token*(여기서 *within a week*는 그러한 광고들이 예상했던 것보다 빨리 왔다는 느낌을 불러일으킨다)와 같은 태도평가적 **신호하기**(원래의도가 역-기대로 표현)를 제공받는다. 마찬가지로 *so head for your nearest Chrysler dealer and God Bless America*와 같은 **신호하기**(원래의도가 반어적인 자유 간접 발화로 표현)가 있으며, 이로 인해 그 독자들의 관심은 이 특별한 미국인들의 사고방식의 낯섦과 그에 따른 부당성에 집중된다. 더 나아가서는 *Flags flew (and **still** do) from **every conceivable** promontory*와 비정상적인 *The American People*의 대문자 사용과 같은 **신호하기**(강화와 역-기대 둘 다를 통해)도 그렇다. 중립화되는 평가적 위치시키기가 공개적으로 언급되는 것은 두 번째 문단의 중간쯤에서 *Fisher Price, to its **eternal shame*** ⋯ 이라고 저자가 선언한 순간뿐이다. 이 수사학은 저자가 이러한 다양한 행동의 부당성이 그 독자에게 너무나 자명하여 필요했던 기록이 아니라 단지 원래의도일 뿐이라고 가정하는 것이다.

가장 높게 부과된 평가하기가 형식화될 때(일부 우파 논객들의 그 터무니없는 편협한 주장) 이 순서는 거꾸로 되어, 이를 예시하고 정당화하는 경험적 내용 앞에 그 기록이 배치된다.

And then there is **sheer nastiness.** → I heard one talk-show host introduce his programme with the fervent plea that all slain Islamic terrorists should have their bodies scrubbed raw by Jews …

그리고 그곳에 있는 것은 순수한 추악함이었다. → 한 토크쇼 진행자가 자신의 프로그램을 소개하면서 사살된 모든 이슬람 테러리스트의 시신을 유대인이 나체인 상태로 문질러서 … 는 것을 들었다.

이 섹션은 묘사된 행동을 동일한 방식으로 평가하지 않을 수 있는 관점이나 목소리를 참조하거나 개입하지 않는다는 점에서 단성적이다. 하지만 이에 반대되는 사실은, 방금 설명한 것처럼 저자의 목소리는 일반적으로 명시적으로 행위평가를 내리지 않고, 대신 경험적인 내용과 관련된 태도평가적 신호하기와 유발하기에 의존한다는 것이다. 이것은 친밀성이 교섭되는 조건에 몇 가지 중요한 결과를 가져온다.

이 텍스트는 어느 정도 이러한 '사실들'이 '자신을 대변한다'고 가정하고, 이에 따라 그 독자들은 특별한 태도평가적 평가값을 가지고 제시된 경험적 내용에 참여할 것이라고 가정하여 작동한다. 예를 들어, 우리는 텍스트가 전개되는 방식에서 필자가 독자들이 뉴욕 소방관으로 분장하고 Billy Blazes라고 불리는 인형의 출시를 지독하고 착취적인 상업활동으로 간주할 것이라고 가정하는 것을 평가적으로 추론할 수 있다. 그럼에도 불구하고, 물론, 이러한 토큰들은 확실히 평가적으로 개방적이지 않다. 그것들은 **제공하기**를 제외한 **유발하기**와 **신호하기**를 포함하며, 독자들이 그것들로부터 이끌어낼 것으로 예상되는 평가적 의미는 결국 위에서 설명한 태도평가적 기록을 통해 상당히 명시적으로 만들어진다. 그렇다면 분명 이 독자는 여기서 특별한 태도평가적 커뮤니티(미국 사회의 특정 요소에 강하게 비판적인)로 조율되고 있으며, 그것은 대안적인 견해들에 관용적인 연대감은 아니다. 친밀성은 독자가 이 특별한 평가를 받아들이는 것에 달려 있다. 그러나 말하자면, 그 평가값의 위치는 필자가 그렇게 명시적으로 주장하지는 않지만(그녀가 몇 가지 지점에서 이를 수행하지만) 대부분의 경우 독자가 제공되는 '사실적' 정보에서 '자연적으로' 또는 '불가피하게' 발생하는 것으로 이해되는 것이다. 여기에는 영국 반전 운동가들의 부정적인 견해를 다루는 방식과 분명한 대조가 있다. 거기서 이 독자는 그러한 '사실적인' 증거에 의해 뒷받침되지 않고 정당화되지 않은, 노골적이고 부정적으로 평가적 주장들을 단순히 접하게 된다.

태도평가적 메타-관계의 측면에서, 저자가 긍정성에서 부정성으로 전환함에 따라 이 섹션은 시작

섹션과 반대되는 대조를 보인다. 이러한 대조는 전략적인 것으로, 저자가 자신의 친미 성향이 미국적인 모든 것에 대한 획일적인 당파주의의 결과가 아니며, 미국인들을 칭찬할 만큼 비판할 준비가 되어 있음을 보여준다. 이것은 우리가 위에서 언급한 미국에 대한 영국의 흔적만 남아 있는 우월감을 말하고, 그 영국 청중들과 함께 필자의 수사학적 자격을 확립하는 역할을 한다.

5.2.8 '구타당한 어린이'

이 섹션은 저자가 미국 사회의 일부 선택된 측면에 대한 부정성에서 일반적인 사람들에 대한 긍정성으로 전환하는 것으로 끝을 맺는다.

On the whole, however, the Gung Hos are not in charge - indeed, what strikes you most is an unaccustomed humility. I lost count of the times good and decent people asked me: why do they hate us so? And, even: did we do something to deserve this? Like soothing battered kids in the schoolyard, I told them that, no, they did nothing, ever, bad enough to deserve this. Dust yourselves down, I said. Fight back, I said. Not because its easy, not even because I am sure you will triumph. But simply because to do so will make you feel better. And that, you do deserve.

그러나 전반적으로 Gung Hos에게 책임이 있는 것은 아니다. 실제로 가장 눈에 띄는 것은 익숙하지 않은 겸손이다. 선량하고 점잖은 사람들이 나에게 왜 우리를 그렇게 싫어하느냐고 묻는 횟수가 셀 수 없을 정도였다. 그리고 심지어 '우리가 이런 대접을 받을 만한 일을 했는가?'라는 질문도 들었다. 학교 운동장에서 구타당한 아이들을 달래듯, 나는 그들에게 이런 일을 당할 만큼 나쁜 짓을 한 적이 없다고 말했다. 먼지를 털어 버리라고, 나는 말했다. 반격하라고 했다. 그것이 쉽기 때문이 아니라, 심지어 당신이 승리할 것이라고 확신하기 때문도 아니다. 하지만 그렇게 하는 것만으로도 기분이 나아질 것이기 때문이다. 그리고 당신은 그럴 자격이 있다.

다시 한번 우리는 명백한 논증보다는 서사(과거의 일련의 실제 사건에 대한 설명)의 형태를 취하는 섹션을 접하게 된다. 그럼에도 불구하고 궁극적인 목적은 세계무역센터 공격에 대한 대응책으로 미국 정부가 아프가니스탄을 침공하는 것이 옳다는 견해를 확산시키기 위한 설득적이고 교훈적인 것임이 분명하다. 서사적 프레임 만들기의 결과, 이것은 현재 논점이 되고 있는 명제로 직접 제시되지 않고 저자가 조우한 평범한 미국인들에게 한 말로만 제시된다. 결과적으로 이 텍스트는 이를 적극적인 수사적 유희로 끌어들일 필요가 없는 명제로, 따라서 자명하게 옳고 정당한 것으로 해석한다. 다시 한번 독자는 이러한 당연시하기 때문에 대안적 견해들에 대한 관용의 가능성이 없는 태도평가적 연대감에 동조하게 된다.

이 외에도 몇 가지 중요한 조율과 친밀성에 관련된 요소가 작동하는데, 가장 주목할 만한 점은 평범한 미국인에 대한 긍정적인 평가가 더욱 발전했다는 것이다. 이는 명백한 긍정적 **행위평가: 적절성**(*their unaccustomed humility*)과 평범한 미국인을 구타당한 아이들로(*battered kids*) 묘사함으로써 환기된 동정을 통해 이루어진다. 또한 저자는 평범한 미국인들이 필요할 때 의지할 수 있는 사람, 그들을 달래줄 능력이 있는 사람, 국제 관계 및 전쟁 수행과 같은 주제에 대해 좋은 조언과 충고를 제공할 수 있는 권위와 사회적 지위를 가진 사람으로 자신을 제시한다. 따라서 평가적 부작용은 영국인 관찰자를, 구타를 당해서 쇠약해진 평범한 미국인보다 우월한 위치에 두는 것이다. 영국인 독자가 속한 태도평가적 커뮤니티는 '우리'가 평범한 미국인을 바라보는 태도평가적 커뮤니티이다. '우리'는 평범한 미국인을 부적절하거나 부도덕하게 행동한 미국 사회의 일부(상업적 이익과 Gung Hos)로부터 도덕적 가치에 있어서 분명히 분리되어 있으며 우리의 동정을 받을 자격이 있는 것으로 보는 커뮤니티로 여긴다. 또한 독자들은, 단지 지나가는 말일지라도, 이 가련한 문제에 처한 미국인들에 대한 영국의 권위와 우월감을 제공받는다. 다시 한 번 공감이 연민으로 바뀐다.

5.2.9 (다시) '평화주의자'를 저주하기

다음 섹션에서, 저자는 헤드라인에 요약된 주제인 군사 행동에 반대하는 사람들에 대한 경멸로 돌아간다.

It was, then, with fury, that I returned home on Saturday to find my own country rumbling with the mumbles of the peaceniks; the woolliest of liberals who shake their heads and say that war is not the answer; that there can be no winners but only the loss of innocents.

그러다 토요일에 집으로 돌아와 평화주의자들의 중얼거림으로 시끄러운 조국을 발견하고 분노를 느꼈다. 가장 어리석은 평화주의자들은 고개를 절레절레 흔들고 전쟁은 답이 아니라고 말했다. 승자는 없고 무고한 희생만 있을 뿐이라고 말했다.

주요 태도평가적 평가값은 부정적 **행위평가: 신뢰성** 중 하나이다. 헤드라인에서 *faint hearts*로 특징지어진 '평화주의자들'은 여기서 *squeamish*로 묘사된다. 다시 한 번 태도평가적 평가값이 결합하여 태도평가적으로 가득 찬 텍스트 전체에 걸쳐 공명하는 평가적 운율을 설정하기 위해 작동한다. 따라서 비겁하다는 주장은 극도의 불쾌감이라는 **감정평가적** 평가값(저자는 미국이 제안한 군사 행동에 대한 이러한 반대를 발견하고 분노함)과 **부정적 행위평가: 무-기량**의 평가값(평화 운동가들은 *mumble* 하고, *woolliest of liberals*임)에 의해 뒷받침된다. 따라서 독자가 저자와 태도평가적으로 조율하도록 초대되는 조건은 다소 제한적이다. 전쟁에 반대하는 사람들에 대해 동의하지 않는 것뿐만 아니라 그들을 겁쟁이로 간주하고 그들의 입장을 경멸하는 것으로 간주하여 이러한 극도로 반감적인 감정적 반응을 정당화해야 한다.

다시 말하지만 이러한 평가하기들이 형식화되는 방식은 수사학적으로 중요하다. 앞 헤드라인의 경우와 마찬가지로, 반전 입장에 대한 부정적인 평가는 당연한 것으로 해석된다. 이는 반전 운동가들이 일관성이 없고 자신의 입장을 명확히 표현하는 데 무능하다는 명제를 명사화하는 것에 의해 (the *mumbles* of the peaceniks), 그리고 최상급 수식어인 *woolliest of*로 표현하는 것으로 나타난다. 이 평화 운동가들이 *most woolly of liberals*라고 제안하는 것은 어리석음이 일반적으로 자유주의적 관점에 부여되는 속성이며, 자유주의자로서 평화 운동가들은 아마도 다른 자유주의자들이 위치한 어리석음의 척도의 끝 지점에 위치한다고 가정한다. 즉 이러한 당연시하기는 텍스트에 대한 추정적 청중을 모델링하는 역할을 한다.

강도평가의 평가값 : **세기**, 특히 **강화**의 평가값도 이 추정적 필자-독자 조율의 지점을 형식화하는 데 역할을 한다. 이러한 강화는 아래의 분석에 나와 있다. 이 헤드라인은 텍스트의 이 특별한 섹션과 매우 명확하게 연결되므로 분석에 포함되었다.

<u>Damn</u> [*불안의 높은 정도*] the peaceniks for their faint hearts
심약한 평화주의자들에게 저주를.
…

It was, then, with <u>fury</u> [*불안의 높은 정도*], that I returned home on Saturday to find my own country rumbling with the mumbles of the peaceniks; the <u>woolliest</u> [*최상급 - 강조된 부정적 행위평가*] of liberals who shake their heads and say that war is not the answer; that there can be no winners but only the loss of innocents.
그러다 토요일에 집으로 돌아와 평화주의자들의 중얼거림으로 시끄러운 조국을 발견하고 분노를 느꼈다. 가장 어리석은 평화주의자들은 고개를 절레절레 흔들고 전쟁은 답이 아니라고 말했다. 승자는 없고 무고한 희생만 있을 뿐이라고 말했다.

여기에서 강조된 평가값은 제시되는 자료에 대한 저자의 높은 정도의 참여를 나타내는 역할을 한다. 구체적으로, 그녀는 반전 운동가들에 대한 부정적인 감정적 반응을 최대한 강렬하게 표현하고, 마찬가지로 그들의 지적 결함에 대한 부정적인 평가를 상향 조정한다. 이는 이 잠재적인 태도평가적 조율의 지점을 대인적으로 중요한 지점으로, 그리고 텍스트가 자신의 특별한 읽기 위치를 중립화하는 평가적 수사의 중심이 될 가능성이 있는 지점으로 선정(選定)하는 효과를 가져온다. 여기서 이 텍스트는 주장의 의미론, 즉 이 지점에 주의를 기울이는 일종의 외침으로 작동한다.

따라서 여기서 작용하는 평가적 증후는 부정적인 **행위평가**와 **감정평가**가 강화되고, 단정적으로 단언되며(단성적 목소리), **행위평가** 평가값의 경우 당연시하기로 해석되는 평가적 증후 중 하나이다. 이 특별한 조합은 필자와 독자 사이의 유대감, 즉 독자가 필자의 분노에 공감하고 전쟁에 반대하는 사람들에 대한 그녀의 경멸을 공유할 것이라는 가정을 드러내는 역할을 한다. 여기에는 반전 입장에 대한 이러한 부정성을 고정 독자층, 즉 *Daily Express*의 전형적인 독자에게 당연한 것으로 제시하는 명백한 이념적 효과가 있다.

여기서 메타-관계적 배열은 사랑하는 사람을 잃은 미국인들에 대한 이전의 공감과 '구타당한' 아이처럼 느끼는 사람들에 대한 연민과 명백한 대조를 이룬다. 이러한 이전의 태도평가적 지향은 이러한 잠재적 텍스트 내 관계를 통해 이러한 *mumbling, woolliest of liberals*에 의한 전쟁 반대가 '우리 미국인 친구'의 고통과 상실, 슬픔에 무감각하고 상충되는 것으로 선정(選定)됨에 따라 필자의 '정당한 분노'에 동기를 부여한다.

5.2.10 과격한 영혼에게는 눈물이 없다

다음 절에서는 주로 서방의 군사 공격으로 인해 많은 '일반 아프간인'이 사망하더라도 이들 중 상당수가 과거 무슬림 극단주의자들의 폭력과 억압 행위에 대해 동정적인 견해를 가지고 있기 때문에 걱정할 필요가 없다는 주장에 대해 다룬다. 편의상 여기에 이 절을 반복한다.

[the peaceniks say that war is not the answer; that there can be no winners but only the loss of innocents.]

[평화주의자들은 전쟁이 답은 아니라고 말한다. 즉, 승자는 없고 무고한 희생만 있을 수 있다고 말한다.]

Innocence, my friends, is a relative concept. The 6,000 in the World Trade Center were innocent. Afghan children are innocent. So are their displaced families and our aid, naturally, must be theirs.

여러분, 무죄는 상대적인 개념이다. 세계무역센터에 있던 6,000명은 무죄였다. 아프가니스탄 어린이들도 무죄다. 그들의 실향민 가족도 마찬가지이며 우리의 원조는 당연히 그들의 것이어야 한다.

But, among and around them, move the millions who are not quite guilty of murder yet are absolutely guilty of complicity; the 'innocents' about whom our peaceniks are so squeamish and I am not.

그러나 그들 사이와 주변에는 살인죄는 아니지만, 공모죄로 절대적으로 유죄인 수백만 명의 사람들, 우리의 평화주의자들이 그토록 비꼬는 '무고한 사람들'을 움직여야 한다.

While the politically correct have stood passively by, it is these millions who have fed, nurtured and permitted fundamentalism to get us where it has today.

정치적으로 올바른 사람들이 소극적으로 방관하는 동안, 근본주의가 오늘날의 위치에 오를 수 있도록 먹이를 주고, 키우고, 허용한 것은 바로 이 수백만 명의 사람들이다.

Those who burned Mr Rushdie's books set the scene for those who dynamited the Afghan Buddhas; those who wave their vitriolic arms through the streets of Pakistan pave the way for those who wave their guns in the name of Taliban; those who scream for jihad inspire those who yearn to sacrifice their lives upon planes impaled within skyscrapers.

Rushdie의 책을 불태운 사람들은 아프가니스탄의 불상을 불태운 사람들의 배경이 되었고, 파키스탄 거리를 신랄하게 활보하는 사람들은 탈레반의 이름으로 총을 흔드는 사람들에게 길을 열어주었으며, 지하드를 외치는 사람들은 고층 빌딩에 박힌 비행기에서 목숨을 바치려는 사람들에게 영감을 주었다.

And if a bunch of these rabid souls get to hook up with their 70 virgins a few years ahead of plan, I would call it mildly unfortunate, but I would shed no tears.

그리고 이 광적인 영혼들이 운명보다 몇 년 앞서 70명의 처녀들과 만나게 된다면, 나는 약간 불운하다고 하겠지만 눈물을 흘리지는 않을 것이다.

Such of those as I have left I shall keep for Kat, for Betty's memory, and for the thousands of others who will not be singing anywhere, not on the next holiday for infidels that we call Christmas.

　　Kat을 위해, Betty의 기억을 위해, 그리고 이교도들이 다음 공휴일이라고 부르는 우리의 크리스마스에도 어딘가에서 노래하지 않을, 희생된 다른 사람들을 위해 내게 남긴 그런 것들을 간직하고 있겠다.

　　책 불태우기와 같은 행위를 뒷받침하는 이데올로기와 세계무역센터 공격과 같은 테러 행위를 적극적으로 조장하는 행위 사이에 직접적인 연관성이 있다는 논리는 너무 단순하다. 이슬람 근본주의라고 불리는 것을 어떤 식으로든 지지하는 것으로 보이는 사람들은 테러리스트들이 저지르는 폭력과 살인 행위에 연루된 것으로 간주된다. 이러한 공모의 결과는 서구인인 우리로 하여금 그런 사람들이 '예정된 운명보다 몇 년 앞서 70명의 처녀와 만나서 시간을 보내게 된다'고 해도 이를 약간 불행한 일로 간주하지만, 눈물을 흘리지 않아야 한다는 것이다. 이 텍스트에는 명시적으로 언급되어 있지는 않지만, 그러한 근본주의자들은 생명권을 상실했다는 강한 암시가 담겨 있다.

　　핵심 명제(근본주의 무슬림이 살인에 연루되어 있다는 것)가 단정적으로(단성적으로) 주장되지만, 그럼에도 불구하고 저자가 이 주장을 정당화하기 위해 근거를 제시하는 고의성 때문에 '논점'이 되거나 논증될 필요가 있는 것으로 해석된다. 이러한 단성적 목소리와 논쟁성의 조합을 통해 이 텍스트는 자체적으로 이러한 명제에 강하게 반대하지는 않지만 (그렇지 않았다면 다성적 목소리의 대안에 대한 어떤 형태든지 대화주의적으로 확대적인 개입평가가 제공되었을 것이다.) 이러한 명제는 여전히 어느 정도 새롭고 그에 따라 흥미를 가질 독자층을 예측하거나 예상한다. 이와 관련하여 우리는 독자들이 새로운 관점을 받아들이기보다는 이미 가지고 있는 견해를 뒷받침하는 자료를 수집하기 위해 그러한 텍스트를 읽을 가능성이 (더 높지는 않더라도) 높다는 사실에 주목한다. 따라서 이와 같은 텍스트는 이미 이슬람 근본주의에 대해 불안해하거나 적대감을 갖고 있는 사람들에게 지지하는 자료를 제공한다. 이러한 편견적 명제가 단성적 목소리로 형식화되는 방식은, 현재의 의사소통 맥락에서 인식하거나 참조할 필요가 없는 본질적으로 논쟁의 여지가 없는 일련의 명제로 형식화된다는 점에서 이 텍스트에 의해 지지를 받는다.

　　물론 무슬림 세계에 대한 부정성이 '논점'으로 제시되기보다는 '당연시하기'인 경우가 있으며, 이에 따라 저자의 위치와 비슷한 생각을 가진 의도된 독자에게 투사되는 경우도 있다. 이러한 당연시하기는 *rabid souls*이라는 형식(수백만 명의 무슬림이 광견병에 걸렸다는 가정)과 이슬람 사후세계의 본질에 대한 서구의 대중문화적 오해를 수용하는 것(많은 처녀들의 봉사에 대한 기대가 포함된다는 것)에서 볼 수 있다. 아마도 가장 중요한 것은 일반적으로 테러리스트의 폭력과 살인 행위를 지지하는 무슬림이 수백만 명에 달하며, 특히 아프가니스탄 인구의 상당 부분이 이 수백만 명에 포함된다는 것이 의심할 여지 없이 받아들여지고 있다는 생각이다.

감정평가는 또한 필자-독자 조율을 가정하는 이 특별한 축에서 중요한 역할을 한다. 저자가 많은 아프가니스탄 사람들의 죽음의 가능성을 *get[ting] to hook up with their 70 virgins a few years ahead of plan*으로 묘사할 때, 우리는 강한 풍자와 그로 인한 정서적 소외감이 전달되는 것을 관찰할 수 있다. 이를 통해 독자는 이 표현을 *I would call [their deaths] mildly unfortunate, but I would shed no tears*라는 억제된 표현으로 해석할 수 있다. 이는 저자가 이들이 죽더라도 동요하지 않을 뿐만 아니라 그들의 죽음에 대해 어느 정도 만족할 것임을 시사한다.

따라서 이 조율의 축은 무슬림 세계에 대한 몇 가지 부정성의 문장들(**행위평가적, 감정평가적** 모두)은 당연시하기로 받아들이고, 다른 문장들(수백만 명의 무슬림이 폭력과 살인 행위에 연루되어 있다는 것)은 그렇게 받아들이지는 않지만 그럼에도 불구하고 크게 이의를 제기하지 않고 중대한 도전은 없는 것으로 간주한다. 다시 한 번 독자는 태도평가적 커뮤니티와 친밀성으로 조율되는데 이 커뮤니티에서는 현재 논점이 되는 평가값 위치는 '상식적'인 것으로 간주되고 그에 따라 다른 관점에 대한 관용은 존재하지 않는다.

5.2.11 잃어버린 친구에 대해 슬퍼하기: 마무리

저자가 잃어버린 친구에 대한 슬픔이라는 동일한 감정적 모티프를 참조하여 이 텍스트를 시작했던 것처럼 동일하게 텍스트를 끝낸다는 것은 주목할 만하다. 이것은 메타-관계적 반복과 확인의 명백한 예이다.

> Such of those [tears] as I have left I shall keep for Kat, for Betty's memory, and for the thousands of others who will not be singing anywhere, not on the next holiday for infidels that we call Christmas.
> 내가 남긴 그런 [눈물]은 Kat을 위해, Betty의 기억을 위해, 그리고 이교도들이 다음 공휴일이라고 부르는 우리의 크리스마스에도 어딘가에서 노래하지 않을, 희생된 다른 사람들을 위해 내게 남긴 그런 것들을 간직하고 있겠다.

그러나 이러한 반복 부분에서는 독자에게 태도평가적 조율이 제공되는 용어들이 약간 조정되었다. 이제 저자 자신의 슬픔이 그녀의 눈물에 대한 언급을 통해 명시적으로 드러나며, 독자가 공유하도록 초대되는 슬픔은 잃어버린 친구뿐만 아니라 세계무역센터 테러로 사망한 모든 사람들을 포괄하는 것으로 일반화되었다. 그리고 아마도 가장 눈에 띄는 것은 '잃어버린 친구'에 대한 슬픔이 이제 다소 다른 감정적 입장, 즉 *not on the next holiday for infidels that we call Christmas*에서 이교도라는 용어의 호기심 어린 사용을 통해 활성화된 소외감과 적대감이라는 느낌과 직접적으로 연관되어 있다는 것이다. 여기서 진행되는 실제 수사학적 작업은 매우 복잡하다. 물론, 이교도는 서구의 대중적 믿음에 따르면 무슬림이 모든 기독교인을 지칭할 때 사용하는 언어로, 기독교인을 비하하는 의미로 사용된다. 저자는 이 학대의 용어를 자신의 것으로 채택하기 위해 도전적으로 이 용어를 채택하고 있다고 주장하고 있다. 태도평가적 수사학에 동조하는 사람들에게는 이런 식으로 '우리' 서양인을 폄하하는 사람들에 대한 강한 적대감을 촉발하는 효과가 있다. 따라서 **감정평가적 축소**는 더욱 복잡해졌다. 이제 친밀성은 독자들로 하여금 희생자들에 대한 저자의 슬픔뿐만 아니라 모호하게 특정된 이슬람 지지자에 대한 적대감도 공유하게 만든다.

5.2.12 분석 결과를 모으기

이 텍스트에 있는 메타-관계의 평가적 구성에 대한 개요를 제공하기 위해 표 5.1을 제공하겠다. (헤드라인은 함축된 조율의 지점이 이 텍스트의 후반부에서 전개되기 때문에 제외했다.)

이러한 분석을 통해 이 텍스트는 조율과 친밀성의 출현 위치의 전개 순서를 구성하고 이러한 조율의 용어를 전략적으로 변화시키는 복잡한 과정으로 드러난다. 예를 들어, 우리의 텍스트에는 미국의 아프가니스탄 공격에 대한 지지와 세계무역센터 테러 희생자에 대한 모든 올바른 생각을 가진 사람들이 느끼는 슬픔과 동정을 동일시하기 위해 **감정평가에**-기반한 조율을 전략적으로 사용하고 있다. 이 텍스트는 이 조율 지점에서 시작하고 끝나기 때문에 최대한의 수사적 효과를 갖게 된다. 또한 이 텍스트는 미국 사회와 문화 측면에 대해 오래 지속된 영국의 양면성과 함께 수사학적으로 필요한 저자의 긍정성을 수용하기 위해 미국과 미국인의 관점과 관련된 조율의 신중한 조정을 포함하고 있다. 이러한 조정을 통해 저자는 미국을 압도적으로 가치 있는 것으로 특징짓는 동시에 소수 요소들의 무가치성을 인정할 수 있었다. 이러한 무가치한 요소들은 오랫동안 영국 문화에서 의심과 비판의 정형화된 대상이었기 때문에(예를 들어, 미국 상업주의의 무례함, 보수 우익 방송사들의 편협함), 이 텍스트에 의해 그려진 그림은 미국에 대한 영국 대중문화 이미지와 잘 어울린다. 또한, 분명히 이러한 평가적 논리는 순응적인 독자들에게 영국 문화가 적어도 어떤 면에서는 미국 문화보다 여전히 우월하다고 이해되는 공유된 태도의 커뮤니티를 제공했다.

　우리는 또한 이 분석을 통해 이러한 텍스트가 특별하고 이상적인 청중을 스스로 구성하기 위해 상호주관적인 위치시키기의 자원을 어떻게 처리하는지 보여줄 수 있었다. 이 텍스트는 저자와 예상 독자 사이에 상당한 수준의 동질성이 있다고 가정하고, 그렇게 함으로써 가치가 담겨진 수사학적인 믿음과 평가의 네트워크를 동질화시킨 것으로 밝혀졌다. 그것은 또 다른 대안적 목소리들과 위치들을 인식할 필요성이 전혀 없는 텍스트로 드러났다. 따라서, 예를 들어, 우리는 전쟁에 반대하고 사람들과 수백만 명의 무슬림들의 악을 위협하는 이방인의 무가치함을 당연시하는 것을 볼 수 있었다. 광범위하게 논의되어 논쟁의 여지가 있는 유일한 명제는 저자가 처음 예상했던 것보다 미국이 덜 '엄숙한 존엄성'으로 대응했다는 그 주장이었다. 따라서 이 텍스트에서 친밀성은 불가항력적으로 가치가 당연시되고 대안적 관점이 들어갈 여지가 거의 없는 가치론적 커뮤니티와 조율해야 하는 문제가 된다. 이러한 대화적 조율이 용기 있는 것으로 솔직하게 보이는지, 아니면 교조적으로(독단적으로) 편협하게 보이는지는 독자가 저자의 감정, 취향, 가치를 공유하느냐, 아니면 이를 혐오하느냐에 따라 달라질 것이다.

표 5.1 메타-관계의 개요

텍스트	평가하기의 1차 대상	태도평가적 용어들	대화이론적 위치시키기
stage 1: grieving 스테이지 1: 슬퍼하기			
ONCE upon a time, she sang with Duke Ellington on stage at Carnegie Hall. Last Christmas, we <u>had her all to ourselves</u>, … 옛날 옛적에, 그녀는 Carnegie Hall 무대에서 Duke Ellington과 함께 노래를 불렀다. 지난 크리스마스에 우리는 그녀를 온전히 독차지했다. …	author's friend; victims and their families 저자의 친구; 희생자들과 그들의 가족들	1차적으로 **부정적 감정평가어**: 슬픔을 통해 촉발된 공감	단성적 목소리의 서사하기
Her only child, her daughter Kat, <u>ashen with shock</u>, went to collect her mother's life's belongings … . all this, with no body to bury, not now, not ever. 그녀의 하나뿐인 아이인 딸 Kat은 충격으로 잿빛이 되어 어머니의 유품을 찾으러 갔다. … 이 모든 것이 묻 시신도 없이 벌어진 일이었다.		2차적으로: 기록된 부정적 **3인칭 감정평가어**, 긍정적 **정황평가어**, 긍정적 **행위평가어**의 토큰들	

stage 2: America
스테이지 2: 미국

phase (i)
국면 (i)

And all this, too, against the bigger backdrop of a fabulous, flawed, great, gutsy nation brought to its knees by pain and bewilderment. I would like to record that the picture was one of solemn dignity but, in fact, it was not. How could it be? Outrage literally mangled our poor language. …
그리고 이 모든 것은 고통과 당혹감으로 무릎을 꿇은 멋지고, 결점이 있고, 위대하고, 용감한 국가라는 더 큰 배경에서 이루어졌다. 나는 그 사진이 엄숙한 존엄성이 느껴지는 사진이라고 기록하고 싶지만, 사실은 그렇지 않았다. 어떻게 그럴 수 있을까? 분노는 말 그대로 우리의 빈약한 언어를 엉망으로 만들었다. …

America 미국	기록된 긍정적 **행위평가어**; 부정적 3인칭 **감정평가어**	단성적 목소리 /당연한 것으로 여겨짐 단성적 목소리:
the picture 그 사진 our poor language 우리의 서툰 언어	기록된 부정적 **정황평가어**;	**다성적 목소리** 단성적 목소리

phase (ii)
국면(ii)

Commerce barely paused for breath: within a week, advertisements were urging people to buy a new car as a patriotic duty …
상업적 거래는 간신히 숨고르기에 들어갔다.: 일주일도 되지 않아 광고들이 사람들에게 새 차를 살 것을 애국적 의무로 권유했다. …

And then there is sheer nastiness. I heard one talk-show host introduce his programme with the fervent plea that all slain Islamic terrorists should have their bodies scrubbed raw …
그리고 그곳에 있는 것은 순수한 추악함이었다. 한 토크쇼 진행자가 자신의 프로그램을 소개하면서 사살된 모든 이슬람 테러리스트의 시신을 유대인과 기독교인이 나체인 상태로 문질러서 성기를 잘라 돼지에게 먹여 돼지고기가 되게 해야 한다는 열렬한 탄원을 하는 것을 들었다. …

US commercialism 미국 상업주의	부정적 **행위평가어**의 토큰들	단성적 목소리의 경험적 내용 / 태도평가어를 외재시키고 신호보내기
talk show hosts 토크쇼 진행자	기록된 부정적 **행위평가어**	단성적 목소리

phase (iii)

국면 (iii)

what strikes you most is an unaccustomed <u>humility</u>. ··· Like soothing <u>battered kids</u> in the schoolyard, I told them that, no, they did nothing, ever, bad enough to deserve this. ··· Dust yourselves down, I said. Fight back, I said 가장 눈에 띄는 것은 익숙하지 않은 겸손이다. ··· 학교 운동장에서 구타당한 아이들을 달래듯, 나는 그들에게 이런 일을 당할 만큼 나쁜 짓을 한 적이 없다고 말했다. ··· 먼지를 털어 버리라고, 나는 말했다. 반격하라고 했다. ···	ordinary Americans; 평범한 미국인들;	기록된 긍정적 ; **행위평가어**; 환기된 **감정평가어**(공감)	단성적 목소리: 서사적 틀은 논쟁의 여지가 없는 평가적 내용을 제시한다

stage 3: damned peaceniks

스테이지 3: 비난받는 평화주의자

IT WAS, then, with <u>fury</u>, that I returned home on Saturday to find my own country rumbling with the <u>mumbles</u> of the peaceniks; the <u>woolliest</u> of liberals ··· 그러다 토요일에 집으로 돌아와 평화주의자들의 중얼거림으로 시끄러운 조국을 발견하고 분노를 느꼈다. 가장 어리석은 평화주의자들은 ···	British peace activists 영국의 평화운동가들	기록된 부정적 **감정평가어** 기록된 부정적 **행위평가어**	단성적 목소리 단성적 목소리 / 당연한 것으로 여겨짐

stage 4: Muslim guilt

스테이지 4: 무슬림의 죄

But, among and around them, move the millions who are not quite guilty of murder yet are absolutely <u>guilty of complicity</u>; the 'innocents' about whom our peaceniks are so squeamish and I am not ··· And if a bunch of these <u>rabid souls</u> get to hook up with their 70 virgins a few years ahead of plan, I would call it <u>mildly unfortunate</u>, but I would <u>shed no tears</u>. 그러나 그들 사이와 주변에는 살인죄는 아니지만, 공모죄로 절대적으로 유죄인 수백만 명의 사람들, 우리의 평화주의자들이 그토록 비꼬는 '무고한 사람들'을 움직여야 한다. ··· 그리고 이 광적인 영혼들이 운명보다 몇 년 앞서 70명의 처녀들과 만나게 된다면, 나는 약간 불운하다고 하겠지만 눈물을 흘리지는 않을 것이다.	millions of Muslims (who support Islamic fundamentalism) 수백만 명의 무슬림들(이슬람 근본주의를 뒷받침하는)	기록된 부정적 **행위평가어**; 부정적 **행위평가어**; 저자의 부정적 **감정평가어**	단성적 목소리 / 논점이 되는 단성적 목소리 / 당연한 것으로 여겨짐 단성적 목소리

stage 1 (reprised)
단계 1 (반복됨)

Such of those [tears] as I have left I shall keep for Kat, for Betty's memory, and for the thousands of others who will not be singing anywhere, not on the next holiday for infidels that we call Christmas.
내가 남긴 그런 [눈물]은 Kat을 위해, Betty의 기억을 위해, 그리고 이교도들이 다음 공휴일이라고 부르는 우리의 크리스마스에도 어딘가에서 노래하지 않을, 희생된 다른 사람들을 위해 내게 남긴 그런 것들을 간직하고 있겠다.

victims and their families
희생자들과 그들의 가족들

(Muslims)
(무슬림들)

동정을 촉발하는 부정적 **감정 평가어**

(부정적 **감정평가어** 토큰)

단성적 목소리

5.3 애도하기: 키스톤 경찰의 불행한 사건

이제 두 번째 텍스트인 *HK Magazine*의 애도하기 사설을 살펴보겠다. 이 사설은 세계무역센터 테러에 대한 대응의 또 다른 측면을 다루고 있다. 애도하기 사설을 그대로 싣지 않고 네 가지 스토리로 나누어 본문을 살펴보겠다:

[a] A man was sitting peacefully at the Hotel Lisboa bar when he was spotted by undercover cops and arrested as a 'suspected Pakistani terrorist.' Under questioning, he explained to police that he was in fact a tourist, a Hindu chef from Hong Kong.
[a] 한 남성이 Lisboa 호텔 바에 평화롭게 앉아 있다가 잠복 중이던 경찰에게 눈에 뜨여 '파키스탄 테러리스트 용의자'로 체포되었다. 심문을 받던 그는 경찰에게 자신이 홍콩에서 온 힌두교 요리사인 관광객이라고 설명했다.

[b] Two Indian nationals on a flight from Singapore to Hong Kong were chatting at Changi Airport. Before departure, they were detained by security, who had been informed by an American passenger that he had heard one of the men calling himself a 'Bosnian terrorist'. The man was eventually able to assure security that he had in fact said he was a 'bass guitarist' and been misheard by the American.
[b] 싱가포르에서 홍콩으로 향하는 비행기에 탑승한 인도인 두 명이 Changi 공항에서 대화를

나누고 있었다. 출발 전, 한 미국인 승객에 의해 둘 중 한 남성이 자신을 '보스니아 테러리스트'라고 부르는 것을 들었다는 제보를 받은 보안 요원에게 구금되었다. 이 남성은 결국 보안 요원에게 자신이 '베이스 기타리스트'라고 말했다는 것을 확인받았으며 미국인이 잘못 들었다고 진술했다.

[c] A dark-skinned person tried to hail a cab, but it put up an 'out of service' sign.
[c] 피부색이 어두운 사람이 택시를 잡으려 했지만, 택시가 '운행 종료' 표지판을 내걸었다.

[d] A dark-skinned person got on a bus, and people changed their seats to move away from him.
[d] 피부색이 어두운 사람이 버스에 올라타자 사람들이 그 사람을 피하기 위해 자리를 바꿨다.

보다시피 각 이야기는 9/11 테러 이후 피부색이 어두운 사람들에 대한 차별 사례를 다루고 있다. 첫 번째 이야기는 마카오, 두 번째 이야기는 싱가포르, 마지막 두 이야기는 홍콩을 배경으로 한다. 테너(tenor)의 관점에서 바라본 이 이야기들은 우리를 편집증적 편견의 '희생자들과 공감하는 커뮤니티로 조율'하게 하는 효과가 있다.

이제 이러한 사건에 대한 또 다른 표현을 고려해 보겠다. 아래는 많은 독자들에게 차별의 피해자보다는 '가해자를 더 부각시키는 표현'이다;[81]

[a'] The Macau police arrested and detained seven 'suspected Pakistani terrorists.' The scare was enough to close the US Consulate in Hong Kong for a day, though the men turned out to be tourists, a word which is spelled somewhat like terrorists, and we suppose to some people, just as frightening. One of the arrested people in fact was a Hindu, a chef from Hong Kong, who had been cleverly tracked down by undercover cops sitting peacefully at the Hotel Lisboa bar.
[a'] 마카오 경찰은 '파키스탄 테러 용의자' 7명을 체포하고 구금했다. 홍콩 주재 미국 영사관이 하루 동안 폐쇄될 정도로 공포에 떨었지만, 이들은 테러리스트와 비슷한 철자를 가진 관광객으로 밝혀졌다. 실제로 체포된 사람 중 한 명은 홍콩 출신의 힌두교 요리사로, Lisboa 호텔 바에서 평화롭게 앉아 있다가 잠복 경찰에게 보기 좋게 체포되었다.

---

81) 이 점은 이 두 번째 텍스트가 Angel Lim에 의해 Jim의 관심을 끌었다. Angel Lim은 9/11 테러로 인한 히스테리적인 편견의 희생자들에 대한 우려를 배경으로 한 방식에 깊은 충격을 받았다.

[b'] Meanwhile (and were not making this up), two Indian nationals on a flight from Singapore to Hong Kong were detained at Changi Airport after an American passenger said he heard one of the men calling himself a 'Bosnian terrorist.' (The man in fact said he was a 'bass guitarist.')

[b'] 한편 (이것은 우리가 지어낸 이야기가 아니다.) 싱가포르에서 홍콩으로 가는 비행기에 탑승한 인도 국적자 2명이 미국인 승객이 한 남성이 자신을 '보스니아 테러리스트'라고 부르는 것을 들었다고 말한 후 Changi 공항에 구금되었다. (실제로 이 남성은 자신을 '베이스 기타리스트'라고 말했다.)

[c, d'] Similarly, there have already been reports of taxis putting up 'out of service' signs and people changing seats on buses when confronted by dark-skinned people - as if changing your seat would save you if a bomb went off, anyway.

[c, d'] 마찬가지로, 피부색이 어두운 사람과 마주치면 택시가 '운행 종료' 표지판을 내걸고, 그리고 버스에서는 폭탄이 터졌을 때 자리를 바꾸면 살 수 있다는 것처럼 실제로 자리를 바꾸는 사람들이 있다는 보도가 이미 나온 바 있다.

사실상, 우리는 **감정평가**의 토큰으로 기능하는 이야기에서 **행위평가**를 환기하는 스토리로 전환했으며, 이러한 전환은 애도하기 사설에 배치된 이러한 사건의 표현에 대해 한 걸음 더 나아가 보면 명확하게 드러난다:

[abcd"] The Macau police found themselves in **a *Keystone Cops* episode**, arresting and detaining seven 'suspected Pakistani terrorists.' The scare was enough to close the US Consulate in Hong Kong for a day, though the men turned out to be tourists, a word which is spelled somewhat like terrorists, and we suppose to some people, just as frightening. One of the arrested people in fact was a Hindu, a chef from Hong Kong, who had been cleverly tracked down by undercover cops sitting peacefully at the Hotel Lisboa bar.

[abcd"] *Keystone Cops* 에피소드[82]에서 마카오 경찰은 '파키스탄 테러리스트 용의자' 7명을 체포하고 구금했다. 홍콩 주재 미국 영사관이 하루 동안 폐쇄될 정도로 공포에 휩싸였지만, 이들은 테러리스트와 비슷한 철자를 가진 관광객으로 밝혀졌고 어떤 사람들에게는 두려움의 대상이었을 것이다. 실제로 체포된 사람 중 한 명은 홍콩 출신의 힌두교 요리사로, 호텔 Lisboa 바에

---

82) [역자주] 1912년부터 1917년까지 미국에서 방영된 무능한 경찰들의 유머러스한 슬랩스틱 코미디이다.

서 평화롭게 앉아 있다가 잠복 경찰에게 보기 좋게 체포되었다.

Meanwhile (and were not making this up), two Indian nationals on a flight from Singapore to Hong Kong were detained at Changi Airport after an American passenger said he heard one of the men calling himself a 'Bosnian terrorist.' (The man in fact said he was a 'bass guitarist.')

한편 (이것은 우리가 지어낸 이야기가 아니다.) 싱가포르에서 홍콩으로 가는 비행기에 탑승한 인도 국적자 2명이, 미국인 승객이 한 남성이 자신을 '보스니아 테러리스트'라고 부르는 것을 들었다고 말한 후 Changi 공항에 구금되었다. (실제로 이 남성은 자신을 '베이스 기타리스트'라고 말했다.)

Similarly, there have already been reports of taxis putting up 'out of service' signs and people changing seats on buses when confronted by dark-skinned people - as if changing your seat would save you if a bomb went off, anyway. But such is **the logic of xenophobia**.

마찬가지로, 피부색이 어두운 사람을 마주치면 택시는 '운행 종료' 표지판을 내걸고, 그리고 버스에서는 폭탄이 터졌을 때 자리를 바꾸면 살 수 있다는 것처럼 실제로 자리를 바꾸는 사람들이 있다는 보도가 이미 나온 바 있다. 그러나 그것은 외국인 혐오증의 논리이다.

이번에는 마카오 에피소드를 소개한 후 홍콩 사건에 대해 논평하는 방식으로 행위평가어로 기록되었다. 마카오 경찰은 멍청한 바보(Keystone Cops)로 판단되었고, 그리고 홍콩의 일부 택시 기사와 버스 통근자들은 인종 차별주의자(xenophobia)로 낙인찍혔다. HK Magazine의 편집 필자에 의한 해설자 목소리에서 알 수 있듯이, 이는 분명 가혹한 행위평가이다. 4장에서 언급했듯이 기자 목소리에는 명시적인 행위평가가 투영될 수밖에 없는데; 마카오에서 일어난 사건은 아래 [a"]에 비교 가능한 뉴스 기사로 표현되었다.

Tourist Terror
여행자 테러

[a"] The Macau police have released seven men after arresting and detaining them as 'suspected Pakistani terrorists.' The men turned out to be tourists but the US Consulate in Hong Kong closed for a day. A Consulate spokesman reported 'Staff were frightened by the arrests.' One of the arrested people in fact was a Hindu, a chef from Hong Kong, who had been tracked down by undercover cops sitting at the Hotel Lisboa bar. His lawyer described the incident as a 'Keystone Cops episode' with 'clever cops mistakenly arresting a completely innocent man who was sitting peacefully having a quiet drink, minding his own business and not harming anyone.'

마카오 경찰은 7명의 남성을 '파키스탄 테러 용의자'로 체포 및 구금한 후 석방했다. 남성들은 관광객으로 밝혀졌지만 홍콩 주재 미국 영사관은 하루 동안 문을 닫았다. 영사관 대변인은 '직원들이 체포에 겁을 먹었다'고 전했다. 실제로 체포된 사람 중 한 명은 홍콩 출신의 힌두교 요리사로, 호텔 Lisboa 바에서 잠복 중이던 경찰에 의해 체포되었다. 그의 변호사는 이 사건을 '솜씨 좋은 경찰이 조용히 앉아 자신의 일에 신경 쓰며 누구에게도 해를 끼치지 않고 평화롭게 술을 마시던 완전히 무고한 사람을 잘못 체포한' 'Keystone Cops episode'라고 설명했다.

아마도 [abcd"]의 **행위평가**가 너무 가혹하기 때문인지, 이 사설은 바보들의 인종 차별적 행위를 *unfortunate*(일어나지 않았으면 좋았겠지만 일어난 부적절한 일)로 기록하면서 약간의 온화한 **정황평가**를 기사의 서두에 쓰면서 이러한 기록을 완화시키고 (즉, 거리를 두고) 있다:

[abcd'''] On a smaller and closer scale, we have already begun to see **some unfortunate cases** locally of backlash against members of the Muslim community (or even just people who look like they *might* be Muslim).

[abcd'''] 더 작고 더 밀접한 규모로 이미 현지에서 무슬림 커뮤니티 구성원(또는 무슬림으로 '보이는' 사람들)에 대한 반발이 일어나는 안타까운 사례들이 나타나기 시작했다.

The Macau police found themselves in **a *Keystone Cops* episode**, arresting and detaining seven 'suspected Pakistani terrorists.' The scare was enough to close the US Consulate in Hong Kong for a day, though the men turned out to be tourists, a word which is spelled somewhat like terrorists, and we suppose to some people, just as frightening. One of the arrested people in fact was a Hindu, a chef from Hong Kong, who had been cleverly tracked down by undercover cops sitting peacefully at the Hotel Lisboa bar.

Keystone Cops episode에서 마카오 경찰은 '파키스탄 테러리스트 용의자' 7명을 체포하고 구금했다. 홍콩 주재 미국 영사관이 하루 동안 폐쇄될 정도로 공포에 휩싸였지만, 이들은 테러리스트와 비슷한 철자를 가진 관광객으로 밝혀졌고 어떤 사람들에게는 두려움의 대상이었을 것이다. 실제로 체포된 사람 중 한 명은 홍콩 출신의 힌두교 요리사로, 호텔 Lisboa 바에서 평화롭게 앉아 있다가 잠복 경찰에게 보기 좋게 체포되었다.

Meanwhile (and were not making this up), two Indian nationals on a flight from Singapore to Hong Kong were detained at Changi Airport after an American passenger said he heard one of the men calling himself a 'Bosnian terrorist.' (The man in fact said he was a 'bass guitarist.')

한편 (이것은 우리가 지어낸 이야기가 아니다.) 싱가포르에서 홍콩으로 가는 비행기에 탑승한 인도 국적자 2명이, 미국인 승객이 한 남성이 자신을 '보스니아 테러리스트'라고 부르는 것을 들었다고 말한 후 Changi 공항에 구금되었다. (실제로 이 남성은 자신을 '베이스 기타리스트'라고 말했다.)

Similarly, there have already been reports of taxis putting up 'out of service' signs and people changing seats on buses when confronted by dark-skinned people - as if changing your seat would save you if a bomb went off, anyway. But such is the **logic of xenophobia.**

마찬가지로, 피부색이 어두운 사람을 마주치면 택시는 '운행 종료' 표지판을 내걸고, 그리고 버스에서는 폭탄이 터졌을 때 자리를 바꾸면 살 수 있다는 것처럼 실제로 자리를 바꾸는 사람들이 있다는 보도가 이미 나온 바 있다. 그러나 그것은 외국인 혐오의 논리이다.

이러한 abcd'''을 통해, 가해자를 조롱하기 위해 우리 자신을 재위치시키기 전에, 우리는 특정 불쾌한 지역적 사건으로부터 우리 자신이 거리를 두는 위치에 놓이게 된다. 그리고 이러한 조율은 우리가 무시할 수도 있는 피해자들에 대한 공감보다 우선시된다. 이는 *HK Magazine*의 외국인 및 도래(渡來) 중국인 독자들에게 유용한 조율 전략으로 보이며, 이들은 자신과 같은 부류의 외부인이 아닌, 피부색이 어두운 방문객이나 외국인 노동자들에 대해서는 거의 동정심을 느끼지 않으면서도 자신들이 책임지지 않는 인종차별에 대해 편안하게 개탄할 수 있다.

여기서 다시 한 번, 우리가 유대감 또는 라포라고 정의한 것, 즉 활동적인 태도평가적 관여, 바로 그러한 방식의 결과로 태도평가적 동지감(likemindedness)의 공감대가 형성된다. 앞서 살펴본 바와 같이 **감정평가, 행위평가, 정황평가**는 모두 공유된 태도평가를 중심으로 느낌의 커뮤니티를 형성하는 데 사용될 수 있다. [a, b, c, d][83]로 표현된 이 사설은 희생자들에 대한 공감을 불러일으킨다(**감정평가**). [a', b', c', d'] 및 [abcd''] 버전[84]은 **감정평가**보다 **행위평가**를 전경화하여 차별에 관한 공유된

---

83) [역자주] 희생자를 중심으로 서술

84) [역자주] 가해자를 중심으로 서술

사회적 가치를 중심으로 우리를 조율시킨다. [abcd'''][85]에서는 이러한 불쾌한 사건으로부터 약간의 사회적 거리를 구성하기 위해 **정황평가**를 사용한다.

이전 텍스트 분석에서 이미 설명했듯이 관념적/경험적(Bakhtin의 용어로는 이념적)인 것과 대인적(Bakhtin의 용어로는 가치론적)인 것 사이의 상호작용은 텍스트화되어야 한다. 이를 다루기 위해 사용되는 다양한 담화의미적 시스템이 있다(Martin & Rose 2003). 예를 들어, [abcd''']에서 접속어는 마카오, 싱가포르, 홍콩의 사건들을 시간적으로 겹치거나(meanwhile) 비교 가능하게(similarly) 서로 관련지어 정리하는 데 사용되며, 이러한 사건들은 그 앞 문장에서 예고된 사건(암시적 ie)을 설명하는 데 사용된다.

On a smaller and closer scale, we have already begun to see some unfortunate cases locally of backlash against members of the Muslim community (or even just people who look like they *might* be Muslim).

더 작고 더 밀접한 규모로 이미 현지에서 무슬림 커뮤니티 구성원(또는 무슬림으로 '보이는' 사람들)에 대한 반발이 일어나는 안타까운 사례들이 나타나기 시작했다.

[ie]

The Macau police found themselves in a *Keystone Cops* episode, arresting and detaining seven 'suspected Pakistani terrorists.' The scare was enough to close the US Consulate in Hong Kong for a day, though the men turned out to be tourists, a word which is spelled somewhat like terrorists, and we suppose to some people, just as frightening. One of the arrested people in fact was a Hindu, a chef from Hong Kong, who had been cleverly tracked down by undercover cops sitting peacefully at the Hotel Lisboa bar.

Keystone Cops episode에서 마카오 경찰은 '파키스탄 테러리스트 용의자' 7명을 체포하고 구금했다. 홍콩 주재 미국 영사관이 하루 동안 폐쇄될 정도로 공포에 휩싸였지만, 이들은 테러리스트와 비슷한 철자를 가진 관광객으로 밝혀졌고 어떤 사람들에게는 두려움의 대상이었을 것이다. 실제로 체포된 사람 중 한 명은 홍콩 출신의 힌두교 요리사로, 호텔 Lisboa 바에서 평화롭게 앉아 있다가 잠복 경찰에게 보기 좋게 체포되었다.

Meanwhile

한편

(and we're not making this up), two Indian nationals on a flight from Singapore to Hong

---

85) [역자주] 사회적 거리두기 중심으로 서술

Kong were detained at Changi Airport after an American passenger said he heard one of the men calling himself a 'Bosnian terrorist.' (The man in fact said he was a 'bass guitarist.')

(이것은 우리가 지어낸 이야기가 아니다.) 싱가포르에서 홍콩으로 가는 비행기에 탑승한 인도 국적자 2명이, 미국인 승객이 한 남성이 자신을 '보스니아 테러리스트'라고 부르는 것을 들었다고 말한 후 Changi 공항에 구금되었다. (실제로 이 남성은 자신을 '베이스 기타리스트'라고 말했다.)

Similarly,

마찬가지로,

there have already been reports of taxis putting up 'out of service' signs and people changing seats on buses when confronted by dark-skinned people - as if changing your seat would save you if a bomb went off, anyway. But such is the logic of xenophobia.

피부색이 어두운 사람을 마주치면 택시는 '운행 종료' 표지판을 내걸고, 그리고 버스에서는 폭탄이 터졌을 때 자리를 바꾸면 살 수 있다는 것처럼 실제로 자리를 바꾸는 사람들이 있다는 보도가 이미 나온 바 있다. 그러나 그것은 외국인 혐오의 논리이다.

이 논리는 텍스트를 다루는 데 사용되는 두 가지 다른 담화의미적 시스템에 의존한다. 하나는 추상 어휘(기호학적 추상화인[86] cases와 episode, 그리고 명사화 backlash와 scare)를 사용하여 cases, backlash 그리고 episode의 경우 전향적으로, scare의 경우 회고적으로 사건의 이름을 지정하는 것이다.

On a smaller and closer scale, we have already begun to see some unfortunate **cases** locally of **backlash** against members of the Muslim community (or even just people who look like they might be Muslim).

더 작고 더 밀접한 규모로 이미 현지에서 무슬림 커뮤니티 구성원(또는 무슬림으로 '보이는' 사람들)에 대한 반발이 일어나는 안타까운 사례들이 나타나기 시작했다.

The Macau police found themselves in a *Keystone Cops* **episode**, arresting and detaining seven 'suspected Pakistani terrorists.' The **scare** was enough to close the US Consulate in Hong Kong for a day, though the men turned out to be tourists, a word which is spelled somewhat like terrorists, and we suppose to some people, just as

---

86) 이 구절에서 메타담화의 또 다른 예는 편집자가 상대방의 히스테리적인 두려움을 조롱하는 방식으로 자신의 담화에 대해 언급할 수 있게 해주는 그 단어(word)이다.

frightening. One of the arrested people in fact was a Hindu, a chef from Hong Kong, who had been cleverly tracked down by undercover cops sitting peacefully at the Hotel Lisboa bar ⋯

Keystone Cops episode에서 마카오 경찰은 '파키스탄 테러리스트 용의자' 7명을 체포하고 구금했다. 홍콩 주재 미국 영사관이 하루 동안 폐쇄될 정도로 공포에 휩싸였지만, 이들은 테러리스트와 비슷한 철자를 가진 관광객으로 밝혀졌고 어떤 사람들에게는 두려움의 대상이었을 것이다. 실제로 체포된 사람 중 한 명은 홍콩 출신의 힌두교 요리사로, 호텔 Lisboa 바에서 평화롭게 앉아 있다가 잠복 경찰에게 보기 좋게 체포되었다. ⋯

또 다른 하나는 텍스트 지시를 사용하여 담화의 구절을 비교하고 식별하는 것이다(비교급 *smaller and closer scale*과 *such*, 그리고 식별하기 *the scare*와 *this*) - *smaller and closer*와 함께 *the* 그리고 *such*는 뒤에서 앞을 가리키고, *this*는 앞에서 뒤를 가리킨다:

←**On a smaller and closer scale**, we have already begun to see some unfortunate cases locally of backlash against members of the Muslim community (or even just people who look like they *might* be Muslim).
←더 작고 더 밀접한 규모로 이미 현지에서 무슬림 커뮤니티 구성원(또는 무슬림으로 '보이는' 사람들)에 대한 반발이 일어나는 안타까운 사례들이 나타나기 시작했다.

The Macau police found themselves in a *Keystone Cops* episode, arresting and detaining seven 'suspected Pakistani terrorists.' ←**The scare** was enough to close the US Consulate in Hong Kong for a day, though the men turned out to be tourists, a word which is spelled somewhat like terrorists, and we suppose to some people, just as frightening. One of the arrested people in fact was a Hindu, a chef from Hong Kong, who had been cleverly tracked down by undercover cops sitting peacefully at the Hotel Lisboa bar.

Keystone Cops episode에서 마카오 경찰은 '파키스탄 테러리스트 용의자' 7명을 체포하고 구금했다. 홍콩 주재 미국 영사관이 하루 동안 폐쇄될 정도로 공포에 휩싸였지만, 이들은 테러리스트와 비슷한 철자를 가진 관광객으로 밝혀졌고 어떤 사람들에게는 두려움의 대상이었을 것이다. 실제로 체포된 사람 중 한 명은 홍콩 출신의 힌두교 요리사로, 호텔 Lisboa 바에서 평화롭게 앉아 있다가 잠복 경찰에게 보기 좋게 체포되었다.

Meanwhile (and were not making **this** → up), two Indian nationals on a flight from Singapore to Hong Kong were detained at Changi Airport after an American passenger said he heard one of the men calling himself a 'Bosnian terrorist.' (The man in fact said he was a 'bass guitarist.')

한편 (이것은 우리가 지어낸 이야기가 아니다.) 싱가포르에서 홍콩으로 가는 비행기에 탑승한 인도 국적자 2명이, 미국인 승객이 한 남성이 자신을 '보스니아 테러리스트'라고 부르는 것을 들었다고 말한 후 Changi 공항에 구금되었다. (실제로 이 남성은 자신을 '베이스 기타리스트'라고 말했다.)

Similarly, there have already been reports of taxis putting up 'out of service' signs and people changing seats on buses when confronted by dark-skinned people - as if changing your seat would save you if a bomb went off, anyway. But ← **such** is the logic of xenophobia.

마찬가지로, 피부색이 어두운 사람을 마주치면 택시는 '운행 종료' 표지판을 내걸고, 그리고 버스에서는 폭탄이 터졌을 때 자리를 바꾸면 살 수 있다는 것처럼 실제로 자리를 바꾸는 사람들이 있다는 보도가 이미 나온 바 있다. 그러나 그것은 외국인 혐오의 논리이다.

이러한 접속어, 관념어, 식별어 자원들의 상호 작용은 [abcd''']의 주기적 구조를 설정한다. 이 구절은 차별을 불행한 것으로 정황평가하는 **매크로-테마**로 시작한다:

On a smaller and closer scale, we have already begun to see some unfortunate cases locally of backlash against members of the Muslim community (or even just people who look like they *might* be Muslim).
더 작고 더 밀접한 규모로 이미 현지에서 무슬림 커뮤니티 구성원(또는 무슬림으로 '보이는' 사람들)에 대한 반발이 일어나는 안타까운 사례들이 나타나기 시작했다.

마카오에서 일어난 그 사건들에는 경찰을 Keystone Cops로 행위평가하는 독립적인 **하이퍼-테마**[87]가 있다:

---

[87][역자주] **하이퍼-테마**(Hyper-Theme)와 **하이퍼-뉴**(Hyper-New)는 담화의미 중에서 테마(theme)-레마(rheme) 구조를 연구하는 주기어(periodicity)의 단위들이다(Martin & Rose, 2007, Working with discourse 6장 참조). 또 한정현·허성령 (2023:643) "체계기능언어학의 주기어 연구" 「학습자중심교과교육연구 23-19」 참조. 후자의 설명에 의하면, **하이퍼-테마** (Hyper-Theme)는 현재 단락이 무엇에 관해서 이야기하는지 말해주고, 어떤 내용이 앞으로 전개될 것인지 예측하게 해준다. 그리고, **하이퍼-뉴**(Hyper-New)는 지금까지의 내용을 증류시켜서 그 단락의 요약을 뽑아내 준다.

> The Macau police found themselves in a *Keystone Cops* episode, arresting and detaining seven 'suspected Pakistani terrorists.'
> *Keystone Cops* episode에서 마카오 경찰은 '파키스탄 테러리스트 용의자' 7명을 체포하고 구금했다.

그리고 적어도 홍콩 사건은 관련된 택시 운전사와 버스 승객들을 외국인 혐오자로 행위평가하는 **하이퍼-뉴**를 가지고 있다:

> But such is the logic of xenophobia.
> 그러나 그것은 외국인 혐오증의 논리이다.

*such*의 영역에 대한 이 최소한의 읽기는 홍콩에 대한 단락에 포함된 사설의 단락 구조에 의해 영향을 받았다.

이와 같이 상호 작용하는 시스템이 정보 흐름에 미치는 전반적인 영향은 아래의 들여쓰기를 통해 표시되어 있다. 평가어에 관하여 이 중요한 패턴은 상위 레벨 **테마**와 뉴로, 기록된 **정황평가**와 **행위평가**가 전경화되는 것과 관련이 있다. 이러한 두드러짐은 해당 영역의 사건에 대한 평가하기를 운율적으로 채색할 수 있는 위치에 놓이게 한다.

> On a smaller and closer scale, we have already begun to see some unfortunate cases locally of backlash against members of the Muslim community (or even just people who look like they *might* be Muslim).
> 더 작고 더 밀접한 규모로 이미 현지에서 무슬림 커뮤니티 구성원(또는 무슬림으로 '보이는' 사람들)에 대한 반발이 일어나는 안타까운 사례들이 나타나기 시작했다.

>> The Macau police found themselves in a *Keystone Cops* episode, arresting and detaining seven 'suspected Pakistani terrorists.'
>> *Keystone Cops* episode에서 마카오 경찰은 '파키스탄 테러리스트 용의자' 7명을 체포하고 구금했다.

>> The scare was enough to close the US Consulate in Hong Kong for a day, though the men turned out to be tourists, a word which is spelled somewhat like terrorists,

and we suppose to some people, just as frightening. One of the arrested people in fact was a Hindu, a chef from Hong Kong, who had been cleverly tracked down by undercover cops sitting peacefully at the Hotel Lisboa bar.

홍콩 주재 미국 영사관이 하루 동안 폐쇄될 정도로 공포에 휩싸였지만, 이들은 테러리스트와 비슷한 철자를 가진 관광객으로 밝혀졌고 어떤 사람들에게는 두려움의 대상이었을 것이다. 실제로 체포된 사람 중 한 명은 홍콩 출신의 힌두교 요리사로, 호텔 Lisboa 바에서 평화롭게 앉아 있다가 잠복 경찰에게 보기 좋게 체포되었다.

Meanwhile (and were not making this up), two Indian nationals on a flight from Singapore to Hong Kong were detained at Changi Airport after an American passenger said he heard one of the men calling himself a 'Bosnian terrorist.' (The man in fact said he was a 'bass guitarist.')

한편 (이것은 우리가 지어낸 이야기가 아니다.) 싱가포르에서 홍콩으로 가는 비행기에 탑승한 인도 국적자 2명이, 미국인 승객이 한 남성이 자신을 '보스니아 테러리스트'라고 부르는 것을 들었다고 말한 후 Changi 공항에 구금되었다. (실제로 이 남성은 자신을 '베이스 기타리스트'라고 말했다.)

Similarly, there have already been reports of taxis putting up 'out of service' signs and people changing seats on buses when confronted by dark-skinned people - as if changing your seat would save you if a bomb went off, anyway.

마찬가지로, 피부색이 어두운 사람을 마주치면 택시는 '운행 종료' 표지판을 내걸고, 그리고 버스에서는 폭탄이 터졌을 때 자리를 바꾸면 살 수 있다는 것처럼 실제로 자리를 바꾸는 사람들이 있다는 보도가 이미 나온 바 있다.

But such is the logic of xenophobia.

그러나 그것은 외국인 혐오의 논리이다.

위에서 언급한 비교급 텍스트 지시 *smaller and closer scale*에서 알 수 있듯이, 이 사설에는 우리가 지금까지 살펴본 지역적 차별에 대한 이야기보다 더 많은 내용이 담겨 있다. 아래에 사설의 제목 및 사설의 마무리 논평과 함께 언급된 세계적 사건이 포함되어 있다. 이 표현은 2001년 9월 21일 금요일 *HK Magazine* 5페이지에 게재된 단어선택을 (원본) 그대로 보여준다.

Mourning[88]

애도하기

The terrible events of the past week have left us with feelings - in order of occurrence - of horror, worry, anger, and now, just a general gloom. The people of America are grieving both over the tragedy itself and over the loss - perhaps permanently - of a trouble-free way of life.

지난주에 있었던 끔찍한 사건은 우리에게 공포, 걱정, 분노, 그리고 지금은 보편적인 우울의 감정을 순서대로 남겼다. 미국 국민들은 비극 그 자체와 어쩌면 문제 없이 살아가는 삶의 방식을 영구적으로 잃은 것에 대해 슬퍼하고 있다.

While that grief is deeply understood, the problem with tragedies like this one is that they become a heyday for the overly-sincere, maudlin, righteous-indignation crowd. We've been appalled, perplexed and repulsed by some of the things we've heard said in the media this week. The jingoistic, flag-waving, 'my way or the highway' rhetoric is enough to make thinking people retch. That said, the polls aren't going our way. 89 percent of Americans surveyed are thrilled and delighted by all the tub-thumping. We suppose that every episode of 'Letterman' from now until doomsday is going to open with another weepy rendition of 'God Bless America.'

그 슬픔은 깊이 이해되지만, 이번과 같은 비극의 문제는 지나치게 진지하고, 어리석고, 정당한 분노를 표출하는 군중들의 시대가 된다는 것이다. 우리는 이번 주에 언론에서 들은 몇 가지 말에 소름끼치고, 당혹스럽고, 혐오감이 들었다. 맹목적으로 애국적이고, 깃발을 흔드는(애국심을 고취하는), '내가 하자는 대로 하거나 아니면 떠나라(my way or the highway)'라는 수사는 생각하는 사람들을 구역질나게 하게 만들기에 충분하다. 그러나 여론조사는 우리의 뜻대로 흘러가지 않는다. 설문조사에 응한 미국인의 89%가 목소리를 높이고 기뻐했다. 우리는 지금부터 최후의 날까지 'Letterman'의 모든 에피소드가 'God Bless America'의 또 다른 슬픈 연출로 시작될 것이라고 생각한다.

Those who have the good fortune to live in the international world - that is, the world outside the U.S. - know that we are not all of one religion, one language or one political system. We live in a big world where people have diverse, and often, diametrically opposed views. And while it is commendable to want to stamp out terrorism, it might also be a good idea to pause and reflect on some of the grievances

---

88) [역자주] HK Magazine 사설 원본

that people in the rest of the world have towards the U.S. Of course, there's precious little chance of that happening in America any time soon.

> 국제 사회, 즉 미국 밖의 세계에서 사는 행운을 가진 사람들은 우리가 모두 하나의 종교, 하나의 언어 또는 하나의 정치 시스템이 아니라는 것을 알고 있다. 우리는 사람들이 다양하고 종종 완전히 반대되는 견해를 가지고 있는 큰 세상에 살고 있다. 그리고 테러를 근절하고자 하는 것은 칭찬할 만한 일이지만, 잠시 멈춰서 세계의 나머지 사람들이 미국에 대해 가지고 있는 불만의 일부를 반성하는 것도 좋은 생각일 수 있다. 물론, 미국에서는 조만간 그런 일이 일어날 가능성이 거의 없다.

← On a smaller and closer scale, we have already begun to see some unfortunate cases locally of backlash against members of the Muslim community (or even just people who look like they might be Muslim).

더 작고 더 밀접한 규모로 이미 현지에서 무슬림 커뮤니티 구성원(또는 무슬림으로 '보이는' 사람들)에 대한 반발이 일어나는 안타까운 사례들이 나타나기 시작했다.

The Macau police found themselves in a Keystone Cops episode, arresting and detaining seven 'suspected Pakistani terrorists.' The scare was enough to close the U.S. Consulate in Hong Kong for a day, though the men turned out to be tourists, a word which is spelled somewhat like terrorists, and we suppose to some people, just as frightening. One of the arrested people in fact was a Hindu, a chef from Hong Kong, who had been cleverly tracked down by undercover cops sitting peacefully at the Hotel Lisboa bar.

Keystone Cops episode에서 마카오 경찰은 '파키스탄 테러리스트 용의자' 7명을 체포하고 구금했다. 홍콩 주재 미국 영사관이 하루 동안 폐쇄될 정도로 공포에 휩싸였지만, 이들은 테러리스트와 비슷한 철자를 가진 관광객으로 밝혀졌고 어떤 사람들에게는 두려움의 대상이었을 것이다. 실제로 체포된 사람 중 한 명은 홍콩 출신의 힌두교 요리사로, 호텔 Lisboa 바에서 평화롭게 앉아 있다가 잠복 경찰에게 보기 좋게 체포되었다.

Meanwhile (and we're not making this up), two Indian nationals on a flight from Singapore to Hong Kong were detained at Changi Airport after an American passenger said he heard one of the men calling himself a 'Bosnian terrorist.' (The man in fact said he was a 'bass guitarist.')

한편 (이것은 우리가 지어낸 이야기가 아니다.) 싱가포르에서 홍콩으로 가는 비행기에 탑승한 인도 국적자 2명이, 미국인 승객이 한 남성이 자신을 '보스니아 테러리스트'라고 부르는 것을 들었다고 말한 후 Changi 공항에 구금되었다. (실제로 이 남성은 자신을 '베이스 기타리스트'라고 말했다.)

Similarly, there have already been reports of taxis putting up 'out of service' signs and people changing seats on buses when confronted by dark-skinned people - as if changing your seat would save you if a bomb went off, anyway. But such is the logic of xenophobia.

마찬가지로, 피부색이 어두운 사람을 마주치면 택시는 '운행 종료' 표지판을 내걸고, 그리고 버스에서는 폭탄이 터졌을 때 자리를 바꾸면 살 수 있다는 것처럼 실제로 자리를 바꾸는 사람들이 있다는 보도가 이미 나온 바 있다. 그러나 그것은 외국인 혐오의 논리이다.

> If, as all the pundits are saying, there is no hope of normalcy returning soon, let's at least hope that sanity does.
>
> 모든 전문가들이 말하고 있는 것처럼, 정상 상태가 곧 돌아올 희망이 없다면, 적어도 한 번 분별력이 있기를 기대해 보자.

우리가 두 번째 사설[89]과 달리 첫 번째 사설[90]의 전반부에 대해 주목할 수 있는 한 가지 차이점은 첫 번째가 훨씬 더 많은 기록된 **태도평가**를 가지고 있다는 것이다. 그들의 영역에서 이야기를 지배하는 더 높은 레벨의 **테마**들과 **뉴**에 **태도평가**를 설정하는 대신, 이 사설은 텍스트 전체에 기록된 **태도평가**를 확산시키는 것으로 시작한다. 여기에서 평가하기는 텍스트를 지배하는 것이 아니라 텍스트에 삼투된다. **감정평가적인** 기록들은 아래에 강조 표시된 것처럼 먼저 전경화된다. 이 분석에서, 우리는 *appalled, repulsed, retch, xenophobia*를 행위평가뿐만 아니라 감정평가를 기록하는 것으로 받아들인다.

Mourning - inscribed affect[91]
애도하기 - 기록된 감정평가

The terrible events of the past week have left us with feelings - in order of occurrence - of horror, worry, anger, and now, just a general gloom. The people of America are grieving both over the tragedy itself and over the loss - perhaps permanently - of a trouble-free way of life.

---

89) [역자주] HK Magazine의 애도하기 사설
90) [역자주] Daily Express의 논평 기사
91) [역자주] 원본에 있는 기록된 감정평가들을 네모박스로 처리함

지난주에 있었던 끔찍한 사건은 우리에게 공포, 걱정, 분노, 그리고 지금은 보편적인 우울의 감정을 순서대로 남겼다. 미국 국민들은 비극 그 자체와 어쩌면 문제 없이 살아가는 삶의 방식을 영구적으로 잃은 것에 대해 슬퍼하고 있다.

While that **grief** is deeply understood, the problem with tragedies like this one is that they become a heyday for the overly-sincere, maudlin, righteousindignation crowd. We've been **appalled**, perplexed and **repulsed** by some of the things we've heard said in the media this week. The jingoistic, flag-waving, 'my way or the highway' rhetoric is enough to make thinking people re**tch**. That said, the polls aren't going our way. 89 percent of Americans surveyed are **thrilled** and **delighted** by all the tub-thumping. We suppose that every episode of 'Letterman' from now until doomsday is going to open with another **weepy** rendition of 'God Bless America.'

그 슬픔은 깊이 이해되지만, 이번과 같은 비극의 문제는 지나치게 진지하고, 어리석고, 정당한 분노를 표출하는 군중들의 시대가 된다는 것이다. 우리는 이번 주에 언론에서 들은 몇 가지 말에 소름끼치고, 당혹스럽고, 혐오감이 들었다. 맹목적으로 애국적이고, 깃발을 흔드는(애국심을 고취하는), '내가 하자는 대로 하거나 아니면 떠나라(my way or the highway)'라는 수사는 생각하는 사람들을 구역질나게 하게 만들기에 충분하다. 그러나 여론조사는 우리의 뜻대로 흘러가지 않는다. 설문조사에 응한 미국인의 89%가 목소리를 높이고 기뻐했다. 우리는 지금부터 최후의 날까지 'Letterman'의 모든 에피소드가 'God Bless America'의 또 다른 슬픈 연출로 시작될 것이라고 생각한다.

Those who have the good fortune to live in the international world - that is, the world outside the U.S. - know that we are not all of one religion, one language or one political system. We live in a big world where people have diverse, and often, diametrically opposed views. And while it is commendable to **want** to stamp out terrorism, it might also be a good idea to pause and reflect on some of the grievances that people in the rest of the world have towards the U.S. Of course, there's precious little chance of that happening in America any time soon.

국제 사회, 즉 미국 밖의 세계에서 사는 행운을 가진 사람들은 우리가 모두 하나의 종교, 하나의 언어 또는 하나의 정치 시스템이 아니라는 것을 알고 있다. 우리는 사람들이 다양하고 종종 완전히 반대되는 견해를 가지고 있는 큰 세상에 살고 있다. 그리고 테러를 근절하고자 하는 것은 칭찬할 만한 일이지만, 잠시 멈춰서 세계의 나머지 사람들이 미국에 대해 가지고 있는 불만의 일부를 반성하는 것도 좋은 생각일 수 있다. 물론, 미국에서는 조만간 그런 일이 일어날 가능성이 거의 없다.

On a smaller and closer scale, we have already begun to see some unfortunate cases locally of backlash against members of the Muslim community (or even just people who look like they *might* be Muslim).

더 작고 더 밀접한 규모로 이미 현지에서 무슬림 커뮤니티 구성원(또는 무슬림으로 '보이는' 사람들)에 대한 반발이 일어나는 안타까운 사례들이 나타나기 시작했다.

The Macau police found themselves in a *Keystone Cops* episode, arresting and detaining seven 'suspected Pakistani terrorists.' The scare was enough to close the U.S. Consulate in Hong Kong for a day, though the men turned out to be tourists, a word which is spelled somewhat like terrorists, and we suppose to some people, just as frightening. One of the arrested people in fact was a Hindu, a chef from Hong Kong, who had been cleverly tracked down by undercover cops sitting peacefully at the Hotel Lisboa bar.

Keystone Cops episode에서 마카오 경찰은 '파키스탄 테러리스트 용의자' 7명을 체포하고 구금했다. 홍콩 주재 미국 영사관이 하루 동안 폐쇄될 정도로 공포에 휩싸였지만, 이들은 테러리스트와 비슷한 철자를 가진 관광객으로 밝혀졌고 어떤 사람들에게는 두려움의 대상이었을 것이다. 실제로 체포된 사람 중 한 명은 홍콩 출신의 힌두교 요리사로, 호텔 Lisboa 바에서 평화롭게 앉아 있다가 잠복 경찰에게 보기 좋게 체포되었다.

Meanwhile (and we're not making this up), two Indian nationals on a flight from Singapore to Hong Kong were detained at Changi Airport after an American passenger said he heard one of the men calling himself a 'Bosnian terrorist.' (The man in fact said he was a 'bass guitarist.')

한편 (이것은 우리가 지어낸 이야기가 아니다.) 싱가포르에서 홍콩으로 가는 비행기에 탑승한 인도 국적자 2명이, 미국인 승객이 한 남성이 자신을 '보스니아 테러리스트'라고 부르는 것을 들었다고 말한 후 Changi 공항에 구금되었다. (실제로 이 남성은 자신을 '베이스 기타리스트'라고 말했다.)

Similarly, there have already been reports of taxis putting up 'out of service' signs and people changing seats on buses when confronted by dark-skinned people - as if changing your seat would save you if a bomb went off, anyway. But such is the logic of xenophobia.

마찬가지로, 피부색이 어두운 사람을 마주치면 택시는 '운행 종료' 표지판을 내걸고, 그리고 버스에서는 폭탄이 터졌을 때 자리를 바꾸면 살 수 있다는 것처럼 실제로 자리를 바꾸는 사람들이 있다는 보도가 이미 나온 바 있다. 그러나 그것은 외국인 혐오의 논리이다.

If, as all the pundits are saying, there is no $\boxed{\text{hope}}$ of normalcy returning soon, let's at least $\boxed{\text{hope}}$ that sanity does.

모든 전문가들이 말하고 있는 것처럼, 정상 상태가 곧 돌아올 희망이 없다면, 적어도 한번 분별력이 있기를 기대해 보자.

보다시피, 이 사설은 미국인들에 대한 공감으로 시작하는데, 이는 우리의 경험으로 볼 때, 이러한 사건들을 다루는 모든 사람들, 특히 미국에 대해 비판적인 것을 말하고 싶은 사람들에게는 거의 의무적인 수사적 표현으로 남아 있다. 그것은 마치 9/11 사건에 대해 말할 권리가 있는 사람이라면 먼저 자신의 인간성을 확립하는 것, 그에 따라 사람들과 조율하는 것(그리고 외부의 야만적인 무리에 대항하는 것)에 달려 있다. 그 편집자는 공격에 대한 미국 주류의 대응에 그의 혐오감을 기록함으로써 이러한 움직임을 따르고 있으며, 이 지점에서 우리는 목소리를 높이는 수사법에 소외된 독자들과 함께 가정해야 한다.

이 반응은 두 번째 단락에 기록된 **행위평가**를 통해 강하게 울려 퍼지고 텍스트 전체에서 그 반응이 약하지만 계속된다. 대부분의 **행위평가**는 미국에 대한 비판으로 시작하며 부정적이다. 이러한 **행위평가** 중 가장 흥미로운 것 중 하나는 마카오 잠복 경찰을 조롱하기 위해 비꼬는 말투로 사용된 *cleverly*인데, 이는 Keystone Cops의 부정적인 **기량**에 대한 의미적 운율이 지배적이기 때문에 문자 그대로의 의미와는 정반대로 읽어야 한다. 이 분석에서는 *terrorist*를 (*freedom fighter*나 *martyr* 같은 다른 긍정적 용어와 대조적으로) 부정적인 **행위평가**를 기록하는 것으로 간주했다.

Mourning - inscribed judgement[92)]
애도하기 - 기록된 행위평가

The terrible events of the past week have left us with feelings - in order of occurrence - of horror, worry, anger, and now, just a general gloom. The people of America are grieving both over the tragedy itself and over the loss - perhaps permanently - of a trouble-free way of life.

지난주에 있었던 끔찍한 사건은 우리에게 공포, 걱정, 분노, 그리고 지금은 보편적인 우울의 감정을 순서대로 남겼다. 미국 국민들은 비극 그 자체와 어쩌면 문제 없이 살아가는 삶의 방식을

---

92) [역자주] 원본에 있는 기록된 행위평가들을 네모박스로 처리함

영구적으로 잃은 것에 대해 슬퍼하고 있다.

While that grief is deeply understood, the problem with tragedies like this one is that they become a heyday for the overly-sincere, maudlin, righteousindignation crowd. We've been appalled,, perplexed and repulsed by some of the things we've heard said in the media this week. The jingoistic, flagwaving, 'my way or the highway' rhetoric is enough to make thinking people retch. That said, the polls aren't going our way. 89 percent of Americans surveyed are thrilled and delighted by all the tub-thumping. We suppose that every episode of 'Letterman' from now until doomsday is going to open with another weepy rendition of 'God Bless America.'

그 슬픔은 깊이 이해되지만, 이번과 같은 비극의 문제는 지나치게 진지하고, 어리석고, 정당한 분노를 표출하는 군중들의 시대가 된다는 것이다. 우리는 이번 주에 언론에서 들은 몇 가지 말에 소름끼치고, 당혹스럽고, 혐오감이 들었다. 맹목적으로 애국적이고, 깃발을 흔드는(애국심을 고취하는), '내가 하자는 대로 하거나 아니면 떠나라(my way or the highway)'라는 수사는 생각하는 사람들을 구역질나게 하게 만들기에 충분하다. 그러나 여론조사는 우리의 뜻대로 흘러가지 않는다. 설문조사에 응한 미국인의 89%가 목소리를 높이고 기뻐했다. 우리는 지금부터 최후의 날까지 'Letterman'의 모든 에피소드가 'God Bless America'의 또 다른 슬픈 연출로 시작될 것이라고 생각한다.

Those who have the good fortune to live in the international world - that is, the world outside the U.S. - know that we are not all of one religion, one language or one political system. We live in a big world where people have diverse, and often, diametrically opposed views. And while it is commendable to want to stamp out terrorism, it might also be a good idea to pause and reflect on some of the grievances that people in the rest of the world have towards the U.S. Of course, there's precious little chance of that happening in America any time soon.

국제 사회, 즉 미국 밖의 세계에서 사는 행운을 가진 사람들은 우리가 모두 하나의 종교, 하나의 언어 또는 하나의 정치 시스템이 아니라는 것을 알고 있다. 우리는 사람들이 다양하고 종종 완전히 반대되는 견해를 가지고 있는 큰 세상에 살고 있다. 그리고 테러를 근절하고자 하는 것은 칭찬할 만한 일이지만, 잠시 멈춰서 세계의 나머지 사람들이 미국에 대해 가지고 있는 불만의 일부를 반성하는 것도 좋은 생각일 수 있다. 물론, 미국에서는 조만간 그런 일이 일어날 가능성이 거의 없다.

On a smaller and closer scale, we have already begun to see some unfortunate cases locally of backlash against members of the Muslim community (or even just people who look like they might be Muslim).

더 작고 더 밀접한 규모로 이미 현지에서 무슬림 커뮤니티 구성원(또는 무슬림으로 '보이는' 사람들)에 대한 반발이 일어나는 안타까운 사례들이 나타나기 시작했다.

The Macau police found themselves in a *Keystone Cops* episode, arresting and detaining seven 'suspected Pakistani terrorists.' The scare was enough to close the U.S. Consulate in Hong Kong for a day, though the men turned out to be tourists, a word which is spelled somewhat like terrorists, and we suppose to some people, just as frightening. One of the arrested people in fact was a Hindu, a chef from Hong Kong, who had been cleverly tracked down by undercover cops sitting peacefully at the Hotel Lisboa bar.

Keystone Cops episode에서 마카오 경찰은 '파키스탄 테러리스트 용의자' 7명을 체포하고 구금했다. 홍콩 주재 미국 영사관이 하루 동안 폐쇄될 정도로 공포에 휩싸였지만, 이들은 테러리스트와 비슷한 철자를 가진 관광객으로 밝혀졌고 어떤 사람들에게는 두려움의 대상이었을 것이다. 실제로 체포된 사람 중 한 명은 홍콩 출신의 힌두교 요리사로, 호텔 Lisboa 바에서 평화롭게 앉아 있다가 잠복 경찰에게 보기 좋게 체포되었다.

Meanwhile (and we're not making this up), two Indian nationals on a flight from Singapore to Hong Kong were detained at Changi Airport after an American passenger said he heard one of the men calling himself a 'Bosnian terrorists.' (The man in fact said he was a 'bass guitarist.')

한편 (이것은 우리가 지어낸 이야기가 아니다.) 싱가포르에서 홍콩으로 가는 비행기에 탑승한 인도 국적자 2명이, 미국인 승객이 한 남성이 자신을 '보스니아 테러리스트'라고 부르는 것을 들었다고 말한 후 Changi 공항에 구금되었다. (실제로 이 남성은 자신을 '베이스 기타리스트'라고 말했다.)

Similarly, there have already been reports of taxis putting up 'out of service' signs and people changing seats on buses when confronted by dark-skinned people - as if changing your seat would save you if a bomb went off, anyway. But such is the logic of xenophobia.

마찬가지로, 피부색이 어두운 사람을 마주치면 택시는 '운행 종료' 표지판을 내걸고, 그리고 버스에서는 폭탄이 터졌을 때 자리를 바꾸면 살 수 있다는 것처럼 실제로 자리를 바꾸는 사람들이 있다는 보도가 이미 나온 바 있다. 그러나 그것은 외국인 혐오의 논리이다.

If, as all the pundits are saying, there is no hope of normalcy returning soon, let's at least hope that sanity does.

모든 전문가들이 말하고 있는 것처럼, 정상 상태가 곧 돌아올 희망이 없다면, 적어도 한번 분별력이 있기를 기대해 보자.

이 사설에서 **정황평가**는 덜 눈에 띄는 주제이다. 독자들이 지역적 차별을 느끼지 않도록 하기 위한 이 기법의 활용은 위에서 논의한 바 있다(*unfortunate cases*).

Mourning - inscribed appreciation[93)]
애도하기 - 기록된 정황평가

The terrible events of the past week have left us with feelings - in order of occurrence - of horror, worry, anger, and now, just a general gloom. The people of America are grieving both over the tragedy itself and over the loss - perhaps permanently - of a trouble-free way of life.

지난주에 있었던 끔찍한 사건은 우리에게 공포, 걱정, 분노, 그리고 지금은 보편적인 우울의 감정을 순서대로 남겼다. 미국 국민들은 비극 그 자체와 어쩌면 문제 없이 살아가는 삶의 방식을 영구적으로 잃은 것에 대해 슬퍼하고 있다.

While that grief is deeply understood, the problem with tragedies like this one is that they become a heyday for the overly-sincere, maudlin, righteous-indignation crowd. We've been appalled, perplexed and repulsed by some of the things we've heard said in the media this week. The jingoistic, flag-waving, 'my way or the highway' rhetoric is enough to make thinking people retch. That said, the polls aren't going our way. 89 percent of Americans surveyed are thrilled and delighted by all the tub-thumping. We suppose that every episode of 'Letterman' from now until doomsday is going to open with another weepy rendition of 'God Bless America.'

그 슬픔은 깊이 이해되지만, 이번과 같은 비극의 문제는 지나치게 진지하고, 어리석고, 정당한 분노를 표출하는 군중들의 시대가 된다는 것이다. 우리는 이번 주에 언론에서 들은 몇 가지 말에 소름끼치고, 당혹스럽고, 혐오감이 들었다. 맹목적으로 애국적이고, 깃발을 흔드는(애국심을 고취하는), '내가 하자는 대로 하거나 아니면 떠나라(my way or the highway)'라는 수사는 생각하는 사람들을 구역질나게 하게 만들기에 충분하다. 그러나 여론조사는 우리의 뜻대로 흘러가지 않는다. 설문조사에 응한 미국인의 89%가 목소리를 높이고 기뻐했다. 우리는 지금부터 최후의

---

93) [역자주] 원본에 있는 기록된 정황평가들을 네모박스로 처리함

날까지 'Letterman'의 모든 에피소드가 'God Bless America'의 또 다른 슬픈 연출로 시작될 것이라고 생각한다.

Those who have the good fortune to live in the international world - that is, the world outside the U.S. - know that we are not all of one religion, one language or one political system. We live in a big world where people have $\boxed{\text{diverse}}$, and often, $\boxed{\text{diametrically}}$ $\boxed{\text{opposed}}$ views. And while it is commendable to want to stamp out terrorism, it might also be a $\boxed{\text{good}}$ idea to pause and reflect on some of the grievances that people in the rest of the world have towards the U.S. Of course, there's precious little chance of that happening in America any time soon.

국제 사회, 즉 미국 밖의 세계에서 사는 행운을 가진 사람들은 우리가 모두 하나의 종교, 하나의 언어 또는 하나의 정치 시스템이 아니라는 것을 알고 있다. 우리는 사람들이 다양하고 종종 완전히 반대되는 견해를 가지고 있는 큰 세상에 살고 있다. 그리고 테러를 근절하고자 하는 것은 칭찬할 만한 일이지만, 잠시 멈춰서 세계의 나머지 사람들이 미국에 대해 가지고 있는 불만의 일부를 반성하는 것도 좋은 생각일 수 있다. 물론, 미국에서는 조만간 그런 일이 일어날 가능성이 거의 없다.

On a smaller and closer scale, we have already begun to see some $\boxed{\text{unfortunate}}$ cases locally of backlash against members of the Muslim community (or even just people who look like they might be Muslim).

더 작고 더 밀접한 규모로 이미 현지에서 무슬림 커뮤니티 구성원(또는 무슬림으로 '보이는' 사람들)에 대한 반발이 일어나는 안타까운 사례들이 나타나기 시작했다.

...

텍스트 전반부(글로벌 장면)에 널리 스며들어 있는 **태도평가**는 평가의 의미적 운율을 강화하는 **강도평가** 자원에 의해 더욱 강화된다. 이러한 증폭을 종합하면 1, 2, 3단락을 채우는 **감정평가와 행위평가**에 질량이 더해진다. 이 지점에서 이 텍스트는 독자를 미국인에 대해 공감하고 비판하도록 위치시키기하는 데 있어 매우 큰소리를 낸다. 그것은 강한 견해로 설득력이 있다. 반면에 지역적 장면에서는 음량을 낮춘다. 기록된 **태도평가는** 더 높은 수준의 '**테마**'와 '**뉴**'에 위치시켜 담화를 지배하지만, 같은 종류의 비판적 질량을 얻지 못한다. 의미적 운율로 말하면, 이 사설은 미국 내 사람들의 행동이 끔찍한 반면, 지역적 반응은 그저 무성의할 정도로 소극적이었다는 점을 시사하는 듯하다.

Mourning - graduation: force (and focus)
애도하기 - 강도평가: 세기 (및 초점)

[분석의 키] 세기: 본래적인 강화 어휘 - **굵게, 작은 대문자**; 강화어 - **굵게, 밑줄**; 강화하기 삼중항 - 박스글; 초점 - *이탤릭체, 밑줄*]

The **TERRIBLE** events of the past week have left us with feelings - in order of occurrence - of HORROR, worry, anger, and now, just a *general* **GLOOM**. The people of America are grieving both over the tragedy itself and over the loss - perhaps permanently - of a trouble-free way of life.

지난주에 있었던 끔찍한 사건은 우리에게 공포, 걱정, 분노, 그리고 지금은 보편적인 우울의 감정을 순서대로 남겼다. 미국 국민들은 비극 그 자체와 어쩌면 문제 없이 살아가는 삶의 방식을 영구적으로 잃은 것에 대해 슬퍼하고 있다.

While that grief is **deeply** understood, the problem with tragedies like this one is that they become a heyday for the overly-sincere, maudlin, **RIGHTEOUS-INDIGNATION** crowd. We've been APPALLED, perplexed and repulsed by some of the things we've heard said in the media this week. The JINGOISTIC, flag-waving, 'my way or the highway' rhetoric is **enough** to make thinking people retch. That said, the polls aren't going our way. 89 percent of Americans surveyed are **THRILLED** and **DELIGHTED** by all the **TUB-THUMPING**. We suppose that every episode of 'Letterman' from now until doomsday is going to open with another weepy rendition of 'God Bless America.'

그 슬픔은 깊이 이해되지만, 이번과 같은 비극의 문제는 지나치게 진지하고, 어리석고, 정당한 분노를 표출하는 군중들의 시대가 된다는 것이다. 우리는 이번 주에 언론에서 들은 몇 가지 말에 소름끼치고, 당혹스럽고, 혐오감이 들었다. 맹목적으로 애국적이고, 깃발을 흔드는(애국심을 고취하는), '내가 하자는 대로 하거나 아니면 떠나라(my way or the highway)'라는 수사는 생각하는 사람들을 구역질나게 하게 만들기에 충분하다. 그러나 여론조사는 우리의 뜻대로 흘러가지 않는다. 설문조사에 응한 미국인의 89%가 목소리를 높이고 기뻐했다. 우리는 지금부터 최후의 날까지 'Letterman'의 모든 에피소드가 'God Bless America'의 또 다른 슬픈 연출로 시작될 것이라고 생각한다.

Those who have the good fortune to live in the international world - that is, the world outside the U.S. - know that we are not all of one religion, one language or one political system. We live in a big world where people have diverse, and often, **diametrically** opposed views. And while it is commendable to want to STAMP OUT terrorism, it might also be a good idea to pause and reflect on some of the grievances that people in the rest of the world have towards the U.S. Of course, there's **precious** little chance of that happening in America any time soon.

국제 사회, 즉 미국 밖의 세계에서 사는 행운을 가진 사람들은 우리가 모두 하나의 종교, 하나의 언어 또는 하나의 정치 시스템이 아니라는 것을 알고 있다. 우리는 사람들이 다양하고 종종 완전히 반대되는 견해를 가지고 있는 큰 세상에 살고 있다. 그리고 테러를 근절하고자 하는 것은 칭찬할 만한 일이지만, 잠시 멈춰서 세계의 나머지 사람들이 미국에 대해 가지고 있는 불만의 일부를 반성하는 것도 좋은 생각일 수 있다. 물론, 미국에서는 조만간 그런 일이 일어날 가능성이 거의 없다.

On a smaller and closer scale, we have already begun to see some unfortunate cases locally of backlash against members of the Muslim community (or even just people who look like they *might* be Muslim).

더 작고 더 밀접한 규모로 이미 현지에서 무슬림 커뮤니티 구성원(또는 무슬림으로 '보이는' 사람들)에 대한 반발이 일어나는 안타까운 사례들이 나타나기 시작했다.

The Macau police found themselves in a *Keystone Cops* episode, arresting and detaining seven 'suspected Pakistani terrorists.' The scare was **enough** to close the U.S. Consulate in Hong Kong for a day, though the men turned out to be tourists, a word which is spelled *somewhat* like terrorists, and we suppose to some people, just as frightening. One of the arrested people in fact was a Hindu, a chef from Hong Kong, who had been cleverly tracked down by undercover cops sitting peacefully at the Hotel Lisboa bar.

Keystone Cops episode에서 마카오 경찰은 '파키스탄 테러리스트 용의자' 7명을 체포하고 구금했다. 홍콩 주재 미국 영사관이 하루 동안 폐쇄될 정도로 공포에 휩싸였지만, 이들은 테러리스트와 비슷한 철자를 가진 관광객으로 밝혀졌고 어떤 사람들에게는 두려움의 대상이었을 것이다. 실제로 체포된 사람 중 한 명은 홍콩 출신의 힌두교 요리사로, 호텔 Lisboa 바에서 평화롭게 앉아 있다가 잠복 경찰에게 보기 좋게 체포되었다.

Meanwhile (and were not making this up), two Indian nationals on a flight from Singapore to Hong Kong were detained at Changi Airport after an American passenger said he heard one of the men calling himself a 'Bosnian terrorist.' (The man in fact said he was a 'bass guitarist.')

한편 (이것은 우리가 지어낸 이야기가 아니다.) 싱가포르에서 홍콩으로 가는 비행기에 탑승한 인도 국적자 2명이, 미국인 승객이 한 남성이 자신을 '보스니아 테러리스트'라고 부르는 것을 들었다고 말한 후 Changi 공항에 구금되었다. (실제로 이 남성은 자신을 '베이스 기타리스트'라고 말했다.)

Similarly, there have already been reports of taxis putting up 'out of service' signs and people changing seats on buses when confronted by dark-skinned people - as if changing your seat would save you if a bomb went off, anyway. But such is the logic of **XENOPHOBIA**.

마찬가지로, 피부색이 어두운 사람을 마주치면 택시는 '운행 종료' 표지판을 내걸고, 그리고 버스에서는 폭탄이 터졌을 때 자리를 바꾸면 살 수 있다는 것처럼 실제로 자리를 바꾸는 사람들이 있다는 보도가 이미 나온 바 있다. 그러나 그것은 외국인 혐오의 논리이다.

If, as all the pundits are saying, there is no hope of normalcy returning soon, let's at least hope that sanity does.

모든 전문가들이 말하고 있는 것처럼, 정상 상태가 곧 돌아올 희망이 없다면, 적어도 한번 분별력이 있기를 기대해 보자.

이 분석을 위해 우리는 융합된 상향-척도화를 포함하고 그에 따라 본래적으로 강화된 용어들을 사용함으로써 다음과 같은 태도평가적 기록을 선택했다.

Terrible, horror, gloom, righteous-indignation, appalled, jingoistic, thrilled, delighted, tub-thumping, stamp out, xenophobia
끔찍함, 공포, 우울, 정당한 분노, 소름끼치는, 맹목적으로 애국적인, 아주 흥분한, 기쁜, 목소리를 높이는, 근절하는, 외국인 혐오증

또한 강화하기 위해 다음과 같은 하위수식이 사용된다:

<u>deeply</u> understood
깊이 이해된

<u>overly</u>-sincere
지나치게 진지한

enough (to make …)
(…을 만들기에) 충분한

diametrically opposed
정반대의(완전히 반대의)

precious little
거의 없는

enough (to close …)
(…을 닫을 정도로) 충분한

그리고 여러 수사학적 삼중항도 사용되었다.

horror, worry, anger
공포, 걱정, 분노

overly-sincere, maudlin, righteous-indignation
지나치게 진지한, 어리석은, 정당한 분노

appalled, perplexed and repulsed
소름끼치고, 당혹스럽고, 혐오감이 드는

jingoistic, flag-waving, 'my way or the highway'
맹목적으로 애국적이고, 깃발을 흔드는(애국심을 고취하는), '내가 하자는 대로 하거나 아니면 떠나라'

one religion, one language or one political system
하나의 종교, 하나의 언어 또는 하나의 정치 시스템

　여기에 지역적 반발의 세 가지 예(마카오, 싱가포르, 홍콩의 차별)를 추가할 수도 있지만, 위의 3개의 단락은 불행한 사례로서 **정황평가**를 증폭시키기보다는 지역적 사건을 목록화하는 데 더 많은 역할을 한다는 느낌을 가져온다. 다시 말하면, 3개의 단락은 담화 자원(나열)보다는 강화(병렬)를 위한 문법적 자원에 가깝다.

상향-척도화된 **세기: 양화(量化)**는 이와 같은 큰 주제에서 작은 주제로 무게를 더한다. 글로벌 장면은 극단적인 양, 크기, 시간적 거리를 특질로 갖는다.

> both, some, 89 percent, all, every, all, one, one, one, some
> 둘 다, 일부, 89%, 모두, 전부, 모두, 하나, 하나, 하나, 일부
>
> little
> 작은
>
> permanently, from now until doomsday, any time soon
> 영구적으로, 지금부터 최후의 날까지, 언제든지 곧

반면 지역적 장면은 비-강도 평가된 디지털 넘버링(7, 1, 2)과 비교급 크기 및 공간적 거리를 특질로 갖는다.

> seven, one, two,
> 일곱, 하나, 둘,
>
> smaller
> 더 작은
>
> closer
> 더 밀접한

그러나 **양화(量化)**를 통한 강도평가어는 이 사설의 최후 변론을 위해 음량을 위쪽으로 재조정하면서, 마지막 단락으로 돌아간다.

> all, no,
> 모두, 아니오
>
> soon
> 곧

Mourning - quantification (amount, spatio-temporal distance underlined)
애도하기 - 양화(量化)(양, 시공간적 거리 밑줄 표시)

The terrible events of the past week have left us with feelings - in order of occurrence - of horror, worry, anger, and now, just a general gloom. The people of America are grieving <u>both</u> over the tragedy itself and over the loss - perhaps <u>permanently</u> - of a trouble-free way of life.

지난주에 있었던 끔찍한 사건은 우리에게 공포, 걱정, 분노, 그리고 지금은 보편적인 우울의 감정을 순서대로 남겼다. 미국 국민들은 비극 그 자체와 어쩌면 문제 없이 살아가는 삶의 방식을 영구적으로 잃은 것에 대해 슬퍼하고 있다.

While that grief is deeply understood, the problem with tragedies like this one is that they become a heyday for the overly-sincere, maudlin, righteous-indignation crowd. We've been appalled, perplexed and repulsed by <u>some</u> of the things we've heard said in the media this week. The jingoistic, flag-waving, 'my way or the highway' rhetoric is enough to make thinking people retch. That said, the polls aren't going our way. <u>89 percent</u> of Americans surveyed are thrilled and delighted by <u>all</u> the tub-thumping. We suppose that <u>every</u> episode of 'Letterman' <u>from now until doomsday</u> is going to open with another weepy rendition of 'God Bless America.'

그 슬픔은 깊이 이해되지만, 이번과 같은 비극의 문제는 지나치게 진지하고, 어리석고, 정당한 분노를 표출하는 군중들의 시대가 된다는 것이다. 우리는 이번 주에 언론에서 들은 몇 가지 말에 소름끼치고, 당혹스럽고, 혐오감이 들었다. 맹목적으로 애국적이고, 깃발을 흔드는(애국심을 고취하는), '내가 하자는 대로 하거나 아니면 떠나라(my way or the highway)'라는 수사는 생각하는 사람들을 구역질나게 하게 만들기에 충분하다. 그러나 여론조사는 우리의 뜻대로 흘러가지 않는다. 설문조사에 응한 미국인의 89%가 목소리를 높이고 기뻐했다. 우리는 지금부터 최후의 날까지 'Letterman'의 모든 에피소드가 'God Bless America'의 또 다른 슬픈 연출로 시작될 것이라고 생각한다.

Those who have the good fortune to live in the international world - that is, the world outside the U.S. - know that we are not <u>all</u> of <u>one</u> religion, <u>one</u> language or <u>one</u> political system. We live in a big world where people have diverse, and often, diametrically opposed views. And while it is commendable to want to stamp out terrorism, it might also be a good idea to pause and reflect on <u>some</u> of the grievances that people in the rest of the world have towards the U.S. Of course, there's precious <u>little</u> chance of that happening in America any time soon.

국제 사회, 즉 미국 밖의 세계에서 사는 행운을 가진 사람들은 우리가 모두 하나의 종교, 하나의 언어 또는 하나의 정치 시스템이 아니라는 것을 알고 있다. 우리는 사람들이 다양하고 종종 완전히 반대되는 견해를 가지고 있는 큰 세상에 살고 있다. 그리고 테러를 근절하고자 하는 것은 칭찬할 만한 일이지만, 잠시 멈춰서 세계의 나머지 사람들이 미국에 대해 가지고 있는 불만의 일부를 반성하는 것도 좋은 생각일 수 있다. 물론, 미국에서는 조만간 그런 일이 일어날 가능성이 거의 없다.

On a smaller and closer scale, we have already begun to see some unfortunate cases locally of backlash against members of the Muslim community (or even just people who look like they *might* be Muslim).

더 작고 더 밀접한 규모로 이미 현지에서 무슬림 커뮤니티 구성원(또는 무슬림으로 '보이는' 사람들)에 대한 반발이 일어나는 안타까운 사례들이 나타나기 시작했다.

The Macau police found themselves in a *Keystone Cops* episode, arresting and detaining seven 'suspected Pakistani terrorists.' The scare was enough toclose the U.S. Consulate in Hong Kong for a day, though the men turned out to be tourists, a word which is spelled somewhat like terrorists, and we suppose to some people, just as frightening. One of the arrested people in fact was a Hindu, a chef from Hong Kong, who had been cleverly tracked down by undercover cops sitting peacefully at the Hotel Lisboa bar.

Keystone Cops episode에서 마카오 경찰은 '파키스탄 테러리스트 용의자' 7명을 체포하고 구금했다. 홍콩 주재 미국 영사관이 하루 동안 폐쇄될 정도로 공포에 휩싸였지만, 이들은 테러리스트와 비슷한 철자를 가진 관광객으로 밝혀졌고 어떤 사람들에게는 두려움의 대상이었을 것이다. 실제로 체포된 사람 중 한 명은 홍콩 출신의 힌두교 요리사로, 호텔 Lisboa 바에서 평화롭게 앉아 있다가 잠복 경찰에게 보기 좋게 체포되었다.

Meanwhile (and were not making this up), two Indian nationals on a flight from Singapore to Hong Kong were detained at Changi Airport after an American passenger said he heard one of the men calling himself a 'Bosnian terrorist.' (The man in fact said he was a 'bass guitarist.')

한편 (이것은 우리가 지어낸 이야기가 아니다.) 싱가포르에서 홍콩으로 가는 비행기에 탑승한 인도 국적자 2명이, 미국인 승객이 한 남성이 자신을 '보스니아 테러리스트'라고 부르는 것을 들었다고 말한 후 Changi 공항에 구금되었다. (실제로 이 남성은 자신을 '베이스 기타리스트'라고 말했다.)

Similarly, there have already been reports of taxis putting up 'out of service' signs and people changing seats on buses when by dark-skinned people - as if changing your seat would save you if a bomb went off, anyway. But such is the logic of xenophobia.

마찬가지로, 피부색이 어두운 사람을 마주치면 택시는 '운행 종료' 표지판을 내걸고, 그리고 버스에서는 폭탄이 터졌을 때 자리를 바꾸면 살 수 있다는 것처럼 실제로 자리를 바꾸는 사람들이 있다는 보도가 이미 나온 바 있다. 그러나 그것은 외국인 혐오의 논리이다.

If, as all the pundits are saying, there is no hope of normalcy returning soon, let's at least hope that sanity does.

모든 전문가들이 말하고 있는 것처럼, 정상 상태가 곧 돌아올 희망이 없다면, 적어도 한번 분별력이 있기를 기대해 보자.

이 사설이 글로벌 관심에서 지역적 관심으로 이동함에 따라 **태도평가어**와 **강도평가어**가 맞물려 기어를 바꾸는 반면, **개입평가** 시스템은 이 텍스트를 관통하여 지속적으로 작용하고 있다. 우리가 사설에서 기대하는 것처럼, 이 텍스트는 매우 대화적이며, 여기에는 재생 중인 목소리를 확대하고 축소하는 데 사용되는 다양한 범위의 언어적 자원이 있다. 우리는 먼저 확대하는 선택항을 살펴볼 것이다.

개입 평가: 판단유보를 포함하는 양상적 의미들의 평가값과 관련하여 양상화된 인과성(*if*)을 따라 객관적 선택과 주관적인 선택의 완전한 스펙트럼이 있다:

explicit subjective	*we suppose*
명시적 주관적	*we suppose*
implicit subjective	*might, would*
암시적 주관적	*might, would*
implicit objective	*perhaps, often*
암시적 객관적	*perhaps, often*
explicit objective	*little chance, no hope*
명시적 객관적	*little chance, no hope*
modalised cause	*if*
양상화된 원인	*if*

확률의 정보양태(일어날 수 있는 일)는 주로 미래 사건과 관련하여 가능한 미래에 대한 대안적인 예측이 **판단유보되는** 경우에 사용된다. 예를 들어:

> the loss - perhaps permanently - of a trouble-free way of life
> 그 상실 - 아마도 영구적으로 - 문제가 없는 삶의 방식의
>
> there's precious little chance of that happening in America any time soon
> 조만간 미국에서 그런 일이 일어날 가능성은 거의 없다.
>
> there is no hope of normalcy returning soon
> 곧 정상으로 돌아올 희망이 없다.

의무의 행위양태(일어나야 할 일)는 덜 일반적이며, 논란의 여지는 있으나 각 사례는 **태도평가적**으로 읽힐 수 있다. (위에서도 그렇게 부호화되어 있다.):

> be a good idea to (appreciation)
> ~는 것도 좋은 생각이다 (정황평가)
>
> is commendable to want to (judgement)
> ~고자 하는 것은 칭찬할 만한 일이다 (행위평가)
>
> let's at least hope (affect)
> 한번 기대를 해보자 (감정평가)

대안적인 위치를 **판단유보**하는 선택 항목들은 아래에 강조 표시되어 있다(여기에는 '~로 여겨짐'의 실현과 관련된 *look like*와 *turned out*이라는 표현을 추가했을 수 있다).

> **Mourning - expand: entertain (modality)**[94]
> **애도하기 - 확대: 판단유보(양태)**

---

94) [역자주] 원본에 있는 확대: 판단유보 (양태)들을 네모박스로 처리함

The terrible events of the past week have left us with feelings - in order of occurrence - of horror, worry, anger, and now, just a general gloom. The people of America are grieving both over the tragedy itself and over the loss - perhaps permanently - of a trouble-free way of life.

지난주에 있었던 끔찍한 사건은 우리에게 공포, 걱정, 분노, 그리고 지금은 보편적인 우울의 감정을 순서대로 남겼다. 미국 국민들은 비극 그 자체와 어쩌면 문제 없이 살아가는 삶의 방식을 영구적으로 잃은 것에 대해 슬퍼하고 있다.

While that grief is deeply understood, the problem with tragedies like this one is that they become a heyday for the overly-sincere, maudlin, righteousindignation crowd. We've been appalled, perplexed and repulsed by some of the things we've heard said in the media this week. The jingoistic, flag-waving, 'my way or the highway' rhetoric is enough to make thinking people retch. That said, the polls aren't going our way. 89 percent of Americans surveyed are thrilled and delighted by all the tub-thumping. We suppose that every episode of 'Letterman' from now until doomsday is going to open with another weepy rendition of 'God Bless America.'

그 슬픔은 깊이 이해되지만, 이번과 같은 비극의 문제는 지나치게 진지하고, 어리석고, 정당한 분노를 표출하는 군중들의 시대가 된다는 것이다. 우리는 이번 주에 언론에서 들은 몇 가지 말에 소름끼치고, 당혹스럽고, 혐오감이 들었다. 맹목적으로 애국적이고, 깃발을 흔드는(애국심을 고취하는), '내가 하자는 대로 하거나 아니면 떠나라(my way or the highway)'라는 수사는 생각하는 사람들을 구역질나게 하게 만들기에 충분하다. 그러나 여론조사는 우리의 뜻대로 흘러가지 않는다. 설문조사에 응한 미국인의 89%가 목소리를 높이고 기뻐했다. 우리는 지금부터 최후의 날까지 'Letterman'의 모든 에피소드가 'God Bless America'의 또 다른 슬픈 연출로 시작될 것이라고 생각한다.

Those who have the good fortune to live in the international world that is, the world outside the U.S. - know that we are not all of one religion, one language or one political system. We live in a big world where people have diverse, and often, diametrically opposed views. And while it is commendable to want to stamp out terrorism, it might also be a good idea to pause and reflect on some of the grievances that people in the rest of the world have towards the U.S. Of course, there's precious little chance of that happening in America any time soon.

국제 사회, 즉 미국 밖의 세계에서 사는 행운을 가진 사람들은 우리가 모두 하나의 종교, 하나의 언어 또는 하나의 정치 시스템이 아니라는 것을 알고 있다. 우리는 사람들이 다양하고 종종 완전히 반대되는 견해를 가지고 있는 큰 세상에 살고 있다. 그리고 테러를 근절하고자 하는 것은 칭찬할 만한 일이지만, 잠시 멈춰서 세계의 나머지 사람들이 미국에 대해 가지고 있는 불만의 일부를 반성하는 것도 좋은 생각일 수 있다. 물론, 미국에서는 조만간 그런 일이 일어날 가능성이 거의 없다.

On a smaller and closer scale, we have already begun to see some unfortunate cases locally of backlash against members of the Muslim community (or even just people who look like they $\boxed{might}$ be Muslim).

더 작고 더 밀접한 규모로 이미 현지에서 무슬림 커뮤니티 구성원(또는 무슬림으로 '보이는' 사람들)에 대한 반발이 일어나는 안타까운 사례들이 나타나기 시작했다.

The Macau police found themselves in a *Keystone Cops* episode, arresting and detaining seven 'suspected Pakistani terrorists.' The scare was enough to close the U.S. Consulate in Hong Kong for a day, though the men turned out to be tourists, a word which is spelled somewhat like terrorists, and $\boxed{\text{we suppose}}$ to some people, just as frightening. One of the arrested people in fact was a Hindu, a chef from Hong Kong, who had been cleverly tracked down by undercover cops sitting peacefully at the Hotel Lisboa bar.

Keystone Cops episode에서 마카오 경찰은 '파키스탄 테러리스트 용의자' 7명을 체포하고 구금했다. 홍콩 주재 미국 영사관이 하루 동안 폐쇄될 정도로 공포에 휩싸였지만, 이들은 테러리스트와 비슷한 철자를 가진 관광객으로 밝혀졌고 어떤 사람들에게는 두려움의 대상이었을 것이다. 실제로 체포된 사람 중 한 명은 홍콩 출신의 힌두교 요리사로, 호텔 Lisboa 바에서 평화롭게 앉아 있다가 잠복 경찰에게 보기 좋게 체포되었다.

Meanwhile (and we're not making this up), two Indian nationals on a flight from Singapore to Hong Kong were detained at Changi Airport after an American passenger said he heard one of the men calling himself a 'Bosnian terrorist.' (The man in fact said he was a 'bass guitarist.')

한편 (이것은 우리가 지어낸 이야기가 아니다.) 싱가포르에서 홍콩으로 가는 비행기에 탑승한 인도 국적자 2명이, 미국인 승객이 한 남성이 자신을 '보스니아 테러리스트'라고 부르는 것을 들었다고 말한 후 Changi 공항에 구금되었다. (실제로 이 남성은 자신을 '베이스 기타리스트'라고 말했다.)

Similarly, there have already been reports of taxis putting up 'out of service' signs and people changing seats on buses when confronted by dark-skinned people - as $\boxed{\text{if}}$ changing your seat $\boxed{\text{would}}$ save you $\boxed{\text{if}}$ a bomb went off, anyway. But such is the logic of xenophobia.

마찬가지로, 피부색이 어두운 사람을 마주치면 택시는 '운행 종료' 표지판을 내걸고, 그리고 버스에서는 폭탄이 터졌을 때 자리를 바꾸면 살 수 있다는 것처럼 실제로 자리를 바꾸는 사람들이 있다는 보도가 이미 나온 바 있다. 그러나 그것은 외국인 혐오의 논리이다.

[If], as all the pundits are saying, there is [no hope] of normalcy returning soon, let's at least hope that sanity does.

모든 전문가들이 말하고 있는 것처럼, 정상 상태가 곧 돌아올 희망이 없다면, 적어도 한번 분별력이 있기를 기대해 보자.

이 사설은 대안적인 위치를 판단유보시켜서 담화를 확대하는 것 외에도 투사를 사용하여 텍스트를 출처로부터 객체화시킨다. 담화는 다양한 방식으로 객체화된다:

[필적학]

The Macau police found themselves in a *Keystone Cops* episode, arresting and detaining seven '**suspected Pakistani terrorists**.'

Keystone Cops episode에서 마카오 경찰은 '파키스탄 테러리스트 용의자' 7명을 체포하고 구금했다.

[시각의 배경상황]

though the men turned out to be tourists, a word which is spelled somewhat like terrorists, and we suppose **to some people**, just as frightening.

이들은 테러리스트와 비슷한 철자를 가진 관광객으로 밝혀졌고 어떤 사람들에게는 두려움의 대상이었을 것이다.

[기호학적 명사들]

Similarly, there have already been **reports** of taxis putting up 'out of service' signs

마찬가지로, 택시들이 '운행 종료' 표지판을 내건다는 것이 이미 보도되었다

[정신적 과정으로 투사하기]

an American passenger **said he heard** one of the men

미국인 승객이 그 남자들 중 하나라고 들었다고 말했다.

[전언적 과정으로 투사하기]

an **American passenger said** he heard …

미국인 승객이 들었다고 말했다.

[동작주성 관계적 과정]

one of the men calling himself a 'Bosnian terrorist.'
한 남성이 자신을 '보스니아 테러리스트'라고 부르는

편집자, 관광객에 의해 겁에 질린 사람들, 전문가, 미국인 승객 및 피고인, 언론 및 여론 조사를 포함하여 여러 출처가 명시적으로 **인정되고 있다.**

the things we've heard said in the media this week.
이번 주에 우리가 언론에서 들었던 말들이다.

let's at least hope that sanity does.
적어도 한번 분별력이 있기를 기대해 보자.

and we suppose to some people, just as frightening.
그리고 어떤 사람들에게는 두려움의 대상이었을 것이다.

If, as all the pundits are saying, there is no hope …
모든 전문가들이 말하고 있는 것처럼, ~ 희망이 없다면,

an American passenger said he heard one of the men
한 미국인 승객이 그 남자들 중 하나라고 들었다고 말했다.

one of the men calling himself a 'Bosnian terrorist.'
한 남자가 자신을 '보스니아 테러리스트'라고 부르는

(The man in fact said he was a 'bass guitarist.')
(실제로 그 남자는 자신이 '베이스 기타리스트'라고 말했다.)

the things we've heard said in the media this week.
이번 주에 우리가 언론에서 들었던 말들이다.

That said, the polls aren't going our way.
그러나 여론조사는 우리의 뜻대로 흘러가지 않는다.

일부 출처의 경우 그 객체화 표시는 암시적이지만 복구가 가능하다(편집자, 미국인, 마카오 경찰 및 언론):

that said (by the editor)
(그 편집자가) 말했듯이

it might also be a good idea (for Americans) to pause and reflect on some of the grievances
잠시 멈춰서 (미국에 대해) 불만의 일부를 반성하는 것도 좋은 생각일 수 있다.

The Macau police found themselves in a *Keystone Cops* episode, arresting and detaining seven (people they described as) 'suspected Pakistani terrorists.'
a *Keystone Cops* episode에서 마카오 경찰은 '파키스탄 테러리스트 용의자'(라고 묘사된 사람) 7명을 체포하고 구금했다.

The jingoistic, flag-waving, 'my way or the highway' rhetoric (said in the media)
맹목적으로 애국적이고, 깃발을 흔드는(애국심을 고취하는), '내가 하자는 대로 하거나 아니면 떠나라(my way or the highway)'라는 수사(라고 미디어에서 말했다.)

이러한 투사의 대부분은 대안적 출처들을 인정하여 텍스트의 목소리의 범위를 확대한다. 그러나 일부는 특별한 관점, 즉 우리가 아는(know) 어떤 것, 모든 전문가들(all the pundits)이 말하고 있는 어떤 것 또는 사실(in fact)인 어떤 것을 우리가 사용하기로 결정함으로써 축소된다:

Those who have the good fortune to live in the international world - that is, the world outside the U.S. - <u>know</u> that we are not all of one religion, one language or one political system.
국제 사회, 즉 미국 밖의 세계에서 사는 행운을 가진 사람들은 우리가 모두 하나의 종교, 하나의 언어 또는 하나의 정치 시스템이 아니라는 것을 알고 있다.

If, as <u>all the pundits</u> are saying, there is no hope of normalcy returning soon
모든 전문가들이 말하고 있는 것처럼, 정상 상태가 곧 돌아올 희망이 없다면, 적어도 한번 분별력이 있기를 기대해 보자.

The man <u>in fact</u> said he was a 'bass guitarist.'
실제로 이 남성은 자신을 '베이스 기타리스트'라고 말했다.

이러한 **지지**에 우리는 비-투사적 환경[95])에서 **공표**하는 예를 추가할 수 있다:

One of the arrested people <u>in fact</u> was a Hindu, a chef from Hong Kong,
실제로 체포된 사람 중 한 명은 홍콩 출신의 힌두교도 요리사이다.

The scare was enough to close the U.S. Consulate in Hong Kong for a day, though the men <u>turned out</u> to be tourists
홍콩 주재 미국 영사관이 하루 동안 폐쇄될 정도로 공포에 휩싸였지만, 이들은 관광객으로 밝혀졌고

(and we're <u>not making</u> this up)
(이것은 우리가 지어낸 이야기가 아니다.)

또한 *of course*를 통해 **동조하기**가 실현된다:

<u>Of course</u>, there's precious little chance of that happening in America any time soon.
물론, 미국에서는 조만간 그런 일이 일어날 가능성이 거의 없다.

이러한 축소하기의 자원들에 대안적 위치를 **거부**하는 극성의 자원들을 추가해야 한다:

the polls are**n't** going our way
여론조사는 우리의 뜻대로 흘러가지 않는다.

we are **not** all of one religion, one language or one political system
우리가 모두 하나의 종교, 하나의 언어 또는 하나의 정치 시스템이 아니라는 것을 알고 있다.

we're **not** making this up
이것은 우리가 지어낸 이야기가 아니다.

there is **no** hope of normalcy returning soon
정상 상태가 곧 돌아올 희망이 없다.

---

95) [역자주] '말하다' 류의 전언적 환경이 아님.

그리고 마지막으로, 이 텍스트는 독자들의 기대를 조정하기 위해 접속사(*while, though, in fact, as if, anyway, but, at least*)와 계속사(*just, already, even*)를 사용하고, 담화가 전개되는 방식에 대해 만들어질 수 있는 예측들에 의외성을 준다. 이러한 **의외성의** 축소하기 자원들은 아래에 강조되어 있다(*that said*를 역-기대를 실현하는 것으로 간주).

Mourning - conceding and countering[96]
애도하기 - 인정과 의외
(conjunction & continuity)
(접속 & 계속)

The terrible events of the past week have left us with feelings - in order of occurrence - of horror, worry, anger, and now, just a general gloom. The people of America are grieving both over the tragedy itself and over the loss - perhaps permanently - of a trouble-free way of life.

지난주에 있었던 끔찍한 사건은 우리에게 공포, 걱정, 분노, 그리고 지금은 보편적인 우울의 감정을 순서대로 남겼다. 미국 국민들은 비극 그 자체와 어쩌면 문제 없이 살아가는 삶의 방식을 영구적으로 잃은 것에 대해 슬퍼하고 있다.

While that grief is deeply understood, the problem with tragedies like this one is that they become a heyday for the overly-sincere, maudlin, righteousindignation crowd. We've been appalled, perplexed and repulsed by some of the things we've heard said in the media this week. The jingoistic, flagwaving, 'my way or the highway' rhetoric is enough to make thinking people retch. That said, the polls aren't going our way. 89 percent of Americans surveyed are thrilled and delighted by all the tub-thumping. We suppose that every episode of 'Letterman' from now until doomsday is going to open with another weepy rendition of 'God Bless America.'

그 슬픔은 깊이 이해되지만, 이번과 같은 비극의 문제는 지나치게 진지하고, 어리석고, 정당한 분노를 표출하는 군중들의 시대가 된다는 것이다. 우리는 이번 주에 언론에서 들은 몇 가지 말에 소름끼치고, 당혹스럽고, 혐오감이 들었다. 맹목적으로 애국적이고, 깃발을 흔드는(애국심을 고취하는), '내가 하자는 대로 하거나 아니면 떠나라(my way or the highway)'라는 수사는 생각하는 사람들을 구역질나게 하게 만들기에 충분하다. 그러나 여론조사는 우리의 뜻대로 흘러가지 않는다. 설문조사에 응한 미국인의 89%가 목소리를 높이고 기뻐했다. 우리는 지금부터 최후의

---

96) [역자주] 원본에 있는 인정과 의외들을 네모박스로 처리함

날까지 'Letterman'의 모든 에피소드가 'God Bless America'의 또 다른 슬픈 연출로 시작될 것이라고 생각한다.

Those who have the good fortune to live in the international world - that is, the world outside the U.S. - know that we are not all of one religion, one language or one political system. We live in a big world where people have diverse, and often, diametrically opposed views. And while it is commendable to want to stamp out terrorism, it might also be a good idea to pause and reflect on some of the grievances that people in the rest of the world have towards the U.S. Of course, there's precious little chance of that happening in America any time soon.

국제 사회, 즉 미국 밖의 세계에서 사는 행운을 가진 사람들은 우리가 모두 하나의 종교, 하나의 언어 또는 하나의 정치 시스템이 아니라는 것을 알고 있다. 우리는 사람들이 다양하고 종종 완전히 반대되는 견해를 가지고 있는 큰 세상에 살고 있다. 그리고 테러를 근절하고자 하는 것은 칭찬할 만한 일이지만, 잠시 멈춰서 세계의 나머지 사람들이 미국에 대해 가지고 있는 불만의 일부를 반성하는 것도 좋은 생각일 수 있다. 물론, 미국에서는 조만간 그런 일이 일어날 가능성이 거의 없다.

On a smaller and closer scale, we have already begun to see some unfortunate cases locally of backlash against members of the Muslim community (or even just people who look like they *might* be Muslim).

더 작고 더 밀접한 규모로 이미 현지에서 무슬림 커뮤니티 구성원(또는 무슬림으로 '보이는' 사람들)에 대한 반발이 일어나는 안타까운 사례들이 나타나기 시작했다.

The Macau police found themselves in a *Keystone Cops* episode, arresting and detaining seven 'suspected Pakistani terrorists.' The scare was enough to close the U.S. Consulate in Hong Kong for a day, though the men turned out to be tourists, a word which is spelled somewhat like terrorists, and we suppose to some people, just as frightening. One of the arrested people in fact was a Hindu, a chef from Hong Kong, who had been cleverly tracked down by undercover cops sitting peacefully at the Hotel Lisboa bar.

Keystone Cops episode에서 마카오 경찰은 '파키스탄 테러리스트 용의자' 7명을 체포하고 구금했다. 홍콩 주재 미국 영사관이 하루 동안 폐쇄될 정도로 공포에 휩싸였지만, 이들은 테러리스트와 비슷한 철자를 가진 관광객으로 밝혀졌고 어떤 사람들에게는 두려움의 대상이었을 것이다. 실제로 체포된 사람 중 한 명은 홍콩 출신의 힌두교 요리사로, 호텔 Lisboa 바에서 평화롭게 앉아 있다가 잠복 경찰에게 보기 좋게 체포되었다.

Meanwhile (and we're not making this up), two Indian nationals on a flight from Singapore to Hong Kong were detained at Changi Airport after an American passenger said he heard one of the men calling himself a 'Bosnian terrorist.' (The man in fact said he was a 'bass guitarist.')

한편 (이것은 우리가 지어낸 이야기가 아니다.) 싱가포르에서 홍콩으로 가는 비행기에 탑승한 인도 국적자 2명이, 미국인 승객이 한 남성이 자신을 '보스니아 테러리스트'라고 부르는 것을 들었다고 말한 후 Changi 공항에 구금되었다. (실제로 이 남성은 자신을 '베이스 기타리스트'라고 말했다.)

Similarly, there have already been reports of taxis putting up 'out of service' signs and people changing seats on buses when confronted by dark-skinned people - as if changing your seat would save you if a bomb went off, anyway. But such is the logic of xenophobia.

마찬가지로, 피부색이 어두운 사람을 마주치면 택시는 '운행 종료' 표지판을 내걸고, 그리고 버스에서는 폭탄이 터졌을 때 자리를 바꾸면 살 수 있다는 것처럼 실제로 자리를 바꾸는 사람들이 있다는 보도가 이미 나온 바 있다. 그러나 그것은 외국인 혐오의 논리이다.

If, as all the pundits are saying, there is no hope of normalcy returning soon, let's at least hope that sanity does.

모든 전문가들이 말하고 있는 것처럼, 정상 상태가 곧 돌아올 희망이 없다면, 적어도 한번 분별력이 있기를 기대해 보자.

이 광범위한 **개입평가** 자원들의 배열은 복잡한 독자층과의 조율과 라포를 교섭하는 전형적인 담화이다. 위에서 언급한 바와 같이 *HK Magazine*의 독자는 주로 홍콩에서 단기 및 장기 계약으로 일하는 외국인인 영국인과 호주인들, ABC[97](미국에서 태어난 중국계 미국인) 및 해외의 서양 기관에서 공부하고 일한 일부 중국인을 포함하는 도래(到來) 중국인으로 구성된다. 이처럼 거주지가 바뀐 그들은 잡지 사설의 그 불손한 어조에 대해 정황평가할 수 있으며, 이는 저녁 파티, 바, 커피숍에서의 대화에 유용한 자극제가 된다. 그러나 이러한 거주지 바뀜은 또한 그들의 정체성을 복잡한 문제로 만든다: 그들은 홍콩 또는 다른 곳, 동양 또는 서양, 중국 또는 gweilo(지역 광둥인이 유럽인들을 '하얀 귀신(white ghosts)'이라고 부르는 것처럼), 영주권자 또는 거주자, 직원 또는 객원 노동자, 교육자 또

---

97) [역자주] American born Chinese

는 사업가, 근로자 또는 방문객, 주택 소유자 또는 임차인 등인가? 이 커뮤니티를 하나로 묶는 것은 *HK Magazine*에서 소비를 위해 제공되는 생활 방식에 반영된 여가 활동에 대한 취향이다. 즉, 이 집단의 혼성적인 주관성은 편집자가 다루는 다양한 목소리들을 생성하며, 아마도 지역적 정치보다는 국제적 정치일 것이다. 그리고 불손하다는 것은 싸움에 끌어들여야 하는 다른 사람들에게 역행한다는 것을 의미한다.

따라서 미국인들이 문제 없는 삶의 방식을 영구적으로 잃었거나 Letterman의 모든 에피소드가 'God Bless America'로 끝날 것이라고 노골적으로 말하는 대신, 편집자는 다른 가능성을 판단유보함으로써 그것을 양상화한다.

The people of America are grieving both over the tragedy itself and over the loss - perhaps permanently - of a trouble-free way of life. We suppose that every episode of 'Letterman' from now until doomsday is going to open with another weepy rendition of 'God Bless America.'

미국 국민들은 비극 그 자체와 어쩌면 문제 없이 살아가는 삶의 방식을 영구적으로 잃은 것에 대해 슬퍼하고 있다. 우리는 지금부터 최후의 날까지 'Letterman'의 모든 에피소드가 'God Bless America'의 또 다른 슬픈 연출로 시작될 것이라고 생각한다.

파키스탄 관광객들이 테러 혐의를 받고 있거나 택시가 운행 종료 표지판을 내걸고 있다고 직접적으로 진술하는 대신, 그는 다른 사람들의 주장으로 객체화시킨다:

The Macau police found themselves in a *Keystone Cops* episode, arresting and detaining seven 'suspected Pakistani terrorists.'

Keystone Cops episode에서 마카오 경찰은 '파키스탄 테러리스트 용의자' 7명을 체포하고 구금했다.

there have already been reports of taxis putting up 'out of service' signs and people changing seats on buses when confronted by dark-skinned people

택시가 '운행 종료' 표지판을 붙이고, 버스에서 피부색이 어두운 사람을 마주치면 좌석을 바꾸는 사람들이 있다는 것이 이미 보도되었다.

이러한 확대는 용의자의 신원을 공표하는 축소를 통해 보완된다(마카오 키스톤 경찰의 의견은 무시하면서):

the men turned out to be tourists
남성들은 관광객으로 밝혀졌다.

One of the arrested people in fact was a Hindu
실제로 체포된 사람 중 한 명은 힌두교도이다.

그리고 그렇지 않으면 논쟁적인 입장으로 간주될 수 있는 것들은 확인되고 보증된다(잠재적인 반대자들이 동의하지 않도록 방어함):

Of course , there's precious little chance of that happening in America any time soon.
물론, 미국에서는 조만간 그런 일이 일어날 가능성이 거의 없다.

If, as all the pundits are saying, there is no hope of normalcy returning soon,
모든 전문가들이 말하고 있는 것처럼, 정상 상태가 곧 돌아올 희망이 없다면,

이 변증법의 전반적인 효과를 해석하기 위해 이 사설의 전체적인 구성으로 돌아가서 그 수사법을 고려해 보겠다. 여기서 가장 먼저 다루어야 할 것 중 하나는 텍스트가 전개됨에 따라 '우리'가 누구인지에 대한 결정적이지 않은 문제를 포함하여 누가 누구인가이다. 위에서 언급한 바와 같이 이 사설의 첫 번째 단락은 우리를 미국인들과 조율시키는 반면, 두 번째와 세 번째 단락은 우리를 그들에게 대립시킨다. 우리와 그들의 관념적 구성은 아래 텍스트의 이 부분에 대해 개략적으로 설명되어 있다.

• 인간으로서 우리를 미국인들과 조율시키다; **감정평가** (공감하기)
[us & the people of America]
[우리 & 미국 국민]

The terrible events of the past week have left *us* with feelings - in order of occurrence - of horror, worry, anger, and now, just a general gloom. The people of America are grieving both over the tragedy itself and over the loss - perhaps permanently - of a trouble-free way of life.

지난주에 있었던 끔찍한 사건은 우리에게 공포, 걱정, 분노, 그리고 지금은 보편적인 우울의 감정을 순서대로 남겼다. 미국 국민들은 비극 그 자체와 어쩌면 문제 없이 살아가는 삶의 방식을 영구적으로 잃은 것에 대해 슬퍼하고 있다.

- 우리와 맹목적이고 애국적인 미국인들이라고 생각하는 사람들을 대립시키다; 행위평가 (혹평하기)

[we; thinking people; our way; we; those who have the good fortune to live in the international world - that is, the world outside the U.S.; we; we; people; people in the rest of the world]
[우리; 생각하는 사람들; 국제 사회, 즉 미국 밖의 세계에 사는 행운을 가진 사람들; 우리; 우리; 사람들; 세계의 나머지 사람들]

vs.

[the overly-sincere, maudlin, righteous-indignation crowd; 89 percent of Americans; the U.S.; America].
[지나치게 진지하고, 어리석고, 정당한 분노를 표출하는 군중들; 미국인의 89%; 미합중국; 미국]

우리와 그들에 대한 이러한 구성은 아래 사설의 부분에 강조되어 있다.

While that grief is deeply understood, the problem with tragedies like this one is that they become a heyday for the overly-sincere, maudlin, righteous-indignation crowd. *We've* been appalled, perplexed and repulsed by some of the things *we've* heard said in the media this week. The jingoistic, flag-waving, 'my way or the highway' rhetoric is enough to make *thinking people* retch. That said, the polls aren't going *our* way. 89 percent of Americans surveyed are thrilled and delighted by all the tub-thumping. *We* suppose that every episode of 'Letterman' from now until doomsday is going to open with another weepy rendition of 'God Bless America.'

그 슬픔은 깊이 이해되지만, 이번과 같은 비극의 문제는 지나치게 진지하고, 어리석고, 정당한 분노를 표출하는 군중들의 시대가 된다는 것이다. 우리는 이번 주에 언론에서 들은 몇 가지 말에 소름끼치고, 당혹스럽고, 혐오감이 들었다. 맹목적으로 애국적이고, 깃발을 흔드는(애국심을 고취하는), '내가 하자는 대로 하거나 아니면 떠나라(my way or the highway)'라는 수사는 생각하는 사람들을 구역질나게 하게 만들기에 충분하다. 그러나 여론조사는 우리의 뜻대로 흘러가지 않는다. 설문조사에 응한 미국인의 89%가 목소리를 높이고 기뻐했다. 우리는 지금부터 최후의 날까지 'Letterman'의 모든 에피소드가 'God Bless America'의 또 다른 슬픈 연출로 시작될 것이라고 생각한다.

Those who have the good fortune to live in the international world - that is, the world outside the U.S. - know that *we* are not all of one religion, one language or one political system. We live in a big world where *people have diverse, and often, diametrically opposed views*. And while it is commendable to want to stamp out terrorism, it might also be a good idea to pause and reflect *on some of the grievances that people in the rest of the world* have <u>towards the U.S.</u> Of course, there's precious little chance of that happening in <u>America</u> any time soon.

국제 사회, 즉 미국 밖의 세계에서 사는 행운을 가진 사람들은 우리가 모두 하나의 종교, 하나의 언어 또는 하나의 정치 시스템이 아니라는 것을 알고 있다. 우리는 사람들이 다양하고 종종 완전히 반대되는 견해를 가지고 있는 큰 세상에 살고 있다. 그리고 테러를 근절하고자 하는 것은 칭찬할 만한 일이지만, 잠시 멈춰서 세계의 나머지 사람들이 미국에 대해 가지고 있는 불만의 일부를 반성하는 것도 좋은 생각일 수 있다. 물론, 미국에서는 조만간 그런 일이 일어날 가능성이 거의 없다.

여기서 주된 대립은 나머지 세계에 사는 생각하는 사람들과 독선적이고 맹목적이며 애국적인 미국인들 사이에 있는 것처럼 보인다. 어떤 커뮤니티 독자들이 여기에 속할 수 있는지는 매우 분명하다. 지역적 현장으로 눈을 돌리면, 차별의 피해자와 가해자(지나치게 열성적인 방위군과 인종차별주의자 주민) 사이에 추가적인 구분이 이루어져야 한다.

- 우리와 반발하는 가해자들을 대립시키다; 행위평가 (조롱하기)

[we & members of the Muslim community; people who look like they *might* be Muslim; seven 'suspected Pakistani terrorists.'; the men; tourists; the arrested people; a Hindu; a chef from Hong Kong; two Indian nationals; one of the men-himself; a Bosnian terrorist; the man-he; a bass guitarist; dark-skinned people].
[우리 & 무슬림 커뮤니티 구성원; 무슬림으로 '보이는' 사람들; '파키스탄 테러리스트 용의자' 7명; 이들; 관광객; 체포된 사람; 힌두교도; 홍콩 출신의 요리사; 인도 국적자 2명; 이들 중 한 남성; 보스니아 테러리스트; 이 남성; 베이스 기타리스트; 피부색이 짙은 사람들].

vs.

[the Macau police; some people; undercover cops; an American passenger-he; taxis (drivers); people (on buses)].

[마카오 경찰; 어떤 사람들; 잠복 경찰; 미국인 승객; 택시 (기사); (버스에 탄) 사람들].

우리와 그들에 대한 이러한 구성은 아래 사설의 부분에 강조되어 있다.

On a smaller and closer scale, *we* have already begun to see some unfortunate cases locally of backlash against *members of the Muslim community* (or even just *people who look like they might be Muslim*).

더 작고 더 밀접한 규모로 이미 현지에서 무슬림 커뮤니티 구성원(또는 무슬림으로 '보이는' 사람들)에 대한 반발이 일어나는 안타까운 사례들이 나타나기 시작했다.

The Macau police found themselves in a Keystone Cops episode, arresting and detaining *seven 'suspected Pakistani terrorists.'* The scare was enough to close the U.S. Consulate in Hong Kong for a day, though *the men* turned out to be *tourists*, a word which is spelled somewhat like terrorists, and *we* suppose to some people, just as frightening. *One of the arrested people* in fact was *a Hindu, a chef from Hong Kong*, who had been cleverly tracked down by undercover cops sitting peacefully at the Hotel Lisboa bar.

Keystone Cops episode에서 마카오 경찰은 '파키스탄 테러리스트 용의자' 7명을 체포하고 구금했다. 홍콩 주재 미국 영사관이 하루 동안 폐쇄될 정도로 공포에 휩싸였지만, 이들은 테러리스트와 비슷한 철자를 가진 관광객으로 밝혀졌고 어떤 사람들에게는 두려움의 대상이었을 것이다. 실제로 체포된 사람 중 한 명은 홍콩 출신의 힌두교 요리사로, 호텔 Lisboa 바에서 평화롭게 앉아 있다가 잠복 경찰에게 보기 좋게 체포되었다.

Meanwhile (and *we're* not making this up), *two Indian nationals* on a flight from Singapore to Hong Kong were detained at Changi Airport after an American passenger said he heard *one of the men calling himself a 'Bosnian terrorist.'* (*The man* in fact said *he* was a *'bass guitarist.'*)

한편 (이것은 우리가 지어낸 이야기가 아니다.) 싱가포르에서 홍콩으로 가는 비행기에 탑승한 인도 국적자 2명이, 미국인 승객이 한 남성이 자신을 '보스니아 테러리스트'라고 부르는 것을 들었다고 말한 후 Changi 공항에 구금되었다. (실제로 이 남성은 자신을 '베이스 기타리스트'라고 말했다.)

Similarly, there have already been reports of taxis putting up 'out of service' signs and <u>people</u> changing seats on buses when confronted by *dark-skinned people* - as if changing your seat would save you if a bomb went off, anyway. But such is the logic of xenophobia.

마찬가지로, 피부색이 어두운 사람을 마주치면 택시는 '운행 종료' 표지판을 내걸고, 그리고 버스에서는 폭탄이 터졌을 때 자리를 바꾸면 살 수 있다는 것처럼 실제로 자리를 바꾸는 사람들이 있다는 보도가 이미 나온 바 있다. 그러나 그것은 외국인 혐오의 논리이다.

이 텍스트의 이 섹션은 생각있는 외국인들을 반인종차별주의자로, 즉 국외 거주자와 도래(到來) 중국인 커뮤니티가 회합할 수 있는 커뮤니티로 재-위치시킨다. 마지막 단계로 이 사설은 아마도 독자들은 생각있는 사람들과 조율하도록 위치되고 그들을 대표하여, 전문가들을 보증하고 합리성에 대한 탄원을 시작한다.

[all the pundits & us]
[모든 전문가들 & 우리]

If, as *all the pundits* are saying, there is no hope of normalcy returning soon, *let's* at least hope that sanity does. [*HK Magazine* Friday Sept. 21, 2001: 5]

모든 전문가들이 말하고 있는 것처럼, 정상 상태가 곧 돌아올 희망이 없다면, 적어도 한번 분별력이 있기를 기대해 보자. [*HK Magazine* Friday Sept. 21, 2001: 5]

우리와 그들의 이러한 관념적인 재/구성과 함께, 이 텍스트는 양보의 중요한 변증법을 보여주고 있다. 먼저, 이것은 9/11 테러에 대한 미국의 반응과 관련이 있다. 독자들은 미국인들의 슬픔을 이해할 수 있는 위치에 있지만, 맹목적인 애국주의에는 경악할 수 있다. - 비록 여론 조사가 우리의 뜻대로 되지는 않더라도. 마찬가지로 독자들은 테러리즘을 근절하되 불만에 대해서도 성찰해야 한다고 주장하지만, 미국인들이 스스로를 비판적으로 바라볼 가능성은 거의 없다. 다시 말해, 생각하는 사람들은 올바른 감정을 알고 있지만 생각없는 미국인에게는 영향을 미치지 않을 것이다.

<u>While</u> that grief is deeply understood, // the problem with tragedies like this one is that they become a heyday for the overly-sincere, maudlin, righteous- indignation crowd. *We've* been appalled, perplexed and repulsed by some of the things *we've* heard said

in the media this week. The jingoistic, flag-waving, 'my way or the highway' rhetoric is enough to make *thinking people* retch. / <u>That said</u>, the polls aren't going *our* way. 89 percent of Americans surveyed are thrilled and delighted by all the tub-thumping. *We* suppose that every episode of 'Letterman' from now until doomsday is going to open with another weepy rendition of 'God Bless America.'

그 슬픔은 깊이 이해되지만, 이번과 같은 비극의 문제는 지나치게 진지하고, 어리석고, 정당한 분노를 표출하는 군중들의 시대가 된다는 것이다. 우리는 이번 주에 언론에서 들은 몇 가지 말에 소름끼치고, 당혹스럽고, 혐오감이 들었다. 맹목적으로 애국적이고, 깃발을 흔드는(애국심을 고취하는), '내가 하자는 대로 하거나 아니면 떠나라(my way or the highway)'라는 수사는 생각하는 사람들을 구역질나게 하게 만들기에 충분하다. 그러나 여론조사는 우리의 뜻대로 흘러가지 않는다. 설문조사에 응한 미국인의 89%가 목소리를 높이고 기뻐했다. 우리는 지금부터 최후의 날까지 'Letterman'의 모든 에피소드가 'God Bless America'의 또 다른 슬픈 연출로 시작될 것이라고 생각한다.

Those who have the good fortune to live in the international world - that is, the world outside the U.S. - know that *we* are not all of one religion, one language or one political system. *We* live in a big world where *people have diverse, and often, diametrically opposed views.* And ⟨while⟩ it is commendable to want to stamp out terrorism, // it might also be a good idea to pause and reflect *on some of the grievances that people in the rest of the world* have towards the U.S. / <u>Of course</u>, there's precious little chance of that happening in America any time soon.

국제 사회, 즉 미국 밖의 세계에서 사는 행운을 가진 사람들은 우리가 모두 하나의 종교, 하나의 언어 또는 하나의 정치 시스템이 아니라는 것을 알고 있다. 우리는 사람들이 다양하고 종종 완전히 반대되는 견해를 가지고 있는 큰 세상에 살고 있다. 그리고 테러를 근절하고자 하는 것은 칭찬할 만한 일이지만, 잠시 멈춰서 세계의 나머지 사람들이 미국에 대해 가지고 있는 불만의 일부를 반성하는 것도 좋은 생각일 수 있다. 물론, 미국에서는 조만간 그런 일이 일어날 가능성이 거의 없다.

지역적 현장으로 눈을 돌리면, 이 양보의 변증법은 의혹에 반박하는 사실로 드러난다. 무슬림에 대한 반발은 다음과 같다. 무슬림처럼 보이는 사람들, 관광객으로 밝혀진 '파키스탄인' 테러리스트, 인도인인 보스니아 테러리스트, 피부가 어두운 색을 가진 사람에 대한 반발, 좌석을 바꾼다고 해서 폭탄 테러를 피할 수 있는 것은 아니라는 반박이 있다.

On a smaller and closer scale, *we* have already begun to see some unfortunate cases locally of backlash against members of the Muslim community // (or even just people who look like they *might* be Muslim).

더 작고 더 밀접한 규모로 이미 현지에서 무슬림 커뮤니티 구성원(또는 무슬림으로 '보이는' 사람들)에 대한 반발이 일어나는 안타까운 사례들이 나타나기 시작했다.

The Macau police found themselves in a Keystone Cops episode, arresting and detaining seven 'suspected Pakistani terrorists.' The scare was enough to close the U.S. Consulate in Hong Kong for a day, // though the men turned out to be tourists, a word which is spelled somewhat like terrorists, and *we* suppose to some people, just as frightening. One of the arrested people in fact was a Hindu, a chef from Hong Kong, who had been cleverly tracked down by undercover cops sitting peacefully at the Hotel Lisboa bar.

Keystone Cops episode에서 마카오 경찰은 '파키스탄 테러리스트 용의자' 7명을 체포하고 구금했다. 홍콩 주재 미국 영사관이 하루 동안 폐쇄될 정도로 공포에 휩싸였지만, 이들은 테러리스트와 비슷한 철자를 가진 관광객으로 밝혀졌고 어떤 사람들에게는 두려움의 대상이었을 것이다. 실제로 체포된 사람 중 한 명은 홍콩 출신의 힌두교 요리사로, 호텔 Lisboa 바에서 평화롭게 앉아 있다가 잠복 경찰에게 보기 좋게 체포되었다.

Meanwhile (and *we*'re not making this up), two Indian nationals on a flight from Singapore to Hong Kong were detained at Changi Airport after an American passenger said he heard one of the men calling himself a 'Bosnian terrorist.' // (The man in fact said he was a 'bass guitarist.')

한편 (이것은 우리가 지어낸 이야기가 아니다.) 싱가포르에서 홍콩으로 가는 비행기에 탑승한 인도 국적자 2명이, 미국인 승객이 한 남성이 자신을 '보스니아 테러리스트'라고 부르는 것을 들었다고 말한 후 Changi 공항에 구금되었다. (실제로 이 남성은 자신을 '베이스 기타리스트'라고 말했다.)

Similarly, there have already been reports of taxis putting up 'out of service' signs and people changing seats on buses when confronted by dark-skinned people - // as if changing your seat would save you if a bomb went off, anyway. But such is the logic of xenophobia.

마찬가지로, 피부색이 어두운 사람을 마주치면 택시는 '운행 종료' 표지판을 내걸고, 그리고 버스에서는 폭탄이 터졌을 때 자리를 바꾸면 살 수 있다는 것처럼 실제로 자리를 바꾸는 사람들이 있다는 보도가 이미 나온 바 있다. 그러나 그것은 외국인 혐오의 논리이다.

이런 종류의 수사는 독자에게 정보를 제공하는 효과가 있다. 독자들이 주류 종이 매체 및 전자 매체에서는 알지 못했던 정보를 알려주는 효과가 있다.[98] 이를 강화하기 위해 필자가 편집자 역할에서 잠시 벗어나 독자와의 대화에 나서는 '곁가지'를 사용하는 것도 좋은 방법이다.

> (or even just people who look like they *might* be Muslim)
> (또는 심지어 겉보기에 무슬림으로 보이는 사람들)
>
> (and we're not making this up)
> (이것은 우리가 지어낸 이야기가 아니다)
>
> (The man in fact said he was a 'bass guitarist.')
> (실제로 이 남성은 자신이 '베이스 기타리스트'라고 말했다.)

마지막 양보적 말두기로, 편집자는 정상으로의 복귀에 대한 희망이 사라졌다는 생각을 보증하며, 대신 정신을 차리라는 탄원에 만족하고 있다.

> If, as all the pundits are saying, there is no hope of normalcy returning soon, let's at least hope that sanity does.
> 모든 전문가들이 말하고 있는 것처럼, 정상 상태가 곧 돌아올 희망이 없다면, 적어도 한번 분별력이 있기를 기대해 보자.

담화의 이 지점에서 우리는 이 사설의 제목인 *Mourning*으로 돌아가서, 독자들이 애도하는 위치에 있다는 것이 정확히 무엇인지를 물어볼 수 있다. 미국인들의 생명과 삶의 방식을 잃은 것에 대한 공감으로 시작된 애도하기는 이제 *HK Magazine* 독자들의 삶의 방식에 영향을 미칠 수 있는 정상성과 정신의 상실에 대한 애도처럼 보인다. 9/11 테러에 대한 홍콩의 주된 반응은 결국 비즈니스에 미칠 영향에 대한 우려였다. 비즈니스에 미칠 영향, 그리고 더 나아가 막대한 급여, 낮은 세금, 막대한 보조금을 받는 숙박 시설과 교육, 그리고 값싼 청소와 요리 서비스, 보모 서비스 등 외국인 전문

---

98) Jim은 당시 홍콩에서 외국인으로 생활하며 영어 일간지인 *The South China Morning Post*의 다음 사건을 주의 깊게 추적하고 TV에서 저녁 뉴스를 시청했다. 이를 통해 그는 마카오에서의 체포와 홍콩 주재 미국 영사관의 폐쇄에 대해 확실히 알게 되었지만, 용의자들의 실제 신원에 대해서는 알지 못했다.

가들, 도래(到來)하는 중국인과 그 가족들이 누리는 혜택에 대한 우려였다. 9/11 사건이 약간의 경제적 문제로 작용했을까? 아니면 그야말로 '한탕 벌이(the gravy train)'가 위험에 처한 것일까? 이러한 불확실성 속에서도 독자들은 평소와 같은 일상으로 돌아갈 수 있기를 바랄 수 있다. 따라서 애도하기(Mourning) 담화는 그동안 논쟁의 여지가 있는 의견들이 제시되었음에도 불구하고 그 중심을 공고히 하면서 멈추게 된다.

균형 상태에 대한 이러한 관심은 위에서 논의한 **태도평가어**와 **강도평가어**의 상호작용과 잘 어울린다. 먼저 (안전한 거리에 있는) 미국인을 큰 소리로 꾸짖은 다음 (너무 소란스럽지 않게) 지역적 차별을 부드럽게 조롱한다. 이는 정말 중요한 것, 즉 생각있는 사람들이 그들의 일을 계속할 수 있게 하는 질서로 돌아가는 것을 배경으로 한다.

5.4 끝맺음

이 마지막 장에서는 4장에서 소개한 해설자 키를 텍스트에 적용하여 앞의 2장과 3장에서 구축한 평가어 자원의 상호작용에 집중하였다. 특별히 텍스트가 전개될 때 **태도평가어, 개입평가어** 그리고 **강도평가어** 선택의 우연성과 이러한 우연성들이 복잡한 독자 커뮤니티와 협상하는 방식을 보여주는 데 관심을 기울였다. 따라서 우리의 분석은 사용역 변수인 테너의 친밀성 차원에 초점을 맞춘 질적 연구였다.

이 순서에 대한 질적 분석을 보완하는 것은 텍스트 말뭉치 전체에서 더 적은 수의 변수에 초점을 맞추는 양적 접근 방식이다. 대규모 연구를 수행하지는 않았지만, 우리의 평가어 프레임워크가 **태도평가어, 개입평가어** 그리고 **강도평가어**를 찾아내고, 평가적 의미를 재고하는 데 도움이 되기를 바란다(예: Taboada & Grieve, 2004 참조). 이러한 종류의 연구는 4장에서 제안한 사례화 연속체의 전개에 중요한 역할을 할 것이며, 이는 이미 Miller의 연구(예: Miller 2002a, 2002b 참조)에서 관찰된 바가 있다.

담화 내에서 평가하기에 대한 이해를 심화시키려고 노력하는 동시에, 우리가 해야 할 중요한 도전적 과제는 질적 분석과 양적 분석 사이의 올바른 균형을 찾는 것이다. 컴퓨터-기반 자동화는 지속적으로 개선되고 있으며(예를 들어 Shanahan 등, 인쇄 중), 반자동 작업대에서도 데이터 코딩 및 결과 분석 작업이 이전보다 더 쉽게 수행될 수 있다. 이와 유사하게, 우리는 여전히 컴퓨터 기반 담화 분석에서 한 세대 떨어져 있다고 느끼며 담화의 한 순간에서 다음 순간까지 테너와 관련하여 평가어 선택이 어떻게 서로 시너지 효과를 내고 역동적으로 쌓이고 미묘한 차이를 보이는가를 탐구해야 한다. 질적 분석가들에게는 시간이 지남에 따라 이러한 양적 작업을 관리할 수 있는 해석적 과제를 수립해야 하는 중요한 과제가 남는다.

특별히 우리는 평가어 분석이, 20세기 대부분의 기간 동안 관념적 의미론과 문장의 논리에 대한 관심을 특권으로 삼아왔던 언어 이론 내의 수사학 연구에 대한 부흥을 촉발한다는 점을 기대하고 있다. 이러한 진리의 기능적 철학적 지향이 언어학에만 영향을 미친다면 그렇게 큰 문제가 되지 않을 것이다. 그러나 마치 권력의 거짓말과 왜곡으로 숨겨진 진실에 주목하는 것이 세상을 더 나은 곳으로 만드는 데 필요한 운동인 것처럼, 기만에 초점을 맞춘 관념적 의미에 대해서 비판적인 담화 분석을 하도록 촉진하는 계기가 되기를 기대한다. 우리가 생각하기에 이는 평가하기에 수사학적으로 초점을 맞추고, 사람들이 감정에 어떻게 반응하는지를 해석하며, 이 세상에서 고갈되어가는 자원을 타인과 서로 공유해야 하는 우리의 절박한 필요성에 민감하게 반응해야 하고, 보다 생산적인 조율을 협상할 수 있는 방법을 모색하는 주관적인 분석과 균형을 이뤄야 한다. 이 분석은 음모와 비판을 넘어 앞으로의 가능한 미래를 위해 보다 건설적이고 희망적인 비전을 향해 있다.

참고문헌

Achugar, M. 2004. 'The events and actors of September 11, 2001, as seen from Uruguay: analysis of daily newspaper editorials'. *Discourse & Society* 15.2/3(Special Issue on 'Discourse around 9/11'). 291-320.

Aijmer, K. 1997. 'I think – an English modal particle', in T. Swan & O. Westvik(eds), *Modality in Germanic Languages*. Historical and Comparative Perspectives. Berlin/New York: Mouton de Gruyter. 1-47.

Bakhtin, M. M. 1981. *The Dialogic Imagination* (translated by C. Emerson & M. Holquist) Austin: University of Texas Press.

Baldry, A. (ed.) 1999. *Multimodality and Multimediality in the Distance Learning Age*. Campo Basso: Lampo.

Biber, D. 1995. *Dimensions of Register Variation: A Cross-linguistic Comparison*. Cambridge: Cambridge University Press.

Biber, D. S. Conrad & R. Reppen, 1998. *Corpus Linguistics: Investigating Language Structure and Use*. Cambridge: Cambridge University Press.

Biber, D. & E. Finegan, 1988. 'Adverbial stance types in English'. *Discourse Processes* 11.1. 1-34.

Biber, D. & E. Finegan, 1989. 'Styles of stance in English: lexical and grammatical marking of evidentiality and affect'. *Text* 9.1. (Special Issue on the pragmatics of affect) 93-124.

Bringing Them Home: National Inquiry into the Separation of Aboriginal and Torres Strait Islander Children from their Families. 1997. Sydney, Human Rights and Equal Opportunity Commission.

Brown, R. & A. Gilman, 1960. 'The pronouns of power and solidarity' in T. Sebeok (ed.), *Style in Language*. Cambridge, Mass.: MIT Press. 253-76.

Brown, P. & S. Levinson, 1987. *Politeness: Some Universals in Language Usage*. Cambridge: Cambridge University Press.

Butler, C. S. 2003. *Structure and Function: a Guide to Three Major Structural-functional Theories. Part 1: Approaches to the Simplex Clause. Part II: From Clause to Discourse and Beyond*. Amsterdam: Benjamins (Studies in Language Companion Series).

Bybee, J. & S. Fleischman, 1995. *Modality in Grammar and Discourse*. Amsterdam: Benjamins.

Caffarel, A. J. R. Martin & C. M. I. M. Matthiessen (eds), 2004. *Language Typology: A Functional Perspective*. London & New York: Continuum.

Caldas-Coulthard, C. R. 1994. 'On reporting reporting: the representation of speech in factual and factional narratives', in M. Coulthard (ed.), *Advances in Written Text Analysis*. London & New York: Routledge. 295-309.

Carleton, M. 1996. 'Let us all be sheep'. *The Sydney Morning Herald* Saturday May 4 (News Review), 36.

Carleton, M. 1999. 'Delusions of grand Mal'. *The Sydney Morning Herald* Saturday April 12 (News Review), 34.

Carleton, M. 2000. 'Thin edge of wedge politics'. *The Sydney Morning Herald* April 8, 38.

Chafe, W. L. 1982. 'Integration and involvement in speaking, writing and oral literature', in D. Tannen (ed.), *Spoken and Written Language: Exploring Orality and Literacy*. Norwood. N.J.: Albex. 35–54.

Chafe, W. 1986. 'Evidentiality in English conversation and academic writing', in W. Chafe and J. Nichols (eds) *Evidentiality: the Linguistic Coding of Epistemology*. Norwood, N.J.: Ablex (Advances in Discourse Processes XX), 261–72.

Chafe, W. & J. Nichols (eds), 1986. *Evidentiality: The Linguistic Coding of Epistemology*. Norwood, N.J.: Ablex. (Advances in Discourse Processes XX)

Channel, J. 1994. *Vague Language*. Oxford: Oxford University Press. (Describing English Language.)

Channel, J. 2000. 'Corpus-based analysis of evaluative lexis' in Hunston & Thompson 2000. 38–55.

Christie, F. (ed.), 1999. *Pedagogy and the Shaping of Consciousness: Linguistic and Social Processes*. London: Cassell (Open Linguistics Series).

Christie, F. & J. R. Martin (eds), 1997. *Genres and Institutions: Social Processes in the Workplace and School*. London: Cassell (Open Linguistics Series).

Clark, C., P. Drew & T. Pinch, 2003. 'Managing prospect affiliation and rapport in real-life sale encounters'. *Discourse Studies* 5.1. 5–32.

Coates, J. 1983. *The Semantics of Modal Auxiliaries*. London & Canberra: Croom Helm.

Coffin, C. 1997. 'Constructing and giving value to the past: an investigation into second school history', in Christie, F. & J. R. Martin (eds), *Genre and Institutions – Social Processes in the Workplace and School*. London: Cassell. 196–230.

Coffin, C. 2003. 'Reconstruals of the past – settlement or invasion? The role of JUDGEMENT analysis', in J. R. Martin & R. Wodak (eds), *Re/reading the Past: Critical and Functional Perspectives on Discourses of History*. Amsterdam: John Benjamins. 219–46.

Colquhoun, D. 1995. THAT GARETH – WE'LL SHOW THE FRENCH! *The Sydney Morning Herald*. June 19 (Stay in Touch).

Column 8. 2002. *The Sydney Morning Herald*. Friday August 30.

Conrad, S. & D. Biber, 2000. 'Adverbial marking of stance in speech and writing'. H&T. 56–73.

Coppock P. (ed.), 2001. *The Semiotics of Writing: Transdisciplinary Perspectives on the Technology of Writing*. Brepols (Semiotic & Cognitive Studies X).

Coulthard, M. 1994. 'On analysing and evaluating text', in M. Coulthard (ed.), *Advances in Written Text Analysis*, London: Routledge. 1–11.

Davidse, K. 1991. *Categories of Experiential Grammar*. PhD Dissertation. Department of Lingusitics, University of Leeuwen.

de Beaugrande, R. 1997. 'Society, education, linguistics and language: inclusion and exclusion in theory and practice', *Linguistics and Education* c 9.2, 99-158.

de Certeau, M. 1984. *The Practice of Everyday Life*. Berkeley: University of California press.

Doughty, P., J. Pearce, J. John & M. Geoffrey, 1971. *Language in Use*. London: Arnold (Schools Council Programme in Linguistics and English Teaching).

Doyle, A. C. 1981a. 'The valley of fear.' Part 1 'The tragedy of birlstone.' Chapter 1 'The warning.' *The Penguin Complete Sherlock Holmes*. Harmondsworth: Penguin.

Eco, U. 1984. *The Role of the Reader. Explorations in the Semiotics of Texts*. Bloomington: Indiana University Press.

Eggins, S. 1994/2004. *An Introduction to Systemic Functional Linguistics*. London: Pinter.

Eggins, S. & D. Slade, 1997. *Analysing Casual Conversation*. London: Cassell.

Ellis, B. 1998. 'Opinion: what's race got to do with it?', *The Sydney Morning Herald* June 6. 17.

Fairclough, N. 1992. *Discourse and Social Change*. Cambridge: Polity Press.

Flowerdew, L. 2003. 'A combined corpus and systemic-functional analysis of the problem-solution pattern in a student and professional corpus of technical writing', *TESOL. Quarterly* 37.3, 489-511.

Fuller, G. 1995. *Engaging Cultures: Negotiating Discourse in Popular Science*. University of Sydney Ph.D. Thesis.

Fuller, G. 1998. 'Cultivating science: negotiating discourse in the popular texts of Stephen Jay Gould' in J. R. Martin and R. Veel, *Reading Science: Critical and Functional Perspectives on Discourses of Science*. London: Routledge, 35-62.

Fuller, G. 2000. 'The textual politics of good intentions', in Lee, A & C. Poynton (eds). 2000. *Culture & Text: Discourse and Methodology in Social Research and Cultural Studies*. Sydney: Allen & Unwin, 81-98.

Fuller, G. & A. Lee, 1997. 'Textual collusions', *Discourse: Studies in the Cultural Politics of Education* 18.2, 409-23.

Goatly, A. 2000. *Critical Reading and Writing - An Introductory Coursebook*. London & New York: Routledge.

Goodman, S. 1996. 'Visual English'. in S. Goodman & D. Graddol (eds), *Redesigning English: New Texts, New Identities*. London: Routledge. 38-105.

Gratton, M. (ed.), 2000. *Reconciliation: Essays on Australian Reconciliation*. Melbourne: Black Inc.

Gregory, M. 1995. *Before and Towards Communication Linguistics: Essays by Michael Gregory and Associates* (Jin Soon Cha ed.) Seoul: Sookmyng Women's University.

Gregory, M. 2000. 'Phasal analysis within communication linguistics: two contrastive discourses', in P. Fries, M. Cummings, D. Lockwood & W. Sprueill (eds), *Relations and Functions in Language and Discourse*. London: Continuum.

Halliday, M. A. K. 1967. *Intonation and Grammar in British English*. The Hague: Mouton.

Halliday, M. A. K. 1970a. 'Language structure and language function' in J. Lyons (ed.), *New

Horizons in Linguistics. Harmondsworth: Penguin. 140–65.

Halliday, M. A. K. 1970b. *A Course in Spoken English: Intonation.* London: Oxford University Press.

Halliday, M. A. K. 1975. *Learning How to Mean: Explorations in the Development of Language.* London: Edward Arnold (Explorations in Language Study).

Halliday, M. A. K. 1976a. *Halliday: System and Function in Language* (G. Kress ed.). London: Oxford University Press.

Halliday, M. A. K. 1976b. 'Anti-languages'. *American Anthropologist* 78.3. 570–84. (reprinted in Halliday 1978. 164–82).

Halliday, M. A. K. 1978. *Language as a Social Semiotic: The Social Interpretation of Language and Meaning.* London: Edward Arnold.

Halliday, M. A. K. 1979. 'Modes of meaning and modes of expression: types of grammatical structure, and their determination by different semantic functions'. in D. J. Allerton, E. Carney & D. Holdcroft (eds), *Function and Context in Linguistic Analysis: Essays Offers to William Haas.* Cambridge: Cambridge University Press, 57–79. (Republished in Halliday 2002: 196–218).

Halliday, M. A. K. 1981a. 'Text semantics and clause grammar: some patterns of realisation'. in J. E. Copeland & P. W. Davis (eds), *The Seventh LACUS. Forum.* Columbia, S.C.: Hornbeam Press. 31–59.

Halliday, M. A. K. 1981b. 'Types of structure' in M. A. K. Halliday & J. R. Martin (eds), *Readings in Systemic Linguistics.* London: Batsford. 29–41.

Halliday, M. A. K. 1981c. 'Structure'. In M. A. K. Halliday & J. R. Martin (eds), *Readings in Systemic Linguistics.* London: Batsford. 122–31.

Halliday, M. A. K. 1982. 'How is a text like a clause?' *Text Processing: Text Analysis and Generation, Text Typology and Attribution* (Proceedings of Nobel Symposium 51). S. Allen (ed.), Stockholm: Almqvist & Wiksell International. 209–47.

Halliday, M. A. K. 1984. 'Language as code and language as behaviour: a systemic–functional interpretation of the nature and ontogenesis of dialogue'. in R. Fawcett, M. A. K. Halliday, S. M. Lamb & A. Makkai (eds), *The Semiotics of Language and Culture: Vol 1: Language as Social Semiotic.* London: Pinter. 3–35.

Halliday, M. A. K. 1985a. *Spoken and Written Language.* Geelong, Victoria: Deakin University Press (republished by Oxford University Press 1989).

Halliday, M. A. K. 1985b, 'Context of situation', in M. A. K. Halliday & R. Hasan, *Language, Context and Text.* Geelong, Vic.: Deakin University Press. 3–14. (republished by Oxford University Press 1988/9).

Halliday, M. A. K. 1992. 'A systemic interpretation of peking syllable finals', in P. Tench (ed.), *Studies in Systemic Phonology.* London: Pinter. 98–121.

Halliday, M. A. K. 2004/1994. *An Introduction to Functional Grammar.* London: Edward Arnold. (2004 third edition revised by C. M. I. M. Matthiessen).

Halliday, M. A. K. 2002. *Linguistic studies of Text and Discourse* (edited by J. Webster). (The collected works of M. A. K. Halliday Series, volume 2), London & New York: Continuum.

Halliday, M. A. K. & J. R. Martin, 1993. *Writing Science: Literacy and Discursive Power* (with M. A. K. Halliday) London: Falmer (Critical perspectives on literacy and education) & Pittsburg: University of Pittsburg Press. (Pittsburg Series in Composition, Literacy, and Culture).

Halliday, M. A. K. & C. M. I. M. Matthiessen, 1999. *Construing Experience Through Meaning: a Language-based Approach to Cognition*. London: Continuum.

Harré, R. (ed.), 1987. *The Social Construction of Emotions*. Oxford: Blackwell.

Hasan, R. & G. Williams (eds), 1996. *Literacy in Society*. London: Longman (Language and Social Life).

Hood, S. 2004. *Appraising Research: Taking a Stance in Academic Writing*. University of technology Sydney PhD. Thesis.

Hood, S. 2004. 'Managing attitude in undergraduate academic writing: a focus on the introductions to research reports', in L. Ravelli and R. Ellis (eds), *Analysing Academic Writing: Contextualised Frameworks*. London: Continuum.

Horvath, B. & S. Eggins, 1995. 'Opinion texts in conversation'. In P. Fries & M. Gregory (eds), *Discourse in Society: Systemic Functional Perspectives*. Norwood, N.J.: Ablex (Advances in Discourse Processes L: Meaning and Choices in Language – studies for Michael Halliday). 29–46.

Hunston, S. 1993. 'Evaluation and ideology in scientific writing.' In M. Ghadessy (ed.), *Register Analysis: Theory and Practice*. London: Pinter (Open Linguistics Series). 57–73.

Hunston, S. 1994. 'Evaluation and organisation in a sample of written academic discourse'. In M. Coulthard (ed.), *Advances in Written Text Analysis*. London: Routledge. 191–218.

Hunston, S. 2000. 'Evaluation and the planes of discourse: status and value in persuasive texts'. In Hunston, S. & G. Thompson (eds), 2000. *Evaluation in Text: Authorial Stance and the Construction of Discourse*. Oxford: Oxford University Press, 176–207.

Hunston, S. & G. Thompson (eds), 2000. *Evaluation in Text. Authorial Stance and the Construction of Discourse*. Oxford: Oxford University Press.

Hunston, S. & G. Thompson, 2000a. 'Evaluation: an introduction', in Hunston, S. & G. Thompson (eds), 2000. *Evaluation in Text: Authorial Stance and the Construction of Discourse*. Oxford: Oxford University Press, 1–27.

Hunston, S. in press, 'Phraseology and system: a contribution to the debate', in Thompson, G. & Hunston, S. (eds), *System and Corpus: Exploring connections*, London: Equinox.

Hyland, K. 1998. *Hedging in Scientific Research Articles*. Amsterdam: Benjamins. (Pragmatics & Beyond New Series 54).

Hyland, K. 1996. 'Writing without conviction: hedging in science research articles', *Applied Linguistics* 17 (4), 433-54.

Hyland, K. 2000. *Disciplinary Discourses: Social Interactions in Academic Writing*. London: Longman.

Iedema, R. 1995. *Literacy of Administration (Write it Right Literacy in Industry Research Project – Stage 3)*. Sydney: Metropolitan East Disadvantaged Schools Program.

Iedema, R. 1997. 'The history of the accident news story'. *Australian Review of Applied Linguistics* 20.2. 95-119.

Iedema, R., S. Feez & P. R. R. White, 1994. *Media Literacy (Write it Right Literacy in Industry Research Project – Stage 2)*. Sydney: Metropolitan East Disadvantaged Schools Program.

Irvine, J. 1982. 'Language and affect: some cross-cultural issues'. In H. Byrnes (ed.), *Contemporary Perceptions of Language: Interdisciplinary Dimensions*. Washington, D.C.: Georgetown University Press. 31-47.

Irvine, J. 1990. 'Registering affect: heteroglossia in the linguistic expression of emotion'. In C. A. Lutz & L. Abu-Lughod, *Language and the Politics of Emotion*. Cambridge: Cambridge University Press (Studies in Emotion and Social Interaction). 126-61.

Jakobson, R. 1957. *Shifters, Verbal Categories and the Russian Verb*. Russian Language Project. Harvard: Dept of Slavic Languages and Literature.

Jordens, C. 2002. *Reading Spoken Stories for Values: a Discursive Study of Cancer Survivors and Their Professional Carers*. University of Sydney PhD. Thesis.

Jewitt, C. & R. Oyama, 2001. 'Visual meaning: a social semiotic approach'. In van Leeuwen, T. & C. Jewitt, (eds), 2001. *The Handbook of Visual Analysis*. London: Sage, 134-56.

Keating, P. 1992. Redfern Park Speech. Paul Keating Website. (Edited version in Gratton 2000: 60-4).

Kempson, R. M. 1975. *Presupposition and the Delimitation of Semantics*, Cambridge: Cambridge University Press.

Kiparsky, P. & C. Kiparsky, 1970. 'Fact', in M. Bierwisch & K. Heidolph (eds), *Progress in Linguistics*, The Hague: Mouton, 143-73.

Körner, H. 2000. *Negotiating Authority: the Logogenesis of Dialogue in Common law Judgments*. University of Sydney PhD. Thesis.

Körner, H. & C. Treloar, 2003. 'Needle and syringe programmes in the local media: "needle anger" versus "effective education in the community" '. *The International Journal of Drug Policy* 15. 46-55.

Kress, G. & T. van Leeuwen, 1996. *Reading Images: the Grammar of Visual Design*. London: Routledge.

Kress, G. & T. van Leeuwen, 2001. *Multimodal Discourse – The Modes and Media of Contemporary Communication*. London: Arnold.

Kress, G. & T. van Leeuwen, 2002. 'Colour as a semiotic mode: notes for a grammar of colour.' *Visual Communication* 1.3. 343–68.

Kuno, S. 1993. *Functional Syntax: Anaphora, Discourse and Empathy*. Chicago: University of Chicago Press.

Labov, W. 1972. 'The transformation of experience in narrative syntax'. *Language in the Inner City*. Philadelphia: Pennsylvania University Press. 354–96.

Labov, W. 1982. 'Speech actions and reactions in personal narrative'. In D. Tannen (ed.), *Analysing Discourse: Text and Talk* (Georgetown University Round Table on Language and Linguistics 1981). Washington, D.C.: Georgetown University Press.

Labov, W. 1984. 'Intensity'. In D. Schiffrin (ed.), *Meaning, Form, and Use in Context: Linguistic Applications* (Georgetown University Roundtable on Language and Linguistics) Washington, D.C.: Georgetown University Press. 43–70.

Labov, W. 1997. 'Some further steps in narrative analysis'. *Journal of Narrative and Life History* 7.1–4. 1997. 395–415.

Labov, W. & J. Waletzky, 1967. 'Narrative analysis'. In J. Helm (ed.), *Essays on the Verbal and Visual Arts* (Proceedings of the 1966 Spring Meeting of the American Ethnological Society). Seattle: University of Washington Press. 12–44.

Lakoff, G. 1972. 'Hedges: a study in meaning criteria and the logic of fuzzy concepts', *Proceedings of the Chicago Linguistics Society* 8: 183–228.

Lakoff, G. & Z. Kovecses, 1987. 'The cognitive model of anger inherent in American English'. In D. Holland & N. Quinn (eds), *Cultural Models in Language and Thought*. Cambridge: Cambridge University Press. 195–221.

Lee, A. & C. Poynton (eds), 2000. *Culture & Text: Discourse and Methodology in Social Research and Cultural Studies*. Sydney: Allen & Unwin.

Leech, G. 1983. *The Principles of Pragmatics*. London & New York: Longman.

Lemke, J. L. 1992. 'Interpersonal meaning in discourse: value orientations'. In M. Davies & L. Ravelli (eds), *Advances in Systemic Linguistics: Recent Theory and Practice*. London: Pinter (Open Linguistics Series). 82–194.

Lemke, J. L. 1995. *Textual Politics: Discourse and Social Dynamics*. London: Taylor & Francis (Critical Perspectives on Literacy and Education).

Lemke, J. L. 1998. 'Resources for attitudinal meaning: evaluative orientations in text semantics'. *Functions of Language* 5.1. 33–56.

Lessing, D. 2002. Doris Lessing: Britain. *Granta* 77. 52–4.

Lock, G. 1996. *Functional English Grammar: an Introduction for Second Language Teachers*. Cambridge: Cambridge University press (Cambridge Language Education).

Lutz, C. A. 1982. 'The domain of emotion words in Ifaluk'. *American Ethnologist* 9. 113–28.

Lutz, C. A. 1986. 'Emotion, thought and estrangement: emotion as a cultural category'. *Cultural Anthropology* 1. 405–36.

Lutz, C. A. 1987. 'Goals, events and understanding in Ifaluk emotion theory'. In D. Holland & N. Quinn (eds), *Person, Self and Experience: Exploring Pacific Ethnopsychologies*.

Berkeley: University of California Press. 35–79.

Lutz, C. A. 1988. *Unnatural Emotions: Everyday Sentiments on a Micronesian Atoll and their Challenge to Western Theory*. Chicago: University of Chicago Press.

Lutz, C. A. & L. Abu-Lughod, 1990. *Language and the Politics of Emotion*. Cambridge: Cambridge University Press (Studies in Emotion and Social Interaction).

Lutz, C. A. & G. White, 1986. 'The anthropology of emotions'. *Annual Review of Anthropology* 15. 405–36.

Macken-Horarik, M. & J. R. Martin (eds), 2003. *Negotiating Heteroglossia: Social Perspectives on Evaluation*. (Special Issue of *Text* 23.2.)

Manne, R. 1998. 'The stolen generations'. *Quadrant* No. 343. Volume XLII. Number 1–2. 53–63.

Manne, R. 2001. *In Denial: the Stolen Generations and the Right*. Melbourne: Black Inc. (First published in Quarterly Essay.)

Markkanen, R. & H. Schröder, 1997. *Hedging and Discourse: Approaches to the Analysis of a Pragmatic Phenomenon in Academic Texts*. The Hague: Walter De Gruyter.

Martin, J. R. 1992a. 'Macro-proposals: meaning by degree'. In W. C. Mann & S. Thompson (eds), *Discourse Description: Diverse Analyses of a Fund Raising Text*. Amsterdam: Benjamins. 359–95.

Martin, J. R. 1992b. *English Text: System and Structure*. Amsterdam: Benjamins.

Martin, J. R. 1995a. 'Text and clause: fractal resonance'. *Text* 15.1. 5–42.

Martin, J. R. 1995b. 'Interpersonal meaning, persuasion and public discourse: packing semiotic punch'. *Australian Journal of Linguistics* 15.1. 33–67.

Martin, J. R. 1996. 'Types of structure: deconstructing notions of constituency in clause and text'. In E. H. Hovy & D. R. Scott (eds), *Computational and Conversational Discourse: Burning Issues – an Interdisciplinary Account*. Heidelberg: Springer. 39–66.

Martin, J. R. 1997a. 'Linguistics and the consumer: theory in practice'. *Linguistics and Education* 9.4. 409–46.

Martin, J. R. 1997b. 'Analysing genre: functional parameters'. in Christie & Martin. 3–39.

Martin, J. R.1997c. 'Register and genre: modelling social context in functional linguistics – narrative genres'. In E. R. Pedro (ed.), *Discourse Analysis: Proceedings of First International Conference on Discourse Analysis*. Lisbon: Colibri/Portuguese Linguistics Association. 305–44.

Martin, J. R. 1999a. 'Modelling context: a crooked path of progress in contextual linguistics (Sydney SFL)'. In M. Ghadessy (ed.), *Text and Context in Functional Linguistics*. Amsterdam: Benjamins (CILT. Series IV). 1999. 25–61.

Martin, J. R. 1999b. 'Grace: the logogenesis of freedom'. *Discourse Studies* 1.1. 31–58.

Martin, J. R. 2000a. 'Beyond exchange: appraisal systems in English'. In Hunston, S. & G. Thompson (eds), 2000. *Evaluation in Text. Authorial Stance and the Construction of Discourse*. Oxford: Oxford University Press, 142–75.

Martin, J. R. 2000b. 'Factoring out exchange: types of structure'. In M. Coulthard (ed.), *Working with Dialogue*. Tubingen: Niemeyer.

Martin, J. R. 2000c. 'Design and practice: enacting functional linguistics in Australia'. *Annual Review of Applied Linguistics* 20 (20th Anniversary Volume 'Applied Linguistics as an Emerging Discipline'). 116-26.

Martin, J. R. 2001a. 'Fair trade: negotiating meaning in multimodal texts' in P. Coppock (ed.), *The Semiotics of Writing: Transdisciplinary Perspectives on the Technology of Writing*. Brepols (Semiotic & Cognitive Studies X). 311-38.

Martin, J. R. 2001b. 'Writing history: construing time and value in discourses of the past'. In C. Colombi & M. Schleppergrell (eds), *Developing Advanced Literacy in First and Second Languages*. Mahwah, N.J.: Erlbaum.

Martin, J. R. 2001c. 'Giving the game away: explicitness, diversity and genrebased literacy in Australia'. In R. Wodak *et al.* (eds), *Functional Il/literacy. Vienna: Verlag der Osterreichischen Akadamie der Wissenschaften*. 155-74.

Martin, J. R. 2002a. 'Blessed are the peacemakers: reconciliation and evaluation'. In C. Candlin (ed.), *Research and Practice in Professional Discourse*. Hong Kong: City University of Hong Kong Press. 187-227.

Martin, J. R. 2002b. 'Writing history: construing time and value in discourses of the past'. In C. Colombi & M. Schleppergrell (eds), *Developing Advanced Literacy in First and Second Languages*. Mahwah, N.J.: Erlbaum. 2002. 87-118.

Martin, J. R. 2004. 'Sense and sensibility: texturing evaluation'. In J. Foley (ed.), *Language, Education and Discourse*. London: Continuum. 270-304.

Martin, J. R. & G. Plum, 1997. 'Construing experience: some story genres'. *Journal of Narrative and Life History* 7.1-4. (Special Issue: Oral Versions of Personal Experience: three decades of narrative analysis; M. Bamberg Guest Editor). 299-308.

Martin, J. R. & D. Rose, 2003. *Working with Discourse: Meaning Beyond the Clause*. London: Continuum.

Martin, J. R. & M. Stenglin, in press. 'Materialising reconciliation: negotiating difference in a post-colonial exhibition'. In T. Royce & W. Bowcher (eds), *New Directions in the Analysis of Multimodal Discourse*. Mahwah, New Jersey: Lawrence Erlbaum Associates.

Martin, J. R. & R. Veel, 1998. *Reading Science: Critical and Functional Perspectives on Discourses of Science*. London: Routledge.

Martin, J. R. & R. Wodak (eds), 2003. *Re/reading the Past: Critical and Functional Perspectives on Discourses of History*. Amsterdam: Benjamins.

Martinec, R. 1998. 'Cohesion in action'. *Semiotica* 120. 1/2. 161-80.

Martinec, R. 2000a. 'Rhythm in multimodal texts'. *Leonardo* 33 (4), 289-97.

Martinec, R. 2000b. 'Types of process in action'. *Semiotica* 130-3/4, 243-68.

Martinec, R. 2000c. 'Construction of identity in M. Jackson's "Jam" '. Social *Semiotics* 10.3.

313–29.

Martinec, R. 2001. Interpersonal resources in action. *Semiotica*, 135–1/4. 117–45.

Matthiessen, C. M. I. M. 1995. *Lexicogrammatical Cartography: English Systems*. Tokyo: International Language Sciences Publishers.

McGregor, W. 1997. *Semiotic Grammar*. Oxford: Clarendon.

Meyer, P. G. 1997. 'Hedging Strategies in Written Academic Discourse: Strengthening the Argument by Weakening the Claim', in Markkanen, R. & H. Schröder (eds), *Hedging and Discouse – Approaches to the Analysis of a Pragmatic Phenomenon in Academic Texts*, Berlin & New York: Walter de Gruyter. 21–42.

Michaels, E. 1987. *Afterword Yuendumu Doors*. Canberra: Australian Institute of Aboriginal Studies.

Miller, D. M. 1999. 'Meaning up for grabs: value-orientation patterns in British parliamentary debate on Europe', in J. Verschueren (ed.), *Language and Ideology: Selected Papers from the 6th International Pragmatics Conference*, vol. I, Antwerp, International Pragmatics Association, 1999: 386–404.

Miller, D. M. 2002a. 'Ways of meaning "yea" and "nay" in parliamentary debate as register: a cost-benefit analysis', in M. Bignami, G. Iamartino, C. Pagetti (eds), *The Economy Principle in English: Linguistic, Literary, and Cultural Perspectives*. Milano: Edizioni Unicopli. 220–33.

Miller, D. M. 2002b, 'Multiple judicial opinions as specialized sites of engagement: conflicting paradigms of valuation and legitimation in Bush v. Gore 2000'. In M. Gotti, D. Heller and M. Dossena (eds), *Conflict and Negotiation in Specialized Texts*, Bern: Peter Lang, Linguistic Insights Series. 119–41.

Miller, D. M. 2004. ' "Truth, Justice and the American Way": The APPRAISAL SYSTEM of JUDGEMENT in the House debate on the impeachment of the President, 1998', in P. Bayley (ed.), *Cross-cultural Perspectives on Parliamentary Discourse*. Amsterdam & Philadelphia: John Benjamins. 271–300.

Miller, D. M. forthcoming, ' "⋯ to meet our common challenge": ENGAGEMENT strategies of alignment and alienation in current US international discourse', in M. Gotti & C. Candlin (eds), *Intercultural Discourse in Domain-specific English*, Textus XVIII (2004) n.1: 39–62.

Miller, D. M. forthcoming, 'From concordance to text: appraising "giving" in Alma Mater donation requests'. In G. Thompson & S. Hunston (eds), *System and Corpus: Exploring Connections*. London: Equinox.

Mourning 2000. *HK Magazine*. Hong Kong: Asia City Publishing Ltd. 5.

Myers, G. 1989. 'The pragmatics of politeness in scientific articles.' *Applied Linguistics* 10. 1–35.

Niemeier, S. & R. Dirven (eds), 1997. *The Language of Emotions: Conceptualisation, Expression, and Theoretical Foundation*. Amsterdam: Benjamins.

O'Brian, P. 1997a. *The Letter of Marque*. London: HarperCollins.

O'Brian, P. 1997b. *The Reverse of the Medal*. London: HarperCollins.

Ochs, E. (ed.), 1989. *Text* 9.1 (Special Issue on the pragmatics of affect).

Ochs, E. & B. Schiefflen, 1989. 'Language has a heart'. *Text* 9.1 (Special Issue on the pragmatics of affect) 7–25.

Ondaatje, M. 2000. *Anil's Ghost*. Toronto: Vintage.

O'Toole, M. 1994. *The Language of Displayed Art*. London: Leicester University Press (a division of Pinter).

Pagano, A. 1994. 'Negatives in written text', in M. Coulthard (ed.), *Advances in Written Text Analysis*. London: Routledge. 250–65.

Painter, C. 1984. *Into the Mother Tongue: a Case Study of Early Language Development*. London: Pinter.

Painter, C. 1998. *Learning Through Language in Early Childhood*. London: Cassell.

Painter, C. 2003. 'Developing attitude: an ontogentic perspetive on APPRAISAL'. *Text* 23.2. 183–210.

Palmer, F. R. 1986. *Mood and Modality*. Cambridge, UK: Cambridge University Press.

Pinter, H. 2002. Harold Pinter: Britain. *Granta* 77. 66–9.

Pike, K. L. 1982. *Linguistic Concepts: an Introduction to Tagmemics*, Lincoln Nebraska & London: University of Nebraska Press.

Plum, G. 1988. *Text and Contextual Conditioning in Spoken English: a Genre-based Approach*. Unpublished doctoral dissertation, Department of Linguistics, University of Sydney. (Also published Nottingham: Department of English Studies, University of Nottingham (Monographs in Systemic Linguistics).)

Poynton, C. 1984. *Names as Vocatives: Forms and Functions*. Nottingham Linguistic Circular 13 (Special Issue on Systemic Linguistics). 1–34.

Poynton, C. 1985. *Language and Gender: Making the Difference*. Geelong, Vic.: Deakin University Press (republished London: Oxford University Press. 1989).

Poynton, C. 1990a. *Address and the Semiotics of Social Relations: a Systemic-functional Account of Address Forms and Practices in Australian English*. PhD. Thesis. Department of Linguistics, University of Sydney.

Poynton, C. 1990b. 'The privileging of representation and the marginalising of the interpersonal: a metaphor (and more) for contemporary gender relations'. in T. Threadgold & A. Cranny-Francis (eds), *Feminine/Masculine and Representation*. Sydney: Allen & Unwin. 231–55.

Poynton, C. 1993. 'Grammar, language and the social: poststructuralism and systemic functional linguistics'. *Social Semiotics* 3.1. 1–22.

Poynton, C. 1996. 'Amplification as a grammatical prosody: attitudinal modification in the nominal group'. In M. Berry, C. Butler & R. Fawcett (eds), *Meaning and Form: Systemic Functional Interpretations*. Norwood, N.J.: Ablex (Meaning and Choice in

Language: studies for Michael Halliday). 211-27.

Precht, K. 2003. 'Stances moods in spoken English: evidentiality and affect in British and American conversation'. *Text* 23.2. 239-57.

Proulx. A. 1993. *The Shipping News*. London: Fourth Estate.

Quirk, R., S. Greenbaum G. Leech & J. Svartvik 1985. *A Comprehensive Grammar of the English Language*. London: Longman.

Raspberry, W. 2003. 'A few questions as we go to war'. *Guardian Weekly*. Jan. 2-8.27.

Roach, A. 1990. Took the Children Away. *Charcoal Lane*. Sydney: Mushroom Records (produced by P. Kelly & S. Connolly).

Roget's Thesaurus of English Words and Phrases. 1972. London: Longman (revised by R. A. Dutch).

Rose, D. B. 1996. *Nourishing Terrains: Australian Aboriginal Views of Landscape and Wilderness*. Canberra: Australian Heritage Commission.

Rothery, J. & M. Stenglin, 1997. 'Entertaining and instructing: exploring experience through story'. In Christie, F. & J. R. Martin (eds). 1997. *Genres and Institutions: Social Processes in the Workplace and School*. London: Cassell (Open Linguistics Series), 231-63.

Rothery, J. & M. Stenglin, 2000. 'Interpreting literature: the role of appraisal'. In Unsworth L. (ed.) 2000. *Researching Language in Schools and Communities: Fictional Linguistic Perspectives*. London: Cassell, 222-44.

Sadock, J. M. 1974. *Toward a Linguistic Theory of Speech Acts*, New York & London: Academic Press.

Sayers, D. L. 1991. *On the Case with Lord Peter Wimsey: Three Complete Novels: Strong Poison, Have his Carcase, Unnatural Death*. New York: Wings Books.

Shanahan, J. G., Yan Qu & J. Wiebe. To appear 2005. *Computing Attitude and Affect in Text*. The Netherlands Springer, Dordrecht.

Simon-Vandenbergen, A. -M. 1998. 'I think and its Dutch equivalents in parliamentary debates', in S. Joansson & S. Oksefjell (eds), *Corpora and CrossLinguistic Research. Theory, Method and Case Studies*, Amsterdam/Atlanta: Rodopi. 297-331.

Simon-Vandenbergen, A. -M 2000. 'The function of I think in political discourse', *International Journal of Applied Linguistics* 10 (1): 41-63.

Sinclair, J. M. 1986. 'Fictional worlds', in M. Coulthard (ed.), *Talking About Text: Studies Presented to David Brazil on His Retirement*. Birmingham: Discourse Analysis Monographs No. 13 University of Birmingham: English Language Research. 43-60.

Sinclair, J. M. 1994. 'Trust the text', in M. Coulthard (ed.), *Advance in Written Text Analysis*, London: Routledge. 12-25.

Sitka, C. 1998. 'Letter from Melbourne'. *Guardian Weekly* June 7. 25.

Stenglin, M. 2002. 'Comfort and security: a challenge for exhibition design.' in L. Kelly & J. Barratt (eds), *Uncover: Vol 1 of the Proceedings of the UNCOVER: Graduate Research in the Museum Sector Conference, Australian Museum, Sydney, May 24*. Sydney: Australian Museum/University of Sydney. 23-30.

Stenglin, M. 2004. *Packaging Curiosities: Towards a Grammar of Three-dimensional Space*. University of Sydney PhD.

Stenglin, M. & R. Iedema, 2001. 'How to analyse visual images: a guide for TESOL. teachers'. In A. Burns & C. Coffin (eds), *Analysing English in a Global Context: a Reader*. London: Routledge (Teaching English Language Worldwide). 194-208.

Stillar, G. F. 1998. *Analyzing Everyday Texts: Discourse, Rhetoric and Social Perspectives*. London: Sage.

Stubbs, M. 1996. 'Towards a modal grammar of English: a matter of prolonged fieldwork', in M. Stubbs, *Text and Corpus Analysis*, Oxford: Blackwell.

Taboada, M. and J. Grieve, 2004. 'Analyzing appraisal automatically', in *Exploring Attitude and Affect in Text: Theories and Applications Papers from 2004 AAAI Spring Symposium* Stanford. AAAI Technical Reports (http://www.aaai.org/Press/Reports/Symposia/Spring/ss-04-07.html).

Tadros, A. 1993. 'The pragmatics of text averal and attribution in academic texts', in M. Hoey (ed.), *Data, Description, Discourse: Papers on English Language in Honour of John Sinclair*, London: HarperCollins. 98-114.

The Dad Department 1994. *Mother & Baby* June/July. Sydney: A Bounty Publication.

Thibault, P. J. 1989. 'Semantic variation, social heteroglossia, intertextuality: thematic and axiological meaning in spoken discourse'. *Critical Studies (A Journal of Critical Theory, Literature and Culture)* Vol. 1.2. 181-209.

Thibault, P. 1992. 'Grammar, ethics and understanding: functionalist reason and clause as exchange'. *Social Semiotics* 2.1. 135-75.

Thompson, G. 2001. 'Interaction in academic writing: learning to argue with the reader', *Applied Linguistics* 22 (1): 58-78.

Tottie, G. 1982. 'Where do negative sentences come from', *Studia Linguistica* 36 (1): 88-105.

Tottie, G. 1987. 'Rejections, denials and explanatory statements – a reply to fretheim', *Studia Linguistica* 41 (2): 154-63.

Tucker, G. 1999. *The Lexicogrammar of Adjectives: a Systemic Functional Approach to Lexis*. London: Cassell.

Unsworth, L. (ed.), 2000. *Researching Language in Schools and Communities: Functional Linguistic Perspectives*. London: Cassell.

van Leeuwen, T. 1982. *Professional Speech: Accentual and Junctural Style in Radio Announcing*. MA. Hons Thesis. School of English and Linguistics, Macquarie University.

van Leeuwen, T. 1999. *Speech, Music, Sound*. London: Palgrave Macmillan.

Veltman, R. 1998. Lars Porsena and my bonk manager: a systemic-functional study in the semogenesis of the language of swearing. Sanchez-Macarro, A. & R. Carter (eds)

Linguistic Choice Across Genres: Variation in Spoken and Written English (Current Issues in Linguistic Theory). Amsterdam: John Benjamins, 301–16.

Ventola, E. 1998. 'Interpersonal choices in academic work'. In A. SanchezMacarro & R. Carter (eds), Linguistic Choices Across Genres. Amsterdam: Benjamins (CILT. 158). 117–36.

Voloshinov, V. N. 1995. Marxism and the Philosophy of Language, Bakhtinian Thought – an Introductory Reader. S. Dentith, L. Matejka & I. R. Titunik (trans.), London: Routledge.

White, P. R. R. 1997. 'Death, disruption and the moral order: the narrative impulse in mass "hard news" reporting'. In Christie, F. & J. R. Martin (eds). 1997. Genres and Institutions: Social Processes in the Workplace and School. London: Cassell (Open Linguistic Series), 101–33.

White, P. R. R. 1998. Telling Media Tales: The News Story as Rhetoric. PhD. Thesis, Sydney: University of Sydney.

White, P. R. R. 2000. 'Dialogue and inter-subjectivity: reinterpreting the semantics of modality and hedging'. In M. Coulthard, J. Cotterill & F. Rock (eds), Working With Dialogue. Tubingen: Neimeyer. 67–80.

White, P. R. R. 2002a. 'Appraisal – the language of evaluation and stance'. In J. Verschueren, J. Östman, J. Blommaert & C. Bulcaen (eds), The Handbook of Pragmatics. Amsterdam: John Benjamins. 1–27.

White, P. R. R. 2002b. 'News as history – Your daily gossip'. In J. R. Martin & R. Wodak (eds), Re-reading the Past: critical and Functional Perspectives on Time and Value. Amsterdam: John Benjamins. 61–89.

White, P. R. R. 2003. 'Beyond modality and hedging: a dialogic view of the language of intersubjective stance'. Text – Special Edition on Appraisal. 259–84.

White, P. R. R. 2004. 'Subjectivity, evaluation and point of view in media discourse' in C. Coffin, A. Hewings & K. O'Halloran (eds), Applying English Grammar. London: Hodder Arnold.

White, P. R. R. 2004b. Appraisal web site: www.grammatics.com/appraisal

White, P. R. R. to appear, 'Modality as dialogue – a Bakhtinian reanalysis of "epistemic" stance'. Word – Journal of the International Linguistics Association.

Wierzbicka, A. 1986. 'Human emotions: universal or culture-specific?', American Anthropologist 88.3. 584–94.

Wierzbicka, A. 1990a. 'The semantics of emotions: fear and its relatives in English'. Australian Journal of Linguistics 10.2 (Special Issue on the Semantics of Emotions). 359–75.

Wierzbicka, A. (ed.), 1990b. Australian Journal of Linguistics 10.2 (Special Issue on the Semantics of Emotions).

색인

reported speech 보고된 발화 164, 174, 176, 193, 202

 see also projection, attribution 투영, 객체화를 보라

reporter voice 기자 목소리 240-263

 see also evaluative key 평가적 키를 보라

resistant reading 저항적 읽기 99, 10, 133

rhetorical question 수사적 질문 172

 see also expository question 설명적 질문을 보라

Rothery, J. 265